# Frühe Kindheit in der Migrationsgesellschaft

Berrin Özlem Otyakmaz
Yasemin Karakaşoğlu
(Hrsg.)

# Frühe Kindheit in der Migrationsgesellschaft

Erziehung, Bildung und Entwicklung
in Familie und Kindertagesbetreuung

*Herausgeber*
Dr. Berrin Özlem Otyakmaz
Technische Universität Dortmund
Dortmund
Deutschland

Prof. Dr. Yasemin Karakaşoğlu
Universität Bremen
Bremen
Deutschland

ISBN 978-3-658-07381-7                ISBN 978-3-658-07382-4 (eBook)
DOI 10.1007/978-3-658-07382-4

Die Deutsche Nationalbibliothek verzeichnet diese Publikation in der Deutschen Nationalbiblio-
grafie; detaillierte bibliografische Daten sind im Internet über http://dnb.d-nb.de abrufbar.

Springer

*Lektorat:* Dr. Lisa Bender, Yvonne Homann

Gedruckt auf säurefreiem und chlorfrei gebleichtem Papier

Springer Fachmedien Wiesbaden ist Teil der Fachverlagsgruppe Springer Science+Business Media
(www.springer.com)

# Vorwort

**Der Diskurs um den Stellenwert institutionalisierter frühkindlicher Bildung für den Bildungserfolg von Kindern und Jugendlichen und die Rolle familialer Erziehung und Bildung im Migrationskontext – eine kritische Einführung der Herausgeberinnen**

Die Bedeutsamkeit des Migrationskontextes für frühkindliche Erziehung und Bildung wird in aktuellen Studien immer wieder betont. Spätestens seit dem 12. Kinder- und Jugendbericht der Bundesregierung aus dem Jahr 1998 stehen Familien mit Migrationshintergrund im Aufmerksamkeitsfokus von Politik und Praxis der Kinder- und Jugendhilfe. Es ist ein Verdienst des Berichts, dass sie als Zielgruppe von sozialpädagogischen Maßnahmen und erziehungsunterstützenden Angeboten überhaupt wahrgenommen wurden, dass er vor allem die fehlende Ausrichtung auf ihre Bedürfnisse als Hintergrund für die sich in den Statistiken abbildende geringere Inanspruchnahme der Angebote identifiziert und nicht Desinteresse oder gar Ablehnung auf Seiten der Eltern mit Migrationshintergrund. Der Bericht hat zum ersten Mal in diesem Forschungskontext ihre quantitative Bedeutung für den Wandel von Gesellschaft, von Kindheit und die Normalität der Migrationstatsache für das Aufwachsen von Kindern in Deutschland betont. Die dort erstmals verwendete Bezeichnung für die so identifizierte Gruppe ‚mit Migrationshintergrund' wurde 2004 als statistische Größe durch ihre Verwendung und Operationalisierung im Mikrozensus des Statistischen Bundesamtes schließlich als besonders zu berücksichtigende gesellschaftliche Akteure etabliert. Ihr bundesweiter, über alle Altersgruppen berechneter Anteil konnte dort mit 19 % als doppelt so hoch ausgemacht werden, wie es mit der bis dahin lediglich statistisch erfassbaren Kategorie der ‚AusländerInnen' möglich war. Augenfällig wurde somit die migrationsgesellschaftliche Realität Deutschlands, die sich insbesondere in westdeutschen Großstädten in der Altersgruppe der unter-6-Jährigen so darstellt, dass Kinder mit mindestens einem im Ausland geborenen Elternteil die Mehrheit der altersgleichen Bevölkerung ausmachen. Die so sichtbar gewordene Normalität von

mittelbaren und unmittelbaren Migrationserfahrungen für Kinderleben in Deutschland birgt auf der anderen Seite durch die pauschale Benennung von ,Personen
mit Migrationshintergrund' die Gefahr einer ,Besonderung' der so Benannten.
Denn dieses Merkmal reduziert die Heterogenität der Mitglieder dieser Gruppe
im Hinblick auf Aufenthaltsstatus, -dauer, Herkunftsland, Bildungshintergrund,
sozio-ökonomische Ausstattung, Migrationserfahrungen im Generationenverlauf
und Sprachgebrauch in der Familie – um nur einige Distinktionsmerkmale zu be-
nennen – auf eine Gruppenbezeichnung, die analog zum Begriff der ,Ausländer'
ungebrochen negativen Zuschreibungen durch den gesellschaftlichen Diskurs ausgesetzt ist (Scarvaglieri und Zech 2013). Vor diesem Hintergrund verweist auch die
jüngste Stellungnahme des Bundesjugendkuratoriums „Migration unter der Lupe.
Der ambivalente Umgang mit einem gesellschaftlichen Thema in der Kinder- und
Jugendhilfe" (Oktober 2013) auf die notwendige kritische Hinterfragung bei der
Verwendung des Sammelbegriffs ,Migrationshintergrund'.

Im Außenblick auf ,Personen mit Migrationshintergrund' tritt häufig ihre Hilfe-
bedürftigkeit und Problembelastetheit in den Vordergrund, ihre Bildungsorientie-
rung und Bereitschaft zur Mitwirkung bei der Unterstützung des Bildungsweges
ihrer Kinder sowie ihre Leistungen im Hinblick auf ihren Beitrag zur gesellschaftlichen Integration ihrer Kinder sind kaum Gegenstand der Betrachtung (vgl.
Hurrelmann 2011, S. 34). Im Gegenteil, sie werden – gemessen an den Normal-
itäts- und Leistungserwartungen der entsprechenden Betreuungs- und Erziehungs-
institutionen – in aller Regel auch hier pauschal als defizitär identifiziert und institutionell als ,schwierige Partner' gesehen. Dies ist umso problematischer, als
übereinstimmende Befunde aktueller Studien belegen, dass gesellschaftliche Integration, reduziert auf die Fähigkeit, formell zertifizierte Leistungen im Bildungssystem erbringen zu können, in Deutschland in hohem Maße abhängig ist von den
Voraussetzungen, die Kinder aus dem Elternhaus hierfür mitbringen.

Mit Blick auf die erfolgreichere Praxis in anderen OECD-Ländern und auf Belege durch die Ergebnisse einschlägiger Schulleistungsstudien wird daher, abgesehen von als sinnvoll angesehenen strukturellen Veränderungen im Bildungssystem
darauf hingewiesen, dass es zu den Erfolgsfaktoren dieser Systeme gehöre, dass
ein größtmöglicher Anteil von Kindern in vorschulische Bildungseinrichtungen
möglichst lang integriert ist. So werde das Potential des Bildungssystems erhöht,
„die schulischen Leistungen bei allen Kindern unabhängig von den Vorgaben des
Elternhauses zu erhöhen und insbesondere die schulischen Leistungen der Heranwachsenden aus den unteren sozialen Herkunftsschichten anzuheben" (Hurrelmann 2011, S. 31). Auf diese Weise wird den Bildungserfahrungen in der frühen
Kindheit bzw. der frühkindlichen Bildung in Institutionen ein zentraler Stellenwert
für den Bildungserfolg von Kindern aus Migrationsfamilien bzw. anderen sozial

benachteiligten Familien zugeschrieben. Die bereits ein Jahr nach dem Bekanntwerden der Ergebnisse von PISA veröffentlichten Empfehlungen der Kultusministerkonferenz, bildungssprachliche Förderung im Elementarbereich als Vorbereitung auf die Anforderung von Schule zu verstehen und mit dieser zu verzahnen, verdeutlichen prägnant den Bedeutungswandel des Elementarbereiches von einer Betreuungs- und Sozialisationsinstanz zur ersten Stufe des Bildungssystems – insbesondere im Hinblick auf den frühkindlichen Deutsch-Spracherwerb. Das damit verbundene, weitreichende Ziel der Homogenisierung von Bildungsvoraussetzungen für den Eintritt in die Schule in kürzester Zeit erreichen zu können, hat sich aus vielen Gründen, u. a. wegen der nicht zeitgleich veränderten Ausbildung von Erzieherinnen und Erziehern für diese an den Elementarbereich neu herangetragene Bildungsaufgabe, der ebenfalls fehlenden Ausstattung von Kindertageseinrichtungen mit für diese Aufgabe adäquaten Sachmitteln und Personal sowie der fehlenden inhaltlichen und strukturellen Anschlüsse an das staatliche Bildungssystem der Grundschulen weitgehend als Illusion herausgestellt.

Dennoch liegt auf dem Elementarbereich die große Hoffnung der Bildungspolitik, Ungleichheit von Beginn an entgegentreten zu können. Immer wieder werden, vor allem mit Blick auf Kinder mit Migrationshintergrund, Forderungen laut, die die Einführung eines verpflichtenden Kindergartenbesuchs für Kinder ab Vollendung des dritten Lebensjahres und teilweise sogar für unter 3-Jährige befürworten. Eine zentrale Begründung für die möglichst frühe Einbindung der Kinder in institutionelle Bildungskontexte fußt auf einer implizit wie explizit geäußerten Kritik an der familiären Erziehung und Bildung in der frühen Kindheit, gerade in Familien mit wenig formaler Bildungsausstattung und in Migrantenfamilien. Kernannahme ist dabei, dass in diesen Familien das Unterstützungspotential für die formalen Bildungsprozesse der Kinder fehlten, da die Eltern entweder nicht in der Lage oder teilweise auch nicht ausreichend motiviert seien, ihren Kindern die notwendigen Kompetenzen für eine erfolgreiche Bildungsintegration zu vermitteln.

Über zwei Stellschrauben wird versucht, das so identifizierte Defizit zu beheben: über Elternbildungsprogramme und den Ausbau der Einrichtungen des Elementarbereiches. Elternbildungsprogramme und verstärkte Elterninformationen sollen Eltern in die Lage versetzen, die von ihnen erwarteten innerfamiliären Bildungsleistungen zu erbringen. Ebenfalls sollen sie dazu dienen, die Eltern dafür zu gewinnen, ihre Kinder möglichst früh eine Kindertagesbetreuung besuchen zu lassen. Hurrelmann etwa empfiehlt als Ergebnis der Einsicht in die Lücke zwischen den auch in aktuellen empirischen Studien nachgewiesenen hohen Bildungsaspirationen der Eltern und ihren geringen sozio-kulturellen Ressourcen, den Ausbau von Elternbildungsprogrammen und, zwecks besserer Erreichbarkeit der Zielgruppe, ihre institutionelle Anbindung an Kindertagesstätten und Schulen, um die elterlichen Fähigkeiten der Unterstützung ihrer Kinder im formalen Bildungssystem zu stärken. Bei Anerkennung elterlicher Bildungsinteressen und der Forderung, ihnen ‚auf Augenhöhe' zu begegnen, bleibt der Blick auf sie doch defizitär. Die Eltern sind es, die zu lernen haben, wie sie ihre Kinder ‚richtig' mit Blick auf die Anforderungen der Institutionen fördern.

Dieser einseitige Blick auf die Defizite der Eltern ist insofern überraschend, als in Deutschland auch wissenschaftlich bislang nur wenig bekannt ist über die von den Eltern ‚mit Migrationshintergrund' gestalteten frühkindlichen Entwicklungsumwelten. Seit den 1980er Jahren sind es vor allem Studien von Nauck et al., die orientiert an der Rational-Choice-Theorie im internationalen und interkulturellen Vergleich den Stellenwert von Kindern in Familien unterschiedlicher kultureller Kontexte sowie elterliches Erziehungsverhalten untersuchen (Studien zum ‚Value of Children') und dabei auch Eltern mit Migrationshintergrund in Deutschland betrachten. Ihre Studien verweisen wiederholt auf den hohen Stellenwert von Kindern in Familien mit Migrationshintergrund und die hohen Bildungsaspirationen in Migrantenfamilien gegenüber Familien gleicher sozialer Ausstattung in der sogenannten Mehrheitsgesellschaft. Auch Studien jüngeren Datums verweisen auf die ungebrochene Existenz dieser Orientierungen in Migrantenfamilien (BMFSFJ 2010; Vodafone Stiftung Deutschland 2011). Im bildungspolitischen Diskurs sowie auf der Ebene (früh)pädagogischer Praxis haben diese Befunde jedoch kaum Beachtung erfahren.

Noch weitgehend unerforscht sind qualitative Aspekte elterlicher Entwicklungs- und Erziehungstheorien und Sozialisationsziele in Familien mit Migrationshintergrund. Gerade diese zu kennen, wäre jedoch eine Grundvoraussetzung für die geforderte ‚Begegnung mit ihnen auf Augenhöhe' in institutionellen Kontexten, sind es doch vor allem die Eltern, die – ausgehend von ihren Erziehungs- und Entwicklungsvorstellungen – die physische und soziale Umwelt ihrer Kinder unmittelbar organisieren und damit die Erfahrungswelt eines Kindes, im Rahmen derer die kognitive, soziale und emotionale Entwicklung stattfindet, maßgeblich mitgestalten.

In der Begründung von statistisch ermittelten Inanspruchnahmebarrieren frühkindlicher Einrichtungen des Elementarbereiches bei Familien mit verschiedenen Migrationshintergründen – hier vor allem fokussiert auf solche mit türkischem – wird zur Erklärung von Restvarianzen bei der Aufklärung von Unterschieden in der Nutzung der Einrichtungen durch Migranteneltern immer wieder relativ diffus auch auf ‚kulturelle Faktoren' verwiesen. Nur selten werden diese auch empirisch erfasst und konkret benannt wie etwa in der Studie ‚Hürdenlauf zur Kita. Warum Eltern mit Migrationshintergrund ihre Kinder seltener in die frühkindliche Tagesbetreuung schicken' des Forschungsbereich beim Sachverständigenrat deutscher

Stiftungen für Integration und Migration (2013). Hier heißt es etwa als Ergebnis der Befragung von Eltern sowie Erzieherinnen und Erziehern: „Auch kulturelle Hürden beeinflussen Eltern bei der Entscheidung, ihr Kind nicht institutionell betreuen zu lassen. Eltern mit Migrationshintergrund würden ihr Kind mit einer mehr als doppelt so hohen Wahrscheinlichkeit in einer Kindertageseinrichtung betreuen lassen, wenn ihre Kultur oder Religion dort stärker berücksichtigt werden würde. Insbesondere Eltern der ersten Generation nennen darüber hinaus den Wunsch nach mehrsprachigen Erziehern in der Kindertagesbetreuung" (S. 16).

Bei dem Wunsch, kulturelle Faktoren berücksichtigt zu sehen in Angeboten institutioneller frühkindlicher Bildung und Erziehung könnten auch kulturell durchaus unterschiedliche Konzepte von Kindheit, kindlicher Entwicklung und Kindererziehung eine Rolle spielen. Auf die Existenz solcher Unterschiede verweisen internationale Untersuchungen zu elterlichen Überzeugungen bezüglich der frühen Kindheit. Dies betrifft u. a. die Einschätzungen, welche Fähigkeiten eines Kindes als besonders wichtig und förderungswürdig erachtet werden oder die Erwartungen, wann ein Kind welche Entwicklungsschritte erreicht und welche Fähigkeiten erlangt haben sollte, ob überhaupt und wenn ja, wie und durch wen ein Kind in der Erlangung dieser Fähigkeiten unterstützt werden sollte. Die Vorstellungen der Eltern über die vorhandenen bzw. die noch zu entwickelnden Fähigkeiten ihrer Kinder beeinflussen ihr Verhalten in der Gestaltung der Entwicklungsumwelt des Kindes und der Darbietung spezifischer Anregungen. Sensibilität gegenüber möglicherweise kulturell konnotierten Unterschieden, verbunden mit der Kenntnis ihrer Überlagerung durch soziale Lagen betrachten wir als wichtige Voraussetzung für die geforderte Begegnung zwischen Institutionen der frühen Bildung und Erziehung mit Eltern unterschiedlicher sozialer wie kultureller Bezugspunkte.

Im öffentlichen Bildungsdiskurs ebenso wie im verbreiteten bildungswissenschaftlichen Diskurs post Pisa findet aus unserer Sicht eine verengte Betrachtung familiärer Erziehung und Bildung in der Migrationsgesellschaft auf ihre Funktionalität für Bildungsaufstieg in Institutionen statt. Dabei soll hier die Bedeutung von Bildungserfolgen in formellen Bildungskontexten wie Schule oder im Ausbildungssystem für gesellschaftliche Teilhabe keinesfalls infrage gestellt werden. Vielmehr geht es darum, den auf ihre Funktionalität für Anschlüsse im Bildungssystem reduzierten Blick auf familiale Erziehung kritisch zu hinterfragen. Erziehung ist mehr als Vermittlung von Grundlagen für eine (formale) Bildung. Es geht im folgenden Band darum, die Perspektive auf die Familien und ihre Unterstützungsleistungen für die Bildungsprozesse ihrer Kinder von einer Defizitperspektive auf ihr (auch kulturell verortetes) Potential hin zu erweitern. Der einseitig bildungsfunktionalen Defizitperspektive werden daher Befunde neuester Forschungen zu Erziehungs- und Bildungsvorstellungen bzw. -praktiken in Familien im Herkunftsgruppenvergleich und teilweise im Vergleich zu Professionellen im Elementarbereich sowie zu neueren Konzepten interkultureller Öffnung von Kindertageseinrichtungen entgegen gestellt. Es zeigt sich, dass die familiären Erziehungsvorstellungen und -praktiken als Sozialisationsfaktoren ein hohes Potential an förderlichen Faktoren bergen, die bei einer einseitigen Sichtweise auf Migrantenfamilien als ‚defizitär' im Hinblick auf ihre Unterstützungsleistung formaler Bildung verborgen bleiben.

Mit diesem Betrachtungsfokus werden in dem vorliegenden Band in insgesamt dreizehn Einzelbeiträgen die beiden zentralen frühkindlichen Sozialisationsinstanzen Familie und Kindertagesbetreuung sowie ihre Interaktion vor dem Hintergrund aktueller empirischer Befunde zu ihrer Bedeutsamkeit in der Migrationsgesellschaft in den Blick genommen. Dabei werden die verschiedenen Dimensionen von frühkindlicher Erziehung und Bildung im Migrationskontext deutlich: als kulturelle Praxis intergenerativer Transmission von Werten und Normen, als (auch kulturell variierende) Modellierung der emotionalen Beziehungen zwischen Eltern und Kindern, als zu berücksichtigende Rahmenbedingungen und Handlungsgrundlagen der Beziehungen zwischen Eltern und frühpädagogischen Fachkräften und selbstverständlich auch – das wird bei aller Kritik an der einseitigen Fokussierung dieses Aspektes frühkindlicher Erziehung und Bildung in anderen Publikationen in diesem Band nicht ausgeklammert – als Beitrag der Eltern zur gesellschaftlichen Teilhabe ihrer Kinder durch Erwerb von Bildungszertifikaten im staatlichen Bildungssystem.

In Teil I sind die Beiträge versammelt, in denen sich die Autorinnen und Autoren mit der Vielfalt und Vielschichtigkeit elterlicher Erziehungsvorstellungen und Erziehungspraktiken im familialen Kontext in der frühen Kindheit befassen. Teil II beleuchtet den Umgang mit migrationsgesellschaftlicher Heterogenität in Kindertageseinrichtungen. In dieser Kombination und Verdichtung in einem Sammelband bietet die Publikation erstmalig eine umfassende Einsicht in aktuelle qualitative und quantitative Forschungsbefunde zum Feld der frühkindlichen Erziehung und Bildung in der Migrationsgesellschaft mit besonderen Fokus auf elterliche Erziehungsleistungen und interkulturelle Öffnung des Elementarbereichs. Er wendet sich damit sowohl an die größere, wissenschaftliche Fachöffentlichkeit der Erziehungswissenschaft, Psychologie, Soziologie wie auch an wissenschaftlich interessierte Praktikerinnen und Praktiker in Bildungsinstitutionen und der Bildungsadministration.

Eine Art empirische Einleitung für die folgenden Beiträge stellt der Aufsatz von *Tanja Betz, Gerald Prein und Thomas Rauschenbach* zum „Aufwachsen in der Einwanderungsgesellschaft. Bildung und Betreuung im Horizont der vernachlässigten Generationenfolge" dar. Er begegnet auf der Basis der AID: A-Studien des Deutschen Jugendinstituts dem Desiderat, dass zum Aufwachsen von Kindern in der Einwanderungsgesellschaft bislang kaum differenzierte Beschreibungen vorliegen. Mit einer Analyse der AID:A-Daten vermittelt der Beitrag Erkenntnisse entlang von Migrationsgenerationen, Disparitäten in der frühen Bildungsbeteiligung, den Bildungsverläufen und dem Schulerfolg. So lässt sich mithilfe der AID:A-Studien feststellen, dass nicht Migrationshintergrund an sich als Differenzierungsmerkmal taugt sondern Kinder ohne Migrationshintergrund und aus der 3. Migrationsgeneration sich deutlich von Kindern unterscheiden, die selbst oder deren Eltern beide im Ausland geboren sind. Diese Unterschiede sind vor allem auf die sozio-ökonomisch bedingte Lebenssituation der jeweiligen ‚Gruppe' zurückzuführen. Die weiteren Beiträge dieses Teils des Bandes befassen sich mit Erziehungspraktiken, Erziehungs- und Bildungszielen, Entwicklungsvorstellungen, über die Logik einer eng gefassten Bildungsrelevanz hinausgehenden emotional-sozialisatorischen Einflüssen von Migranteneltern sowie den Begrenzungen und Herausforderungen, mit denen sie sich als Eltern konfrontiert sehen. Dabei werden je nach Anlage der den Beiträgen zugrundeliegenden Studien die Ergebnisse teilweise im Vergleich mit Eltern ohne Migrationshintergrund, teils im Vergleich zwischen erster und zweiter Migrantengeneration, teils im Geschlechtervergleich und teils unter Berücksichtigung des Bildungshintergrundes der Mütter bzw. Väter präsentiert.

Der Beitrag von *Carolin Demuth* „‚Ich nehme das beste von beidem' – Ethnotheorien türkischstämmiger Mütter in Deutschland" diskutiert Erziehungsvorstellungen türkischstämmiger Mütter in Deutschland sowie deren Sicht auf die Erziehungsvorstellungen und -praktiken deutscher Familien. Anhand einer Interviewstudie mit Müttern türkischer Herkunft der 2. Migrantengeneration sowie einer Studie mit Erzieherinnen und deren Erfahrungen mit Kindern mit Migrationshintergrund wird dargelegt, dass Erziehungsvorstellungen sich jeweils aus einem bestimmten kulturellen und historischen Kontext heraus als funktional entwickeln und ein Verständnis für diese Kontexte zentral für das Gelingen von Integration ist. Gleichzeitig zeigt sich, dass diese Erziehungsvorstellungen der Eltern von Erzieherinnen kaum berücksichtigt werden, sondern ihre Wahrnehmung der Familien häufig auf pauschalisierten und defizitorientierten Einschätzungen beruhen. Ebenfalls mit Sozialisationszielen, jedoch im Vergleich von Familien mit unterschiedlichem Migrationshintergrund (türkisch, russisch, ohne Migrationshintergrund), erweitert um eine Vergleichsperspektive zwischen mütterlichen und väterlichen Präferenzen von Sozialisationszielen befasst sich *Paula Döges* Beitrag „Sozialisationsziele von Müttern und Vätern mit türkischem, russischem und ohne Migrationshintergrund". Im Beitrag werden herkunftsgruppenspezifische Unterschiede sowohl bei den Müttern als auch bei den Vätern hinsichtlich der Sozialisationsziele deutlich, die als kulturspezifische Präferenzen interpretiert werden können. Die

Übereinstimmung zwischen beiden Elternteilen fiel je nach kulturellem Hintergrund ebenfalls unterschiedlich hoch aus. Im Beitrag von *Berrin Özlem Otyakmaz* zu „Entwicklungserwartungen und Erziehungsverhalten von Müttern" werden die Entwicklungserwartungen türkisch-deutscher Mütter erster und zweiter Generation sowie deutscher Mütter bezüglich der Erreichung kindlicher Entwicklungsschritte im Vorschulalter in acht verschiedenen Bereichen wie sozialer, kognitiver oder motorischer Entwicklung miteinander verglichen. Darüber hinaus wird das Erziehungsverhalten der Mütter, das mit dem „Parenting Practices Questionnaire" erfasst wurde, in Abhängigkeit des mütterlichen Bildungshintergrundes, der Migrationsgeneration und familialer Faktoren wie Anzahl der Kinder analysiert und diskutiert. Die Ergebnisse deuten an, dass Entwicklungsvorstellungen von Müttern kulturelle und funktionell-adaptiv an Umwelterfordernissen orientierte Variationen erfahren, während Unterschiede im Erziehungsverhalten von Müttern vor allem mit Faktoren wie der Anzahl der Kinder zusammenzuhängen scheinen. Ein Blick über den Tellerrand des deutschen Kontextes wird in diesem Band unternommen mit dem (englischsprachigen) Beitrag von *Elif Durgel und Fons van de Viver* zu „Parenting beliefs and behaviors of Turkish-Dutch and Dutch mothers" am Beispiel von Befunden aus den Niederlanden. Sie haben das Erziehungsverhalten von 33 niederländischen und 35 türkisch-niederländischen (Müttern mit türkischem Migrationshintergrund in den Niederlanden) anhand von teilnehmender Beobachtung von Mutter-Kind Interaktionen beim freien Spiel und Vorlesen untersucht. Der Vergleich zeigt, dass türkisch-niederländische Mütter bei der Kindererziehung mehr fördernde Elemente verwendeten als niederländische Mütter. Ebenfalls wurde festgestellt, dass türkisch-niederländische Mütter beim Spielen und Lesen stärker auf das Kind eingingen als niederländische Mütter. *Donja Amirpur* fokussiert in ihrem Beitrag „Migration und Behinderung - Familien im Bildungs- und Hilfesystem". Dabei untersucht sie zunächst kritisch Veröffentlichungen und Fortbildungen an der Schnittstelle „Migration und Behinderung" daraufhin, wie in ihnen Barrieren von Migrationsfamilien mit Kindern mit Behinderung bei der Inanspruchnahme von Angeboten des Hilfesystems auf der Basis „kultureller Deutung" erklärt werden. Anhand eines mit qualitativen Methoden durchgeführten Forschungsprojektes zur Lebenssituation von Migrationsfamilien mit Kindern mit Behinderung kann sie dagegen aufzeigen, dass es zur Aufdeckung der Gründe für Barrieren des Einbezugs weiterer Heterogenitätsdimensionen und der Betrachtung der Struktur des Hilfe- und Bildungssystems bedarf. Sie plädiert somit für einen intersektionalen Ansatz bei der Entwicklung inklusiver Strukturen des Hilfesystems.

Frühkindliche sprachliche Erziehung steht im Mittelpunkt des Beitrags von *Birgit Leyendecker, Jessia Willard und Ulrike Caspar*: Er trägt den Titel „Die Bedeutung der Muttersprache in zugewanderten Familien für die Eltern-Kind

Beziehung" und verweist auf die eingangs formulierte Blickerweiterung von frühkindlicher Bildung als Vorbereitung auf die Anforderungen der Bildungsinstitutionen. Dementsprechend wird festgestellt, dass zwar ohne Zweifel deutschsprachige
Kenntnisse für schulisches Weiterkommen und die soziale und berufliche Integration von hoher Relevanz sind. Es zeigt sich jedoch, dass ein einseitiger Blick auf
Kenntnisse in der deutschen Sprache nicht nur der Lebensrealität der Kinder nicht
gerecht wird sondern Bilingualität eine wichtige Ressource für unterschiedliche
Entwicklungsbereiche darstellt. Der Fokus dieses Beitrags liegt auf dem Potenzial
von Bilingualität für die Eltern-Kind Beziehung und der Frage wie Eltern und Institutionen gemeinsam dazu beitragen können, dass Kinder dieses Potenzial schätzen
und weiterentwickeln. Nur selten kommen bei der Diskussion um Erziehung in der
Migrationsgesellschaft die Väter in den Blick. Der Beitrag von *Manuela Westphal*
erweitert diesen verengten Blick auf „Subjektive Vorstellungen von Vaterschaft
und Erziehung", indem er Daten aus einer aktuellen qualitativen Studie mit männlichen Studierenden präsentiert. Der Blick auf die Vaterbilder und Vaterschaftsvorstellungen dieser bildungserfolgreichen Männer der zweiten Migrationsgeneration
fokussiert insbesondere auf die Bedeutung intergenerationaler Transmission von
Vaterschaft und zeigt ihre Wechselwirkung mit Bildungsaufstiegsprozessen auf.

Im zweiten Teil des Bandes, der sich auf neueste empirische Befunde zum
„Umgang mit ethnisch-kultureller Heterogenität in der Kindertagesbetreuung"
konzentriert, sind Beiträge versammelt, die einen Einblick in die tatsächliche Praxis der Beziehungsgestaltung zwischen Erzieherinnen/Erziehern, Eltern und Kindern in der Migrationsgesellschaft mit Blick auf darin zum Ausdruck kommende
kultursensible bzw. interkulturelle Haltungen erlauben.

In ihrem Aufsatz zum Zusammenhang zwischen der Erzieherin-Kind-Beziehung und der kindlichen Entwicklung können *Daniela Mayer, Kathrin Beck, Julia
Berkic und Fabienne Becker Stoll* anhand von Daten der NUBBEK-Studie (Nationale Untersuchung zur Bildung, Betreuung und Erziehung in der frühen Kindheit)
zeigen, dass unter Kontrolle von familiären Hintergrundvariablen die Qualität der
Erzieherin-Kind-Beziehung einen signifikanten Effekt auf die Entwicklung von
Kindern hat. So zeigen Kinder mit einer hohen Erzieherin-Kind-Beziehungsqualität die höchsten Werte im rezeptiven Wortschatz in Deutsch, in Kommunikationsfertigkeiten und sozial-emotionalen Kompetenzen sowie die niedrigsten Werte
im Problemverhalten auf. Im Bereich der sprachlichen Entwicklung profitierten
besonders Kinder mit Migrationshintergrund, und hier insbesondere Jungen, von
einer hohen Qualität der Erzieherin-Kind-Beziehung. Der hohe Stellenwert der
professionellen Beziehungsgestaltung zwischen zentralen Akteurinnen und Akteu-
ren im frühkindlichen Bereich wird auch im Beitrag von Berrin Özlem Otyakmaz
und Paula Döge zur „Erzieherinnen-Eltern Beziehung in Migrationskontexten"

deutlich. Lernen in der Kita setzt nicht nur eine positive Erzieherin-Kind- sondern auch eine gute Erzieherin-Eltern-Beziehung voraus. Wie sich diese Beziehungen in Abhängigkeit des familialen Migrationshintergrundes und des mütterlichen Bildungsgrades jeweils darstellen, analysiert der Beitrag ebenfalls auf Basis von NUBBEK-Daten. Dabei wird diese Beziehung aus zwei Perspektiven betrachtet, der der Erzieherinnen und der der Mütter. Betrachtet werden somit auch die mütterliche Zufriedenheit mit dem Umgang der Erzieherin mit dem Kind und ihrem Kontakt zu den Eltern sowie die Einschätzungen der Mütter bezüglich der Bildungs- und Erziehungsverantwortung von Eltern bzw. Kita. Der Beitrag von *Diana Sahrai* zu „Elternpartizipation in der Kita von Eltern mit und ohne Migrationshintergrund" stellt ausgewählte Ergebnisse des Evaluationsprojektes „BEEP – Bielefelder Evaluation von Elternedukationsprogrammen" zur Erreichbarkeit von bislang schwer erreichbaren Elterngruppen in Kindertagesstätten vor. Während die Elternpartizipation, gemessen an der Wahrnehmung von Angeboten der Elternbeteiligung in Kitas, von Eltern mit und ohne Migrationshintergrund im Mittelpunkt steht, wird – um kulturalisierende Biaseffekte zu vermeiden – auch der soziale Hintergrund der Eltern in die statistischen Analysen einbezogen. Der Beitrag beleuchtet auf Basis der quantitativen und qualitativen Daten, welches die Gründe für die evtl. geringe Teilnahme sind und ob hier gruppenspezifische Differenzen nach Schicht und Migrationshintergrund vorliegen. Er liefert Einblicke in die Erwartungen von Eltern an die Kita, wobei diese nach Migrationshintergrund und sozialer Schichtzugehörigkeit differenziert betrachtet und dem Selbstverständnis der Institution Kita gegenüber gestellt werden. Der Beitrag gibt wichtige Hinweise für eine im erweiterten Sinne von ‚Kultur' (auch soziale und andere Faktoren einbeziehende) verstandene interkulturelle Öffnung von Kindertagesstätten, die den Blick nicht verschließt von notwendigen strukturellen Veränderungsnotwendigkeiten in Maßnahmen zur Elternpartizipation. Der Beitrag von *Bedia Akbaş und Rudolf Leiprecht* ist „Auf der Suche nach Erklärungen für die geringe Repräsentanz von Fachkräften mit Migrationshintergrund im frühpädagogischen Berufsfeld". Ausgehend von der statistisch belegten Tatsache der Unterrepräsentanz von pädagogischen Fachkräften mit Migrationshintergrund in Kindertagesstätten können die Autoren in ihrer unter Verwendung quantitativer und qualitativer Methoden durchgeführten Untersuchung feststellen, dass (angehende) Erzieherinnen mit Migrationshintergrund nicht nur in ihrer Biographie häufig mit stereotypen Zuschreibungen und Abwertungen konfrontiert sind, sondern diese Zuschreibungen auch in Ausbildungsstätten zum Beruf der Erzieherin/des Erziehers oder in Kindertagesstätten erfahren. Damit wird der Zugang zum Berufsfeld ebenso erschwert wie auch der Verbleib in ihm. Abschließend werden im Beitrag „Kultursensitive Konzepte in der Krippenpädagogik" von *Joscha Kärtner und Jörn Borke* die Grundzüge einer kultursensitiven

Krippenpädagogik aus Sicht der kulturvergleichenden Entwicklungspsychologie skizziert. Sie kommen zu dem Schluss, dass der Prozess der kulturellen Öffnung es ermöglicht, erstens Kinder optimal – und das heißt auch auf unterschiedliche Art und Weise – in ihrer Entwicklung zu begleiten und zweitens das gegenseitige Verständnis und die Kooperation zwischen Institution und Elternhaus zu verbessern. Sie beschreiben ihn daher als einen vielversprechenden Weg, um die Teilhabe an Systemen der frühkindlichen Bildung gleichberechtigter zu gestalten und für alle zu gewährleisten.

Unser Vorwort mit einem kurzen Überblick über die Beiträge des Bandes möchten wir nicht abschließen, ohne unserer mit dieser Publikation verbundenen Hoffnung Ausdruck zu verleihen, damit einen Beitrag zu einer differenzierteren Sicht auf Erziehungsvorstellungen und -praktiken von Familien im Migrationskontext sowie daraus abzuleitende Handlungserfordernisse für eine Zusammenarbeit mit Familien unterschiedlicher Herkunft in Institutionen frühkindlicher Bildung und Erziehung geleistet zu haben. Ohne Zweifel bieten die hier versammelten Beiträge darüber hinaus wertvolle Anregungen für weitergehende qualitativ wie quantitativ orientierte Forschung aus kultursensibler und interkultureller Perspektive.

Yasemin Karakaşoğlu und Berrin Özlem Otyakmaz

## Literatur

Bundesjugendkuratorium (2013). Migration unter der Lupe. Der ambivalente Umgang mit einem gesellschaftlichen Thema in der Kinder- und Jugendhilfe. München: BAGKJS.

Bundesministerium für Familien, Senioren, Frauen und Jugend (1998) (Hrsg.). Bericht über die Lebenssituation von Kindern und die Leistungen der Kinderhilfen in Deutschland – Zehnter Kinder- und Jugendbericht mit der Stellungnahme der Bundesregierung. Berlin: BMFSFJ.

Forschungsbereich des Sachverständigenrats deutscher Stiftungen für Integration und Migration (Hrsg.) (2013). Hürdenlauf zur Kita. Warum Eltern mit Migrationshintergrund ihre Kinder seltener in die frühkindliche Tagesbetreuung schicken'. Berlin: SVR.

Hurrelmann, K. (2011). Zwischen Ehrgeiz und Überforderung: Bildungsambitionen und Erziehungsziele von Eltern in Deutschland. Düsseldorf: Vodafone Stiftung Deutschland.

Scarvaglieri, C. & Zech, C. (2013). „ganz normale Jugendliche, allerdings meist mit Migrationshintergrund". Eine funktional-semantische Analyse von „Migrationshintergrund". In: *Zeitschrift für Angewandte Linguistik (ZfAL) (Bd. 58)*, 201–227.

Zukunftsrat Familie des BMFSFJ (Hrsg.) (2010). Familien mit Migrationshintergrund: Lebenssituation, Erwerbsbeteiligung und Vereinbarkeit von Familie und Beruf. Berlin: BMFSFJ.

# Inhaltsverzeichnis

# Teil I
# Elterliche Erziehungsvorstellungen und Erziehungspraktiken in der Migrationsgesellschaft

# Aufwachsen in der Einwanderungsgesellschaft

## Bildung und Betreuung im Horizont der vernachlässigten Generationenfolge

Tanja Betz, Gerald Prein und Thomas Rauschenbach

## 1 Problemstellung

Die verstärkte wissenschaftliche Auseinandersetzung mit dem Aufwachsen in der Einwanderungsgesellschaft ist mittlerweile in verschiedenen Bereichen spürbar. Das war nicht immer so. Viele Jahrzehnte wurde in den *Sozial- und Erziehungswissenschaften* das Aufwachsen von Kindern mit einem Zuwanderungshintergrund weder theoretisch noch empirisch beleuchtet und zu einem eigenständigen Forschungsgegenstand gemacht. Die *Allgemeine Erziehungswissenschaft* hat sich schwer damit getan, Fragen der Migration und des Umgangs mit Minderheiten im Erziehungs- und Bildungssystem in ihr Repertoire aufzunehmen (Schmidtke 2009). Andere Teildisziplinen, wie die *Kindheitsforschung,* haben sich mit der Migrationsthematik ebenfalls nur am Rande auseinandergesetzt. In der *Sozialberichterstattung über Kinder* wurden Kinder mit Migrationshintergrund, die längst relevante Teile der jungen Generation bildeten, aus den Forschungsdesigns vielfach

T. Betz (✉)
Fachbereich Erziehungswissenschaften, WE II, Goethe-Universität Frankfurt am Main, Grüneburgplatz 1, 60323 Frankfurt am Main, Deutschland
E-Mail: betz@em.uni-frankfurt.de

G. Prein
Zentrum für Dauerbeobachtung und Methoden, Deutsches Jugendinstitut, Nockherstr. 2, 81541 München, Deutschland

Th. Rauschenbach
Institutsleitung, Nockherstr. 2, 81541 München, Deutschland

© Springer Fachmedien Wiesbaden 2015
B. Ö. Otyakmaz, Y. Karakaşoğlu (Hrsg.), *Frühe Kindheit in der Migrationsgesellschaft*, DOI 10.1007/978-3-658-07382-4_1

3

ausgeschlossen, was nicht nur angesichts des Repräsentativitätsanspruchs der meisten Kindersurveys kritisch zu sehen ist (Betz 2011). Dieses gängige Vorgehen und der damit einhergehende blinde Fleck auf die Kinderpopulation wurden indessen in der Fachliteratur nicht nennenswert problematisiert. Zum Aufwachsen von Kindern (mit und ohne Migrationshintergrund) in der Familie, zu ihren Lernbedingungen in und außerhalb der Schule, ihren Betreuungsarrangements und ihren Kontakten und Interaktionen mit Peers lagen kaum datenbasierte Beschreibungen vor. Eine empirisch fundierte, zugleich differenzierte und auf Dauer gestellte Dokumentation der Lebensbedingungen, der Bildungschancen und -verläufe von Kindern und Jugendlichen in Deutschland entlang des Kriteriums „Migrationshintergrund" bzw. „Staatsangehörigkeit" war – und ist dies in Teilen immer noch (Betz 2008) – nur sehr eingeschränkt möglich. Nicht ohne Grund konstatierte daher der erste Nationale Bildungsbericht, dass „repräsentative Daten zur pädagogischen Alltagspraxis im Umgang mit Migration und differenzierte Angaben zu Lernergebnissen bislang kaum verfügbar" sind (Konsortium Bildungsberichterstattung 2006, S. 138).

Inzwischen stellt sich die Situation etwas anders dar. Die verstärkte Inblicknahme von Personen bzw. Kindern mit Migrationshintergrund ist spürbar. Mehr noch: Der Topos „Migrationshintergrund" scheint geradezu ‚en vogue' zu sein. Dabei kann man den Eindruck gewinnen, dass – vergleichbar dem Bildungsbegriff (Tervooren 2010) – derjenige, der den Begriff nutzt, derzeit strategische Vorteile hat, ohne darlegen zu müssen, inwiefern und warum eine Beachtung (allein) dieser Kategorie in empirischen Studien bedeutsam ist. Dies bringt sowohl theoretische als auch empirische Probleme mit sich (Gresch und Kristen 2011; Krüger-Potratz 2009). Gleichzeitig ist aber auch vermehrt eine systematische, theoretisch und empirisch elaborierte Auseinandersetzung mit Fragen von Migration und ihren Folgen für Individuen und Gesellschaften in Vergangenheit und Gegenwart zu beobachten wie dies zahlreiche einschlägige Publikationen nicht nur aus Erziehungswissenschaft und Soziologie – auch mit Blick auf die Lebensphase Kindheit – dokumentieren (Bommes 2011; Diehm und Panagiotopoulou 2011; Heinz und Kluge 2012). Ein Resultat der gestiegenen Aufmerksamkeit und zugleich ein dynamisierender Verstärker der Debatte ist zweifelsohne die Weiterentwicklung wichtiger Teile der amtlichen Statistik – etwa des Mikrozensus oder der Kinder- und Jugendhilfestatistik –, die heutzutage wesentlich häufiger als Datenpool in Wissenschaft und Politik herangezogen werden (Bundesjugendkuratorium 2013; Bundesministerium für Bildung und Forschung 2007). Auch gibt es mittlerweile Vorhaben, speziell die Lebensbedingungen von Kindern mit Migrationshintergrund gebündelt für verschiedene Bereiche auf empirischer Ebene darzustellen wie den ersten DJI-Kindermigrationsreport (Cinar et al. 2013) oder den UNICEF-Report zur Situation von Kindern mit Migrationshintergrund in Deutschland (Clauss und Nauck 2009) – wenngleich die Datenlage auch dort nach wie vor als unbefriedigend markiert wird. Hinzu kommt, dass in den quantitativ ausgerichteten Studien der Bildungsforschung die Variable „Migrationshintergrund" inzwischen nahezu genauso selbstverständlich zum Auswertungsrepertoire gehört wie vergleichbare sozialstrukturelle Kategorien, etwa das Geschlecht. Das zunehmende öffentliche Interesse an Integration spiegelt sich in der gestiegenen wissenschaftlichen Aufmerksamkeit für Fragen der Migration und Integration insbesondere mit Blick auf die Bildungs- und Lebensbedingungen von Kindern wider (Sachverständigenrat deutscher Stiftungen für Integration und Migration 2012). Problematisch an der neuen Aufmerksamkeit ist allerdings auch – und dies zunächst einmal unabhängig von den jeweiligen Motiven und Argumenten –, dass die öffentliche Diskussion und Teile der wissenschaftlichen Auseinandersetzung insbesondere im quantitativen Paradigma häufig undifferenziert und zugleich wenig reflektiert sind, wenn „die" Kinder mit Migrationshintergrund „den" deutschen bzw. „den" einheimischen Kindern gegenübergestellt werden. Hierdurch werden zwei vermeintlich homogene Gruppen miteinander kontrastiert und häufig gegeneinander ausgespielt – meist zulasten der Kinder mit Migrationshintergrund. Unser Anliegen ist es daher, einen empirischen Beitrag für eine differenziertere Diskussion um das Aufwachsen in der Einwanderungsgesellschaft zu leisten. Die indikatorenbasierten Analysen verfolgen das Ziel, „die" Population mit Migrationshintergrund in mehrere Generationen auszudifferenzieren, um interne Differenzen bezüglich ausgewählter Aspekte der Bildung und Betreuung, insbesondere mit Blick auf bildungsbezogene Disparitäten in der Kindheit in den Blick nehmen zu können. Diese sollen zugleich die verbreitete dichotome Unterscheidung irritieren, die häufig mit einem exkludierenden „die (anderen)" vs. „wir" einhergeht (Berlin-Institut für Bevölkerung und Entwicklung 2009, S. 4; kritisch hierzu: Hamburger und Stauf 2009).[1] Derart differenzierte Analysen sind eine zentrale Voraussetzung dafür, die Suche nach Erklärungen für die systematischen Vor- und Nachteile von Kindern (mit Migrationshintergrund) im Bildungs- und Betreuungssystem zu vertiefen. Der Beitrag beleuchtet somit auch den langen Weg der Kategorie Migration(shintergrund) von der Nicht-Beachtung zu einer zentralen Kategorie in der Wissenschaft und geht auf die Schwierigkeiten einer differenzierten Empirie über die Bildungsbedingungen bzw. -disparitäten von Kindern mit Migrationshintergrund in Deutschland ein (Kap. 1) – insbesondere hinsichtlich der Sozialintegration der dritten Migrantengeneration mit Blick auf das Bildungssystem (Kap. 2). Damit soll ein Beitrag zur Sozial- und Bildungsberichterstattung über das Aufwachsen in der

---

[1] Im Bericht zur Lage der Integration in Deutschland mit dem Titel „Ungenutzte Potenziale" (Berlin-Institut für Bevölkerung und Entwicklung 2009) heißt es: „Allein aus ökonomischer Sicht bleibt unserem Gemeinwesen kaum eine andere Wahl als diese Menschen besser zu integrieren" (Berlin-Institut für Bevölkerung und Entwicklung 2009, S. 4; Hervorhebung d. Verf.).

Einwanderungsgesellschaft auf Basis der AID:A-Studie des Deutschen Jugendinstituts (DJI) geleistet (Kap. 3) und empirische Ergebnisse zur Bildungsbeteiligung, zu den Bildungsbedingungen und zum Schulerfolg von Heranwachsenden entlang der Generationszugehörigkeit geliefert werden. Im empirischen Teil werden hierfür zentrale Indikatoren analysiert: 1) Außerfamiliale Betreuung der unter Dreijährigen, 2) Einschulungsalter (realisiert und erwünscht), 3) Klassenwiederholung sowie 4) Schulerfolg am Beispiel des Gymnasialbesuchs (Kap. 4). Abschließend werden die Befunde diskutiert und Desiderate markiert (Kap. 5).

## 2  Integration in der Generationenfolge

Die Unterscheidung der Migrantenpopulation in unterschiedliche Generationen wird in der politischen und sozialwissenschaftlichen Debatte meist mit dem Konzept der „Integration" verbunden. Dieser Begriff kann – ausgehend von unterschiedlichen theoretischen Ansätzen – verschiedene Bedeutungen haben. Im Folgenden verwenden wir den Begriff der Sozialintegration in Anlehnung an Esser (2001). Unter den verschiedenen Varianten der Sozialintegration (Esser 2001, S. 8) schreibt Esser dem Mechanismus der Platzierung eine besondere Bedeutung zu: „Die soziale Integration über den Mechanismus der Platzierung (*sic!*) ist die wohl wichtigste Bedingung zur Erlangung von gesellschaftlich generell verwendbaren Kapitalien, insbesondere in der Form des ökonomischen Kapitals und des sogenannten Humankapitals" (Esser 2001, S. 10). Die Frage, ob und wie im Generationenverlauf die soziale Integration von Migranten geschieht, gilt dabei als „eine der politischen Zukunftsfragen" (Baumert und Maaz 2012, S. 282). Dabei kommt im Kindheits- und Jugendalter der Platzierung im Betreuungs- und Bildungssystem eine besondere Bedeutung zu, legt sie doch die Grundlagen für eine soziale Integration in der Einwanderungsgesellschaft. Diese Frage ist dabei nicht nur ein Thema im öffentlichen Diskurs und geht dabei oftmals Hand in Hand mit der normativen Vorstellung einer ‚erfolgreichen' Sozialintegration im Sinne einer Assimilation, sofern sich ‚die' Migrantenpopulation der nicht-zugewanderten Population angleicht und sich von dieser nicht mehr erkennbar unterscheidet. Das Konzept der Integration ist darüber hinaus aber auch eines, das seit der frühen Migrationssoziologie der Chicago School in den 1920er-Jahren Verwendung findet (Park 1928, 1950). Dabei ging man davon aus, dass die soziale Assimilation von Migranten eine Art naturgesetzlicher Prozess mit klar differenzierbaren Stadien sei, der sich über mehrere Generationen vollzöge. Erst in der dritten Generation sei eine vollständige Integration in die Kerngesellschaft des Aufnahmelandes zu erwarten, und die Integration somit eine Art Generationenprojekt. Dieses universalistische Modell stieß auf zahlreiche Kritiken, die zum Teil soweit gingen, dass im Gegensatz dazu ethnische

Ab- oder Ausgrenzungsprozesse zumindest für Teilgruppen als mehr oder minder unausweichlich angesehen wurden (Hansen 1938; Glazer und Moynihan 1964). In den Vereinigten Staaten existiert inzwischen eine Vielzahl empirischer Befunde, die sich auf unterschiedliche ethnische Gruppen beziehen. Hierbei scheint sich als Konsens abzuzeichnen, dass einerseits die soziale Integration von Migranten zwar nicht als zwangsläufiger, aber doch als wahrscheinlicher Trend anzusehen ist (Alba und Nee 2004), andererseits aber auch anerkannt werden muss, dass das Ausmaß und insbesondere die Geschwindigkeit solcher Prozesse von den je spezifischen, historischen und sozialen Randbedingungen geprägt werden (Kalter und Granato 2004, S. 61 ff.). So konstatiert etwa Esser (2001, S. 24): „Empirisch sehen die Prozesse der (Sozial-) Integration der Migranten (…) immer noch sogar eher so aus, wie das der alte amerikanische Traum vom meltingpot vorsah: Nach einigen Generationen ‚assimilieren' sich die Gruppen, wenngleich unterschiedlich rasch und unterschiedlich nachhaltig, fast allesamt." In diesem Zusammenhang gilt in den USA allerdings die dritte Generation als „besonders sensible Generation im Integrationsprozess", die „besonders anfällig (…) für Rückschritte in der Integration" (Aumüller 2007, S. 18) sei.

Im Gegensatz zu den Vereinigten Staaten war in Deutschland die längerfristige soziale Integration von Migranten lange Zeit kein Thema. Erst mit den Ergebnissen der PISA-Studien gerieten die unterschiedlichen Migrationsgenerationen ins politische und breitere sozialwissenschaftliche Blickfeld, als deutlich wurde, dass zwar auch im Ausland geborene Jugendliche schlechtere Ergebnisse erzielten als einheimische, diese jedoch noch besser waren als die Testresultate von in Deutschland geborenen Jugendlichen mit ausländischen Eltern (Konsortium Bildungsberichterstattung 2006, S. 306). Dies führte auf politischer Ebene zu Diskussionen über einen vermeintlichen Rückschritt in der Integration von Migranten, die häufig unterfüttert wurden mit Einzelfallbeobachtungen wie etwa zur Rütli-Hauptschule in Berlin-Neukölln. Während aber in den Vereinigten Staaten zahlreiche Studien zur sozialen Integration verschiedener Migrantengenerationen vorliegen, die einzelne Gruppen bis in die vierte Generation hinein differenzieren (Telles und Ortiz 2008), sind in Deutschland Studien rar, die über die zweite Generation hinaus unterscheiden. Hierfür ist im Wesentlichen die Datenlage verantwortlich, gab und gibt es doch nur wenige Studien, die eine Identifikation der dritten Generation überhaupt ermöglichen. Empirisch gesättigte Aussagen über längerfristige Tendenzen der Integration und hier insbesondere zur dritten Migrantengeneration ließen und lassen sich mangels verwertbarer Daten für Deutschland bislang nur in sehr begrenztem Umfang treffen. So stellt etwa Geißler fest (2008, S. 15): „Unsere Kenntnisse über die dritte Generation sind schnell dargestellt: Über ihre Situation ist nichts bekannt, Forschung gibt es dazu bisher keine". Und mit Aumüller lässt sich ergänzen: „Was wir über die Integration der zweiten oder gar dritten Generation wissen, beruht auf zeitlich und räumlich eingeschränkten Studien, die im zeitlichen Verlauf in der Regel nicht fortgeführt werden. Wir haben sozusagen Puzzleteile zur Verfügung, die wir in einem immensen Arbeitsaufwand versuchen können aneinanderzulegen, um ein dichteres Bild von Integration in der zweiten und dritten Migrantengeneration zu erhalten" (Aumüller 2007, S. 18). Eine Ursache hierfür ist, dass in der amtlichen Statistik explizit kein Ausweis der Generationenfolge stattfindet. Es wird derzeit „pragmatisch nur nach Zuwanderern – Personen mit eigener Migrationserfahrung (1. Generation) und in Deutschland Geborenen – Personen ohne eigene Migrationserfahrung (2. und 3. Generation) unterschieden" (Statistisches Bundesamt 2013, S. 363), wobei Migranten der dritten Generation nur dann miterfasst werden, wenn sie selbst oder ihre Eltern Ausländer sind. Konkret bedeutet dies, „dass in Deutschland geborene Deutsche einen Migrationshintergrund haben können, sei es als Kinder von (Spät-)Aussiedlern, als *ius soli*-Kinder ausländischer Eltern oder als Deutsche mit einseitigem Migrationshintergrund. Dieser Migrationshintergrund leitet sich dann ausschließlich aus den Eigenschaften der Eltern ab. Die Betroffenen können diesen Migrationshintergrund aber nicht an ihre Nachkommen ‚vererben'" (Statistisches Bundesamt 2013, S. 6).[2]

Ebenso stellt sich die Datenlage in vielen sozialwissenschaftlichen Surveys dar: So wird in Schulleistungsstudien wie PISA, PIRLS/IGLU und TIMSS[3] ebenso wie in pairfam[4] oder im SOEP[5] in unterschiedlicher Differenziertheit und auf der Grundlage unterschiedlicher Operationalisierungen zwar die erste und zweite Generation erfasst, nicht aber die dritte. Im ALLBUS[6] wurden zwar in den Jahren 1996 und 2006 die Geburtsländer von Zielpersonen, Eltern und Großeltern erhoben, um den Migrationshintergrund bestimmen zu können, die Fallzahlen sind aber so gering, dass sie für eine differenzierte Betrachtung nicht genutzt werden konnten. Ein neues Analysepotential ergibt sich durch die Daten des Bildungspanels (NEPS) sowie das Panel „Arbeitsmarkt und soziale Sicherung" (PASS) des IAB, da in beiden Studien die dritte Migrantengeneration identifizierbar ist. Bislang liegen aber hierzu noch keine Ergebnisse vor. Eine der wenigen empirischen Ausnahmen stellt das Projekt „Erwerb von sprachlichen und kulturellen Kompetenzen von Migranten-

---

[2] Es ist allerdings möglich, jenseits der amtlichen Definitionen für ledige Kinder, die mit ihren Eltern im Haushalt leben, im Mikrozensus 2009 einen Migrationshintergrund über drei Generationen ansatzweise zu bestimmen. Aufgrund der Frageformulierungen im Mikrozensus führt dies u. E. allerdings zu einer Unterschätzung des Anteils dieser Gruppe.

[3] Vgl. www.kmk.org/bildung-schule/qualitaetssicherung-in-schulen/bildungsmonitoring/internationale-schulleistungsvergleiche.html.

[4] Vgl. Panel Analysis of Intimate Relationships and Family Dynamics (www.pairfam.de).

[5] Vgl. www.diw.de/de/soep.

[6] Vgl. www.gesis.org/allbus.

kindern in der Vorschulzeit und der Übergang in die Grundschule" am Mannheimer Zentrum für Europäische Sozialforschung dar. Hier wurden in 30 Städten und Gemeinden in Südwestdeutschland eine Einwohnermeldeamtsstichprobe deutsch- und türkischstämmiger Kinder[7] im Alter von drei bis vier Jahren gezogen und diese Kinder bezüglich kognitiver Fähigkeiten sowie sprachlicher und kultureller Kompetenzen getestet. Im Rahmen der Analysen wurde eine differenzierte Unterscheidung der Migrationsgenerationen getroffen. Auf Grundlage dieser Daten kommt Becker zu dem Ergebnis, dass zumindest bei den türkischstämmigen Kindern nur geringe Veränderungen von der zweiten zur dritten Generation feststellbar sind[8]: „With respect to the generational differences in children's skills, some of the results are noteworthy. Especially one finding is not in line with the expectations: The mean test scores of third generation children are not better than those of the second generation children. This is due to the fact that there are not (much) more resources available in the families of third generation children than in families of second generation children (especially with respect to their parents' education and social class). (…) Notwithstanding these relativizations, more inter-generational progress between the second and third generation could have been expected" (Becker 2011, S. 452). Eine weitere Ausnahme bilden die AID:A-Daten des DJI, die hier zugrunde gelegt und ausführlich in Kap. 3.1 dargestellt werden. Auf Basis dieser Daten kommen Berngruber et al. (2012) hinsichtlich des Schulerfolgs zum Ergebnis, „dass sich die dritte Generation weder wesentlich von Personen ohne Migrationshintergrund unterscheidet, noch von Personen aus der zweiten Generation, bei denen ein Elternteil in Deutschland geboren ist" (Berngruber et al. 2012, S. 68). Dies würde bedeuten, dass Enkel von Migranten, die sich langfristig in Deutschland etablieren, den Nicht-Migranten deutlich ähnlicher sind – zumindest was den Schulerfolg angeht. Auch im DJI-Kindermigrationsreport (Cinar et al. 2013) sowie in einzelnen Indikatoren (C1, C5, D5 und H1) des Nationalen Bildungsberichts 2012 wurde diese Datenquelle für Analysen zur dritten Generation genutzt, wobei sich hier vergleichbare Tendenzen zeigen (Autorengruppe Bildungsberichterstattung 2012). An diese Befunde knüpfen die nachfolgenden Analysen an. Geht man davon aus, dass die Unterscheidung nach Migrationsgenerationen wichtig ist, um die Frage zu beantworten, ob sich die soziale Integration von Migranten mit der Zeit positiv entwickelt, so stößt man bei Analysen zu Kindern – insbesondere im Vorschulalter – empirisch schnell an Grenzen, wenn man hierbei nur die erste und zweite Migrationsgeneration berücksichtigt, da in der Gruppe der unter 5-Jährigen

---

[7] Bestimmt wird dies über die Staatsangehörigkeit und ein Namen-Screening.

[8] Hierbei muss allerdings berücksichtigt werden, dass die Stichprobe nur 36 Fälle aus der dritten Generation umfasst und die Autorin selbst vor vorschneller Generalisierung warnt.

nur etwa zwei Prozent selbst zugewandert sind (Statistisches Bundesamt 2013, S. 32). Somit können Veränderungen über Generationen in der Kindheit empirisch nur dann untersucht werden, wenn die dritte Generation berücksichtigt wird.

## 3    Datengrundlage und methodisches Vorgehen

### 3.1    Datengrundlage

Die Datenbasis für die folgenden Analysen ist der Survey „Aufwachsen in Deutschland: Alltagswelten (AID:A)" des DJI aus dem Jahr 2009 (doi:10.4232/1.11358). In dieser Untersuchung wurden Daten zu Personen aus Privathaushalten bis zum Alter von 55 Jahren telefonisch erhoben. Hierzu wurde über die Einwohnermeldeämter in 342 Sample Points aus 299 Gemeinden eine disproportional nach Alter und Region geschichtete Stichprobe gezogen und für die gezogenen Adressen die Telefonnummern recherchiert. Bei Zielpersonen unter neun Jahren erfolgte die Erhebung über eine erwachsene Auskunftsperson, i. d. R. die Mutter. Ab dem Alter von neun Jahren wurden Kinder selbst befragt. Haushaltsinformationen wie bspw. die Einkommensverhältnisse oder die Bildung der Eltern wurden bei Minderjährigen generell durch eine erwachsene Auskunftsperson erfasst.[9] Die folgenden Analysen beziehen sich auf die Zielpersonen im Alter unter 18 Jahren[10]; die Stichprobe umfasst hier 12.418 Personen. Eine Besonderheit der Studie ist, dass Angaben über familiale Netzwerke über den Haushaltskontext hinaus erfragt wurden. Daher liegen – zumindest für Zielpersonen unter 18 Jahren – auch Angaben über die Herkunftsländer von Eltern und Großeltern vor.[11] Auf dieser Basis konnte zwischen

---

[9] Weitere Information zur AID:A-Studie finden sich bei Alt et al. (2011) und Quellenberg (2012). Der Methodenbericht der Erhebungsinstitute (infas und TNS Infratest 2010) gibt weitere Details zu Stichprobenziehung, Erhebung sowie Hinweise auf möglichweise selektive Ausfallprozesse. Die Institute merken etwa bezüglich der Bildungsstrukturen in der realisierten Stichprobe an, dass „sich ein für Telefonstudien nicht untypischer Bildungs-Bias (zeigt): Formal niedriggebildete Personen sind in der Nettostichprobe sehr unterrepräsentiert, formal höher Gebildete hingegen stark überrepräsentiert" (infas und TNS Infratest 2010, S. 106). Auch aus diesen Gründen wurden Variablen wie Bildung in allen Analysen systematisch berücksichtigt.

[10] Wenngleich dieser Artikel schwerpunktmäßig die Kindheit beleuchtet, erscheint es sinnvoll, für Angaben zum Bildungserfolg und zu -verläufen eine bis ins Jugendalter gefasste Altersgruppe in den Blick zu nehmen.

[11] Bei alleinerziehenden Eltern der Zielperson wurden allerdings keine Informationen zum Herkunftsland des Elternteils erfragt, das nicht mit dem Zielkind zusammenlebt. Außerdem wurden auch zu den Eltern dieses Elternteils keine Angaben zum Herkunftsland erhoben.

der ersten, zweiten und dritten Migrantengeneration differenziert werden. Damit gehört AID:A zu den wenigen Datensätzen in Deutschland, in denen dieses Merkmal erfasst wurde und in denen – aufgrund der nach Altersgruppen disproportionalen Ziehung der Stichprobe – für Kinder und Jugendliche hinreichend große Fallzahlen für differenziertere Analysen zur Verfügung stehen. Weitere Vorteile gegenüber Datensätzen wie dem SOEP bestehen darin, dass die Perspektive der Kinder (zumindest ab dem Alter von neun Jahren) direkt erhoben wurde und damit neben strukturellen Beschreibungen der Lebenskontexte auch Informationen über Aktivitäten und Einstellungen vorliegen, die eine Beschreibung des Kinderlebens aus Kindersicht ermöglichen.

## 3.2 Operationalisierungen

### 3.2.1 Abhängige Variablen

Als abhängige Variablen wurden altersspezifische Indikatoren aus den Bereichen Bildungsbeteiligung, -verlauf und Schulerfolg genutzt: Dabei wurde für Kinder unter drei Jahren[12] untersucht, ob sie in einer Kindertageseinrichtung oder in der Kindertagespflege betreut wurden (im Weiteren: *U3-Betreuung*); für Kinder im Alter von vier bis fünf Jahren, die noch nicht eingeschult waren, wurde analysiert, ob ihre Eltern eine Einschulung mit sieben Jahren wünschten (im Weiteren: *Einschulungswunsch*); für Kinder von sieben bis acht Jahren, die eingeschult waren, war die Frage, ob sie zum Zeitpunkt der Einschulung sieben Jahre alt waren (im Weiteren: *Einschulung*); ob ein Kind mindestens einmal eine Klasse wiederholt hatte (im Weiteren: *Klassenwiederholung*), wurde in der Gruppe der 9- bis 15-Jährigen analysiert und bei den 13- bis 17-Jährigen, ob das Kind ein Gymnasium besucht oder Abitur hat (im Weiteren: *Bildungserfolg*).

### 3.2.2 Unabhängige Variablen

Die zentrale unabhängige Variable für die Analysen ist der *Migrationshintergrund*. Um eine möglichst transparente Definition sicherzustellen, wurde zur Operationalisierung ausschließlich auf die Angaben zu den Geburtsländern der Zielperson sowie ihrer (sozialen) Eltern und Großeltern zurückgegriffen, d. h. Angaben zur Staatsangehörigkeit wurden nicht verwendet. Dabei wurde pragmatisch zunächst zwischen drei Migrationsgenerationen unterschieden und die zweite und dritte Generation zusätzlich differenziert. Tabelle 1 zeigt die Verteilung der Stichprobe nach dem so definierten Migrationshintergrund.

---

[12] Aufgrund der Ziehung der Personenstichprobe bei Einwohnermeldeämtern umfasst diese Gruppe de facto Kinder im Alter von ½ bis zu 2 Jahren.

**Tab. 1** Verteilung Migrationshintergrund ($n = 12.418$). (Quelle: AID:A – DJI-Survey 2009 (gewichtet), Altersgruppe 0 bis 17 Jahre)

| Migrationshintergrund | Anteil (in %) |
|---|---|
| Ohne Migrationshintergrund | 68,5 |
| 3. Generation 1-seitig | 9,7 |
| 3. Generation 2-seitig | 2,4 |
| 2. Generation 1-seitig | 8,2 |
| 2. Generation 2-seitig | 8,8 |
| 1. Generation | 2,4 |

Zur ersten *Generation* gehören alle Personen, die selbst nicht in Deutschland geboren und im Laufe ihres Lebens nach Deutschland migriert sind. Personen, die selbst in Deutschland geboren sind, aber mindestens ein Elternteil haben, bei dem dies nicht zutrifft, gehören zur *zweiten Generation*. In der zweiten Generation wurde zusätzlich differenziert, ob ein Elternteil (2. Generation 1-seitig) oder beide Eltern (2. Generation 2-seitig) nicht in Deutschland gebürtig sind. Alleinerziehende Elternteile, die im Ausland geboren wurden, sind letzterer Gruppe zugeordnet. Sind die interessierende Person und beide Eltern in Deutschland geboren, mindestens ein Großelternteil aber nicht, sprechen wir von der *dritten Generation*.[13] Hierbei wird wiederum unterschieden, ob dies auf die Eltern eines Elternteils (3. Generation 1-seitig) oder auf die Eltern beider Elternteile (3. Generation 2-seitig) zutrifft. Alleinerziehende, die zur dritten Generation gehören, werden wiederum letzterer Gruppe zugeordnet. Alle anderen Personen werden als Gruppe *ohne Migrationshintergrund* klassifiziert.

Da Migrationshintergrund, schulischer Erfolg und sozioökonomischer Status eng zusammenhängen (Betz 2008; Söhn und Özcan 2007), wurden im Rahmen der multivariaten Analysen neben dem Migrationshintergrund weitere Variablen berücksichtigt. Um die Auswertungen vergleichen zu können, wurde auf ein weitgehend einheitliches Set an unabhängigen Variablen zurückgegriffen, die mögliche Einflussfaktoren für die betrachteten Phänomene erfassen. Dies führt allerdings dazu, dass z. T. Variablen in Modellen auftauchen, bei denen aufgrund theoretischer Überlegungen oder auf Basis des Forschungsstandes kein Effekt erwartbar ist. Viele Analysen zum Migrationshintergrund zeigen, dass eine Differenzierung nach Herkunftsländern der eingewanderten Personen in diesem Bereich wichtig ist. Zudem wird in der öffentlichen Diskussion häufig angeführt, dass bei bestimmten Migrantengruppen – insbesondere denjenigen türkischer Herkunft – deutlich

---

[13] Im Mikrozensus ist eine solche Unterscheidung nur für Personen möglich, deren Eltern im selben Haushalt leben. Meist wird die 3. Generation in Analysen, u. a. den Schulleistungsstudien, nicht ausgewiesen bzw. den Personen ohne Migrationshintergrund zugeordnet (Gresch und Kristen 2011).

andere Muster der Bildungsbeteiligung und des -erfolgs erkennbar werden. In den vorliegenden Daten der ersten Welle von AID:A wurden Herkunftsländer für Migranten der dritten Generation nicht erhoben.[14] Deshalb kann in den Analysen als Proxy-Variable für die Herkunft aus der Türkei die *Religionszugehörigkeit* der Eltern (erwachsene Auskunftsperson oder Partner gehören dem Islam an) genutzt werden. Diese Variable ist allerdings kritisch zu betrachten: Zwar stammen laut einer Studie des Bundesamts für Migration und Flüchtlinge die deutliche Mehrheit der in Deutschland lebenden Muslime aus der Türkei (Haug et al. 2009, S. 80–83). Dennoch muss bei Interpretationen immer berücksichtigt werden, dass die Gruppe der in Deutschland lebenden Muslime in Bezug auf die regionale Herkunft heterogen ist und unter den muslimischen Migranten gerade hinsichtlich der Bildung große Unterschiede je nach Herkunftsland bestehen (Vardar und Kuhl 2009). Da regionale Unterschiede vor allem bei Fragen der Bildung bedeutsam sind, wurde zwischen *Ost- und Westdeutschland* differenziert sowie die *Ortsgrößenklasse* als metrische Variable mit Werten von eins bis sieben[15] als Indikator für Urbanität in die Analysen aufgenommen. Daneben wurden Geschlecht und Alter berücksichtigt – bei der U3-Betreuung wird das Alter als kategoriale Variable betrachtet, ansonsten als metrische Variable. Die Auswahl weiterer Variablen orientiert sich an der Unterscheidung dreier Kapitalien (Bourdieu 1983): Als altersunabhängiges Differenzierungsmerkmal für das (institutionalisierte) *kulturelle Kapital* wurde der höchste Bildungsabschluss im Haushalt operationalisiert über die Anzahl der *Bildungsjahre* (nach Ostermeier und Blossfeld 1998) verwendet, die in der Ökonomie eine Standardmessgröße des Humankapitals darstellen und auf Basis der erreichten Bildungsabschlüsse zugewiesen werden. Die Werte dieser Variable variieren zwischen acht Jahren für Personen ohne Abschluss und 19 Jahren für Personen mit Hochschulabschluss. Aspekte des *sozialen Kapitals* wurden über drei Indikatoren erfasst: Die Verfügbarkeit von *Unterstützung durch Verwandte, Nachbarn oder Freunde* außerhalb des Haushalts wurde über einen Index operationalisiert, der als metrische Kovariable in den Modellen berücksichtigt wurde.[16] Als Indikator für die

---

[14] In der zweiten Welle wird diese Information zur Verfügung stehen.

[15] Hierbei bedeuten 1=unter 2000 Einwohner, 2=2000 bis unter 5000 Einwohner, 3=5000 bis unter 20.000 Einwohner, 4=20.000 bis unter 50.000 Einwohner, 5=50.000 bis unter 100.000 Einwohner, 6=100.000 bis unter 500.000 Einwohner, 7=500.000 und mehr Einwohner.

[16] Frage F14 lautet: „Wenn Sie mal Hilfe brauchen, z. B. bei Besorgungen, kleineren Arbeiten oder der Betreuung von Kindern oder Kranken: Gibt es da Personen außerhalb Ihres Haushalts, an die Sie sich wenden können?" Wenn F14 mit ja beantwortet wurde, erfolgte in F15 die Nachfrage: „Sind das Verwandte, Nachbarn, Freunde oder sonstige Bekannte?". Der Index wurde als Summe der Nennungen „Verwandte", „Nachbarn" und „Freunde" gebildet und hat somit einen Wertebereich von 0 bis 3.

Verfügbarkeit innerfamilialer Ressourcen diente die *Lebensform* der Zielperson. Hier wurde unterschieden, ob sie mit einem Elternteil im Haushalt lebt oder mit beiden Eltern. Bei Analysen zur Kindertagesbetreuung wurde außerdem eine Variable berücksichtigt, die erfasst, ob das am nächsten wohnende *Großelternteil mehr als eine Stunde entfernt* wohnt bzw. alle Großeltern verstorben sind. Der Indikator für das *ökonomische Kapital* basiert auf zwei Variablen: Auf der Basis der Angaben zum Haushaltseinkommen wurde zunächst das *Äquivalenzeinkommen* des Haushalts berechnet und im Vergleich zum Median des Äquivalenzeinkommens 2008 auf drei Kategorien vergröbert: Unter 70 %, 70 bis unter 130 % und mindestens 130 % des mittleren Äquivalenzeinkommens. In einem zweiten Schritt wurden Personen, in deren Haushalt Leistungen nach dem SGB II oder vergleichbare Transferzahlungen (Sozialgeld, Sozialhilfe etc.) bezogen werden, der untersten Einkommensgruppe zugeordnet. Weiterhin wurde bei Analysen zur Kindertagesbetreuung eine Variable einbezogen, die angibt, ob beide Eltern (bzw. ein alleinerziehendes Elternteil) erwerbstätig oder in Ausbildung sind. Laut SGB VIII § 24a Absatz 3 soll diese Gruppe einen vorrangigen *Anspruch* auf Betreuungsplätze haben. Die Einbeziehung dieser Variablen in das Modell führt zwar zu Endogenität[17], allerdings zeigen an anderer Stelle publizierte Analysen (Santen und Prein 2013), dass sich hierdurch die grundlegende Richtung und Stärke der Parameter kaum ändern. Nicht in die Analysen einbezogen wurden Angaben zur Sprachpraxis im Haushalt, da diese sehr stark mit dem Migrationshintergrund korrelieren: Während bei etwa 97 % der Zielpersonen ohne Migrationshintergrund und etwa 91 % der Migranten der 3. Generation die Sprache im Haushalt[18] nur Deutsch ist, liegen die Anteile in der 2. Generation bei etwa 34 % und in der ersten bei etwa 33 %. Anteils- bzw. Mittelwerte aller o. g. Variablen nach Altersgruppe sind in Tab. 2 dargestellt.

## 3.3  Methoden

Zunächst wurden für alle abhängigen Variablen bivariate Analysen mit dem Merkmal Migrationshintergrund, differenziert nach Generationen, durchgeführt.

---

[17] Formal wird als Endogenität in der Regressionsanalyse die Tatsache bezeichnet, dass der Fehlerterm des Modells mit den erklärenden Variablen korreliert ist. Dieses Problem tritt bspw. auf, wenn eine als unabhängig angenommene Variable des Modells von der abhängigen Variablen abhängt, wenn wichtige Variablen nicht berücksichtigt werden oder wenn bei der Messung von Variablen Messfehler vorliegen. Endogenität kann zu Verzerrungen und zur Inkonsistenz von Schätzern führen (vgl. Engle et al. 1983).

[18] Bei Zielpersonen von 0 bis 12 Jahren: Generelle Angabe der Auskunftsperson zu den Sprachen im Haushalt, bei 13- bis 17-Jährigen: Sprachpraxis der Zielperson im Haushalt.

**Tab. 2** Anteilswerte (in %) bzw. arithmetische Mittelwerte der verwendeten Variablen nach Alter. (Quelle: AID:A – DJI-Survey 2009 (gewichtet), kursiv = nicht in Analysen für Altersgruppe genutzt)

| Variable | Altersgruppe (in Jahren) | | | | |
|---|---|---|---|---|---|
| | 0 bis 2 | 4 bis 5 | 7 bis 8 | 9 bis 15 | 13 bis 17 |
| *Abhängige Variablen* | | | | | |
| U3-Betreuung | 31,4 | | | | |
| Einschulungswunsch (7 Jahre) | | 18,1 | | | |
| Einschulung (mit 7 Jahren) | | | 10,4 | | |
| Klassenwiederholung | | | | 8,4 | |
| Bildungserfolg (Gymnasium oder Abitur) | | | | | 48,4 |
| *Unabhängige Variablen* | | | | | |
| Migrationshintergrund (in %) | | | | | |
| 3. Generation 1-seitig | 9,5 | 8,7 | 11,4 | 9,3 | 9,5 |
| 3. Generation 2-seitig | 1,4 | 2,8 | 1,8 | 2,9 | 2,6 |
| 2. Generation 1-seitig | 9,9 | 11,0 | 9,9 | 6,1 | 6,1 |
| 2. Generation 2-seitig | 9,5 | 9,7 | 8,0 | 9,0 | 7,5 |
| 1. Generation | 0,5 | 2,0 | 1,6 | 3,0 | 3,7 |
| Mind. ein Elternteil Islam (in %) | 4,7 | 5,2 | 4,3 | 4,2 | 3,8 |
| Ostdeutschland ohne Berlin (in %) | 13,8 | 13,4 | 16,4 | 12,9 | 11,6 |
| Gemeindegrößenklassen (Range 1–7) | 4,7 | 4,7 | 4,5 | 4,5 | 4,5 |
| Weiblich (in %) | 48,3 | 49,3 | 47,9 | 48,3 | 48,5 |
| Alter (in Jahren) | 1,1 | 4,5 | 7,5 | 12,0 | 15,1 |
| Max. Bildungsjahre im Haushalt (Range 8–19) | 15,7 | 15,6 | 15,3 | 14,9 | 14,8 |
| Elternteil alleinerziehend (in %) | 4,9 | 8,6 | 10,2 | 13,8 | 15,3 |
| Index soziale Unterstützung (Range 0–3) | 1,7 | 1,8 | 1,8 | 1,8 | 1,8 |
| Großeltern > 1 Std. entfernt oder verstorben (in %) | 22,7 | *25,5* | *25,3* | *26,7* | *29,2* |
| *Äquivalenzeinkommen des Haushalts* (in %) | | | | | |
| Unter 70 % des Medianeinkommens | *28,4* | 29,4 | 30,6 | 30,5 | 32,4 |
| 130 % oder mehr des Medianeinkommens | *16,4* | 18,5 | 20,2 | 15,1 | 12,5 |
| Anspruch Kita-Platz (in %) | 33,3 | *56,5* | *60,6* | *62,9* | *66,4* |
| *n* | 2.558 | 1.476 | 1.064 | 4.502 | 3.227 |

Ergänzend wurden logistische Regressionsanalysen berechnet, um neben dem Migrationshintergrund auch weitere Kovariablen nutzen zu können. Die binäre logistische Regression ist ein Verfahren, das es ermöglicht, den Einfluss mehrerer unabhängiger Variablen auf eine abhängige Variable mit den Ausprägungen 0 und 1 zu modellieren. Dabei wird die Wahrscheinlichkeit geschätzt, dass die abhän-

**Tab. 3** Bildungsbeteiligung und -erfolg nach Migrationshintergrund (in %). (Quelle: AID:A
– DJI-Survey 2009 (gewichtet))

| Abhängige Variable | Migrationshintergrund | | | | n |
|---|---|---|---|---|---|
| | Kein MH | 3. Generation | 2. Generation | 1. Generation | |
| U3-Betreuung | 33,4 | 35,3 | 22,4 | 15,5 | 2.557 |
| Einschulungswunsch (mit 7 Jahren) | 16,3 | 16,3 | 24,4 | 23,4 | 1.446 |
| Einschulung (mit 7 Jahren) | 9,4 | 7,1 | 16,4 | 18,8 | 1.026 |
| Klassenwiederholung | 7,4 | 7,1 | 12,1 | 17,4 | 3.965 |
| Bildungserfolg (Gymnasium oder Abitur) | 50,2 | 52,6 | 39,8 | 32,7 | 3.212 |

gige Variable den Wert 1 annimmt. Eine ausführlichere Darstellung dieses Stan-
dardverfahrens finden sich etwa in Andreß et al. (1997, S. 265–299). Da aufgrund
der disproportionalen Ziehung der Stichprobe die Altersjahrgänge designbedingt
unterschiedlich stark besetzt sind, wurde bei allen Analysen ein Designgewicht
verwendet, das diese Unterschiede ausgleicht. Allerdings ist darauf hinzuweisen,
dass sich in den untersuchten Altersgruppen die Analysen mit gewichteten und un-
gewichteten Daten nur geringfügig unterscheiden.

## 4   Ergebnisse

Tabelle 3 zeigt die bivariaten Verteilungen der abhängigen Variablen nach Migrationshintergrund und -generation. Dabei ist ein eindeutiger Trend festzustellen: Die
U3-Betreuung und der Bildungserfolg sind in der ersten Migrantengeneration am
geringsten, auch die zweite Generation liegt noch deutlich unter den anderen beiden Gruppen, wenngleich hier eine Annäherung erkennbar ist. Betrachtet man eine
späte Einschulung und Klassenwiederholungen als Indikatoren für Verzögerungen
und damit Probleme im Bildungsverlauf, so ist hier das Muster entsprechend umgekehrt: In der ersten und zweiten Migrationsgeneration sollen Kinder zu einem
höheren Anteil erst mit sieben Jahren eingeschult werden bzw. werden dies auch.
Auch wiederholen sie häufiger eine Klasse. Dies entspricht den Ergebnissen und
dem Bild, das die bisherige Forschung gezeichnet hat. Betrachtet man hingegen
die dritte Generation, so sind keine oder nur geringfügige Unterschiede zur Gruppe
ohne Migrationshintergrund erkennbar – bezüglich der verspäteten Einschulung,

der Klassenwiederholung und des Bildungserfolgs scheint diese Gruppe sogar geringfügig weniger Probleme zu haben bzw. erfolgreicher zu sein[19].

Das beschriebene Bild zu den Effekten des Migrationshintergrunds könnte sich allerdings verändern, wenn Merkmale der Gruppe mit Migrationshintergrunds differenzierter in die Auswertung eingehen bzw. weitere Variablen in die Analyse aufgenommen werden, die mit dem Migrationshintergrunds und/oder den abhängigen Variablen korreliert sind. Es könnte sich um ein Artefakt handeln, das im Wesentlichen auf Effekten von „Drittvariablen" beruht: So ist bspw. in Ostdeutschland die U3-Betreuungsquote höher als in Westdeutschland, zugleich aber der Anteil der Migranten geringer. Damit könnten die Unterschiede in der U3-Betreuung auf Regionaleffekte zurückzuführen sein. Bildungserfolg und Probleme im Bildungsverlauf sind wiederum mit den kulturellen, ökonomischen und sozialen Ressourcen des Elternhauses verbunden. Auch diese sind deutlich mit dem Migrationshintergrund korreliert: So ist – insbesondere bei Migranten der zweiten, aber auch in der ersten Generation – der Anteil der Familien mit niedrigen Bildungsressourcen, mit geringem Einkommen und schwachen sozialen Unterstützungspotentialen deutlich höher als in der Gruppe der Nicht-Migranten oder in der dritten Generation (vgl. Tab. 4). Dies bedeutet, dass die beobachteten Migrationseffekte also auch auf eine ungleiche Verteilung kulturellen, ökonomischen und sozialen Kapitals zurückgeführt werden könnten, wie Kalter und Schulz (2013) dies postulieren: „Ob Kind einer türkischstämmigen oder einer deutschen Arbeiterfamilie – die Ursachen dafür, dass beide Kinder geringere Chancen haben, ein Gymnasium zu besuchen, stimmen weitgehend überein" (ebd., S. 31).

Um dies zu prüfen, wurde eine Reihe logistischer Regressionsanalysen mit den genutzten abhängigen Variablen gerechnet, bei denen die in Kap. 3.2.2 beschriebenen unabhängigen Variablen sukzessive in das Modell aufgenommen wurden. Kategoriale Variablen wurden in den Modellen Dummy-kodiert. Die ausgewiesenen Effekte stellen damit die Unterschiede gegenüber der sogenannten Referenzkategorie dar. Tabelle 5 zeigt eine verkürzte Übersicht der Modelle, in der nur die β-Koeffizienten für die Migrationsparameter ausgewiesen sind.

---

[19] Ein vergleichbarer Trend für den Bildungserfolg wird sichtbar, wenn man mit dem Scientific-Use-File des Mikrozensus 2009 den Migrationshintergrund für Kinder und Jugendliche im Alter von 13 bis 17 Jahren, die mit mindestens einem Elternteil im Haushalt leben, analog zu AID:A operationalisiert: Während bei Personen ohne Migrationshintergrund sowie bei Migranten der dritten Generation etwa 37 % ein Gymnasium besuchen oder ein Abitur haben, liegt dieser Anteil in der zweiten Generation bei etwa 28 % und in der ersten bei etwa 22 % (Personen 13 bis unter 18 Jahren in Privathaushalten am Hauptwohnsitz, designgewichtet).

**Tab. 4** Ausgewählte Indikatoren zur Lebenslage nach Migrationshintergrund (in %). (Quelle: AID:A – DJI-Survey 2009 (gewichtet), Personen von 0 bis 17 Jahren)

| Variable | Migrationshintergrund | | | | n |
|---|---|---|---|---|---|
| | Kein MH | 3. Generation | 2. Generation | 1. Generation | |
| Ostdeutschland ohne Berlin | 15,7 | 13,8 | 3,6 | 10,8 | 12.418 |
| Bildung im Haushalt max. Hauptschule | 6,7 | 7,2 | 15,5 | 8,9 | 12.418 |
| Einkommen unter 70 % oder SGB II-Bezug | 26,0 | 24,4 | 47,4 | 48,6 | 11.557 |
| Keine Hilfe von Verwandten, Nachbarn oder Freunden | 6,6 | 7,1 | 15,2 | 24,7 | 12.407 |
| Großeltern > 1 Stunde entfernt oder verstorben | 22,0 | 24,1 | 40,0 | 53,4 | 12.400 |

Ein positiver Koeffizient zeigt an, dass die Wahrscheinlichkeit für die jeweilige Gruppe höher ist als für die Referenzgruppe, ein negativer, dass sie niedriger ist. Beim Migrationshintergrund bildet die Gruppe ohne Migrationshintergrund die Referenzkategorie. Im Gegensatz zur bivariaten Analyse wurde bei der zweiten und dritten Generation zusätzlich unterschieden, ob es sich um einen ein- oder zweiseitigen Migrationshintergrund handelt. Fett gedruckte Parameter sind auf dem 5%-Niveau signifikant, fett und kursiv gedruckte auf dem 10%-Niveau (jeweils 2-seitig). Bei der Bewertung der Signifikanzen ist allerdings zu berücksichtigen, dass die untersuchten Gruppen zum Teil sehr klein sind. So umfasst bspw. die Gruppe der Kinder unter 3 Jahren mit einem Migrationshintergrund der ersten Generation nur 13 Fälle. In den Basismodellen (1) wurde lediglich der Migrationshintergrund als unabhängige Variable in das Modell aufgenommen. Dabei zeigen sich zunächst ähnliche Effekte wie in der bivariaten Analyse: Es gibt einen deutlichen Unterschied zwischen Migranten der ersten und zweiten Generation zweiseitig auf der einen Seite und Personen ohne Migrationshintergrund und Migranten der dritten Generation auf der anderen Seite. Während bei ersteren offensichtliche Probleme in den Bildungsverläufen deutlich werden, ist dies bei letzteren wesentlich seltener der Fall. Ein eindeutiges Muster, bei dem sich alle anderen Gruppen von den Migranten der ersten und zweiten Generation zweiseitig unterschieden, gibt es bei der U3-Betreuung, der Klassenwiederholung und dem Bildungserfolg: Bei Migranten der ersten und zweiten Generation zweiseitig sind die Wahrscheinlichkeiten für U3-Betreuung und Bildungserfolg geringer, für Klassenwiederholung höher. Bezüglich des Einschulungswunsches und der Einschulung ist das Bild ähnlich.

**Tab. 5** Bildungsbeteiligung und -erfolg nach Migrationshintergrund (logistische Regressionen, β-Koeffizienten*). (Quelle: AID:A – DJI-Survey 2009 (gewichtet))

| Abhängige Variable | Effekte Migrationshintergrund | Modell[a] | | | | | | | |
|---|---|---|---|---|---|---|---|---|---|
| | | 1 | 2 | 3 | 4 | 5 | 6 | 7 | 8 |
| U3-Betreuung | 3. Generation 1-seitig | 0,06 | 0,08 | 0,18 | 0,27 | 0,21 | | 0,25 | 0,18 |
| | 3. Generation 2-seitig | 0,28 | 0,42 | 0,32 | 0,15 | 0,11 | | 0,03 | −0,02 |
| | 2. Generation 1-seitig | −0,20 | −0,09 | 0,00 | −0,04 | −0,09 | | −0,11 | −0,27 |
| | 2. Generation 2-seitig | **−1,01** | **−0,84** | **−0,75** | **−0,93** | **−0,78** | | **−0,86** | **−0,60** |
| | 1. Generation | −1,00 | −1,00 | −0,80 | −1,21 | −1,31 | | −1,30 | −1,04 |
| | *n* | 2.557 | 2.557 | 2.557 | 2.557 | 2.557 | | 2.552 | 2.537 |
| Einschulungswunsch (mit 7 Jahren) | 3. Generation 1-seitig | −0,15 | −0,14 | −0,06 | −0,05 | 0,02 | 0,08 | 0,08 | |
| | 3. Generation 2-seitig | 0,40 | 0,43 | 0,52 | 0,51 | 0,42 | 0,24 | 0,25 | |
| | 2. Generation 1-seitig | −0,08 | −0,06 | 0,10 | 0,09 | 0,13 | 0,06 | 0,06 | |
| | 2. Generation 2-seitig | **1,01** | **1,05** | **1,20** | **1,20** | **1,08** | **0,91** | **0,89** | |
| | 1. Generation | 0,45 | 0,46 | 0,60 | 0,63 | *0,78* | 0,44 | 0,46 | |
| | *n* | 1.446 | 1.446 | 1.446 | 1.446 | 1.446 | 1.362 | 1.361 | |
| Einschulung (mit 7 Jahren) | 3. Generation 1-seitig | −0,27 | −0,26 | −0,26 | −0,24 | −0,24 | −0,32 | −0,26 | |
| | 3. Generation 2-seitig | −0,60 | −0,58 | −0,59 | −0,71 | −0,73 | −0,55 | −0,52 | |
| | 2. Generation 1-seitig | **0,63** | **0,66** | **0,79** | **0,82** | **0,85** | **0,91** | **0,96** | |
| | 2. Generation 2-seitig | *0,65* | *0,72* | *0,86* | *0,92* | *0,80* | *0,72* | *0,73* | |
| | 1. Generation | 0,81 | 0,81 | 0,87 | 0,73 | 0,77 | 0,86 | 0,87 | |
| | *n* | 1.026 | 1.026 | 1.026 | 1.026 | 1.026 | 951 | 951 | |
| Klassenwiederholung | 3. Generation 1-seitig | −0,10 | −0,10 | −0,11 | −0,08 | −0,04 | 0,05 | 0,11 | |
| | 3. Generation 2-seitig | −0,13 | −0,14 | −0,13 | −0,05 | −0,17 | −0,22 | −0,35 | |
| | 2. Generation 1-seitig | 0,07 | 0,03 | 0,05 | 0,11 | 0,19 | 0,22 | 0,29 | |
| | 2. Generation 2-seitig | **0,64** | **0,55** | **0,56** | **0,64** | **0,49** | **0,40** | **0,43** | |
| | 1. Generation | **0,87** | **0,85** | **0,88** | **0,78** | **0,85** | **0,69** | **0,68** | |
| | *n* | 1.026 | 1.026 | 1.026 | 1.026 | 1.026 | 951 | 951 | |

**Tab. 5** (Fortsetzung)

| Abhängige Variable | Effekte Migrationshinter-grund | Modell[a] | | | | | | | |
|---|---|---|---|---|---|---|---|---|---|
| | | 1 | 2 | 3 | 4 | 5 | 6 | 7 | 8 |
| Bildungser-folg (Gymnasium oder Abitur) | 3. Generation 1-seitig | 0,17 | 0,17 | 0,17 | 0,17 | 0,04 | 0,00 | 0,00 | |
| | 3. Generation 2-seitig | −0,17 | −0,16 | −0,17 | −0,16 | −0,06 | 0,01 | 0,05 | |
| | 2. Generation 1-seitig | 0,03 | 0,11 | 0,04 | 0,03 | −0,20 | −0,26 | −0,25 | |
| | 2. Generation 2-seitig | **−0,83** | **−0,54** | **−0,59** | **−0,59** | **−0,53** | *−0,36* | −0,31 | |
| | 1. Generation | **−0,73** | **−0,67** | **−0,76** | **−0,73** | **−0,87** | **−0,62** | **−0,53** | |
| | n | 3.212 | 3.212 | 3.212 | 3.212 | 3.212 | 2.927 | 2.918 | |

*__Fett__ signifikant auf dem 5%-Niveau (zweiseitig), __fett und kursiv__ signifikant auf dem 10%-Niveau
[a] Modelle: (1) Basismodell Migrationshintergrund (2) + Religion (3) + regionaler Kontext (4) + Geschlecht und Alter (5) + kulturelles Kapital (6) + ökonomisches Kapital (7) + soziales Kapital (8) + Anspruch Kita-Platz

Während es bei der Einschulung mit sieben Jahren in beiden Gruppen der zweiten Generation mindestens einen einseitig signifikant positiven Effekt gibt – die zweite Generation somit insgesamt in stärkerem Maße später eingeschult wird –, zeigt sich beim Einschulungswunsch als einzigem Modell eine Differenz innerhalb der dritten Generation: Bei einem zweiseitigen Migrationshintergrund ist hier im Basismodell eine späte Einschulung wahrscheinlicher. Dieser Effekt wird allerdings deutlich schwächer, wenn weitere Variablen im Modell berücksichtigt werden. In den Modellen (2) wurde zusätzlich zum Migrationshintergrund die Zugehörigkeit mindestens eines Elternteils zum Islam in das Modell aufgenommen. Diese Variable hat in den Modellen zur U3-Betreuung sowie zum Bildungserfolg deutliche und signifikante Effekte und schwächt die Migrationseffekte hier zum Teil geringfügig ab. Allerdings führt dies nicht dazu, dass sich die Richtung der Parameter des Basismodells ändern. In allen anderen Modellen sind keine Effekte dieser Variablen erkennbar. Bei den Analysen zur Einschulung verstärkt die Hinzunahme dieser Variablen sogar z. T. noch die Migrationseffekte, in den anderen Modellen werden diese abgeschwächt, signifikante Effekte in Modell 1 bleiben allerdings in allen Modellen bestehen. Werden in den Modellen (3) regionale Kontextfaktoren und in den Modellen (4) Geschlecht und Alter einbezogen, haben diese Variablen die bekannten Effekte.[20] Da diese hier nicht Thema sind, wird auf deren Darstellung

---

[20] So erstaunt es nicht, dass die Quote der U3-Betreuung in Ostdeutschland höher ist oder Mädchen früher eingeschult werden, seltener ein Klasse wiederholen und einen höheren Bildungserfolg haben.

verzichtet. Festzuhalten ist allerdings, dass die Hinzunahme dieser Variablen zwar zu geringfügigen Veränderungen der Migrationsparameter führt, allerdings auch sie das beschriebene Muster nicht grundsätzlich verändern. Zudem ist wichtig zu erwähnen, dass sich hierdurch der Migrationseffekt keineswegs durchgängig nur in eine Richtung verändert. Da Migrationshintergrund und kulturelles Kapital eng verbunden sind, stellt sich bei allen Analysen die Frage, ob Migrationseffekte nicht im Wesentlichen Bildungseffekte sind. Aus diesem Grund wurden die Bildungsressourcen des Haushaltes (höchster Bildungsabschluss in Bildungsjahren) zusätzlich in die Modelle unter (5) aufgenommen. Wie zu erwarten, hat Bildung einen in allen Fällen signifikanten Effekt. Auch verändern sich durch die Hinzunahme die Effekte des Migrationshintergrund – wobei diese i. d. R. etwas geringer werden. Die Annahme, dass ein Teil des Migrationseffekts auf Unterschiede in den Bildungsressourcen zurückgeht, erscheint damit plausibel. Allerdings wird auch durch die Hinzunahme dieser Variablen das generelle Muster – geringe Unterschiede zwischen Nicht-Migranten und Migranten der 3. Generation, hingegen große Unterschiede zur zweiten Generation zweiseitig und zur ersten Generation – nicht verändert. Neben Unterschieden bezüglich des kulturellen Kapitals wurde in den folgenden Modellen geprüft, inwieweit auch Unterschiede in der ökonomischen Situation Migrationseffekte erklären können. Da Einkommensunterschiede zum Teil ein Effekt unterschiedlicher Erwerbsbeteiligung sind und Erwerbstätigkeit wiederum hoch mit der Verfügbarkeit und Inanspruchnahme von Kinderbetreuung korreliert ist, wurde kein Modell zur U3-Betreuung geschätzt, das Einkommen einbezieht. Die Modelle (6) zeigen die Effekte für alle anderen abhängigen Variablen. Signifikant sind diese nur bezüglich der Klassenwiederholung und des Bildungserfolgs. Die Hinzunahme dieser Variablen verändert die Migrationsparameter – i. d. R. werden diese kleiner. Das generelle Muster allerdings wird hier ebenfalls nicht verändert, wenngleich auch hier die Stärke der Migrationseffekte in den meisten Fällen abnimmt. Somit kann vermutet werden, dass Unterschiede in der ökonomischen Situation für einen Teil des Migrationseffekts verantwortlich sind. Auffällig ist allerdings, dass es in den Modellen zum Bildungserfolg (Abitur oder Gymnasium) zu einem so deutlichen Absinken des Effekts kommt, dass dieser bei den Migranten der zweiten Generation zweiseitig nicht mehr auf dem 5 %-Niveau signifikant ist. Werden in den Modellen (7) Indikatoren für das soziale Kapital berücksichtigt, so steigen in den meisten Modellen die Migrationseffekte für die erste Generation und die zweite Generation zweiseitig – mit Ausnahme des Modells zum Bildungserfolg. Hier sinken bei Parameter und der Effekt für die zweite Generation ist nicht einmal mehr auf dem 10 %-Niveau signifikant. Bei allen Modellen bleibt aber das Muster bestehen, dass sich die dritte Generation nicht von den Nicht-Migranten unterscheidet, während Migranten der ersten Generation und der zweiten Generation zweiseitig seltener in U3-Betreuung gehen, häufiger erst mit sieben Jahren eingeschult werden, häufiger eine Klasse wiederholen und seltener ein Gymnasium besuchen oder ein Abitur haben. Das genannte Muster findet sich auch dann, wenn in Modell (8) für die U3-Betreuung der vorrangige Anspruch auf einen Kita-Platz in das Modell aufgenommen wird. Dieses sollte allerdings nicht überinterpretiert werden, da die Hinzunahme dieses Parameters zu Endogenität führt.

## 5  Diskussion

Unser Anliegen war es, im Rahmen der Sozial- und Bildungsberichterstattung einen Beitrag für eine differenziertere Diskussion zum Aufwachsen in der Einwanderungsgesellschaft insbesondere mit Blick auf zentrale Marker für Bildungsdisparitäten zu leisten. Die indikatorenbasierten Analysen auf Basis der AID:A-Studie des DJI dienten dazu, die Population mit Migrationshintergrund in mehrere Generationen auszudifferenzieren, um interne Differenzen bezüglich ausgewählter Aspekte der Bildung und Betreuung in der Kindheit genauer aufzuschlüsseln. Die Tatsache, dass im Jahr 2009 erstmalig in Deutschland ein Datensatz generiert wurde, der auf eine differenzierte Art und Weise die Migrantengenerationen für eine breite Altersgruppe von Kindern und Jugendlichen repräsentativ für Deutschland erfasst, zeigt, dass die lange Nicht-Thematisierung des Migrationshintergrunds in wissenschaftlichen Zusammenhängen und eine vereinfachte, meist dichotome Abbildung des Migrationskonzepts einer wissenschaftlichen Beschreibung bildungs- und betreuungsbezogener Aspekte des Aufwachsens in der Einwanderungsgesellschaft bislang entgegen stand. Mit den nun vorliegenden Daten wurde eine zentrale empirische Voraussetzung dafür geschaffen, die Suche nach Erklärungen für die systematischen Vor- und Nachteile von Kindern (mit Migrationshintergrunds) im Bildungs- und Betreuungssystem zu verfeinern. Unsere wichtigsten Ergebnisse lassen sich wie folgt zusammenfassen:

*Erstens* zeigen die Berechnungen einen generellen Trend, der besagt, dass sich Kinder ohne Migrationshintergrunds und Kinder der 3. Migrationsgeneration deutlich von Kindern der 1. und 2. Migrationsgeneration (2-seitig) in den untersuchten bildungs- und betreuungsbezogenen Aspekten des Aufwachsens unterscheiden. Die Befunde für die 2. Migrationsgeneration (1-seitig) hingegen variieren und liegen meist zwischen den Befunden der anderen Gruppen. *Zweitens* belegen unsere Analysen die Unterschiede in der sozio-ökonomisch bedingten Lebenssituation deutlich, die einen nicht unwesentlichen Teil der Effekte erklären (Kalter und Schulz 2013). Dennoch bleiben darüber hinaus erkennbare und in vielen Fällen signifikante zusätzliche Migrationseffekte bestehen (Betz 2008). *Drittens* sind jedoch Differenzierungen in den Daten nicht enthalten, die damit auch in den Modellen nicht entsprechend erfasst worden sind: So lassen sich die Zusammenhänge der 3. Migrationsgeneration mit Blick auf die Unterschiede nach Herkunftsländern nicht prüfen, da bei der 3. Generation keine Informationen über das Herkunftsland enthalten sind (und zudem die Fallzahlen nicht ausreichen würden). Auch kann nicht geklärt werden, ob alle vier Großelternteile oder beispielsweise nur ein Großelternteil zugewandert ist. M.a.W.: Die Erfolge der 3. Migrationsgeneration könnten ebenfalls damit zusammenhängen, dass in den zugrunde liegenden Daten nur ein Großelternteil aus dem Ausland kommt. Mit Blick auf beide Fragestellungen besteht daher weiterer Forschungsbedarf.

Dennoch deuten die vorliegenden Befunde eine generelle Tendenz zur Angleichung der Kindheiten mit und ohne Migrationshintergrund ab der 3. Generation im Generationenverlauf an. Inwieweit es dabei aber möglicherweise innerhalb der Gruppe der Migranten zu Prozessen segmentierter Assimilation kommt oder in Zukunft kommen könnte, lässt sich mit den vorliegenden Daten nicht prüfen (These selektiver Akkulturation bei Baumert und Maaz 2012). Dass Kinder aus Familien mit muslimischem Glauben (als Proxy-Variable für türkische Herkunft) in keiner der Analysen signifikant „negativ auffällig" sind, wenn in die Analysen die Unterschiede in der sozio-ökonomisch bedingten Lebenssituation in die Modelle aufgenommen werden, kann indessen als erster Hinweis gegen diese Annahme gewertet werden. Zusammenfassend ist festzuhalten, dass die Sozial- und Bildungsberichterstattung das Potenzial hat, empirische Grundlagen für die vielfach geforderte „nüchterne Integrationsdebatte" (Berlin-Institut für Bevölkerung und Entwicklung 2009, S. 4) bereit zu stellen und – bezogen auf Bildung und Betreuung – auch im Zeitverlauf empirische Belege für Disparitäten in Bildungsbeteiligung, -verläufen und schulischen Erfolgen sowie den Betreuungsbedingungen von Kindern zu sammeln und aufzubereiten. Gleichwohl sind die Berichterstatter und die beteiligten Forscherinnen und Forscher nicht lediglich ‚neutrale Datenlieferanten' (Betz 2008), sondern sie positionieren sich ebenfalls in der (politischen und wissenschaftlichen) Debatte um Migration, Integration und Bildung. Es macht damit auch einen Unterschied, ob man über die Darstellung von (Integrations-) Indikatoren Belege dafür sammelt, wie (gut) sich Menschen aus anderen Ländern bereits „eingegliedert" haben (Berlin-Institut für Bevölkerung und Entwicklung 2009, S. 4) und, anscheinend wohlwollend, darauf hinweist, dass die meisten Zuwanderer „längst *normale* Bürger des Landes geworden sind" (ebd.; Hervorh. d. Verf.), oder ob man Integration als eine messbare Platzierung in der Gesellschaft versteht, festgemacht am ökonomischen, kulturellen oder sozialen Kapital oder an der (frühen) Teilhabe bzw. Beteiligung an zentralen Bereichen des gesellschaftlichen Lebens, wie es u. a. das Bildungs- und Betreuungssystem darstellt (Sachverständigenrat deutscher Stiftungen für Integration und Migration 2012, S. 17). Nach diesem Verständnis kann man auf die systematisch ungleichen Teilhabe- und Erfolgsmöglichkeiten von Kindergruppen mit Migrationshintergrund – in enger Verknüpfung mit sozioökonomischen Ungleichheiten – hinweisen und eine kritische wissenschaftliche und politische Auseinandersetzung mit diesem Befund (ein)fordern. Gleichwohl muss man sich kritisch fragen (lassen), ob die hier vorgelegten Analysen auf der Basis ausgewählter Indikatoren zur Bildung und Betreuung von Kindern zwar einen – im Vergleich zu anderen Datensätzen – differenzierteren Einblick liefern, aber damit dennoch zu einer Fortschreibung des „wir" und „die (differenzierten) anderen" beitragen. Es ist Hamburger und Stauf (2009) zuzustimmen, wenn sie formulieren: „Der *Migrationshintergrund* öffnet Tür und Tor für ein detektivisches Ermitteln der exotischen Differenz und damit der Festschreibung diffuser Fremdheit. Das Etikett kann zum Stigma werden, mit dem Personen oder Familien gebrandmarkt werden, als *nicht dazugehörend*" (Hamburger und Stauf 2009, S. 30, Hervorh. i. O.). Diese Problematik gilt es in einer reflexiven Haltung in jeglicher wissenschaftlicher Analyse immer wieder fragend an das eigene Vorgehen, die eigenen Analysen und Interpretationen zu richten. Hamburger und Stauf halten weiterhin fest: „Spätestens in der dritten Generation erfasst die migrationsbedingte Zuordnung nichts Besonderes mehr und erklärt nichts" (Hamburger und Stauf 2009, S. 31). Diese Aussage kann bislang auf der Basis von für Deutschland repräsentativen Daten zu bildungs- und betreuungsbezogenen Aspekten des Kinderlebens nicht getroffen werden. Es ist damit eine empirische Frage, ob Hamburger und Stauf zuzustimmen ist, oder ob sich relevante Unterschiede in den verschiedenen Migrationsgenerationen (auch in der Zukunft) zeigen.

## Literatur

Alba, R., & Nee, V. (2004). Assimilation und Einwanderung in den USA. In K. J. Bade & M. Bommes (Hrsg.), *Migration – Integration – Bildung. Grundfragen und Problembereiche* (IMIS-Beiträge, 23, S. 21–39). Osnabrück: Institut für Migrationsforschung und Interkulturelle Studien (IMIS).

Alt, C., Bien, W., Gille, M., & Prein, G. (2011). Alltagswelten erforschen: AID:A. Forschungsziele, Methodik und Umsetzung der DJI-Surveyforschung. *DJI-Impulse, 92/93*, 31–35.

Andreß, H. J., Hagenaars, J. A., & Kühnel, S. (1997). *Analyse von Tabellen und kategorialen Daten. Log-lineare Modelle, latente Klassenanalyse, logistische Regression und GSK-Ansatz*. Berlin: Springer Verlag.

Aumüller, J. (2007). Integration im generationellen Wandel. In DGB Bildungswerk e. V. (Hrsg.), *Was bedeutet Integration? Integrationsindikatoren auf dem Prüfstand. UN-Tag gegen Rassismus am 21. März 2007 in Düsseldorf* (Schriftenreihe Migration und Arbeitswelt, 46, S. 16–21). Düsseldorf: DGB Bildungswerk e. V. http://www.de.migration-online.de/data/publikationen_datei_1335357315.pdf. Zugegriffen: 23. Mai 2013.

Autorengruppe Bildungsberichterstattung (Hrsg.). (2012). *Bildung in Deutschland 2012. Ein indikatorengestützter Bericht mit einer Analyse zur kulturellen Bildung im Lebenslauf.* Bielefeld: W. Bertelsmann Verlag.

Baumert, J., & Maaz, K. (2012). Migration und Bildung in Deutschland. *DDS – Die Deutsche Schule, 104*(3), 279–302.

Becker, B. (2011). Cognitive and language skills of Turkish children in Germany: A comparison of the second and third generation and mixed generational groups. *International Migration Review, 45*(2), 426–459.

Berlin-Institut für Bevölkerung und Entwicklung (2009). *Ungenutzte Potenziale. Zur Lage der Integration in Deutschland.* Berlin: Eigenverlag.

Berngruber, A., Pötter, U., & Prein, G. (2012). Bildungsaufstieg oder Bildungsvererbung? Analysen zum Migrationshintergrund. In Th. Rauschenbach & W. Bien (Hrsg.), *Aufwachsen in Deutschland AID:A – der neue DJI-Survey* (S. 54–67). Weinheim: Beltz Juventa.

Betz, T. (2008). *Ungleiche Kindheiten. Theoretische und empirische Analysen zur Sozialberichterstattung über Kinder.* Weinheim: Juventa Verlag.

Betz, T. (2011). Multikulturelle Kindheit im Spiegel der Kindersurveys. In S. Wittmann, Th. Rauschenbach & H. R. Leu (Hrsg.), *Kinder in Deutschland. Eine Bilanz empirischer Studien* (S. 248–266). München: Juventa Verlag.

Bommes, M. (2011). *Migration und Migrationsforschung in der modernen Gesellschaft:* eine Aufsatzsammlung. *(IMIS-Beiträge, 38). Osnabrück: Institut für Migrationsforschung und Interkulturelle Studien (IMIS).*

Bourdieu, P. (1983). Ökonomisches Kapital, kulturelles Kapital, soziales Kapital. In R. Kreckel (Hrsg.), *Soziale Ungleichheiten* (S. 183–198). Göttingen: Wolf Schwartz Verlag.

Bundesjugendkuratorium (2013). *Migration unter der Lupe. Der ambivalente Umgang mit einem gesellschaftlichen Thema in der Kinder- und Jugendhilfe.* Stellungnahme des Bundesjugendkuratoriums. http://www.bundesjugendkuratorium.de/pdf/2010-2013/ Stellungnahme_Migration_81113.pdf. Zugegriffen: 30. Mai 2014.

Bundesministerium für Bildung und Forschung. (Hrsg.). (2007). *Migrationshintergrund von Kindern und Jugendlichen: Wege zur Weiterentwicklung der amtlichen Statistik.* Bonn: Bundesministerium für Bildung und Forschung.

Cinar, M., Otremba, K., Stürzer, M., & Bruhns, K. (2013). *Kinder-Migrationsreport. Ein Daten- und Forschungsüberblick zu Lebenslagen und Lebenswelten von Kindern mit Migrationshintergrund.* München: Deutsches Jugendinstitut e. V.

Clauss, S., & Nauck, B. (2009). The situation among children of migrant origin in Germany. Special series on children in immigrant families in affluent societies. *Innocenti Working Paper, 14, Florence, UNICEF Innocenti Research Centre.* http://www.unicef-irc.org/publications/pdf/iwp_2009_14.pdf. Zugegriffen: 23. Mai 2013.

Diehm, I., & Panagiotopoulou, A. (2011). Einleitung: Einwanderung und Bildungsbenachteiligung als Normalität und Herausforderung. In I. Diehm & A. Panagiotopoulou (Hrsg.), *Bildungsbedingungen in europäischen Migrationsgesellschaften: Ergebnisse qualitativer Studien in Vor- und Grundschule* (S. 9–23). Wiesbaden: VS Verlag für Sozialwissenschaften.

Engle, R. F., Hendry, D. F., & Richard, J.-F. (1983). Exogeneity. *Econometrica, 51*(2), 277–304.

Esser, H. (2001). Integration und ethnische Schichtung. *Arbeitspapiere – Mannheimer Zentrum für Europäische Sozialforschung (Nr. 40).* Mannheim.

Geißler, R. (2008). Lebenslagen der Familien der zweiten Generation. In K. J. Bade, M. Bommes & J. Oltmer (Hrsg.), *Nachholende Integrationspolitik – Problemfelder und Forschungsfragen* (IMIS-Beiträge, 34, S. 13–25). Osnabrück: Institut für Migrationsforschung und Interkulturelle Studien (IMIS).

Glazer, N., & Moynihan, D. P. (1964). *Beyond the melting pot. The Negroes, Jews, Puerto Ricans, and Irish in New York City.* Cambridge: M.I.T. Press.

Gresch, C., & Kristen, C. (2011). Staatsbürgerschaft oder Migrationshintergrund? Ein Vergleich unterschiedlicher Operationalisierungsweisen am Beispiel der Bildungsbeteiligung. *Zeitschrift für Soziologie, 40*(3), 208–227.

Hamburger, F., & Stauf, E. (2009). Migrationshintergrund zwischen Statistik und Stigma. *Schüler: Wissen für Lehrer, Migration,* 30–31.

Hansen, M. L. (1938). *The problem of the third generation immigrant.* Rock Island: Augustana Historical Society.

Haug, S., Müssig, S., & Stichs, A. (2009). Muslimisches Leben in Deutschland. Im Auftrag der Deutschen Islam Konferenz (Hrsg. vom Bundesamt für Migration und Flüchtlinge). Nürnberg. https://www.bmi.bund.de/SharedDocs/Downloads/DE/Themen/Politik_Gesellschaft/DIK/vollversion_studie_muslim_leben_deutschland_.pdf?__blob=publicationFile. Zugegriffen: 19. Mai 2014.

Heinz, A., & Kluge, U. (Hrsg.). (2012). *Einwanderung – Bedrohung oder Zukunft? Mythen und Fakten zur Integration.* Frankfurt a. M.: Campus Verlag.

infas, & TNS Infratest (2010). Bericht: DJI-Survey „Aufwachsen in Deutschland: Alltagswelten (AIDA)" – Erhebung 2009- Methodenbericht der Erhebungsinstitute: infas GmbH, TNS Infratest Sozialforschung GmbH. Bonn: infas. http://surveys.dji.de/download.php?dID=327&PHPSESSID=af877f8e0d0e5829f23e608151dc9b38.

Kalter, F., & Granato, N. (2004). Sozialer Wandel und strukturelle Assimilation in der Bundesrepublik. Empirische Befunde mit Mikrodaten der amtlichen Statistik. In K. J. Bade & M. Bommes (Hrsg.), *Migration – Integration – Bildung. Grundfragen und Problembereiche* (IMIS-Beiträge, 23, S. 61–81). Osnabrück: Institut für Migrationsforschung und Interkulturelle Studien (IMIS).

Kalter, F., & Schulz, B. (2013). Stetiger Wandel über Generationen. *Forschung – Das Magazin der Deutschen Forschungsgemeinschaft DFG, 38, Spezial Demografie,* 28–33. doi:10.1002/fors.201390024.

Konsortium Bildungsberichterstattung (Hrsg.). (2006). *Bildung in Deutschland. Ein indikatorengestützter Bericht mit einer Analyse zu Bildung und Migration.* Bielefeld: W. Bertelsmann Verlag.

Krüger-Potratz, M. (2009). Migration als Herausforderung für Bildungspolitik. In R. Leiprecht & A. Kerber (Hrsg.), *Schule in der Einwanderungsgesellschaft. Ein Handbuch* (3. Aufl., S. 56–82). Schwalbach/Ts.: Wochenschau Verlag.

Ostermeier, M., & Blossfeld, H.-P. (1998). Wohneigentum und Ehescheidung. Eine Längsschnittanalyse über den Einfluss gekauften und geerbten Wohneigentums auf den Prozess der Ehescheidung. *Zeitschrift für Bevölkerungswissenschaft, Demographie, 23,* 39–54.

Park, R. E. (1928). Human migration and the marginal man. *American Journal of Sociology, 33,* 881–893.

Park, R. E. (1950). *Race and culture.* New York: Free Press.

Quellenberg, H. (2012). Von der Stichprobenziehung bis zur Variablenaufbereitung. Der AID:A-Datensatz. In Th. Rauschenbach & W. Bien (Hrsg.), *Aufwachsen in Deutschland. AID:A – Der neue DJI-Survey* (S. 234–246). Weinheim: Beltz Juventa.

Sachverständigenrat deutscher Stiftungen für Integration und Migration (2012). *Integration im föderalen System: Bund, Länder und die Rolle der Kommunen. Jahresgutachten 2012 mit Integrationsbarometer.* Berlin: Sachverständigenrat deutscher Stiftungen für Integration und Migration (SVR).

Santen, E. van & Prein, G. (2013). Effekte der Angebotsdichte sozialstaatlicher Leistungen und Angebote auf die soziale Selektivität der Inanspruchnahme – Empirische Hinweise am Beispiel der Angebote Kinderbetreuung und Jugendzentren. *Zeitschrift für Sozialreform, 59*(1), 85–110.

Schmidtke, H.-P. (2009). Entwicklung der pädagogischen Betrachtungsweise – Ausländerpädagogik, interkulturelle Pädagogik, Pädagogik der Vielfalt. In R. Leiprecht & A. Kerber (Hrsg.), *Schule in der Einwanderungsgesellschaft. Ein Handbuch* (3. Aufl., S. 142–161). Schwalbach/Ts.: Wochenschau Verlag.

Söhn, J., & Özcan, V. (2007). *Migrationshintergrund von Kindern und Jugendlichen: Wege zur Weiterentwicklung der amtlichen Statistik. Bildungsforschung* (Bd. 14, S. 117–128). Bonn: BMBF.

Statistisches Bundesamt (2013). Bevölkerung und Erwerbstätigkeit. Bevölkerung mit Migrationshintergrund. Ergebnisse des Mikrozensus 2012, Wiesbaden. https://www.destatis. de/DE/Publikationen/Thematisch/Bevoelkerung/MigrationIntegration/Migrationshintergrund2010220127004.pdf?__blob=publicationFile. Zugegriffen: 19. Mai 2014.

Telles, E. E., & Ortiz, V. (2008). *Generations of exclusion: Mexican Americans, assimilation, and race*. New York: Russell Sage Foundation.

Tervooren, A. (2010). Bildung in der frühen Kindheit. In I. Lohmann & A. Liesner (Hrsg.), *Gesellschaftliche Bedingungen von Bildung und Erziehung. Eine Einführung* (S. 179–191). Stuttgart: Kohlhammer.

Vardar, N., & Kuhl, A. (2009). Bildung muslimischer Migranten http://www.deutsche-islamkonferenz.de/DIK/DE/Magazin/IslamBildung/BildungMLD/bildung-mld-node.html. Zugegriffen: 19. Mai 2014.

# „Ich nehme das beste von beidem" – Ethnotheorien türkisch-stämmiger Mütter in Deutschland

Carolin Demuth, Marina Root und Sarah Gerwing

## 1 Frühkindliche Entwicklung von Kindern aus zugewanderten Familien – die zentrale Rolle kultureller Erziehungsvorstellungen

### 1.1 Parentale Ethnotheorien

In den letzten Jahren sind frühkindliche Entwicklung und frühpädagogische Förderung zunehmend in den Mittelpunkt der europäischen Bildungspolitik gerückt. Besonderes Augenmerk kommt dabei zugewanderten Familien zu, die aufgrund sprachlicher und kultureller Herausforderungen besondere Unterstützung benötigen. Bei all den Bemühungen einer erfolgreichen Integration von Kindern aus Familien mit Migrationshintergrund wird dabei oft ein wesentlicher Aspekt zu wenig beachtet, auf den ich im Folgenden weiter eingehen möchte: die zentrale Rolle von

C. Demuth (✉)
Department of Communication and Psychology, Aalborg University,
Kroghstræde 3, 9220 Aalborg, Dänemark
E-Mail: cdemuth@hum.aau.dk

M. Root
Institut für Germanistik, Universität Osnabrück,
Neuer Graben 40, 49074 Osnabrück

S. Gerwing
RKW Kompetenzzentrum,
Düsseldorfer Str. 40A, 65760 Eschborn

© Springer Fachmedien Wiesbaden 2015
B. Ö. Otyakmaz, Y. Karakaşoğlu (Hrsg.), *Frühe Kindheit in der Migrationsgesellschaft*, DOI 10.1007/978-3-658-07382-4_2

29

kulturellen Erziehungsvorstellungen oder *Parentalen Ethnotheorien* (Harkness und Super 1996) für kindliche Entwicklung.

Parentale Ethnotheorien sind Alltagsvorstellungen von Eltern darüber, was gut für ein Kind ist und welche Erziehungsziele man verfolgen sollte, um eine Kind optimal für das Leben in der jeweiligen Gesellschaft vorzubereiten. Was ein Kind erlernen sollte, um optimal auf ein erfolgreiches Leben vorbereitet zu sein, hängt dabei maßgeblich von den gesellschaftlichen Gegebenheiten und dem ökosozialen Kontext ab, in denen ein Kind aufwächst. Was in einer bestimmten Gesellschaftsform funktional ist, muss keineswegs in einer anderen Gesellschaftsform ebenfalls funktional sein. Keller und Kollegen (Keller 2007; Greenfield et al. 2003) sprechen etwa davon, dass es zwar universelle Entwicklungsaufgaben gibt, aber je nach ökokulturellem Kontext, unterschiedliche Lösungswege für diese Entwicklungsaufgaben funktional und optimal sind. Beispielsweise lernen alle Kinder, eine soziale Beziehung mit ihren Bezugspersonen einzugehen. Wie diese Beziehungen jedoch aussehen, wer die Bezugspersonen im Einzelnen sind und welchen gesellschaftlichen Regeln diese Beziehungen folgen, ist mitunter sehr unterschiedlich. Die Teilnahme an Alltagspraktiken hängt eng mit anderen kindlichen sozial-kognitiven Entwicklungen zusammen. Unterschiedliche kulturelle Alltagserfahrungen führen demnach zu unterschiedlichen Entwicklungspfaden (Weisner 2002; Greenfield et al. 2003).

Kağıtçıbaşı (2005) schlägt als Heuristik für das Verständnis von tiefliegenden kulturellen Unterschieden drei prototypische Familienmodelle vor, die aus bestimmten sozio-historischen Entwicklungen hervorgegangen sind:

1. Das traditionelle Familienmodell das durch eine enge materielle und emotionale Verbundenheit zwischen den Generationen gekennzeichnet ist. Dieses Modell sieht sie vorrangig in ländlichen, gering verdienenden agrarischen Gesellschaften sowie in der städtischen Unterschicht mit niedrigem sozio-ökonomischen Status vertreten. In diesen Kontexten, ist die Familie von der finanziellen und häuslichen Unterstützung durch die Kinder abhängig. Entsprechend werden eine große Anzahl eigener Kinder geschätzt und Erziehungsstrategien zielen darauf ab, Verpflichtungen gegenüber der Familie zu fördern. Gehorsam und Respekt sind entsprechende Sozialisationsziele, die den Zusammenhalt und die gegenseitige Unterstützung sichern sollen. In diesem Zusammenhang wird auch von einem an *Relationalität* orientierten Entwicklungspfad gesprochen.
2. Das individualistische Familienmodell, das sie in urbanen Kontexten der westlichen Industrienationen, und hier v. a. in der Mittel- und Oberschicht vertreten sieht. Der finanzielle Wohlstand, die höhere Bildung, die zunehmenden beruflichen Spezialisierungen, sowie die Strukturen eines sozialen Wohlfahrtsstaates erlauben (und erfordern) eine ökonomische Unabhängigkeit der Kinder von den Eltern. In diesen Gesellschaftsformen stellt die Selbstbestimmung und Selbst-

verwirklichung der Kinder keine Bedrohung dar, sondern ist eine notwendige Voraussetzung, um erfolgreich sein Leben zu meistern. Entsprechend sind wichtige Sozialisationsziele die psychologische Selbstbestimmung und Unabhängigkeit von Kindern. Dies wird als an *Autonomie* orientierter Entwicklungspfad bezeichnet.

3. Das dritte Familienmodell sieht Kağıtçıbaşı prototypisch für ehemals traditionell orientierten Gesellschaften, die aufgrund von zunehmenden Urbanisations- und Wirtschafswachstumsprozessen Veränderungen unterliegen, die eine materielle Abhängigkeit zwischen den Generationen nicht mehr notwendig machen. Eine enge emotionale Verbundenheit zwischen den Generationen bleibt jedoch bestehen. Wichtige Sozialisationsziele sind entsprechend die materielle Unabhängigkeit und Eigenständigkeit einerseits, und die enge emotionale Verbundenheit innerhalb der Familie andererseits. Dies bezeichnet sie als „*autonom-relationalen*" Entwicklungspfad.

## 1.2  Parentale Ethnotheorien und Migration

Viele Familien, die nach Nordeuropa und Nordamerika migrieren, haben ihre kulturellen Wurzeln in Gesellschaften, die eher dem traditionellen Familienmodell entsprechen. Im Kontext von Migration treffen unterschiedliche kulturelle Orientierungssysteme aufeinander, die die Eltern oftmals mit stark divergierenden Erziehungsvorstellungen und -praktiken in der Aufnahmegesellschaft konfrontieren. In einer Studie mit somalischen Familien in Finnland, berichten Degni et al. (2006) beispielsweise, dass im kulturellen Kontext, in dem die Eltern aufwuchsen, v. a. unter den Familien aus traditionell agrarischen Gegenden Somalias, Kindern vorrangig Gehorsam und Respekt gegenüber den Eltern sowie soziale Verpflichtungen gegenüber der Familie vermittelt wird, so dass sie später für die alternden Eltern sorgen. In der Aufnahmegesellschaft jedoch, wurde den Kindern in der Schule vermittelt, dass sie das Recht und die Freiheit auf Selbstbestimmung haben und dass der Staat, nicht die Eltern, sie unterstützt. Dies hatte zur Folge, dass die somalischen Eltern ihre Kinder zu Hause als aus ihrer Sicht ungehorsam erlebten und sie befürchteten, ihre Kinder würden dadurch Gefahr laufen, keine moralischen Werte zu verfolgen. Aus der Sicht der finnischen Behörden wurden die somalischen Familien verdächtigt, Ihre Kinder zu misshandeln, da sie Schläge als angemessene Erziehungspraxis sahen. Dieses Beispiel zeigt, wie das Aufeinandertreffen unterschiedlicher parentaler Ethnotheorien zu Konflikten und Missverständnissen innerhalb der Familie als auch im Kontakt mit pädagogischen und anderen gesellschaftlichen Institutionen führen können.

## 1.3   Türkische Migrationsfamilien in Deutschland

Türkischstämmige Familien stellen die weitaus größte Minoritätengruppe in Deutschland dar (Bundesamt für Statistik 2013). Die meisten türkischen Migrationsfamilien kamen im Zuge der Arbeitsmigration in den 1960er/1970er Jahren nach Deutschland und stammen ursprünglich aus ländlichen Gegenden der Türkei, die eher dem traditionellen Familienmodell entsprechen. Zentrale Erziehungsziele in diesem Herkunftskontext waren Respekt vor Autoritätspersonen und älteren Menschen, die enge Einbindung des Kindes in die Familie sowie der Aufbau und Erhalt langfristiger Familienbindungen und Fürsorge (Kağıtçıbaşı 1970, 1996; Kağıtçıbaşı und Sunar 1992). Durch den Migrationskontext gewinnt der familiäre Zusammenhalt mitunter sogar noch stärker an Bedeutung, da er als Schutzfaktor in der neuen Umgebung dient (Leyendecker und De Houwer 2011). Respekt und Fürsorge schließen sich dabei nicht aus, sondern stellen zusammen die Basis für einen engen liebevollen Familienzusammenhalt: „Respektiere die Älteren und liebe (beschütze) die Jüngeren" sagt ein türkisches Sprichwort. Kleinkindern bis zu einem Alter von 5–7 Jahren wird oft viel Nachgiebigkeit gewährt und dann nach und nach durch einen strengeren Erziehungsstil ersetzt, in dem von den Kindern erwartet wird, ihren jüngeren Geschwistern und älteren Mitmenschen zu helfen (Citlak et al. 2008). Dieser Erziehungsstil wird als wichtig erachtet, um eine enge emotionale Bindung zwischen den Generationen herzustellen (Delgado-Gaitan 1994 zitiert in Citlak et al. 2008).

Die bisher wenigen Studien zu parentalen Ethnotheorien und Erziehungszielen türkischstämmiger Familien in Deutschland, weisen darauf hin, dass die kulturellen Orientierungen eines traditionellen Familienmodells, wie es Kağıtçıbaşı beschreibt, immer noch stark vorherrschend sind: Durgel et al. (2009) befragten Deutsche Mütter der Mittelschicht und türkischstämmige in Deutschland lebende Mütter nach ihren Sozialisationszielen in der Erziehung ihrer Kinder. Die türkischstämmigen Mütter betonten v. a. das Vermeiden unmoralischen Verhaltens, respektvollen Umgang mit anderen sowie Verpflichtungen innerhalb der Familie. Die Deutschen Mütter betonten gute Beziehungen, psychologische Entwicklung und Selbstkontrolle. Ein Vergleich ergab darüber hinaus, dass in beiden Gruppen Mütter mit höherer formaler Schulbildung die Autonomie des Kindes jeweils höher bewerteten als Mütter mit niedriger formaler Schulbildung. In einer weiteren Studie wurden in Deutschland lebende türkischstämmige Mütter der ersten und zweiten Generation zu Erziehungszielen befragt und mit deutschen Müttern der Arbeiterklasse verglichen (Citlak et al 2008). Dabei zeigten sich ähnliche Unterschiede zwischen den Deutschen Müttern und den türkischstämmigen Müttern der ersten Generation. Die türkischstämmigen Mütter der zweiten Generation wiesen „Respekt" jedoch nicht einen so hohen Stellenwert zu, wie die der ersten Generation und betonten stattdessen psychologische Unabhängigkeit stärker als die Mütter der ersten Generation. Bezüglich „Selbstkontrolle" unterschieden sich die deutschen

Mütter deutlich von beiden türkischstämmigen Mütter-Gruppen und bewerteten dieses Erziehungsziel im Vergleich sehr hoch. Diese Ergebnisse deuten darauf hin, dass sich die Erziehungsziele türkischstämmiger Mütter der zweiten Generation in manchen Bereichen an die der Aufnahmekultur annähern und stärker auf die psychologische Autonomie ausgerichtet sind, in anderen Bereichen sich die Erziehungsziele zwischen deutschen und türkischstämmigen Müttern jedoch stark unterscheiden, wie hier am Beispiel Selbstkontrolle. Die bildungs- bzw. schichtspezifischen Unterschiede machen darüber hinaus deutlich, dass Kultur nicht mit Nation gleichgesetzt werden kann und von daher eher von soziokulturellen Kontexten gesprochen werden sollte.

Um Erziehungsziele zu verstehen, ist es notwendig, mehr über die dahinterliegenden parentalen Ethnotheorien zu erfahren und über den soziokulturellen Kontext, in den sie jeweils eingebunden sind (Leyendecker und De Houwer 2011). Kulturelle Orientierungen werden im Laufe unserer Sozialisation angeeignet und leiten implizit unser Denken und Handel. Es ist zwar naheliegend, dass im Kontext von Migration kulturelle Orientierungen der Herkunftsgesellschaft zentral für die Erziehung der eigenen Kinder in der neuen Umgebung bleiben, aber durch den Akkulturationsprozess werden mitunter kulturelle Orientierungen hinterfragt, neu überdacht und Werte und Normen der aufnehmenden Gesellschaft übernommen. Junge Eltern, die der zweiten und dritten Generation dieser Familien angehören, sind in Deutschland aufgewachsen und haben andere Sozialisationserfahrungen als ihre Eltern und Großeltern gemacht. Die eigenen Eltern haben sich vielleicht noch stark an einem traditionellem Familienmodell orientiert, selbst, nachdem sie bereits in Deutschland lebten. Vielleicht haben sie jedoch auch kulturelle Orientierungen der Aufnahmegesellschaft übernommen und sich in ihrer Lebensweise verändert. Je nachdem, wie die Mütter der 2. Und 3. Generation ihre eigene Kindheit und Erziehung erlebt haben und diese bewerten, wie ihr Verhältnis zu ihren Eltern war, welche Kontakte sie außerhalb der Familie hatten, welche Bildung sie genossen haben, werden sie auch eigene Vorstellungen von Erziehung entwickeln. Viele Einflussgrößen spielen hier eine Rolle und eine Pauschalisierung kultureller Erziehungsvorstellungen von Migranten ist deshalb nicht möglich. Die Erziehungsvorstellungen einer Generation unterscheiden sich mitunter von denen der nächsten Generation; Gesellschaften wandeln sich und somit auch die kulturellen Vorstellungen über gute Kindererziehung innerhalb einer Gesellschaft.

## 2 Erziehungsziele türkischstämmiger Mütter der 2. Generation

Welche Vorstellungen von guter Erziehung haben nun türkische Mütter der zweiten und dritten Generation in Deutschland? Was ist ihre persönliche Sichtweise auf die Erziehungspraktiken und Erziehungsziele ihrer Elterngeneration, ihrer Herkunfts-

**Tab. 1** Alter und Bildungsgrad der Teilnehmerinnen und Geburtsort der Lebenspartner

| TN | Alter | Hoechster Schulabschluss | Geburtsort des Ehemanns |
|---|---|---|---|
| A | 33 | Fachabitur | Deutschland |
| N | 29 | Mittlere Reife | Deutschland |
| B | 33 | Mittlere Reife | Türkei |
| E | 26 | Kein Schulabschluss | Türkei |
| F | 26 | Hauptschulabschluss | Türkei |
| L | 33 | Fachabitur | Türkei |

kultur und von Familien in der Aufnahmegesellschaft? Wo sehen sie Gemeinsamkeiten? Wie werden Erziehungsvorstellungen durch die eigene Erfahrung evtl. neu ausgehandelt? Im Rahmen einer Masterarbeit am Institut für Migrationsforschung und Interkulturelle Studien (IMIS) wurden insgesamt 6 türkischstämmige Müttern der 2. Migrantengeneration zu ihren Sozialisationszielen befragt (Root 2011). Die Teilnehmerinnen stammen aus Familien, die in den 1970er Jahren aus der Türkei nach Deutschland migrierten und sind selbst in Deutschland geboren. Sie waren zum Zeitpunkt der Studie alle verheiraten bzw. in einem Fall nach einer Scheidung wieder mit dem Ehemann in einer festen Beziehung lebend und hatten mindestens ein Kind unter sechs Jahren. Der folgende Überblick (Tab. 1) zeigt das Alter und den Bildungsgrad der Teilnehmerinnen, sowie den Geburtsort der Lebenspartner:

Die folgenden Sozialisationsziele erwiesen sich dabei als zentral:

## 2.1  Innige emotionale Verbundenheit innerhalb der Familie

Die Ergebnisse zeigten, dass die Mütter der *emotionalen Familienverbundenheit über die Lebensspanne* einen hohen Stellenwert beimaßen. Die Teilnehmerinnen legen zum einen Wert darauf, physisch für ihre Kinder präsent zu sein, d. h. sowohl zu Hause zu sein, wenn das Kind sie braucht, als auch viele gemeinsame Familienaktivitäten zu unternehmen. Darüber hinaus war es ihnen wichtig, ihre Zuneigung sowohl verbal (durch wiederholte Liebesbekundungen) als auch körperlich (durch Kuscheln und in den Arm nehmen) auszudrücken. Eine Teilnehmerin drückte dies folgendermaßen aus:

> Teilnehmerin B: „Also da fällt mir nur eigentlich Liebe ein, so dass ich ihn ganz doll liebe. Dass er weiß, dass ich ihn liebe. Also bei uns, glaub' ich, sagen wir, ich weiß nicht wie oft am Tag ‚Ich liebe dich! Ich liebe dich Mama. Ich liebe dich auch mein Schatz. Mama ich liebe dich' Und so geht das den ganzen Tag. Also, dass er sich geliebt fühlt. Das ist mir das Wichtigste eigentlich."[1] (Zeilen 93–100)

---

[1] Zur besseren Lesbarkeit wurden in den hier zitierten Exzerpten gegenüber der Originalarbeit vereinfachte Transkriptionsregeln angewendet.

Diese enge familiäre Verbundenheit wird von den Teilnehmerinnen letztendlich auch als Schutzfunktion vor befürchteten negativen gesellschaftlichen Einflüssen (z. B. Alkoholkonsum) in der Pubertät gesehen. Im körperlichen und emotionalen Ausdruck von inniger Zuneigung sahen die Teilnehmerinnen auch einen starken Kontrast zu deutschen Familien und deren Umgang mit ihren Kindern. Deutsche Familien wirkten auf sie fast gefühlsarm:

> Teilnehmerin B: „Also mir fehlt so 'n bisschen das Knuddeln, das Küssen, das Ich-liebe-Dich, das/das seh' ich ganz selten. Also auch so, das beobachtet man ganz oft. Am Flughafen, ich komme an, alle kommen angelaufen, was weiß ich, mein Mann oder ne? Und küssen und umarmen mich und es fließen schon fast Tränen und so ne? Ja, und da war dann so ein Junge, der dann halt ankam, oder Jugendlicher oder, keine Ahnung, wie alt er war. Und dann sagt er: ‚Ja, da bin ich Papa.' ‚Ja, seh' ich', sagt er dann so. Ich so, HALLO? (lacht) Ich mein, natürlich lieben die ihre Kinder auch ne, aber die zeigen das, glaub' ich, also find' ich, oft nicht so, wie bei uns halt immer so ohh mit Küssen und//Weißt du so? Viel kuscheln und Nähe und ach. (Zeilen 161–177)

Die Bedeutung der Familienverbundenheit und lebenslanger Fürsorge zeigt sich auch darin, dass ein räumliches Zusammenleben über die Volljährigkeit ihrer Kinder hinaus ausdrücklich erwünscht ist. Auch hier sahen die Teilnehmerinnen einen deutlichen Unterschied zu den deutschen Familien, die eher auf eine frühe Unabhängigkeit der Kinder und der Eltern Wert legen:

> Interviewerin: „Und wenn du dir jetzt so vorstellst in 15 bis 20 Jahren, wenn du dir jetzt wünschen könntest, wie deine Kinder dann idealerweise wären. Wie wären sie dann, die beiden" Teilnehmerin N.: „Aha, oh Gott. Ich glaub', ich bin zu idealistisch. Also wir hätten dieses Haus gekauft und mein Kind würde schön brav bei uns wohnen und nicht ausziehen (lacht). (Zeilen 778–783) (…) Also bei uns würd's ja nicht geben mit 18 komm ne, jetzt bist du 18, pack mal deine Koffer und sie zu, wie du weiterkommst. So was würd's bei uns ja nicht geben. Egal ob's ein Junge oder Mädchen ist, würd's bei uns nicht geben. Also sie sind unsere Kinder und wir passen auf die auf bis wir selbst nicht mehr da sind." (Zeilen 357–361)

## 2.2 Bildungsrelevante Förderung und Spracherwerb

Ein weiterer Schwerpunkt in den Erziehungszielen der Teilnehmerinnen war der Erwerb von Sprachkompetenzen, sowohl in der türkischen als auch in der deutschen Sprache, sowie allgemeiner kognitiver Fähigkeiten und schulischer Kompetenzen, die für einen guten Bildungsabschluss und damit einhergehenden beruflichen Erfolg der Kinder zentral angesehen werden.

Im Hinblick auf die Sprachkompetenz der Kinder war in dieser Studie auffällig, dass die Mütter, die die Bedeutung von Zweisprachigkeit für die Entwicklung ihrer Kinder betonten, einhellig die Meinung vertraten, dass es für die sprachliche Entwicklung des Kindes besser sei, erst die Muttersprache, in diesem Fall die türkische Sprache, zu lernen, und erst später die Zweitsprache Deutsch, wie das folgende Zitat zeigt:

> Teilnehmerin A: „Ich möcht' natürlich, dass sie zweisprachig aufwachsen, habe aber von vielen gehört, dass es wichtig ist, dass man halt die Muttersprache erst beibringt ne? Weil halt das Deutsche dann ja eh hier im Kindergarten anfängt und dann halt auch in der Straße und Umgebung und so dann halt auch mitgenommen wird. Ja, aber dass das halt dann auch korrekt ist ne? Also dass er halt richtig Türkisch lernt und richtig Deutsch sprechen lernt. Also nicht so gemischt und nicht beides halb." (Zeilen 133–144)

Die Teilnehmerinnen bezogen sich dabei u. a. auf den Rat von Experten, wie z. B. Kinderärzten. Aus dieser Überzeugung heraus sprachen sie auch mit ihrem Kind nur in ihrer türkischen Muttersprache und nahmen in Kauf, dass ihr Kind mitunter beim Kindergarteneintritt gravierende Verständigungsprobleme mit den deutschsprachigen Kindern und Erziehern hatten.

Ein zentrales Anliegen waren auch frühpädagogische Förderungen im kognitiven, musikalischen und sportlichen Bereich. Generell argumentierten die Mütter, dass sie ihren Kindern möglichst viel Abwechslung bieten wollten, damit sie ihre Fähigkeiten und Kompetenzen in unterschiedliche Richtungen entwickeln können. Dies wiederum geht einher mit der Bedeutung von Bildung, denn frühkindliche Förderung wurde als Voraussetzung für eine erfolgreiche Schullaufbahn und eine sich daran anschließende gute berufliche Perspektive gesehen. Alle Teilnehmerinnen betonten die Bedeutung der frühkindlichen Förderung für eine erfolgreiche Bildungskarriere und eine sichere Zukunft. Die Teilnehmerinnen berichteten, dass sie zum einen frühpädagogische Angeboten wie z. B. musikalische Frühförderung in Anspruch nahmen, aber auch selbst aktiv an der Förderung der kognitiven Fähigkeiten ihrer Kinder wie Lesekompetenzen, mathematisches Verständnis, Konzentrationsleistung, Geschicklichkeit und logisches Denken durch gezielte gemeinsame Aktivitäten mit den Kindern zu Hause teilhatten. Interessanterweise wurde frühkindliche Förderung, insbesondere von sportlichen Aktivitäten von einer Teilnehmerin als typisch „deutsches Denken" interpretiert, wie in der folgenden Aussage deutlich wird:

Interviewerin: „Du sagst jetzt, das ist deutsches Denken, kannst du beschreiben warum?" Teilnehmerin A: „Deutsches Denken ja, weil, ja, weil viele Deutsche das halt so machen. In der Türkei ist das nicht üblich, dass man mit den Kindern das so macht. Ne, man hat halt die Kinder und irgendwann gehen sie halt dann in'n Kindergarten und so, aber dass man halt schon/dass man früh damit anfängt und das auch so wichtig nimmt, das find' ich, merkt man bei den deutschen Müttern ganz besonders. Auch dieses Sportliche. Zum Beispiel das ist bei uns Türken auch nicht so ausgeprägt. Das sieht man ja auch an den Olympischen Spielen, dass da nicht so viele türkische Athleten dabei sind wie halt Deutsche und Engländer und Franzosen und so. Dieses Sportdenken. Und da wollen wir eigentlich auch, dass das/dass (Name des Sohnes) auch 'n bisschen Sport macht und so. Was meinen Eltern, glaub' ich damals, überhaupt nicht so WICHTIG war. Der Sport in der Schule hat irgendwie gereicht für die." Interviewerin: „Das würdest du dann jetzt anders machen?" Teilnehmerin A: „Ja." (Zeilen 450–474)

Der Vergleich mit der Beteiligung an den Olympischen Spielen lässt hier die Vermutung zu, dass sportliche Förderung evtl. – ähnlich wie pädagogische Frühförderung unter dem Gesichtspunkt von Leistung und Konkurrenzkampf gesehen wird. Interessant ist hierbei, dass die Teilnehmerinnen diese Sozialisationspraktiken (Frühförderung) und darin impliziten Sozialisationsziele (Konkurrenzfähigkeit) als etwas sehen, das sie aus ihrer eigenen Sozialisation und ihrer ursprünglichen kulturellen Herkunft nicht kennen, aber bewusst aus der Aufnahmegesellschaft übernehmen.

## 2.3   Respekt gegenüber (älteren) Mitmenschen

Respekt gegenüber anderen Menschen, v. a. aber gegenüber Älteren und Autoritätspersonen war ein zentrales Thema in allen Interviews dieser Studie. Respekt bezieht sich dabei v. a. auf die Einhaltung bestimmter sozialer Hierarchien innerhalb der Familie und gegenüber Gästen, der sich in bestimmten Anredeformen oder Verhaltensweisen und Begrüßungsritualen ausdrückt. Die Teilnehmerinnen betonen dabei den hohen Stellenwert von Respekt in ihrer eigenen Kindheit und Jugend, den ihre Eltern ihrer Erziehung beigemessen haben, wie das folgende Beispiel zeigt:

Teilnehmerin N: „Zu der Zeit ist ja Respekt ganz wichtig gewesen ne? Also ich konnte/So bei uns sagt man ja auch zu seiner Schwester darf man ja dann auch nicht den Vornamen sagen ne? Sondern man sagt ja ‚Schwester' oder ‚Bruder'.Es gehört sich ja nicht, den Vornamen zu sagen oder so. Genau so wie man zu seiner Mama ja auch nicht den Vornamen sagt so ne? Und ich musste zum Beispiel immer zu meiner

Schwester ‚Schwester' sagen, so auf/übersetzt halt. Durfte ihren Namen nicht benutzen. Also es war schon/Also wir durften nie ein einziges Spielzeug mit ins Wohn-
zimmer nehmen. Wenn Besuch da war, mussten wir wirklich mucksmäuschenstill
da sitzen und konnten kein' Ton von uns geben. Also es war schon dieses Respekt-
geschichte, weil wirklich schon echt'n Tick schon vielleicht zu extrem. Es war nie so,
dass sie uns deswegen geschlagen haben oder sonst irgendwas. Aber ich weiß nicht,
wie sie es hingekriegt haben. Wir waren dann auch wirklich mucksmäuschenstill"
(Zeilen 502–519).

In der Erziehung der eigenen Kinder scheint für die Teilnehmerinnen Respekt immer noch sehr wichtig, jedoch nicht mehr den zentralen Stellenwert zu haben wie
er bei den eigenen Eltern hatte. Andererseits sehen sie dieses Erziehungsziel nach
wie vor als wichtig und als etwas, was sie in Deutschen Erziehungspraktiken ver-
missen, wie im folgenden Beispiel deutlich wird:

> Teilnehmerin B: „Ja dieses, was bei uns ja oft ist, dieses gastfreundliche und dass
> man dann, keine Ahnung, wenn Besuch kommt oder so, dass man dann den Kindern
> sagt: ‚Geh hin und sag' Hallo! und gib' die Hand und so weiter. Das ist dann schon
> wichtiger, finde ich. Also ich seh' das bei meiner Schwägerin. Die ist Deutsche. Dann
> sagen die Kinder einmal ‚Hallo!' und gehen wieder ne? ‚Geh hin' und so. Oh, das
> macht man aber nicht.' Bei uns ist es dann eher so: ‚Oh, du bist aber nicht nett!' und
> so." (Zeilen 192–200)

Ebenfalls deutlich wird die Rolle von Respekt gegenüber Autoritätspersonen in
den Äußerungen der Teilnehmerinnen über das Verhalten von Kindern Lehrern
gegenüber. Hier wird erwartet, dass die Schüler nicht widersprechen, was teilweise
nicht mit dem deutschen Schulsystem in Einklang steht. Eine Teilnehmerin sprach
davon, dass an deutschen Schulen Kinder aufgefordert werden ihre eigene Meinung zu sagen, wenn ihnen etwas nicht gefällt, weswegen sie ihr Kind lieber auf
eine türkische Privatschule schicke.

Diese Einstellung wurde aber nicht von allen Teilnehmerinnen in dieser Weise
geteilt. Die folgende Äußerung macht deutlich, dass die Werte der Elterngeneration nicht einfach übernommen, sondern auch kritisch hinterfragt und reflektiert
werden und sich die jungen Mütter von den traditionellen Werten der Elterngeneration und dem was sie als „typisch türkisch" bezeichnen abgrenzen:

> Teilnehmerin N.: „Und ich denke, was auch typisch ist, ist, dass man nicht so den
> Kindern vertraut. Im Sinne von Lehrern oder so. Also ich hab' das schon oft erlebt,
> selbst auch, aber auch oft bei anderen erlebt, dass wenn die Lehrer gesagt haben/
> Wenn die/Also die Mütter oder die Väter sind NICHT hinterher gegangen, wenn das
> Kind erzählt hat, ich hab' da und da Probleme, mit der und der Lehrerin. Dann war
> nicht die Lehrerin schuld, sondern das Kind war daran schuld. Automatisch. Ne? Weil
> die Lehrerin war ja was Gebildetes, war ja, ne, was Klügeres, was Besseres und wenn,

wenn sie das so gesagt hat, hat sie wohl ihren Grund, warum sie das so gesagt hat. Ich denke, dass ist auch typisch türkisch. Da geht keiner hinterher." (Zeilen 366–377)

## 2.4 Gehorsam

Die Vermittlung von Gehorsam gegenüber den Eltern wird von den Teilnehmerinnen ebenfalls thematisiert. Während sie eine klare Grenzsetzung für die Kinder als wichtig und gut ansehen, sehen sie hier doch auch deutliche Unterschiede zu deutschen Müttern. Diese werden als viel konsequenter in der Grenzziehung gesehen und z. T. als „knallhart" beschrieben, insbesondere, wenn es um die Einhaltung bestimmter Essens- und Zubettgehzeiten geht. Eine Teilnehmerin beschreibt dies folgendermaßen:

> Teilnehmerin A: „Und zwar ist das/geht das bei denen [den Deutschen Familien] noch disziplinierter zu als bei mir. Ich bin ja schon sehr diszipliniert was so halt schlafen, essen angeht, wo viele türkische Mütter da jetzt auf/nicht unbedingt drauf achten jetzt, also ob er jetzt um zwölf schläft oder um eins oder um zwei ist dann auch nicht schlimm. Oder wenn man dann halt abends weg ist, dass/dass Kind dann/mein Gott, dann geht's halt heute halt um zehn ins Bett oder um elf. Da sind ja deutsche Mütter so, dass sie sagen: ‚Nein, Punkt acht Uhr!' ne? Jeden Abend, ne, immer das gleiche Ritual." (Zeilen 158–171)

Interessant ist hier, dass die Teilnehmerinnen zwar ein stärker hierarchisches Familienmodell vertreten als aus ihrer Sicht deutsche Familien, aber dennoch deutsche Familien als strenger erleben, wenn es um die Einhaltung von Alltagsroutinen und Tagesabläufen geht. Gehorsam wird von den Teilnehmerinnen darüber hinaus nicht als Widerspruch zu einem gewissen Maß an Selbstbestimmung gesehen. Vielmehr war es den Teilnehmerinnen auch wichtig, dass ihre Kinder selbständig und selbstbewusst werden, um später erfolgreich in der Gesellschaft bestehen zu können, all dies jedoch in enger emotionaler Verbundenheit und von Fürsorge und Respekt gekennzeichneten Familienbeziehungen.

## 2.5 Erhaltung kultureller (religiöser) Traditionen

Ein weiterer Themenschwerpunkt, der von den befragten Müttern genannt wurde, ist die Aufrechterhaltung türkischer Traditionen zur Wahrung ihrer kulturellen Identität. Dies bezieht sich vor allem auf religiöse Feste und Bräuche und damit einhergehend auch die Zugehörigkeit zur islamischen Religion. Interessanterweise wurde von manchen Teilnehmerinnen „muslimisch" mit „türkischer Identität" gleichgesetzt. Es zeigten sich jedoch auch unterschiedliche Meinungen unter den

Teilnehmerinnen, v. a. bezüglich traditioneller Geschlechterrollenerwartungen. Hier distanzierten sich einige der Teilnehmerinnen explizit von traditionellen Sichtweisen, wie im folgenden Beispiel:

> Teilnehmerin B.: „Also, dass man da/Das vielleicht. Jetzt so, ja. Und dass man, vielleicht was ich nicht bei uns so gut finde, dass viele ihre Söhne viel lockerer erziehen als ihre Töchter. Das sie/OK, das sehe ich bei meinen russischen Nachbarn auch, dass er also zum Beispiel wenn die Eltern jetzt verreist sind. Dass er dann so sagt, den Geschwistern ne, obwohl er selber auch alt genug ist, ‚Ihr müsst für mich kochen. Und wenn ihr nicht kocht, dann ruf' ich Papa an!' Und dann denk' ich immer, er ist alt genug, er kann auch mal kochen. Ihr könnt euch abwechseln, ne? Also das find' ich ein bisschen doof [...] Ich kenn' keinen Türken, der Zuhause putzt oder so. Also/mein Vater OK, der putzt. Aber so die meisten/Das ist, glaub' ich, irgendwie so, das kränkt die in ihrer Männlichkeit, wenn sie 'nen Wischmob in die Hand nehmen und so. Sind schon so 'n bisschen Macho, ja, ja. Ich glaub', das hat sich auch bei vielen noch nicht so geändert, in dem Sinne. Ja, das ist eigentlich das Einzigste, was ich vielleicht doof finde." (Zeilen 202–224)

Ein weiterer Bereich, in dem die Teilnehmerinnen eine „Auflockerung" von Traditionen wünschen, ist die sexuelle Erziehung, insbesondere von Mädchen.

> Teilnehmerin B.: „Die Sexualität zum Beispiel. Wenn man in die Pubertät kommt und so weiter. Das war so Tabu-Thema. Und wenn es in irgendeiner Art und Weise angesprochen wurde, dann wurde es so dargestellt, als wenn es etwas Dreckiges oder Schlimmes ist. Ne? Und das würd' ich auf jeden Fall anders machen. Also da brauchten sich nur zwei Leute im Fernsehen küssen oder so, dann wurde schon zack! Anderer Kanal so ne? [...] Dass die erwarten, dass man bis zur Ehe Jungfrau bleib. Dass man deshalb versucht [...] das so darzustellen und viele muslimische Frauen, glaub' ich, haben dann auch wenn sie heiraten oder Sex haben HEMMUNGEN. Genau aus diesem Grund, dass sie dann, ja, eben diese Hemmungen haben, weil sie das Gefühl haben, sie machen was falsch und das sitzt drinne, das sitzt von der Kindheit drinne, ne? Deswegen, so würde ich mein Kind auf keinen Fall erziehen." (Zeilen 358–385)

Auch hier sehen wir, dass die Teilnehmerinnen sich in bestimmten Bereichen explizit von den Erziehungsvorstellungen ihrer Elterngeneration abgrenzen. Interessanterweise wird von den Teilnehmerinnen jedoch die Durchgängigkeit eines vermeintlich „türkischen" Handlungsmusters in Frage gestellt, indem sie Beispiele nennen, die nicht dem Stereotyp einer traditionellen türkisch-muslimischen Geschlechtererwartung entspricht. Im obigen Beispiel ist es der eigene Vater, der im Haushalt mithilft. Bezüglich der traditionellen strengen Vorstellungen bezüglich der „Reinheit" bis zur Hochzeit merken die Teilnehmerinnen an, dass dies generell heute in der türkischen Kultur nicht mehr so streng gesehen wird, und, wie es Teilnehmerin B ausdrückt „Drüben schon gar nicht mehr, in der Türkei" (Zeile 397).

## 2.6 Was können wir von diesen Interviewbeiträgen lernen?

Aus den Äußerungen der Mütter wird deutlich, dass es „die türkische" Kultur nicht gibt, eben so wenig wie es „die deutsche" Kultur gibt. Vorstellungen darüber, was angemessene Kindererziehung ist und welche Erziehungsziele wünschenswert sind, sind immer in einen sozio-historischen und öko-kulturellen Kontext eingebettet, der nicht statisch ist, sondern stets im Wandel begriffen. Werte verändern sich über Generationen hinweg aufgrund von gesellschaftlichen Veränderungen. Mit Blick auf die von Kağıtçıbaşı (2005) vorgeschlagenen prototypischen Familienmodelle könnte man sagen, dass sich die Mütter dem „autonom-relationalen" Familienmodell zuordnen lassen: sie räumen der emotionalen Verbundenheit und der gegenseitigen Fürsorge einen sehr hohen Stellenwert in ihrer Erziehung ein. Ebenfalls legen sie einen hohen Wert auf die Förderung kognitiver Kompetenzen und schulischem Erfolg, der später zu beruflichem Erfolg und finanzieller Selbständigkeit führen soll. Andere traditionelle Denkweisen, die in der heutigen Gesellschaftsstruktur nicht mehr funktional erscheinen legen sie ab. Vor dem Hintergrund, dass ihre Eltern und Vorfahren in agrarischen Lebensformen in ländlichen Gegenden der Türkei aufwuchsen, in denen das relationale Familienmodell funktional war, wird verständlich, worin bestimmte Denkweisen begründet sind. Die Mütter der hier vorgestellten Interviewstudie übernehmen weder einfach die Wertvorstellungen ihrer Eltern, noch passen sie sich im Sinne einer „Assimilation" an die Wertvorstellungen der Aufnahmegesellschaft an, in der sie selbst sozialisiert wurden. Vielmehr wägen sie ab, reflektieren und übernehmen bewusst bestimmte Erziehungsvorstellungen sowohl ihrer traditionellen kulturellen Wurzeln als auch ihrer neuen kulturellen Umwelt und grenzen sich ebenfalls bewusst von bestimmten Erziehungsvorstellungen beider Kontexte ab. Inwiefern die Werte der eigenen Eltern übernommen werden, hängt – wie generell in allen Familien, nicht nur in zugewanderten – darüber hinaus auch stark davon ab, wie die eigenen Kindheit erlebt wurde und ob die Erziehungsstrategien der Eltern rückblickend als positiv oder negativ beurteilt werden. Auch gibt es natürlich Unterschiede, inwieweit die eigenen Eltern noch einem „traditionellen Familienmodell" gefolgt sind und inwiefern ihre eigenen Normen und Werte sich im Laufe des Lebens verändert haben (für eine kritische Diskussion siehe auch Otyakmaz 1999).

Auch wenn die Studie nur eine sehr kleine und nicht ganz homogene Stichprobe umfasst, und die Ergebnisse von daher keine Verallgemeinerung zulassen, so wird dennoch deutlich, wie wichtig es ist, parentale Ethnotheorien von zugewanderten Familien zu verstehen. Nur so ist es möglich, Missverständnisse aus dem Weg zu räumen und eine erfolgreiche Integration zu fördern. Dies wird vor allem deutlich, wenn man sich die Alltagserfahrungen von Erzieherinnen und Erziehern in Kitas mit hohem Anteil von Kindern aus zugewanderten Familien ansieht. Der folgende Abschnitt soll dies illustrieren.

## 3 Erfahrungen von FrühpädagogInnen mit Kindern aus zugewanderten Familien

Im Rahmen ihrer Masterarbeit führte Gerwing (2012) Gruppendiskussionen mit Erzieherinnen und Erziehern durch, die in deutschen Kitas mit hohem Anteil von Kindern mit Migrationshintergrund arbeiteten. Eine Herausforderung, denen sich die Erzieherinnen und Erzieher gestellt sahen, war, Kinder aus zugewanderten Familien angemessen zu fördern. Ein zentrales Hindernis sahen sie dabei vorrangig in den Kommunikationsschwierigkeiten aufgrund mangelnder Sprachkenntnisse der Kinder. Dies überrascht vor der allgemeinen aktuellen Diskussion um den Stellenwert von Sprachförderprogrammen in den Kitas nicht. Den Müttern in der obigen Interviewstudie lag frühkindliche Förderung – wenn auch nicht in dem Maße, wie in deutschen Familien - sehr wohl am Herzen. Was jedoch zu den von den Erzieher/Innen genannten Schwierigkeiten beigetragen haben kann, sind mangelnde Kenntnisse über kulturspezifische Erziehungsvorstellungen. Beispielsweise sahen es die ErzieherInnen als die Aufgabe der Eltern an, ihren Kindern bereits vor Eintritt in die Kita genügend Deutschkenntnisse beizubringen. Ein Teilnehmer der Gruppendiskussion brachte das folgendermaßen zum Ausdruck: *„Er kam, wusste überhaupt nicht/noch nicht mal wie ‚Ich möchte mal auf Toilette. Noch nicht mal DAS haben sie ihm beigebracht so zu Hause‘"* (Gruppe G. Zeile 55–58)

Wenn wir uns die Aussagen der Mütter in der obigen Interviewstudie ansehen, wird jedoch deutlich, dass sie der Überzeugung waren, es wäre das Beste für Ihr Kind, wenn sie zu Hause nur ihre Muttersprache sprechen, denn Deutsch lernten die Kinder dann sowieso mit Eintritt in den Kindergarten. Es ist mitunter also keineswegs einem mangelnden Interesse an der Kindererziehung verschuldet, dass diese Kinder mit Eintritt in die Kita noch kein Deutsch sprechen, sondern kulturell unterschiedlichen Erziehungsvorstellungen.

Eine weitere Schwierigkeit, die von den ErzieherInnen in den Gruppendiskussionen heftig diskutiert wurde, war, dass sich ihrer Ansicht nach Eltern mit Migrationshintergrund wenig in den Kita-Alltag involvierten, sondern die Verantwortung an die Kita abgaben. Dies wird in dem folgenden Ausschnitt einer der Gruppendiskussionen deutlich, in der Erzieherin G. und Erzieher F. zu Wort kommen (Gerwing 2012, S. 74):

„G: Ich bin in einer Nestgruppe. Bei den Allerjüngsten ist es so bei der Eingewöhnung, da ist es eher so, dass die Eltern ihre Kinder relativ schnell abgeben, mach (unverständliches Wort), andersherum aber Forderungen an einen herantragen, wo es Schwierigkeiten gibt, den Eltern klar zu machen, dass es so oder so nicht funktionieren kann. F.: Das wird doch gar nicht akzeptiert. G: Es wird genau. F: Es wird davon ausgegangen, Du bist hier Erzieher und Du machst das jetzt so. G: Du machst das eins zu eins wie zu Hause. F: Ja" (Gruppe B, Zeilen 106–118).

Die ErzieherInnen sahen darin einerseits ein mangelndes Engagement seitens der Eltern, andererseits unangemessene Forderungen an die ErzieherInnen. Wenn wir uns jedoch die kulturellen Erziehungsvorstellungen vor Augen halten, die in prototypisch relationalen Kontexten (aus denen die meisten Familien mit Migrationshintergrund stammen) vorherrschen, so wird deutlich, dass diese oft einem Verständnis unterliegen, dass formale Bildung Aufgabe der Erzieher ist, die als Autoritätspersonen angesehen werden und denen die Kinder zu gehorchen haben. Ein weiterer Problembereich, der von den ErzieherInnen angesprochen wurde, war die vermeintlich mangelnde Einhaltung von festen Tagesabläufen in Familien mit Migrationshintergrund. Dies wird in der folgenden Passage deutlich:

> „Unser Kindergarten, Einzugsgebiet sind die Eltern die, sag ich vorsichtig, nicht so sehr gebildet sind. Es gibt auch viele, die überhaupt keine Bildung haben. Und da ist Verständnis von Erziehung schon ganz anders als zum Beispiel hier in Deutschland üblich ist. Und das ist auch das, was ähm ((atmet tief durch)) was hin und wieder auch Schwierigkeiten macht [...] zum Beispiel fester Tagesablauf, ja? Es gibt dann zu Essen dann gibt's dann vielleicht 'ne Geschichte am Abend und dann geht's in's Bett, oder so, ja? Bei vielen ist es überhaupt nicht der Fall! Die sagen dann noch stolz ‚ja mein Kind weiß selbst wenn es dann müde ist und geht dann ins Bett. Die deutschen Eltern, auch wenn sie auch nicht gut gebildet sind, trotzdem versuchen irgendwie den Schein wenigstens zu bewahren, ich beteilige mich in der Erziehung des Kindes, ja? Und alles, was der Kindergarten sagt, entweder habe ich was dagegen Argument oder nenne da/stimme auch zu. Und wenn man dann ein Entwicklungsgespräch anbietet? Dann nimmt man das auch meistens wahr, ja? Das ist jetze der Fall bei mir in der Gruppe, ne: ‚Warum denn, ist doch alles gut, ich hab' doch keine Zeit, ich muss jetzt das und das ne', also nee ((atmet tief durch)) [...] Also bei den deutschen Familien [...] ist mir so was noch nie vorgekommen" (Gruppe G, Zeilen 105–127).

Die „mangelnde" Struktur im Tagesablauf wird a) als Defizit in der Erziehungspraktiken der Eltern gesehen, b) vorrangig auf die mangelnde Bildung, aber auch auf kulturelle Unterschiede zurückgeführt. Was den ErzieherInnen mitunter jedoch nicht bewusst ist, ist dass diese Vorstellungen einer guten Erziehung ebenfalls kulturellen Normen und Werten unterliegen. „Ordnungsliebe", die sich auch in einem festen Tagesablauf mit festen Zeiten für Mahlzeiten und zu Bett gehen zeigt, sind Werte, die in deutschen Mittelschichtsfamilien verbreitet sind (Levine und Norman 2001; Demuth 2008). Dadurch lernen Kinder Selbstkontrolle und eine Anpassung an bestehende Zeitpläne – zunächst innerhalb der Familie, und später auch außerhalb der Familie (Levine und Norman 2001, S. 91), was für die hiesige Gesellschaftsform unabdingbar ist. In vielen „relationalen" Kontexten, sind diese Werte nicht so maßgeblich für das Gelingen kindlicher Entwicklung und die Vorbereitung auf das spätere Leben. Was den ErzieherInnen anscheinend nicht bewusst ist, ist dass auch hier wieder kulturell divergierende Vorstellungen von guter Erziehung, und nicht notwendigerweise mangelnde Verantwortung und Engagement der Eltern diesem Verhalten unterliegt. Was aus Sicht der Erzieher als „Verweigerung", sich an Entwicklungsgesprächen zu beteiligen, gesehen wird, wird ebenfalls verständlicher, wenn wir uns vor Augen halten, dass in prototypisch relationalen Kontexten die Verantwortung für formale Bildung beim pädagogischen Fachpersonal gesehen wird wie bereits oben beschrieben.

## 4 Fazit

Die obigen Beispiele machen deutlich, wie wichtig ein kontextuelles Verständnis von parentalen Ethnotheorien ist, um Kinder aus zugewanderten Familien angemessen fördern zu können und Integration gelingen zu lassen. Es gilt in erster Linie, Missverständnisse zwischen frühpädagogischem Fachpersonal und zugewanderten Familien aufzudecken und Kenntnisse über die jeweiligen Erziehungsvorstellungen zu vermitteln. Unverständnis für die jeweils andere Denkweise entsteht dadurch, dass die eigenen Vorstellungen von guter Erziehung als normativ und universell gültig gesehen werden. Parentale Ethnotheorien sind jedoch tief in unseren kulturellen Werteorientierungen verwurzelt und immer im Zusammenhang und in ihrer Funktionalität in einem gegebenen ökokulturellen Kontext zu verstehen. Normen und Werte einer kulturellen Gruppe können pathologische Varianten einer anderen kulturellen Gruppe darstellen. In dem in Deutschland vorherrschenden pädagogischen Verständnis steht das Kind im Mittelpunkt. Seine Unabhängigkeit, Selbstständigkeit und Durchsetzungsfähigkeit sind wichtige Erziehungsziele, die in Familien wie Institutionen gefördert werden. In vielen anderen Gesellschaften und in vielen Familien mit Migrationshintergrund, hat man ein anderes Bild vom Kind: das Kind soll gehorsam und bescheiden, anpassungsfähig und hilfsbereit sein (Keller 2008). Dies kann zu entsprechenden Konflikten in der pädagogischen Arbeit mit Kindern aus zugewanderten Familien führen. Auf die Frage, was ist gesunde kindliche Entwicklung gibt es entsprechend keine universelle i.S. von normative Antworten, sondern kindliche Entwicklung muss immer auch im jeweiligen kulturellen Kontext verstanden werden (Harkness und Super 1996; Keller 2007; Super und Harkness 1986; Weisner 2002; Whiting und Whiting 1975). Dies impliziert auch, dass die oftmals vorherrschende Erwartung einer einseitigen „Anpassung" an vermeintlich normative (= in der Mehrheitsgesellschaft vorherrschenden) Erziehungsvorstellungen hinterfragt werden muss. Zugewanderte Familien stehen vor der Herausforderung, die eigenen kulturellen Wurzeln zu bewahren und gleichzeitig ihre Kinder für ein erfolgreiches Leben in einer Gesellschaft vorzubereiten, deren Normen und Werten sich mitunter von den eigenen unterscheiden. Frühpädagogisches Fachpersonal steht vor der Herausforderung, Kinder aus zugewanderten Familien angemessen zu fördern und zu einer gelingenden Integration zu verhelfen. In der eigenen Kultur verhaftete Sichtweisen können dabei zu Fehlinterpretationen von bestimmten Verhaltensmerkmalen eines Kindes und seiner Entwicklungsprozesse führen, wie die Beispiele aus der Gruppendiskussions-Studie von Gerwing gezeigt haben. In ähnlicher Weise wurden die Erziehungspraktiken von somalischen Eltern in Finnland in der Studie von Degni et al. (2006) als „Kindesmisshandlungen" angesehen, die Eltern ihrerseits waren verunsichert, weil ihren Kindern in der Schule gelehrt wurde, sie dürften sich „gegen die Eltern auflehnen" und sie um die moralische Entwicklung ihrer Kinder fürchteten. Eine solche defizitorientierte Sichtweise gegenüber kulturell andersartigen Erziehungsvorstellungen birgt die Gefahr, dadurch das Potential zu ignorieren, das in Familien steckt, und für die Förderung und Integration der Kinder und ihrer Familien entscheidend ist (Leyendecker 2008). Entsprechende Schulungen sowohl des pädagogischen Fachpersonals als auch der zugewanderten Eltern sind von daher dringend notwendig, um gegenseitiges Verständnis und entsprechende Lösungen zu schaffen. Förderprogramme können entsprechend so angepasst werden, dass Integration gelingen kann, wie ein Beispiel von US-Amerikanischen Lehrern von Schülern mit lateinamerikanischem Hintergrund (Greenfield et al. 2003) bzw. kultursensitive Sprachförderprogramme in deutschen Kindertagesstätten (Schröder und Keller 2012) zeigen.

Ein tieferes Verständnis von Erziehungsvorstellungen in unterschiedlichen kulturellen Kontexten sowie ein Verständnis dafür, wie diese aus bestimmten gesellschaftlichen und historischen Entwicklungen hervorgegangen sind, ist von daher unabdingbar, um Eltern aus zugewanderten Familien am Bildungsprozess ihrer Kinder teilhaben zu lassen. Bislang gibt es noch wenig Kenntnisse über parentale Ethnotheorien von zugereisten Familien aus unterschiedlicher kultureller Herkunft. Ebenfalls sind Ethnotheorien von frühpädagogischem Fachpersonal noch weitgehend unerforscht. Ethnotheorien zeigen sich auch darin, wie Alltagswelten von Kindern aussehen und was ihnen durch die Teilnahme an Alltagspraktiken an kulturellen Normen und Werten vermittelt wird. Wir wissen nach wie vor sehr wenig über Alltagswelten von Kindern, weder in deutschen als in zugewanderten Familien und über die Erziehungsvorstellungen der Eltern, Erzieher, Lehrer, und anderen Personen, die die Alltagserfahrung der Kinder entscheidend mitbeeinflussen. Mehr Forschung über die Alltagserfahrung von Kindern, sowohl in ihren Familien als auch in Kita-Einrichtungen ist von daher dringend notwendig (Demuth 2011; Mey 2011). Die bildungspolitischen Herausforderungen bestehen darin, die daraus resultierenden Erkenntnisse über kulturell unterschiedliche Erziehungsvorstellungen, entsprechend unterschiedlichen Entwicklungspfade und deren gesellschaftlichen

Eingebettetheit in die Praxis der Institutionen zu transportieren und in Curricula umzusetzen. Wenn (früh-)pädagogisches Fachpersonal dahingehend geschult wird, der eigenen „Kulturellen Brille" bewusst zu werden, und die Vorstellungen von guter Erziehung in anderen kulturellen Kontexten zu verstehen, kann ein Aufeinander-Zugehen gelingen und der Weg zu einer gelingenden Integration geebnet werden.

---

## Literatur

Citlak, B., Leyendecker, B., Harwood, R. L. & Schölmerich, A. (2008). Long-term socialization goals of first and second generation migrant Turkish mothers and German mothers. *International Journal of Behavioral Development, 32,* 57–66.

Degni, F., Pöntinen, S., & Mulki, M. (2006). Somali parents' experiences of bringing up children in Finland: Exploring Social-Cultural Change within Migrant Households [52 paragraphs]. *Forum Qualitative Sozialforschung/Forum: Qualitative Social Research,* 7(3), Art. 8. http://nbn-resolving.de/urn:nbn:de:0114-fqs060388. Zugegriffen: 25. Nov. 2013.

Demuth, C. (2008). *Talking to infants: How culture is instantiated in early mother-infant interactions. The case of Cameroonian Farming Nso and North German Middle-Class Families.* Dissertation. Universität Osnabrück. http://repositorium.uni-osnabrueck.de/handle/urn:nbn:de:gbv:700-2009030626. Zugegriffen: 8. März 2013.

Demuth, C. (2011). Die Analyse des Alltagsgeschehens aus kulturpsychologischer Sicht. In H. Keller (Hrsg.), *Handbuch der Kleinkindforschung* (4. Aufl., S. 746–765). Göttingen: Huber.

Durgel, E., Leyendecker, B., Yagmurlu, B. & Harwood, R. (2009). Sociocultural influences on German and Turkish immigrant mothers' longterm socialization goals. *Journal of Cross-Cultural Psychology, 40,* 834 -852.

Gerwing, S. (2012). Ethnotheorien von Erzieherinnen und Erzieher kulturell heterogener Kindergärten in Deutschland. Unveröffentlichte Masterarbeit, Institut für Migrationsforschung und Internationale Studien (IMIS), Universität Osnabrück.

Greenfield, P.; Trumbull, E. & Rothsteinfisch, C. (2003). Bridging Cultures. *Cross- Cultural Psychology Bulletin, 37,* 6–16.

Harkness, S., & Super, C. M. (Hrsg.). (1996). *Parents'cultural belief systems. Their origins, expressions, and consequences.* New York: Guilford Press.

Kağıtçıbaşı, C. (1970). Social norms and authoritarianism: A Turkish-American comparison. *Journal of Personality and Social Psychology, 16,* 444–451.

Kağıtçıbaşı, Ç. (1996). *Family and human development across cultures: A view from the other side.* Mahwah: Erlbaum.

Kağıtçıbaşı, Ç. (2005). Autonomy and relatedness in cultural context: Implications for self and family. *Journal of Cross-Cultural Psychology, 36,* 403–422.

Kağıtçıbaşı Ç., & Sunar D. (1992). *Family and socialization in Turkey.* In J. P. Roopnarine & D. B. Carter (Hrsg.), *Parent-child relations in diverse cultural settings: Socialization for instrumental competency* (Bd. 5, S. 75–88). Norwood: Ablex (Annual Advances in Applied Developmental Psychology).

Keller, H. (2007). *Cultures of infancy.* Mahwah: Erlbaum.

Keller, H. (2008). Die Bedeutung kultureller Modelle für Entwicklung und Bildung: Sozialisation, Enkulturation, Akkulturation und Integration. In K. Bade, M. Bommes, & J. Oltmer (Hrsg.), *IMIS-Beiträge* (34. Aufl., S. 103–115). Osnabrück: Instituts für Migrationsforschung und Interkulturelle Studien (IMIS).

LeVine, R. A., & Norman, K. (2001). The Infant's Acquisition of Culture: Early Attachment Re-examined in Anthropological Perspective. In C. C. Moore & H. F. Mathews (Eds.), *The psychology of cultural experience* (S. 83–104). Cambridge: Cambridge University Press.

Leyendecker, B. (2008). Frühkindliche Bildung von Kindern aus zugewanderten Familien – die Bedeutung der Eltern. *IMIS Beiträge, 34,* 91–102.

Leyendecker, B. & De Houwer, A. (2011). Frühe bilinguale und bikulturelle Erfahrungen – Kindheit in zugewanderten Familien. In H. Keller (Hrsg.), *Handbuch der Kleinkindforschung* (4. Aufl., S. 178–219). Bern: Huber.

Mey, Günter (2011): Qualitative Forschung in der Entwicklungspsychologie der frühen Kindheit: Ansätze und Verfahren. In H. Keller (Hrsg.), *Handbuch der Kleinkindforschung* (4. Aufl., S. 846–878). Bern: Huber.

Otyakmaz, Berrin Özlem (1999): „Und die denken dann von vornherein, das läuft irgendwie ganz anders ab." Selbst- und Fremdbilder junger Migrantinnen türkischer Herkunft. *Beiträge zur feministischen Theorie und Praxis, 51,* 79–92.

Root, M. (2011). Parentale Ethnotheorien türkischstämmiger Mütter der zweiten Migrantengeneration. Unveröffentlichte Masterarbeit. Institut für Migrationsforschung und Interkulturelle Studien (IMIS), Universität Osnabrück.

Schröder, L. & Keller, H. (2012). Alltagsbasierte Sprachbildung. *Nifbe-Themenheft Nr. 6.* ISBN 978-3-943677-05-8.

Super, C. M. & Harkness, S. (1986). The developmental niche: A conceptualization of the interface of child and culture. *International Journal of Behavioral Development, 9,* 546–569.

Weisner, T. S. (2002). Ecocultural understanding of children's developmental pathways. *Human Development, 45*(4), 275–281.

Whiting, B. B. & Whiting, J. W. M. (1975). *Children of six cultures.* Cambridge: Harvard University Press.

# Sozialisationsziele von Müttern und Vätern mit türkischem, russischem und ohne Migrationshintergrund

Paula Döge

## 1 Einleitung

Entsprechend des öko-kulturellen Modells von Erziehung (Keller 2007; Keller und Kärtner 2013) basieren elterliche Erziehungspraktiken auf Überzeugungen und Vorstellungen über kindliche Entwicklung, die eigene Rolle als Eltern, gutes und angemessenes Erziehungsverhalten sowie über die Art und Weise, wie bestimmte Erziehungsziele erreicht werden können. Diese Vorstellungen und Überzeugungen, die auch mit dem Oberbegriff *parentale Ethnotheorien* (Harkness und Super 2006) bezeichnet werden, sind dabei nicht zwangsläufig bewusst, sondern oftmals implizit. Innerhalb der elterlichen Vorstellungen und Überzeugungen verkörpern Sozialisationsziele jene Verhaltensweisen, Fähigkeiten und Eigenschaften, die Eltern für ihre Kinder als wichtig und erstrebenswert erachten. Grundlegend sind Sozialisationsziele darauf ausgerichtet, das Kind zu einem kompetenten Erwachsenen passend zu dem (kulturellen) Kontext, in dem es aufwächst, zu erziehen (LeVine 1977). Da sich kulturelle Kontexte dahingehend unterscheiden, was als kompetenter Erwachsener angesehen wird, unterscheiden sich Eltern folglich darin, welche Ziele sie bevorzugen bzw. welchen Zielen sie im Rahmen der Erziehung der eigenen Kinder einen größeren Wert beimessen. Kulturelle Kontexte sind Lebenskontexte von Familien, die durch soziodemographische Merkmale beschreibbar

P. Döge (✉)
Universität Osnabrück, Artilleriestraße 34, 49069 Osnabrück, Deutschland
E-Mail: pdoege@uos.de

© Springer Fachmedien Wiesbaden 2015
B. Ö. Otyakmaz, Y. Karakaşoğlu (Hrsg.), *Frühe Kindheit in der Migrationsgesellschaft*, DOI 10.1007/978-3-658-07382-4_3

**Abb. 1** Öko-kulturelles
Modell von Erziehung (nach
Keller 2007)©

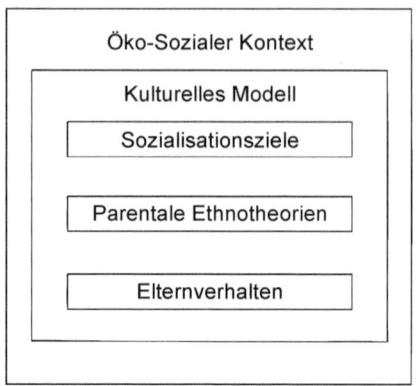

sind und in denen auf psychologischer Ebene relativ zeitstabile normative Wertesysteme, sogenannte kulturelle Modelle, vorherrschen (Keller 2007). Ein zentrales
soziodemographisches Merkmal ist das Ausmaß formaler Bildung der Eltern, was
stark den sozioökonomischen Hintergrund von Familien und mittelbar Erziehungsvorstellungen und Erziehungsverhalten bestimmt (Hoff et al. 2002). Gemeinsam
mit Parametern wie beispielsweise der Anzahl an Kindern in der Familie, der Fa-
milienform (das Zusammenleben in einer Klein- oder Großfamilie), dem Alter bei
Geburt des ersten Kindes, der der Familie zugrundeliegende Wirtschaftsform (z. B.
Subsistenzwirtschaft oder freie Marktwirtschaft) ist das Niveau formaler Bildung
für die Ausprägung des kulturellen Modells entscheidend.

Erziehungsziele, parentale Ethnotheorien sowie das damit verbundene Elternverhalten sind eingebettet in das kulturelle Modell, das aus den jeweiligen
öko-sozialen Bedingungen resultiert und ihnen angepasst ist (siehe Abb. 1). Die
Ausrichtung der Wertesysteme eines kulturellen Modells lässt sich entlang der
Orientierung an zwei grundlegenden Dimensionen, psychologische Autonomie
und hierarchische Relationalität/Verbundenheit, differenzieren (Keller und Kärtner 2013). Beide Dimensionen sind voneinander unabhängig, handlungsleitend
und motivieren menschliches Verhalten (Ryan und Deci 2000). Psychologische
Autonomie meint das Bedürfnis nach eigenverantwortlichem Handeln und Kontrolle über das eigene Leben. Psychologische Autonomie fokussiert auf mentale
Prozesse. Bei hierarchischer Relationalität geht es um die soziale Einbettung und
die Verbundenheit mit anderen Personen. Bezogen auf Erziehung und kindliche
Entwicklung stellen psychologische Autonomie-bezogene Sozialisationsziele die
Entwicklung des kindlichen Selbst in den Vordergrund. Das Kind soll sich seiner
eigenen Individualität bewusst werden, eigene Interessen, Vorlieben und Wünsche
entwickeln und lernen, diese gegenüber anderen durchzusetzen. Demgegenüber
betonen hierarchische Relationalitäts-bezogene Sozialisationsziele die familiäre

Einbindung des Kindes und seine Rolle innerhalb der Familie bzw. der größeren sozialen Gruppe. Dazu gehört es, sich in ein hierarchisch aufgebautes soziales System einzufügen, Respekt und Gehorsam gegenüber hierarchisch höheren Personen, wie zum Beispiel den Eltern, zu zeigen und das Wohl der Gemeinschaft zu unterstützen.

Durch Migrationsprozesse sehen sich Menschen u. U. in ihrem neuen Lebensumfeld einem anderen kulturellen Modelle gegenüber, in dem im Vergleich zum Herkunftskontext andere Erziehungsvorstellungen, andere Sozialisationsziele und auch andere elterliche Praktiken bevorzugt werden. Wie groß die diesbezüglichen Unterschiede zwischen neuem und altem Kontext tatsächlich ausfallen, hängt davon ab, wie stark die kulturellen Modelle beider Kontexte differieren (Bornstein und Cote 2006).

Innerhalb Deutschlands bilden Eltern türkischer Herkunft sowie Eltern aus den Ländern der ehemaligen Sowjetunion bei Familien mit Kindern unter 18 Jahren die beiden größten Migrantengruppen (Galster und Haustein 2012). Fast ein Fünftel der Familien mit Migrationshintergrund stammen aus der Türkei; ca. 16 % sind aus der ehemaligen Sowjetunion zugewandert. Beide Gruppen sind aufgrund sehr unterschiedlicher Migrationsmuster in der Vergangenheit zu den zahlenmäßig stärksten Gruppen angewachsen: In den 1950er Jahren setzte durch den wirtschaftlichen Aufschwung in Westdeutschland ein erhöhter Arbeitskräftebedarf ein. Anfangs noch ungesteuert, nahm die Zuwanderung von Gastarbeitern aus der Türkei nach Unterzeichnung des Anwerbeabkommens 1961 deutlich zu. Sie wurden vielfach als un- oder angelernte Arbeitskräfte angestellt, auch wenn ein knappes Drittel durchaus über berufliche Qualifikationen verfügte (Karakaşoğlu 2010). Kettenmigration und Nachzug von Familienangehörigen führte zu regionalräumlichen Ballungen und konsolidierte die entstehenden Netzwerke und Infrastrukturen. Während anfangs noch davon ausgegangen wurde, dass die Gastarbeiter nach einer begrenzten Phase beruflicher Tätigkeit in ihr Heimatland zurückkehren, verfestigte sich jedoch für viele, insbesondere nach Ende des Anwerbeabkommens und damit einhergehenden aufenthaltsrechtlichen Bestimmungen, der Aufenthalt in Deutschland (Karakaşoğlu 2010). Mittlerweile leben daher türkischstämmige Menschen zum Teil bereits bis zur vierten Generation in Deutschland. Zusätzlich führen nach wie vor Prozesse der Heiratsmigration (Baykara-Krumme und Fuß 2009; Familienbericht 2000) dazu, dass vielfach generationsheterogene Partnerschaften entstehen.

Demgegenüber setzte die quantitativ bedeutsamste Welle von Migration aus Ländern der ehemaligen Sowjetunion erst nach 1990 ein (Dietz 2010). Die als Aussiedler einwandernden Personen trafen dabei im Vergleich zu anderen Migrationsgruppen auf vereinfachte Bedingungen für die Aufnahme in Deutschland, wie z. B. durch automatische Einbürgerung, finanzielle Eingliederungshilfen, Sprachkurse, etc. Allerdings wurden aufgrund des deutlichen Anstiegs zuwandernder Aussiedler einige dieser Maßnahmen gekürzt oder eingestellt. Dennoch haben sogenannte Spätaussiedler nach wie vor einen besonderen Status im Rahmen der Migrationspolitik Deutschlands inne (Bundesamt für Migration und Flüchtlinge 2013). Dazu gehört ein gesondertes Aussiedleraufnahmegesetz, das Einreisevoraussetzungen und -verfahren für die Gruppe der Spätaussiedler regelt (Bundesamt für Migration und Flüchtlinge 2013).

Beide Gruppen weisen ein unterschiedliches Maß kultureller und sozialer Distanz gegenüber Menschen ohne Migrationshintergrund auf (Steinbach 2004). Die einheimischen Deutschen erleben die Distanz hinsichtlich des Lebensstils größer zu Personen mit türkischem Migrationshintergrund als gegenüber Personen mit russischem Migrationshintergrund (Steinbach 2004). Übertragen auf das Konzept kultureller Modelle unterscheiden sich türkischstämmige Familien in ihrer öko-sozialen Bedingungskonstellation häufig stärker von deutschen Familien als Familien mit russischem Migrationshintergrund. Sie haben tendenziell mehr Kinder und ein geringeres Maß formaler Bildung (Alt und Holzmüller 2006). Das kulturelle Modell der Familien mit türkischem Migrationshintergrund basiert somit auf anderen ökosozialen Bedingungen, was in der Folge zu anderen Erziehungsvorstellungen führt.

Die Auseinandersetzung mit kulturspezifischen Erziehungsvorstellungen und -praktiken von Menschen mit Migrationshintergrund in Deutschland bildet eine wichtige Voraussetzung für das Verständnis und, damit verbunden, den Umgang mit andersartig erscheinenden Bedingungen des Aufwachsens von Kindern in Familien mit Migrationshintergrund. Sowohl für türkischstämmige Migranten als auch Migranten aus der ehemaligen Sowjetunion sind Unterschiede hinsichtlich Erziehungsvorstellungen und -verhalten im Vergleich zu Eltern ohne Migrationshintergrund in verschiedenen Studien dokumentiert (Becker-Stoll et al. 2013; Biedinger 2009; Durgel et al. 2009; Herwartz-Emden und Westphal 2000; Jäkel und Leyendecker 2009; Nauck 1990; Otyakmaz 2007). So fielen beispielsweise die Gestaltung gemeinsamer Aktivitäten von Eltern und Kindern sowie das Ausmaß an Förderung und Anregung des Kindes durch außerfamiliäre Angebote (z. B. Kindertagesstätten, Sportvereine oder öffentliche Bibliotheken) in den Familien mit Migrationshintergrund anders aus als in Familien ohne Migrationshintergrund.

Für den Bereich der Erziehungsziele zeigen türkische Migrantinnen eine geringere Präferenz für kindliche Unabhängigkeit und betonen hingegen Respekt, gutes Benehmen und familiäre Verbundenheit (Durgel et al. 2009). Ähnliche Ergebnisse berichten Herwartz-Emden und Westphal (2000) sowohl für türkische Migrantinnen als auch für Aussiedlerinnen. Sie konnten darüber hinaus anhand der Erziehungseinstellung „mütterliche Kontrolle" zeigen, dass diese Erziehungsdimension von Migrantinnen anders konzeptionalisiert wird als von Müttern ohne Migrationshintergrund. Ausgehend von ihren Befunden schlussfolgern sie, „dass die Angabe von kontrollierenden Erziehungsaspekten der Einwanderinnen, meist als insgesamt traditionell-autoritäre Erziehungseinstellung interpretiert, von ihnen selbst nicht als solche konzipiert bzw. kontextualisiert werden." (S. 119). Im gleicher Weise meint die Befürwortung eher autoritärer Erziehungseinstellungen nicht ein strikt reglementierendes Elternverhalten, sondern wird eingebettet in das Selbstverständnis einer beschützenden und behütenden Elternrolle (Herwartz-Emden und Westphal 2000). Eine äquivalente Auffassung über Erziehungsverhalten findet Chao (2001) auch bei chinesisch-stämmigen Einwanderinnen in den USA. Unterschiede in der Präferenz von Sozialisationszielen sowie Unterschiede in der Bildungserwartungen für das Kind und Einstellungen zu frühkindlichen Bildungsinstitutionen in Deutschland wurden zudem für türkische Familien in Abhängigkeit vom generationalen Status der Mütter (Citlak et al. 2008) bzw. auf Paarebene (Biedinger 2007) berichtet.

Während viele Studien, die sich mit Erziehung und kindlicher Entwicklung in Familien mit Migrationshintergrund beschäftigen, ausschließlich auf der mütterlichen Perspektive beruhen, gibt es wesentlich weniger Informationen über die Erziehungsvorstellungen und -überzeugungen der Väter in Familien mit Migrationshintergrund. Väter sind Bestandteil des Familiensystems und ebenso bedeutsam für den kindlichen Entwicklungskontext (Parke 2002). Die Einbeziehung der väterlichen Perspektive wird somit einem eher systemisch ausgerichteten Blick auf familiäre Erziehung gerecht. Die Übereinstimmung der Elternteile hinsichtlich der Erziehung der gemeinsamen Kinder wirkt sich auf das familiäre Erziehungsklima aus und steht in Verbindung mit kindlicher Entwicklung (Lindsey und Caldera 2005; Schoppe et al. 2001). Generell unterliegen das väterliche Rollenverständnis, väterliche Erziehungsvorstellungen oder das väterliche Erziehungsverhalten ebenso kultureller Variation wie es bei Müttern der Fall ist (siehe beispielhaft dazu Lamm und Keller 2012). In Studien mit Vätern sind oftmals die väterliche Beteiligung an Erziehungsaufgaben oder das väterlichen Rollenverständnis (Westphal 2003) von vordergründigem Interesse. Zum Thema Erziehungsverhalten befragte Uslucan (2008) Elternpaare türkischer Herkunft und deutsche Elternpaare nach ihrem Erziehungsstil im Umgang mit ihren jugendlichen Kindern. Neben der Frage nach Unterschieden zwischen den ethnischen Gruppen, analysiert die Studie, wie stark die Einschätzungen der beiden Elternteile miteinander korrelieren. Mütter- und väterliche Erziehungsstile stehen demnach in beiden Gruppen in einem positiven korrelativen Zusammenhang, der bei den türkischstämmigen Eltern stärker ausgeprägt ist als bei den deutschen Eltern. Der vorliegende Beitrag untersucht mütterliche und väterliche Präferenzen bei der Einschätzung von Sozialisationszielen und die Übereinstimmung beider Elternteile hinsichtlich dieser Sozialisationsziele bei Eltern mit türkischem im Vergleich zu Eltern ohne Migrationshintergrund. Hauptfragestellungen sind dabei:

1. Gibt es kulturspezifische Muster bei der Beurteilung von Sozialisationszielen von Müttern unterschiedlicher Herkunft?
2. Gibt es kulturspezifische Muster bei der Beurteilung von Sozialisationszielen von Vätern unterschiedlicher Herkunft?
3. Wie groß ist die Übereinstimmung innerhalb der Eltern-Dyaden bei der Beurteilung von Sozialisationszielen?

## 2 Methode

Die Daten, die im Folgenden vorgestellt werden, wurden im Rahmen der Nationalen Untersuchung zur Bildung, Betreuung und Erziehung in der frühen Kindheit (NUBBEK) erhoben[1]. Die Studie bezog Familien mit türkischem Migrationshintergrund, Familien aus der ehemaligen Sowjetunion[2] sowie Familien ohne Migrationshintergrund ein, die ein Kind entweder im Alter zwischen 2 Jahren, 6 Monaten und 3 Jahren, 0 Monate oder im Alter von vier Jahren hatten. Der Migrationshintergrund wurde wie folgt definiert: Als Familie mit türkischem Migrationshintergrund galt eine Familie dann, wenn die Mutter selbst oder ihre beiden Eltern in der Türkei geboren wurden; bei Familien mit russischem Migrationshintergrund war die Mutter in einem Land der ehemaligen Sowjetunion geboren. Es ergibt sich daher für die Gruppe der Familien mit türkischem Migrationshintergrund eine Substichprobe, in der sowohl Mütter der ersten, als auch der zweiten Generation enthalten sind, während sich die Stichprobe der Familien mit russischem Migrationshintergrund ausschließlich aus Müttern der ersten Generation zusammensetzte. Diese Definitionen berücksichtigen die unterschiedlichen Migrationsmuster beider Gruppen.

Innerhalb eines umfangreichen Untersuchungsprogramms im Rahmen der Gesamtstudie wurden die Sozialisationsziele bei Müttern und Vätern durch Fragebögen erfasst. Für Familien mit Migrationshintergrund wurden türkisch-deutsche bzw. russisch-deutsche Fragebogenversionen verwendet, um mögliche Sprachbarrieren bei der Beantwortung zu verhindern.

Die Sozialisationsziele untergliedern sich in drei Bereiche: pro-soziales Verhalten, Gehorsam und Autonomie, wobei die ersten beiden der Orientierung

---

[1] Der vorliegende Beitrag ist im Rahmen des NUBBEK-Projekts entstanden. Die Daten wurden von den NUBBEK-Studienpartnern zur Verfügung gestellt. NUBBEK wurde gefördert vom Bundesfamilienministerium (BMFSFJ), der Robert Bosch Stiftung, der Jacobs Foundation sowie den Bundesländern, Bayern, Brandenburg, Niedersachsen und Nordrhein-Westfalen.

[2] Zur Vereinfachung wird im weiteren Verlauf „russischer Migrationshintergrund" verwendet, womit alle Herkunftsländer der ehemaligen Sowjetunion subsumiert werden.

an hierarchischer Relationalität als übergeordneter Dimension zuzuordnen sind. Formulierungen für den Bereich pro-soziales Verhalten lauteten beispielsweise „Kinder sollten in den ersten Lebensjahren lernen, mit anderen zu teilen", für den Bereich Gehorsam „Kinder sollten in den ersten Lebensjahren lernen, das zu tun, was die Eltern sagen." und für den Bereich Autonomie „Kinder sollten in den ersten Lebensjahren Selbstbewusstsein entwickeln". Mütter und Väter schätzten für jedes der insgesamt 13 Ziele ein, wie stark sie der jeweiligen Aussage zustimmen. Zur Einschätzung stand dazu ein 6-stufiges Antwortformat von (1) *stimme überhaupt nicht zu* bis (6) *stimme völlig zu* zur Verfügung. Die interne Konsistenz erwies sich für alle Subskalen als gut bis sehr gut. Cronbachs Alpha variiert bei den Daten der Mütter und der Väter für die Subskala pro-soziales Verhalten zwischen 0.72 und 0.81, für die Subskala Gehorsam zwischen 0.82 und 0.92 sowie für die Subskala Autonomie zwischen 0.72 und 0.81.

Zur statistischen Hauptanalyse wurde für die Daten der Mütter und der Väter jeweils eine Profilanalyse[3] verwendet, wobei aufgrund der Voranalysen das Alter des Kindes sowie Alter und Bildungsabschluss der Mutter bzw. des Vaters als Kovariaten berücksichtigt wurden. Die drei Sozialisationszieldimensionen werden im Rahmen der Profilanalyse (einer Form der multivariaten Varianzanalyse) als Innersubjekt-Faktoren behandelt und bilden somit ein Profil der Mütter/Väter. Der Migrationshintergrund geht als Zwischensubjekt-Faktor in die Berechnung ein, so dass mit dem Verfahren folgende drei Fragestellungen beantwortet werden können:

1. Bestehen hinsichtlich der drei Sozialisationszieldimensionen Unterschiede zwischen den drei Gruppen (Mütter/Väter ohne Migrationshintergrund, Mütter/Väter mit türkischem und Mütter/Väter mit russischem Migrationshintergrund)?
2. Verlaufen die Profile der Mütter/Väter mit türkischem, mit russischem und ohne Migrationshintergrund parallel?
3. Gibt es Unterschiede zwischen den Sozialisationszieldimensionen innerhalb der Profile unabhängig vom Migrationshintergrund?

## 2.1 Die befragten Mütter

In Tab. 1 sind die soziodemographischen Merkmale der Mütter dargestellt. Statistisch bedeutsame Unterschiede zwischen den drei Gruppen zeigten sich bezogen auf das Alter der Mütter: Mütter ohne Migrationshintergrund waren durch-

---

[3] Eine umfassende Darstellung liefern Tabachnick und Fidell (2007).

schnittlich älter als die Mütter mit Migrationshintergrund. Mütter mit türkischem Migrationshintergrund hatten mehr Kinder als die Mütter in den beiden anderen Gruppen. Bei den Müttern der ersten Generation unterschieden sich türkisch- und russischstämmige Mütter zudem deutlich im Alter, in dem sie nach Deutschland immigriert sind. Während Mütter mit türkischem Migrationshintergrund im Kindesalter nach Deutschland kamen, liegt das Durchschnittsalter der Mütter mit russischem Migrationshintergrund jenseits der Volljährigkeit. Darin spiegeln sich die unterschiedlichen Migrationsmuster beider Gruppen, wie sie eingangs beschrieben wurden, wider.

In der Gruppe der Mütter ohne Migrationshintergrund verfügte ein Großteil mindestens über Abitur oder weiterführend über einen Hochschulabschluss. Dem hohen Bildungsstand entsprechend waren zwei Drittel erwerbstätig, wobei hierunter sowohl Voll- als auch Teilzeitbeschäftigungen zusammengefasst werden. Auch bei den Müttern mit russischem Migrationshintergrund dominierte ein hohes Maß formaler Bildung durch entsprechende Bildungsabschlüsse. Allerdings war nur ein geringer Anteil der Mütter berufstätig. Ähnlich niedrig ist auch der Anteil erwerbstätiger Mütter in der Gruppe mit türkischem Migrationshintergrund. Hier fällt indes auf, dass im Vergleich zu den anderen beiden Gruppen deutlich weniger Mütter über hohe Bildungsabschlüsse und wesentlich mehr Mütter über Abschlüsse bis maximal Realschulniveau verfügten.

## 2.2   Die befragten Väter

Bei den Partnern, die an der Untersuchung teilnahmen, zeigt sich ein ähnliches Muster bezüglich des Alters wie bei den Müttern (siehe Tab. 1): Väter in Familien ohne Migrationshintergrund waren älter als die Väter in Familien mit türkischem bzw. russischem Migrationshintergrund. Betrachtet man die Geburtsländer, ist außerdem ersichtlich, dass bei den teilnehmenden Familien in der NUBBEK-Studie herkunftshomogene Paare dominierten. Bi-kulturelle Paare bildeten jeweils einen äußerst geringen Anteil in jeder der untersuchten Gruppen. Zusätzlich handelte es sich insbesondere bei den in Deutschland geborenen Partnern in Familien mit türkischem Migrationshintergrund vielfach um Menschen, deren Eltern in der Türkei geboren wurden und die somit der zweiten Migrantengeneration zuzurechnen sind. Unterschiede bestehen außerdem zwischen den Vätern hinsichtlich des Bildungsabschlusses. Mehr als zwei Drittel der Väter in Familien ohne Migrationshintergrund verfügten über höhere Bildungsabschlüsse; ebenso ein ähnlich hoher Anteil der Väter in Familien mit russischem Migrationshintergrund. Demgegenüber erreichte ein Viertel der Väter in Familien mit türkischem Migrationshinter-

**Tab. 1** Soziodemographische Merkmale der Mütter und Väter

| | | o. MH | | t. MH | | r. MH | |
|---|---|---|---|---|---|---|---|
| | | Mütter | Väter | Mütter | Väter | Mütter | Väter |
| | | n=1 428 | n=1 236 | n=249 | n=227 | n=279 | n=249 |
| Alter in Jahren | | 34.57 (5.54) | 38.01 (6.40) | 32.64 (5.09) | 36.39 (6.11) | 32.63 (5.18) | 36.45 (7.10) |
| Anzahl Kinder | | 1.79 (0.83) | – | 2.22 (0.92) | – | 1.84 (0.96) | – |
| Alleinerziehend (%) | | 13.4 | – | 8.5 | – | 10.1 | – |
| Bildungsabschluss (%) | | | | | | | |
| | Level 1 | 0.4 | 0.5 | 13.0 | 11.3 | 1.1 | 1.2 |
| | Level 2a | 1.6 | 1.1 | 24.3 | 14.4 | 2.5 | 5.7 |
| | Level 2b | 2.7 | 0.8 | 15.0 | 9.0 | 12.6 | 6.1 |
| | Level 3 | 34.6 | 35.4 | 32.4 | 39.6 | 41.9 | 48.8 |
| | Level 4 | 17.9 | 10.9 | 6.1 | 9.0 | 4.7 | 6.1 |
| | Level 5 | 39.2 | 44.2 | 8.9 | 15.3 | 32.9 | 27.0 |
| | Level 6 | 3.6 | 7.2 | 0.4 | 1.4 | 4.3 | 4.9 |
| Erwerbstätig (%) | | 63.9 | 91.8 | 29.4 | 82.4 | 36.5 | 78.7 |
| Alter bei Migration in Jahren | | – | – | 10.16 (10.64) | 13.78 (10.99) | 21.39 (7.08) | 19.15 (11.80) |
| Geburtsland (%) | | | | | | | |
| | Deutschland | – | 94.7 | – | 27.3 | – | 18.5 |
| | Türkei | – | 0.2 | – | 70.5 | – | 0 |
| | Ehem. SU | – | 0.9 | – | 0 | – | 74.7 |
| | Anderes Land | – | 4.2 | – | 2.2 | – | 6.8 |

*o. MH* Familien ohne Migrationshintergrund, *t. MH* Familien mit türkischem Migrationshintergrund, *r. MH* Familien mit russischem Migrationshintergrund

Differenzierung des Bildungsabschlusses in Anlehnung an die International Standard Classification of Educational Degrees mit *Level 1* Primärbildung/Grundschule, *Level 2a* Sekundarbildung Hauptschulabschluss, *Level 2b* Sekundarbildung Realschulabschluss, *Level 3* Sekundarbildung Oberstufe, *Level 4* Postsekundäre nicht-tertiäre Bildung, *Level 5* Tertiäre Bildung, z. B. Fach- und Hochschulabschlüsse, *Level 6* weiterführende Forschungsausbildung, z. B. Promotion.©

grund maximal einen Hauptschulabschluss. Ebenso wie bei den Müttern waren signifikant mehr Väter ohne Migrationshintergrund erwerbstätig. Der niedrigste Anteil erwerbstätiger Väter fand sich in der Gruppe der russischen Familien, von denen allerdings immer noch mehr als drei Viertel erwerbstätig sind. Väter in Familien mit russischem Migrationshintergrund waren bei der Migration nach Deutschland älter als die Väter in Familien mit türkischem Migrationshintergrund. Der Unterschied fiel im Durchschnitt nicht ganz so groß aus wie bei den Müttern, war aber dennoch statistisch bedeutsam.

## 3 Ergebnisse

### 3.1 Mütterliche Sozialisationsziele

In vorbereitenden Analysen wurden innerhalb der Gruppe der türkischstämmigen Familien die Daten auf Unterschiede zwischen Müttern mit unterschiedlichem Generationsstatus überprüft. Entgegen empirischen Befunden anderer Studien (Biedinger 2007; Citlak et al. 2008) wurden keine signifikanten Unterschiede zwischen den Sozialisationszielen der Mütter, die in der Türkei geboren und im Alter zwischen 1 und 39 Jahren nach Deutschland kamen (1. Generation) und den Sozialisationszielen der Mütter, die in Deutschland geboren wurden (2. Generation) festgestellt. Es fand daher keine Differenzierung der beiden Untergruppen in den anschließenden Berechnungen statt. Außerdem wurde der Zusammenhang zwischen den Skalenwerten der Sozialisationsziele und den Merkmalen Alter und Geschlecht des Kindes sowie Alter und Bildungsabschluss der Mutter (respektive des Vaters) in jeder der drei Gruppen separat überprüft. Während das Geschlecht des Kindes für die mütterlichen Einschätzungen der Sozialisationsziele nicht bedeutsam war, zeigten sich vereinzelte, gering ausgeprägte Zusammenhänge zwischen den Sozialisationszielen und den anderen drei berücksichtigten soziodemographischen Merkmalen, jedoch keine einheitlichen Ergebnismuster in allen drei Gruppen. Wie Abb. 2 verdeutlicht, wurden tendenziell alle drei Sozialisationszieldimensionen von den Müttern als wichtig erachtet. Die Mittelwerte befinden sich im oberen Drittel der 6-stufigen Antwortskala. Wenn die Sozialisationszieldimensionen zusammenfassend, d. h. statistisch als multivariate, abhängige Variable, betrachtet wurden, zeigten sich signifikante Unterschiede zwischen den drei Gruppen [$F(2, 1942) = 23.60, p = 0.000$]. Ungeachtet der generell hohen Zustimmung zu den Dimensionen pro-soziales Verhalten, Gehorsam und Autonomie, gab es darüber hinaus signifikante Unterschiede zwischen den drei Dimensionen innerhalb der Profile [$F(2, 1941) = 35.18, p = 0.000$]. Mütter differenzierten demnach zwischen den jeweiligen Sozialisationszieldimensionen, wenngleich insgesamt im oberen

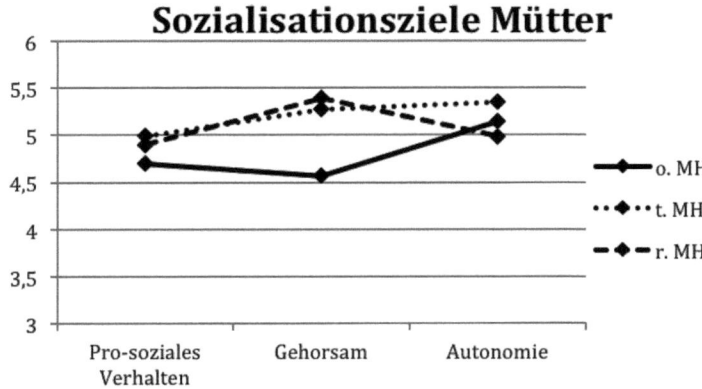

**Abb. 2** Sozialisationsziele der Mütter (Mittelwerte)©

Skalenniveau. Des Weiteren bestätigte die Analyse unterschiedliche Profilverläufe zwischen den Müttern [$F(4, 3884)=38.58$, $p=0.000$]. Am augenscheinlichsten war der Unterschied bei der Dimension Gehorsam. Hier stimmten Mütter sowohl mit türkischem, als auch mit russischem Migrationshintergrund den dazugehörigen Sozialisationszielen im Durchschnitt mehr zu als Mütter ohne Migrationshintergrund. Für Mütter mit türkischem Migrationshintergrund ist der Gehorsam ebenso wichtig wie Autonomie, während bei den Müttern mit russischem Migrationshintergrund Gehorsam im Vergleich zu den Bereichen pro-soziales Verhalten und Autonomie des Kindes die höchste Zustimmung erhielt. Demgegenüber war für Mütter ohne Migrationshintergrund Gehorsam am wenigsten wichtig.

## 3.2 Väterliche Sozialisationsziele

Auch bei den Vätern wirkte es sich nicht auf die eingeschätzten Sozialisationsziele aus, ob der Vater der ersten oder zweiten Zuwanderergeneration angehörte. Ebenso wie bei den Berechnungen für die Mütter wurden daher die Gruppen nicht differenziert und die Merkmale Alter und Bildungsabschluss des Vaters als Kovariaten berücksichtigt. Die Ergebnisse fielen äquivalent zu den Ergebnissen für die Mütter aus (siehe Abb. 3). Auf deskriptiver Ebene fällt auch bei den Vätern auf, dass allen drei Sozialisationszielbereichen tendenziell stark zugestimmt wurde. Dennoch bestanden signifikante Unterschiede zwischen pro-sozialem Verhalten, Gehorsam und Autonomie innerhalb der väterlichen Profile [$F(2, 1655)=36.66$, $p=0.000$]. Die Profile ähnelten im Verlauf stark denjenigen der Mütter und waren

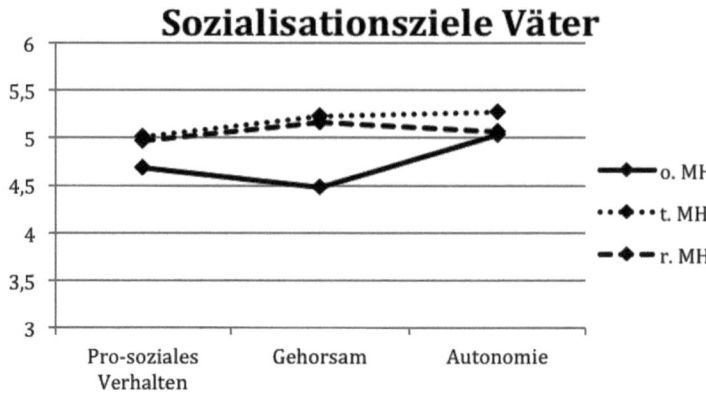

**Abb. 3** Sozialisationsziele Väter (Mittelwerte)©

ebenfalls nicht parallel zwischen den Gruppen [$F(4, 3312) = 10.42$, $p = 0.000$]: Väter in Familien ohne Migrationshintergrund stimmten Gehorsam durchschnittlich am geringsten zu, während Väter in Familien mit türkischem und russischem Migrationshintergrund hier die höchsten Werte erreichten. Ebenso wie bei den Müttern fällt auch bei den Vätern mit türkischem Migrationshintergrund die Zustimmung zu Autonomie und Gehorsam gleichartig hoch aus, während bei Vätern mit russischem Migrationshintergrund Gehorsam allein die höchste Zustimmung erfährt. In der multivariaten Betrachtung der Sozialisationsziele ergaben sich signifikante Unterschiede zwischen den drei Vätergruppen [$F(2, 1656) = 31.44$, $p = 0.000$].

## 3.3 Sozialisationsziele auf Paarebene

In einem dritten Analyseschritt wurde die Übereinstimmung innerhalb der Paare hinsichtlich der Sozialisationsziele betrachtet. Dafür wurde für jede Mutter-Vater-Dyade die Korrelation zwischen den mütterlichen und den väterlichen Einstufungen über alle Sozialisationsziele hinweg ermittelt.[4] Die Unterscheidung zwischen den drei Sozialisationszieldimensionen pro-soziales Verhalten, Gehorsam und Autonomie wurde in dieser Analyse vernachlässigt, da es unabhängig von kulturspezifischen Präferenzen um die grundsätzliche Ähnlichkeit aller Einschätzungen

---

[4] Maguire (1999) bezeichnet dies als Intraklassenkorrelation.

zwischen den Elternteilen ging. In einem Mittelwertvergleich der Korrelationen[5] zwischen den Elternpaaren ohne Migrationshintergrund, den Elternpaaren mit türkischem und den Elternpaaren mit russischem Migrationshintergrund zeigten sich signifikante Unterschiede [$F(2, 1626) = 3.149$, $p = 0.043$]. Die niedrigste Korrelation auf Paarebene wiesen im Durchschnitt die Mütter mit russischem Migrationshintergrund und ihre Partner auf ($r = 0.41$), während Mütter mit türkischem Migrationshintergrund und ihre Partner die Sozialisationsziele am ähnlichsten beurteilten ($r = 0.59$). Mütter ohne Migrationshintergrund und ihre Partner korrelierten durchschnittlich in Höhe von $r = 0.53$. Auch wenn die durchschnittlichen Werte für die Übereinstimmung zwischen Müttern und Vätern insgesamt im mittleren bis hohen Bereich lagen (Cohen 1988), fiel der Zusammenhang zwischen Müttern und Vätern je nach kulturellem Hintergrund unterschiedlich stark aus. Bei Müttern mit türkischem Migrationshintergrund und ihren Partnern war er am höchsten ausgeprägt, während in der Gruppe der Mütter mit russischem Migrationshintergrund und ihren Partnern ein im Vergleich deutlich geringeres Maß an Übereinstimmung hinsichtlich der eingeschätzten Sozialisationsziele bestand.

## 4  Fazit

Ziel des vorliegenden Beitrages war die Betrachtung elterlicher Sozialisationsziele von Müttern sowie Vätern mit türkischem und russischem Migrationshintergrund in Deutschland im Vergleich zu Eltern deutscher Herkunft. Die Einbeziehung der väterlichen Perspektive stellt eine Besonderheit dar, da bislang oftmals nur die Mütter als relevante Erziehungspersonen im Fokus von Studien zu kulturspezifischen Erziehungsvorstellungen standen. Ausgangspunkt war die Frage nach kulturspezifischen Mustern in der Beurteilung von Sozialisationszielen durch die Eltern. Bereits auf Ebene der soziodemographischen Merkmale zeigt sich, dass der familiäre Entwicklungskontext für Kinder zwischen den Familien mit und ohne Migrationshintergrund variiert. Alter, Bildungsgrad und Erwerbstätigkeit beider Elternteile, aber auch die Anzahl der Kinder in den Familien wiesen in der vorliegenden Studie Unterschiede zwischen den drei untersuchten Gruppen auf. Gemäß der öko-sozialen Theorie von Erziehung bilden sich dadurch unterschiedliche kulturelle Modelle heraus, die bestimmte Sozialisationsstrategien und –ziele informieren. Dies wird durch die Analysen bestätigt. Auch bei Kontrolle von Bildungs-

---

[5] Für den Mittelwertvergleich wurden die Korrelationswerte in Fisher $Z$-Werte transformiert ($Z_{oMH} = 0.60$; $Z_{tMH} = 0.69$; $Z_{rMH} = 0.44$). Für ein vereinfachtes Verständnis werden im Text die re-transformierten Pearson-Korrelationen berichtet.

abschluss und Alter stimmten sowohl die Mütter als auch die Väter in unserer Studie den drei untersuchten Sozialisationszieldimensionen pro-soziales Verhalten, Gehorsam und Autonomie unterschiedlich stark zu. Am ausgeprägtesten ist der Unterschied für den Bereich Gehorsam, der eine stärkere Zustimmung durch die Eltern mit Migrationshintergrund erfährt. Die stärkere Betonung von Gehorsam stimmt überein mit anderen Studien, die ebenfalls die Bevorzugung Relationalitäts-orientierter Sozialisationsziele und -praktiken wie Gehorsam und Respekt für Familien mit Migrationshintergrund in Deutschland zeigen konnten (Citlak et al. 2008; Durgel et al. 2009; Herwartz-Emden und Westphal 2000). Dennoch würde eine vereinfachende Schlussfolgerung, Gehorsam sei das einzig wichtige Erziehungsziel in Familien mit Migrationshintergrund, zu kurz greifen. Die gleichzeitig hohe Befürwortung autonomie-orientierter Sozialisationsziele durch die türkischstämmigen Mütter und Väter verdeutlicht außerdem, dass die Eltern in der Betonung von sowohl Gehorsam als auch Autonomie des Kindes keinen Widerspruch sehen. In ähnlicher Weise wie Herwartz-Emden und Westphal (2000) die Verbindung von mütterlicher Kontrolle mit behütendem und beschützenden Elternverhalten als nicht widersprüchlich aufgezeigt haben, deutet die gleichartig starke Präferenz für gehorsam- und autonomie-orientierte Sozialisationsziele darauf hin, dass diese beiden Dimensionen von den untersuchten Familien mit türkischem Migrationshintergrund als miteinander vereinbar angesehen werden. Darüber hinaus passt dieser Befund zu dem von Kağıtçıbaşı (1996) beschriebenen Familienmodell der emotionalen Interdependenz, in dem den beiden Dimensionen Autonomie und Relationalität ebenfalls gleichermaßen hohe Bedeutung beigemessen wird. Das damit verbundene autonom-relationale Selbst wird von ihr als gesunde Synthese aus Verbundenheit und Unabhängigkeit angesehen und widerspricht der bis dahin vertretenen Ansicht, dass eine hohe Autonomieorientierung nur auf Kosten von Relationalität und umgekehrt möglich ist. Insgesamt zeigen die Daten allerdings auch, dass, bedenkt man das 6-stufige Antwortformat, die Unterschiede zwischen den Eltern mit und ohne Migrationshintergrund eher gering ausfallen.

Des Weiteren war es von Interesse, die Übereinstimmung zwischen den Elternpaaren hinsichtlich der Beurteilung der Sozialisationsziele zu analysieren. Die grafischen Darstellungen der Mütter- und Väterdaten weisen eine sehr hohe Ähnlichkeit der Profile auf; bei rechnerischer Betrachtung der Ähnlichkeit der Einschätzungen innerhalb der einzelnen Mutter-Vater-Dyaden resultieren mittlere bis hohe positive Korrelationen. Bei Paaren mit türkischem Migrationshintergrund fällt der Zusammenhang zwischen den Einschätzungen der Sozialisationsziele beider Elternteile am stärksten aus. Auch bei Uslucan (2008) stimmten die türkischstämmigen im Vergleich zu deutschen Elternpaare hinsichtlich des selbstwahrgenommenen Erziehungsstils stärker überein. Es ist denkbar, dass die höhere

Präferenz für die beiden Aspekte hierarchischer Relationalität, Gehorsam und prosoziales Verhalten, in den Familien mit türkischem Migrationshintergrund auch eine höhere Homogenität der Elternpaare begünstigt. Inwiefern sich eine stärker ausgeprägte Übereinstimmung zwischen den Partnern auch in anderen Bereichen wie dem Erziehungsverhalten zeigt bzw. sich auf das familiäre Klima, den kindlichen Entwicklungskontext oder auch die Partnerschaft auswirkt, muss an dieser Stelle offen bleiben.

Die vorgestellten Daten bilden eine Momentaufnahme der Beurteilung von Sozialisationszielen ab, d. h. sie erlauben keine Aussagen über die Konstanz oder den Wandel der elterlichen Einstufungen. Insbesondere mit Blick auf Familien mit Migrationshintergrund kann nicht gesagt werden, ob die Einschätzungen der Sozialisationsziele vor dem Zeitpunkt der Migration anders ausgefallen wären. Durch den Wechsel des Lebenskontextes sind Veränderungen von Erziehungsvorstellungen erwartbar, wenn auch Veränderungen auf Einstellungsebene nicht gleichartig verlaufen zu Veränderungen auf Verhaltensebene (Bornstein und Cote 2006). Im Rahmen der vorgenommenen Analysen ließen sich Effekte auf die Einschätzung der Sozialisationsziele durch den unterschiedlichen Generationsstatus innerhalb der Mütter mit türkischem Migrationshintergrund sowie bei den Vätern statistisch nicht belegen. Türkischstämmige Mütter, die bereits in Deutschland geboren wurden, unterschieden sich nicht von Müttern, die ihre Kindheit in der Türkei verbracht haben und erst zu einem späteren Zeitpunkt nach Deutschland immigriert sind. Auch bei den Vätern war der generationale Status nicht relevant für die Beurteilung der Sozialisationsziele. Generationsstatus allein stellt allerdings lediglich ein begrenztes Maß für den Akkulturationsprozess dar und ist besser geeignet im Zusammenhang mit anderen akkulturations-bezogenen Merkmalen (Arends-Tóth und van de Vijver 2006). Die Annahme, das sich mit längerer Aufenthaltsdauer auch stärkere Veränderungen von Einstellungen und Überzeugungen vollziehen, vereinfacht sehr stark die Komplexität von Akkulturationsprozessen, die auf unterschiedlichen Dimensionen der ethnischen Identität zum Tragen kommen (Phinney und Ong 2007).

Mit der gewählten Analyse auf Gruppenebene und der Gegenüberstellung der Mittelwerte soll nicht über die durchaus vorhandene Heterogenität innerhalb der Gruppen sowohl der Familien mit als auch ohne Migrationshintergrund hinweggetäuscht werden. Vielmehr liefert der vorliegende Beitrag Hinweise darauf, dass nicht unbedingt die gleichen Ziele für die Erziehung von Kindern im Kleinkind- und Vorschulalter in Familien mit und ohne Migrationshintergrund im Vordergrund stehen. Insgesamt unterstützen die Ergebnisse bisherige Studien, die ebenfalls fanden, dass Eltern unterschiedlicher Herkunft in Deutschland für ihre Kinder Wert auf manche kindliche Fähigkeiten, Eigenschaften und Verhaltensweisen legen, denen von Eltern ohne Migrationshintergrund in der Erziehung weniger Bedeutung beigemessen wird. Für praktische Anwendungsbereiche wie der frühkindlichen Bildung und Betreuung muss es auf dieser Wissensgrundlage darum gehen, bei Familien kulturspezifische Erziehungsvorstellungen zu erkennen und ihnen Raum zu geben. Wie dieser Anspruch umgesetzt werden kann, wird im zweiten Teil des vorliegenden Bandes (beispielsweise bei Kärtner und Borke) ausführlich beschrieben.

## Literatur

Alt, C., & Holzmüller, H. (2006). Der familiale Hintergrund türkischer und russlanddeutscher Kinder. In C. Alt (Hrsg.), *Kinderleben - Integration durch Sprache? Bd. 4: Bedingungen des Aufwachsens von türkischen, russlanddeutschen und deutschen Kindern* (S. 23–38). Wiesbaden: Verlag für Sozialwissenschaften.

Arends-Tóth, J., & van de Vijver, F. J. R. (2006). Issues in the conceptualization and assessment of acculturation. In M. H. Bornstein & L. R. Cote (Hrsg.), *Acculturation and parent-child relationships: Measurement and Development* (S. 33–62). Mahwah: Lawrence Erlbaum.

Baykara-Krumme, H., & Fuß, D. (2009). Heiratsmigration nach Deutschland: Determinanten der transnationalen Partnerwahl türkeistämmiger Migranten. *[Marital migration to Germany: Determinants of transnational partner selection by Turkish-origin migrants]. Zeitschrift für Bevölkerungswissenschaft, 34*(1–2), 135–164. doi:10.1007/s12523-010-0036-z

Becker-Stoll, F., Agache, A., Beckh, K., Berkic, J., Döge, P., Keller, H., Leyendecker, B., Mayer, D., Otyakmaz, B., & Quehenberger, J. (2013). Strukturen und Qualitätsmerkmale in der Familienbetreuung. In W. Tietze, F. Becker-Stoll, J. Bensel, A. G. Eckhardt, G. Haug-Schnabel, B. Kalicki, H. Keller, & B. Leyendecker (Hrsg.), *Nationale Untersuchung zur Bildung, Betreuung und Erziehung in der frühen Kindheit (NUBBEK). Forschungsbericht.* Weimar: das netz.

Biedinger, N. (2007). Entwicklung und Lebensumfeld von Vorschulkindern: Zur Heterogenität von Familien mit türkischem Migrationshintergrund. *Zeitschrift für Türkeistudien, 20*(1), 7–24.

Biedinger, N. (2009). Der Einfluss von elterlichen Investitionen auf die Entwicklung deutscher und türkischer Kinder. *[The influence of parental investments on the development of German and Turkish children in Germany]. Berliner Journal für Soziologie, 19,* 268–294. doi:10.1007/s11609-009-0061-8.

Bornstein, M. H., & Cote, L. R. (2006). Parenting cognitions and practices in the acculturation process. In M. H. Bornstein & L. R. Cote (Hrsg.), *Acculturation and parent-child relationships: Measurement and development* (S. 173–196). Mahwah: Erlbaum.

Bundesamt für Migration und Flüchtlinge (2013). Migrationsbericht 2011. http://www.bamf.de/SharedDocs/Anlagen/DE/Publikationen/Migrationsberichte/migrationsbericht-2011.pdf?_blob=publicationFile.

Chao, R. (2001). Extending research on the consequences of parenting styles for Chinese Americans and European Americans. *Child Development, 72*(6), 1832–1843. doi:10.1111/1467-8624.00381

Citlak, B., Leyendecker, B., Schölmerich, A., Driessen, R., & Harwood, R. D. (2008). Socialization goals among first- and second-generation migrant Turkish and German mothers. *International Journal of Behavioral Development, 32*(1), 56–65. doi:10.1177/0165025407084052

Cohen, J. (1988). *Statistical power analysis for the behavioral sciences*. Hillsdale: Erlbaum.

Dietz, B. (2010). Aussiedler/Spätaussiedler in Deutschland seit 1950. In K. J. Bade, P. C. Emmer, L. Lucassen, & J. Oltmer (Hrsg.), *Enzyklopädie Migration in Europa: Vom 17. Jahrhundert bis zur Gegenwart* (3. Aufl., S. 397–404). Paderborn: Schöningh Verlag.

Durgel, E. S., Leyendecker, B., Yarmurglu, B., & Harwood, R. (2009). Sociocultural influences on German and Turkish immigrant mothers' long-term socialization goals. *Journal of Cross-Cultural Psychology, 40*(5), 834–852. doi:10.1177/0022022109339210

Familienbericht. (2000). *Familien ausländischer Herkunft in Deutschland: Leistungen - Belastungen - Herausforderungen*. Berlin: Bundesministerium für Familie, Frauen und Jugend.

Galster, A., & Haustein, T. (2012). Familien mit Migrationshintergrund: Traditionelle Werte zählen. In Destatis (Hrsg.), *STATmagazin*. Wiesbaden: Statistisches Bundesamt.

Harkness, S., & Super, C. M. (2006). Themes and variations: Parental ethnotheories in Western cultures. In K. H. Rubin & O. B. Chung (Hrsg.), *Parenting beliefs, behaviors, and parent-child relations: A cross-cultural perspective* (S. 61–79). New York: Psychology Press.

Herwartz-Emden, L., & Westphal, M. (2000). Konzepte mütterlicher Erziehung. In L. Herwartz-Emden (Hrsg.), *Einwandererfamilien: Geschlechterverhältnisse, Erziehung und Akkulturation* (S. 99–120). Osnabrück: Universitätsverlag.

Hoff, E., Laursen, B., & Tardif, T. (2002). Socioeconomic status and parenting. In M. H. Bornstein (Hrsg.), *Handbook of parenting: Biology and ecology of parenting* (2. Aufl., Bd. 2, S. 231-252). Mahwah: Erlbaum.

Jäkel, J., & Leyendecker, B. (2009). Erziehungsverhalten türkischstämmiger und deutscher Mütter von Vorschulkindern. *Psychologie in Erziehung und Unterricht, 56*, 1–15.

Kağıtçıbaşı, Ç (1996). The autonomous-relational self: A new synthesis. *European Psychologist, 1*(3), 180–186. doi:10.1027/1016-9040.1.3.180

Karakaşoğlu, Y. (2010). Türkische Arbeitswanderer seit Mitte der 1950er Jahre. In K. J. Bade, P. C. Emmer, L. Lucassen, & J. Oltmer (Hrsg.), *Enzyklopädie Migration in Europa: vom 17. Jahrhundert bis zur Gegenwart* (3. Aufl., S. 1054–1061). Paderborn: Schöningh Verlag.

Keller, H. (2007). *Cultures of infancy*. Mahwah: Erlbaum.

Keller, H., & Kärtner, J. (2013). Development – The cultural solution of universal developmental tasks. In M. L. Gelfand, C.-Y. Chiu, & Y. Y. Hong (Hrsg.), Advances in culture and psychology (Bd. 3, S. 63–116). Oxford: Oxford University Press.

Lamm, B., & Keller, H. (2012). Väter in verschiedenen Kulturen. In H. Walter & A. Eickhorst (Hrsg.), *Das Väter-Handbuch: Theorie, Forschung, Praxis* (S. 77–88). Gießen: Psychosozial-Verlag.

LeVine, R. A. (1977). Child rearing as cultural adaptation. In P. H. Leiderman, S. R. Tulkin, & A. Rosenfeld (Hrsg.), *Culture and infancy* (S. 15–27). London: Academic Press.

Lindsey, E. W., & Caldera, Y. M. (2005). Interparental agreement on the use of control in childrearing and infants' compliance to mother's control strategies. *Infant Behavior & Development, 28*(2), 165–178. doi:10.1016/j.infbeh.2005.02.004

Maguire, M. C. (1999). Treating the dyad as the unit of analysis: A primer on three analytic approaches. *Journal of Marriage and Family, 61*(1), 213–223.

Nauck, B. (1990). Eltern-Kind-Beziehungen bei Deutschen, Türken und Migranten. Ein interkultureller Vergleich der Werte von Kindern, des generativen Verhaltens, der Erziehungseinstellungen und Sozialisationspraktiken. *Zeitschrift für Bevölkerungswissenschaft, 16*(1), 87–120.

Otyakmaz, B. Ö. (2007). *Familiale Entwicklungskontexte im Kulturvergleich.* Lengerich: Pabst.

Parke, R. D. (2002). Fathers and families. In M. H. Bornstein (Hrsg.), *Handbook of parenting* (Bd. 3 Being and becoming a parent, S. 27-73). Mahwah: Erlbaum.

Phinney, J. S., & Ong, A. D. (2007). Conceptualization and measurement of ethnic identity: Current status and future directions. *Journal of Counseling Psychology, 54*(3), 271–281. doi:10.1037/0022-0167.54.3.271

Ryan, R. M., & Deci, E. L. (2000). Self-determination theory and the facilitation of intrinsic motivation, social development, and well-being. *American Psychologist, 55*(1), 68–78. doi:10.1037/0003-066X.55.1.68

Schoppe, S. J., Mangelsdorf, S. C., & Frosch, C. A. (2001). Coparenting, family process, and family structure: Implications for preschoolers' externalizing behavior problems. *Journal of Family Psychology, 15*(3), 526–545. doi:10.1037/0893-3200.15.3.526

Steinbach, A. (2004). *Soziale Distanz: Ethnische Grenzziehung und die Eingliederung von Zuwanderern in Deutschland.* Wiesbaden: VS Verlag für Sozialwissenschaften.

Tabachnick, B. G., & Fidell, L. S. (2007). *Using multivariate statistics* (5. Aufl.). Boston: Pearson/Allyn and Bacon.

Uslucan, H.-H. (2008). Männlichkeitsbilder, Familie und Erziehung in den Communities von Zuwanderern: Berliner Forum Gewaltprävention.

Westphal, M. (2003). Vaterschaft und Erziehung. In L. Herwartz-Emden (Hrsg.), *Einwandererfamilien: Geschlechterverhältnisse, Erziehung und Akkulturation* (2. Aufl., S. 121–204). Göttingen: V & R unipress.

# Erziehungsverhalten und Entwicklungserwartungen von Müttern

Berrin Özlem Otyakmaz

## 1 Einleitung

Die Familie gilt als erste und möglicherweise wichtigste Sozialisationsinstanz von Kindern. Im Rahmen familialer Sozialisationsprozesse werden die Kernaufgaben von Eltern in ihren Funktionen als Interaktionspartner/innen, Erziehende und Arrangeure von Entwicklungsgelegenheiten ihrer Kinder gesehen (Fuhrer 2009; Schneewind 2008; Schneewind und Böhmert 2011). Mit der Funktion der Eltern als Interaktionspartner/innen ist vor allem die auf der Bindungstheorie beruhende notwendige elterliche Sensitivität in der Eltern-Kind-Interaktion als Grundlage der Entwicklung einer sicheren Bindung des Kindes gemeint. Im Zusammenhang der Beschreibung der Funktion der Eltern als Erziehende wird der autoritative Erziehungsstil als optimal für die sozial-emotionale Entwicklung des Kindes hervorgehoben. Dieser ist dadurch gekennzeichnet, dass dem Kind mit Akzeptanz und Wärme begegnet wird und gleichzeitig aber auch Regeln und Grenzen gesetzt werden, die logisch begründet werden (Schneewind 2008). In ihrer Funktion als Arrangeure von Entwicklungsgelegenheiten kommt den Eltern unter anderem die Aufgabe zu, die Anregungsbedingungen im häuslichen und außerhäuslichen Umfeld dem Entwicklungsstand des Kindes angemessen zu gestalten und auszuwählen, „dass sie bei Kindern zu entwicklungsförderlichen Effekten führen" (Schneewind 2008, S. 137). Neben individuellen Unterschieden, die Eltern in der Ausgestaltung ihrer

B. Ö. Otyakmaz (✉)
Technische Universität Dortmund, Dortmund, Deutschland
E-Mail: berrin.otyakmaz@uni-due.de

© Springer Fachmedien Wiesbaden 2015
B. Ö. Otyakmaz, Y. Karakaşoğlu (Hrsg.), *Frühe Kindheit in der Migrationsgesellschaft*, DOI 10.1007/978-3-658-07382-4_4

Elternfunktionen aufweisen, zeigt sich, dass die familialen Sozialisations- und Entwicklungskontexte von Kindern vor allem auch durch sozioökonomisch und soziokulturell bedingte Variationen gekennzeichnet sind. So belegen internationale Studien, dass sich beispielsweise die Eltern-Kind-Interaktionen, die Erziehungsziele und Erziehungsstile der Eltern oder elterliche Vorstellungen über die Natur des Kindes und seiner Entwicklung unter anderem kulturbedingt unterschiedlich gestalten und somit auch zu unterschiedlichen Entwicklungsverläufen von Kinder in verschiedenen kulturellen Kontexten führen können (McGillicuddy-DeLisi und Sigel 1995; Goodnow 2002; Harkness und Super 1992). Allerdings gilt die so entstehende kulturelle „Kanalisierung" der Entwicklung des Kindes nicht als unidirektional durch die Eltern beeinflusst, sondern als entstanden im Rahmen eines interaktionistischen Prozesses des Ko-Konstruierens von Individuum und Umwelt; in diesem Falle von Eltern und Kind (Bornstein 1991; Valsiner 1987). Analog werden auch die elterlichen Überzeugungen und Praktiken nicht einseitig und einheitlich durch ein kulturelles Bezugssystem geprägt, sondern sind als individuell gefärbte Rekonstruktionen kultureller Denk- und Handlungsvorschläge zu verstehen (Lightfoot und Valsiner 1992). Unterschiede in den elterlichen Überzeugungen und Praktiken finden sich nicht nur im internationalen Vergleich, sondern können in Migrationsgesellschaften auch bei Eltern unterschiedlicher ethnischer und kultureller Herkunft auftreten (Carlson und Harwood 2000; Willemsen und van de Vijver 1997), wobei hier der sozioökonomische und der ethnische bzw. kulturelle Hintergrund der Familien oft miteinander konfundieren (Otyakmaz 2007). Der vorliegende Beitrag befasst sich mit Aspekten elterlicher Funktionen als Erziehende und als Arrangeure kindlicher Entwicklungsgelegenheiten und vergleicht dabei die Entwicklungserwartungen bzw. das Erziehungsverhalten von türkischdeutschen und deutschen Müttern von Vorschulkindern.

## 2  Entwicklungserwartungen

Das Anbieten altersangemessener Entwicklungsanregung hängt nicht zuletzt von der elterlichen Einschätzung des kindlichen Entwicklungsstandes ab. Die Vorstellungen der Eltern über die vorhandenen bzw. die noch zu entwickelnden Fähigkeiten ihrer Kinder beeinflussen ihr Verhalten in der Gestaltung der Entwicklungsumwelt des Kindes und der Darbietung spezifischer Anregungen (Goodnow 2002; Miller 1986). Internationale kulturvergleichende Studien haben gezeigt, dass die untersuchten Eltern bzw. – da in den meisten Studien die Mütter befragt wurden – die Mütter sich darin unterschieden, zu welchem Zeitpunkt sie bestimmte Entwicklungsschritte bei Kindern erwarteten. Darüber hinaus fanden sich Unterschiede in den mütterlichen Vorstellungen, inwiefern ein Kind im Erreichen dieser Entwicklungsschritte unterstützt bzw. explizit gefördert werden sollte und auf welche Art und durch wen diese Förderung bzw. Unterstützung erfolgen sollte (Ribas et al. 2003; Rosenthal und Roer-Strier 2001). Die Untersuchungen, die zumeist das Kleinkind- und Vorschulalter im Fokus hatten, ergaben, dass die mütterlichen Entwicklungserwartungen bezogen auf diese vergleichsweise kurze Lebensperiode kulturelle Variationen aufwiesen, die teilweise um Monate und manchmal auch um Jahre auseinanderliegen konnten (Rosenthal und Roer-Strier 2001; Carlson und Harwood 2000; Sissons et al. 1997; Pachter und Dworkin 1997; Ninio 1988; Goodnow et al. 1984; Hess Joshi und MacLean 1980). Dabei lassen sich aus den Untersuchungsergebnissen zwei Tendenzen ablesen: Einige Studien legen den Schluss nahe, dass „westliche" Mütter die Entwicklung von Kindern in allen Entwicklungsbereichen generell früher erwarten als „nicht-westliche" Mütter (Durgel 2011; Willemsen und van de Vijver 1997; Goodnow et al. 1984). Andere Studien lassen schließen, dass sich die Unterschiede zwischen den Kulturen eher auf bestimmte Entwicklungsbereiche beziehen (Carlson und Harwood 2000; Hess et al. 1980; Rosenthal und Roer-Strier 2001). Allerdings ließ sich die Annahme, dass Fähigkeiten deshalb früher erwartet werden, weil diese kulturell besonders wertgeschätzt werden, nicht bestätigen (Goodnow et al. 1984). Zwei Untersuchungen in den Niederlanden befassten sich mit den Entwicklungserwartungen von Müttern türkischer Herkunft und verglichen sie mit denen mehrheitsangehöriger niederländischer Mütter (Durgel et al. 2013; Willemsen und van de Vijver 1997). In beiden Studien wurde festgestellt, dass niederländische Mütter bis auf die Entwicklung motorischer Fähigkeiten, wobei es keine signifikanten Unterschiede gab, in allen anderen Entwicklungsbereichen frühere Entwicklungserwartungen aufzeigten als türkisch-niederländische Mütter. Eine Abweichung von diesem Muster ergab sich allerdings bei der Betrachtung der Einzelitems der eingesetzten Entwicklungserwartungsskala: Obwohl die türkisch-niederländischen Mütter für den Gesamtbereich kognitive Entwicklung spätere Erwartungen aufwiesen als niederländische Mütter, erwarteten sie Fähigkeiten, die als schulvorbereitende kognitive Kompetenzen eingeordnet werden können – wie etwa erste Worte zu schreiben oder bis zehn zu zählen – früher als niederländische Mütter.

## 3 Erziehungsverhalten

Es existieren in Deutschland eine Vielzahl an Studien, die sich mit dem elterlichen Erziehungsverhalten bzw. Erziehungsstil gegenüber Jugendlichen in türkisch-deutschen Familien befassen und der überwiegende Teil dieser Studien kommt zu dem

Schluss, dass entgegen der vorherrschenden Annahmen über vorwiegend autori-
täre und rigide Erziehungspraktiken in diesen Familien, sich diese nicht bestätigen
lassen (Alamdar-Niemann 1990; Boos-Nünning und Karakaşoğlu 2005; Herwartz-
Emden und Westphal 2000; Merkens 1997; Nauck 1990; Nauck und Özel 1986;
Uslucan et al. 2005). Zur Erziehung von türkisch-deutschen Kindern im Vorschulalter sind nahezu keine Studien vorzufinden. Jäkel und Leyendecker (2009) erfassten das Erziehungsverhalten türkisch-deutscher und deutscher Mütter drei- bis
vierjähriger Vorschulkinder mit dem Alabama Parenting Questionnaire (APQ). Sie
fanden heraus, dass türkisch-deutsche Mütter trotz eines ähnlichen Bildungshintergrundes stärker zu rigider Disziplinierung und zu inkonsistentem Elternverhalten
neigten als deutsche Mütter. Leider ließ sich mit dem in der Studie eingesetzten
Instrument nur das negative Erziehungsverhalten der Mütter wiedergeben, da nur
neun der insgesamt 42 Items des APQ ausgewertet werden konnten. Die Items, die
zu den beiden Subskalen „Involviertheit" und „positives Elternverhalten" gehörten
und mit denen auch positives Erziehungsverhalten hätte abgebildet werden können, konnten wegen ihrer zu geringen Trennschärfe nicht in die Ergebnisanalyse
einbezogen werden. Möglicherweise lag dies daran, dass das APQ ursprünglich
für Eltern von Kindern im Grundschulalter konzipiert war (Reichle und Franiek
2009). Mit einem Instrument, das sich für die Erfassung des Erziehungsverhaltens
gegenüber Vorschulkindern als reliabel und valide erwiesen hat, dem Child-Rearing Practices Questionnaire (Paterson und Sanson 1999), wurde in den Niederlanden (Durgel et al. 2013) und in Australien (Yağmurlu und Sanson 2009) das
Erziehungsverhalten von Müttern mit türkischem Migrationshintergrund erhoben.
In beiden Studien wurde festgestellt, dass sich das Erziehungsverhalten der Mütter
durch hohe Werte in Wärme und logischer Begründung von Regeln, mittlere Werte
in Gehorsamsforderung und geringe Werte in Bestrafung kennzeichnete. Darüber
hinaus zeigte sich, dass sich türkisch-niederländische Mütter in ihrem Erziehungsverhalten nicht von mehrheitsangehörigen niederländischen Müttern unterschieden (Durgel et al. 2013).

## 4   Methoden

### 4.1   Sample

In die im Folgenden beschriebene Studie wurden 99 deutsche und 98 türkisch-deutsche im Ruhrgebiet lebende Mütter von Vorschulkindern einbezogen. 42 türkisch-
deutsche Mütter wurden der ersten (Einreise nach Deutschland nach Vollendung

**Tab. 1** Soziodemographische Daten der Stichprobe©

|  | Türkisch-deutsch erste Generation | Türkisch-deutsch zweite Generation | Deutsch |
|---|---|---|---|
| Alter der Mutter | M=32.95 (SD=5.84) | M=30.70 SD=3.72) | M=34.58 (SD=5.36) |
| Alter des Kindes | M=3.98 (SD=1.37) | M=4.34 (SD=1.35) | M=3.67 (SD=1.16) |
| Anteil Mädchen | 45% | 52% | 50% |
| Anteil Jungen | 55% | 48% | 50% |
| Anzahl Kinder in der Familie | 2.67 (min. 1 und max. 5) | 2.05 (min.1 und max. 4) | 1.76 (min. 1 und max. 4) |
| *Höchster Bildungsabschluss Mütter* | | | |
| k. Schulbesuch | 2.5% | – | – |
| Grundschule | 25% | 1.0% | – |
| Haupt/Realschule | 22.5% | 39.4% | 53.8% |
| Abitur | 42.5% | 23.2% | 30.8% |
| Studium | 7.5% | 36.4% | 15.4% |

des 14. Lebensjahres) und 56 der zweiten (in Deutschland geboren bzw. Einreise vor Vollendung des sechsten Lebensjahres) Generation zugerechnet (Durgel 2011).

Ein signifikanter Altersunterschied bestand nur zwischen deutschen Kindern und den Kindern türkisch-deutscher Mütter der zweiten Generation (F(2/194)=5.117, $p < 0.01$) sowie zwischen ihren Müttern (F(2/193)=10.522, $p < 0.001$). Die Verteilung der Geschlechter in den Gruppen war statistisch nicht auffällig. Alle drei Müttergruppen unterschieden sich signifikant in der Anzahl ihrer Kinder (F(2/194)=20.694, $p < 0.001$). Die in der Türkei und in Deutschland erworbenen Bildungsabschlüsse (1 = kein Schulbesuch bis 5 = Fach-/Hochschule) wurden äquivalent berücksichtigt (Tab. 1). In statistisch bedeutsamer Weise unterschieden sich die höchsten erreichten Bildungsabschlüsse nur zwischen deutschen und türkischdeutschen Müttern der ersten Generation (F(2/188)=8.761, $p < 0.001$).

## 4.2 Instrumente

### 4.2.1 Soziodemographischer Fragebogen

Daten wie Geburtsort, Alter und Bildungsabschlüsse der Mutter, Anzahl der Familienmitglieder, Alter und Geschlecht des Zielkindes, Alter und Geschlecht der Geschwister wurden mittels eines soziodemographischen Fragebogens erfasst.

## 4.2.2  Entwicklungserwartungsskala

Die Entwicklungserwartungen der Mütter wurden mit einer Skala erfasst, die
von Durgel und van de Vijver (2008) erstellt wurde und auf Skalen basiert, die
in früheren Studien eingesetzt wurden. Die aus insgesamt 61 Items bestehende
Entwicklungserwartungsskala ist aufgeteilt in acht Subskalen, die verschiedene Entwicklungsbereiche erfassen: Motorische Fähigkeiten („auf einer geraden
Linie laufen"), kognitive Fähigkeiten („den eigenen Namen schreiben"), Selbstkontrolle („den Spielregeln gemäß weiterspielen, auch wenn es dabei verliert"),
soziale Fähigkeiten („Freunde einladen, beim Spielen mitzumachen"), Autonomie
("eigene Vorstellungen dazu äußern, wie es seinen Geburtstag feiern will "), Gehorsam („Aufhören sich schlecht zu benehmen, wenn es dazu aufgefordert wird"),
Familienorientierung („wissen, dass man gegenüber anderen Familienmitgliedern
großzügig sein sollte") und gutes Benehmen („sich zum angemessenen Zeitpunkt
zu bedanken"). Die einzelnen Subskalen erweisen sich mit Werten für Chronbach's
Alpha zwischen $\alpha=0.73$ und $\alpha=0.91$ als reliabel. Die Erwartungen der Mütter
wurden erfasst, indem diese auf dem Fragebogen ankreuzten, zu welchem Alters-
zeitpunkt (in Halbjahresabständen zwischen eins und sechs Jahren) ein Kind die
genannten Fähigkeiten erstmalig zeigen kann. Es bestand auch die Möglichkeit
„früher" oder „später" anzukreuzen.

## 4.2.3  Erziehungsverhalten

Zur Erfassung des Erziehungsverhaltens der Mütter wurde das Child-Rearing Practices Questionnaire (Paterson und Sanson 1999) eingesetzt. Eine türkische Version
dieses Instruments (Yağmurlu und Sanson 2009) wurde bereits bei Müttern in der
Türkei sowie bei Müttern türkischer Herkunft in den Niederlanden und in Australien angewandt. Die Skala besteht aus vier Subskalen mit insgesamt 30 Items:
Wärme (bspw. „Ich habe Spaß daran, meinem Kind zuzuhören und mit ihm gemeinsam etwas zu unternehmen."), logisches Begründen (bspw. „Ich gebe meinem
Kind Begründungen für Regeln"), Gehorsam (bspw. „Ich erwarte, dass mein Kind
die Anforderungen seiner Eltern fraglos befolgt") und Bestrafung (bspw. „Wenn
mein Kind ungehorsam ist, gebe ich ihm eine Ohrfeige." oder „Wenn mein Kind
sich falsch verhält, schicke ich es ohne weitere Erläuterung weg."). Die Häufigkeit
des Auftretens des jeweiligen Verhaltens wird mittels einer fünfstufigen Skalie-
rung ($1=$ nie, $2=$ selten, $3=$ manchmal, $4=$ oft, $5=$ immer) erfasst. Die einzelnen
Subskalen stellen sich mit Werten für Chronbach's Alpha zwischen $\alpha=0.69$ und
$\alpha=0.81$ als reliabel dar. Alle drei Fragebögen wurden von den Müttern schriftlich
ausgefüllt. Türkisch-deutsche Mütter konnten entscheiden, ob sie eine deutsch-
oder türkischsprachige Version des Fragebogens ausfüllen wollten.

# 5  Ergebnisse

## 5.1  Entwicklungserwartungen

Zunächst wurde eine MANOVA durchgeführt, bei der der ethnische Hintergrund der Mütter als unabhängige Variable und die Entwicklungserwartungen als abhängige Variablen fungierten. Sowohl im Gesamtergebnis (Wilk's $\lambda = 0.77$, $F(8/187) = 6.878$, $p < 0.001$, $\eta^2 = 0.23$) als auch in allen einzelnen Entwicklungsbereichen wiesen türkisch-deutsche Mütter signifikant spätere Erwartungen auf als deutsche Mütter (Tab. 2).

Eine anschließende MANCOVA, bei der der Bildungshintergrund und das Alter der Mutter sowie das Alter des Kindes als Kovariaten eingefügt wurden, ergab keine relevanten Unterschiede. Auch hier wiesen türkisch-deutsche Mütter sowohl im Gesamtergebnis (Wilk's $\lambda = 0.78$, $F(8/177) = 6.272$, $p < 0.001$, $\eta^2 = 0.22$) als auch in allen einzelnen Entwicklungsbereichen spätere Erwartungen auf als deutsche Mütter (Tab. 3). Die größten Unterschiede zeigten sich mit 0.67 bzw. 0.76 Jahren in den Bereichen Gehorsam und Familienorientierung.

Bei Betrachtung der Einzelitems des kognitiven Entwicklungsbereichs zeigte sich, dass bei schulbezogenen Items im engeren Sinn „bis zehn zählen" ($M^D = 3.31$; $M^{T-D} = 3.53$) und „eigenen Namen schreiben" ($M^D = 4.53$; $M^{T-D} = 4.48$) keine signifikanten Unterschiede zwischen türkisch-deutschen und deutschen Mütter vorlagen, obwohl der Unterschied in der kognitiven Domäne als Ganzes sich als signifikant gezeigt hatte.

Eine weitere MANCOVA, bei der die Entwicklungserwartungen türkisch-deutscher Mütter der ersten und zweiten Generation sowie die der deutschen Mütter miteinander verglichen wurden, ergab weitere Differenzierungen. In den Domänen Motorik, Selbstkontrolle, Autonomie und gutes Benehmen zeigten sich zwischen

**Tab. 2**  Entwicklungserwartungen türkisch-deutsche und deutsche Mütter©

| Entwicklungsbereich | T-D $N=97$ | | D $N=99$ | | part. $\eta^2$ |
| --- | --- | --- | --- | --- | --- |
| | M | SD | M | SD | |
| Motorik | 3.18 | 0.65 | 2.89 | 0.54 | 0.056** |
| Kognitiv | 3.75 | 0.69 | 3.29 | 0.49 | 0.132*** |
| Selbstkontrolle | 4.30 | 0.99 | 3.70 | 0.79 | 0.104*** |
| Soziale Fähigkeiten | 3.66 | 0.88 | 3.03 | 0.69 | 0.139*** |
| Autonomie | 3.73 | 0.74 | 4.23 | 0.79 | 0.097*** |
| Gehorsam | 4.62 | 1.02 | 3.96 | 0.86 | 0.112*** |
| Familienorientierung | 4.47 | 0.98 | 3.75 | 0.90 | 0.128*** |
| Gutes Benehmen | 4.23 | 0.94 | 3.94 | 0.87 | 0.025* |

*p<.05; **p<.01; ***p<.001

**Tab. 3** Entwicklungserwartungen türkisch-deutsche und deutsche Mütter unter Kontrolle des Bildungshintergrundes und Alters der Mutter sowie des Kindesalters©

|                       | T-D $N=91$ |      | D $N=98$ |      | part. $\eta^2$ |
|-----------------------|------------|------|----------|------|----------------|
| Entwicklungsbereich   | M          | SD   | M        | SD   |                |
| Motorik               | 3.18       | 0.66 | 2.89     | 0.55 | 0.024**        |
| Kognitiv              | 3.79       | 0.69 | 3.28     | 0.49 | 0.149***       |
| Selbstkontrolle       | 4.30       | 1.01 | 3.70     | 0.98 | 0.088***       |
| Soziale Fähigkeiten   | 3.68       | 0.89 | 3.03     | 0.70 | 0.124***       |
| Autonomie             | 4.25       | 0.80 | 3.72     | 0.74 | 0.083***       |
| Gehorsam              | 4.63       | 1.01 | 3.96     | 0.86 | 0.117***       |
| Familienorientierung  | 4.50       | 0.99 | 3.74     | 0.90 | 0.158***       |
| Gutes Benehmen        | 4.26       | 0.93 | 3.93     | 0.91 | 0.052**        |

**p<.01; ***p<.001

türkisch-deutschen Müttern zweiter Generation und deutschen Müttern keine Unterschiede mehr. Signifikante Unterschiede ergaben sich nur noch zwischen deutschen und türkisch-deutschen Müttern erster Generation (Tab. 4). Zwischen den türkisch-deutschen Müttern erster und zweiter Generation waren die Unterschiede in diesen Domänen nicht signifikant. Bei den Entwicklungsbereichen soziale Fähigkeiten, Gehorsam und Familienorientierung zeigten deutsche Mütter die frühesten Erwartungen, dann folgten die türkisch-deutschen Mütter zweiter Generation und dann diejenigen erster Generation. Hier unterschieden sich die türkisch-deutschen Mütter erster und zweiter Generation ebenfalls signifikant voneinander. Der Unterschied zwischen türkisch-deutschen Müttern erster Generation und deutschen Müttern beträgt für die Entwicklungsbereiche Gehorsam und Familienorientierung mehr als ein ganzes Lebensjahr (Tab. 4).

**Tab. 4** Entwicklungserwartungen türkisch-deutsche und deutsche Mütter unter Kontrolle des Bildungshintergrundes und Alters der Mutter sowie des Kindesalters©

|                       | T-D 1.Gen $N=39$ |      | T-D 2.Gen. $N=52$ |      | D $N=98$ |
|-----------------------|------------------|------|-------------------|------|----------|
| Entwicklungsbereich   | M                | SD   | M                 | SD   | M        |
| Motorik               | 3.39[a]          | 0.69 | 3.03[b]           | 0.60 | 2.89[b]  |
| Kognitiv              | 3.93[a]          | 0.69 | 3.69[a]           | 0.68 | 3.28[b]  |
| Selbstkontrolle       | 4.64[a]          | 0.97 | 4.05[b]           | 0.98 | 3.70[b]  |
| Soziale Fähigkeiten   | 3.93[a]          | 0.97 | 3.48[b]           | 0.78 | 3.03[c]  |
| Autonomie             | 4.54[a]          | 0.83 | 4.03[b]           | 0.71 | 3.72[b]  |
| Gehorsam              | 5.02[a]          | 0.96 | 4.34[b]           | 0.94 | 3.96[c]  |
| Familienorientierung  | 4.91[a]          | 0.93 | 4.18[b]           | 0.91 | 3.74[c]  |
| Gutes Benehmen        | 4.51[a]          | 0.91 | 4.07[b]           | 0.90 | 3.93[b]  |

Unterschiedliche Buchstaben a, b und c stehen für signifikante Mittelwertunterschiede zwischen deutschen und türkisch-deutschen Müttern erster bzw. zweiter Generation

## 5.2 Erziehungsverhalten

Die Subskalen des Parenting Practices Questionnaire wurden zusammengefasst als positives bzw. negatives Erziehungsverhalten, da eine Faktorenanalyse mit den vier Subskalen Wärme, logisches Begründen, Gehorsamserwartung und Bestrafung eine zweifaktorielle Lösung ergab mit jeweils 72 % bzw. 73 % Varianzauflösung in der türkisch-deutschen bzw. der deutschen Stichprobe. Faktor eins besteht aus den Subskalen Wärme und logisches Begründen (positives Erziehungsverhalten) und Faktor zwei aus den Subskalen Gehorsamserwartung und Bestrafung (negatives Erziehungsverhalten).

Eine MANOVA mit den Erziehungsverhaltenssubskalen als abhängige Variablen und dem ethnischen Hintergrund der Mütter als unabhängige Variable ergab zunächst, dass in beiden Müttergruppen positives Erziehungsverhalten im Sinne von Wärme und logischem Begründen vorgegebener Regeln gleich hohe Werte erzielte und beide Müttergruppen dieses Verhalten oft bis immer zeigten (Tab. 5). Hingegen erzielten türkisch-deutsche Mütter für negatives Erziehungsverhalten einen signifikant höheren Wert als deutsche Mütter.

Eine weitere MANOVA, bei der die Werte der türkisch-deutschen Mütter erster und zweiter Generation getrennt betrachtet wurden, zeigte, dass ein signifikanter Unterschied im negativen Erziehungsverhalten zwischen den deutschen Müttern und den türkisch-deutschen Müttern erster Generation besteht (Tab. 6).

Eine anschließende MANCOVA, bei der die Anzahl der Kinder[1] im Haushalt als Kovariate fungierte, führte dazu, dass die signifikanten Unterschiede im negativen Erziehungsverhalten, bei Kontrolle der Anzahl der Kinder, auch zwischen deutschen Müttern und türkisch-deutschen Müttern der ersten Generation verschwanden.

**Tab. 5** Erziehungsverhalten türkisch-deutsche und deutsche Mütter©

|  | Deutsch $N=99$ | | T-D $N=98$ | | |
|---|---|---|---|---|---|
|  | M | SD | M | SD | $\eta^2$ |
| Positives Erziehungsverhalten | 4.40 | 0.32 | 4.40 | 0.35 | 0.000 |
| Negatives Erziehungsverhalten | 2.28 | 0.41 | 2.49 | 0.51 | 0.050** |

**p<.01

---

[1] Vorangehende Korrelationsberechnungen mit verschiedenen soziodemographischen Merkmalen hatten den höchsten Zusammenhang zwischen negativem Erziehungsverhalten und Anzahl der Kinder im Haushalt ergeben.

**Tab. 6** Erziehungsverhalten türkisch-deutsche Mütter erster und zweiter Generation sowie deutsche Mütter©

| | Deutsch $N=98$ | | T-D 2. Gen. $N=56$ | | T-D 1. Gen. $N=42$ | | |
|---|---|---|---|---|---|---|---|
| | M | SD | M | SD | M | SD | $\eta^2$ |
| Positives Erziehungsverhalten | 4.40 | 0.32 | 4.39 | 0.34 | 4.43 | 0.37 | 0.002 |
| Negatives Erziehungsverhalten | 2.28[a] | 0.41 | 2.43[a,b] | 0.46 | 2.56[b] | 0.56 | 0.059** |

**p<.01
Unterschiedliche Buchstaben a und b stehen für signifikante Mittelwertunterschiede zwischen deutschen und türkisch-deutschen Müttern erster bzw. zweiter Generation.

# 6 Diskussion

In der vorliegenden Studie wurden die Entwicklungserwartungen und das Erziehungsverhalten türkisch-deutscher und deutscher Mütter von Kindern im Vorschulalter untersucht. Es zeigten sich Unterschiede und Gemeinsamkeiten zwischen den Müttern. Zunächst einmal zeigte sich, dass türkisch-deutsche Mütter spätere Entwicklungserwartungen aufweisen als deutsche Mütter – und das bezogen auf alle erhobenen Entwicklungsbereiche. Damit stehen die Ergebnisse zu den Entwicklungserwartungen im Einklang mit den Ergebnissen der Studien mit Müttern mit türkischem Migrationshintergrund in den Niederlanden (Durgel et al. 2013; Willemsen und van de Vijver 1997). Wie sind diese Unterschiede in den Entwicklungserwartungen türkisch-deutscher und deutscher Mütter zu erklären? Auch Goodnow et al. (1984) hatten in einer frühen Studie zu Entwicklungserwartungen von libanesisch-australischen und anglo-australischen Müttern festgestellt, dass die Erstgenannten durchweg spätere Erwartungen aufwiesen als die Letztgenannten. Sie waren allerdings der Ansicht, dass frühere Erwartungen der Entwicklung einer bestimmten Fähigkeit nicht einfach mit der kulturell höheren Wertschätzung dieser gleichzusetzen seien und plädierten dafür, die vielfältigen und facettenreichen Aspekte elterlicher Überzeugungen zu Kindheit und Entwicklung mit in Betracht zu ziehen, um ein differenzierteres und interessanteres Bild kulturell unterschiedlicher elterlicher Vorstellungen zu erhalten, die möglicherweise den kulturell unterschiedlichen Entwicklungserwartungen zu Grunde lägen. Gemäß Goodnow et al. (1984) seien anglo-amerikanische bzw. auch die von den Autorinnen untersuchten anglo-australischen Mütter davon überzeugt, dass Kinder mit einem gewissen Potential an latenten Fähigkeiten ausgestattet seien, die ihre optimale Entfaltung erst dann erführen, wenn sie rechtzeitig erkannt und mit einer entsprechend förderlichen Umwelt in ihrer Entwicklung angeregt würden. Da die Mütter dieses als ihre Aufgabe ansähen, legten sie besonderen Wert auf frühkindliche Entwicklungsförderung. Diese Ansicht über die Natur des Kindes und den Zeitpunkt sowie die Art der Förderung und die Auffassung, je früher die Förderung ansetze umso besser verlaufe die Entwicklung der Fähigkeiten eines Kindes, die anglo-amerikanische Mittelschichtmütter wohl auch mit anderen westlichen Mittelschichtmüttern gemeinsam haben, wird jedoch nicht universell geteilt (Harkness und Super 1992). So waren die von Goodnow et al. ebenfalls untersuchten libanesisch-australischen Mütter der Ansicht, dass ihre Kinder, die in ihrem späteren Leben noch genug zu leisten hätten, ihre frühe Kindheit genießen sollten. Zumal Fähigkeiten dann angeeignet würden, wenn sie gebraucht würden. Wichtig sei es jedoch, eine generelle Lernbereitschaft bei den Kindern zu erhalten. Dabei schoben die libanesisch-australischen Mütter das Lernen nicht insgesamt weit hinaus, sondern setzten die Schulreife ihrer Kinder sogar früher an als die anglo-australischen Mütter. Die frühe Kindheit wurde von ihnen jedoch als Schonzeit angesehen (Goodnow et al. 1984). Auch Eltern türkischer Herkunft scheinen die frühe Kindheit als eine Art Schonzeit anzusehen. Da Kinder in dieser Lebensperiode als in erster Linie bedürfnis- und nicht verstandesgeleitet betrachtet werden, werden sie weniger für ihr Verhalten zur Verantwortung gezogen und erfahren weitgehende Freiheiten und Nachsicht (Leyendecker 2003; Karakaşoğlu-Aydın 2000; Pfluger-Schindelbeck 1989). Die zeitlichen „Verzögerungen", die türkisch-deutsche Mütter im Vergleich zu deutschen Müttern in ihren Entwicklungserwartungen aufzeigen, könnten mit ihrem Kindheitskonzept in Einklang gebracht werden. Dieses Kindheitskonzept, welches Kindern mit der frühen Kindheit als Schonzeit eine „verlängerte Kindheit", ‚prolonged childhood' (Sissons Joshi und MacLean 1997), und längere Entwicklungsfristen zuspricht, findet sich auch in anderen „nicht-westlichen" Kulturen (Stevenson et al. 1992; Ho 1994). Dieses Kindheitskonzept und die damit zusammenhängende Gewährung längerer Entwicklungsfristen scheinen die hier untersuchten türkisch-deutschen Mütter jedoch nicht in einer Umweltgegebenheiten und Erfordernisse ignorierenden Form als kulturelles Denkmuster schlicht zu übernehmen. Dafür spricht, dass die größten Unterschiede zwischen türkisch-deutschen und deutschen Müttern sich in den Bereichen Gehorsam und Familienorientierung finden. Bereiche, deren Relevanz sich vor allem auf das Zusammenleben in der Familie beziehen und die stärker in die Entscheidungskompetenz der Eltern fallen. Umgekehrt zeigt sich, dass bei schulbezogenen Items des kognitiven Entwicklungsbereiches kein statistisch signifikanter Unterschied zwischen türkisch-deutschen und deutschen Müttern existiert. Da, wo die Gewährung längerer Entwicklungsfristen das außerfamiliale Umfeld der Kinder und vor allem ihre Bildung betrifft, werden die Unterschiede zwischen den Entwicklungserwartungen türkisch-deutscher und deutscher Mütter geringer. Dies und die Unterschiede zwischen den türkisch-deutschen Müttern erster und zweiter Generation belegen, dass elterliche Überzeugungsmuster nicht einfach in einer für das Leben in neuen

Lebensgegebenheiten dysfunktional gewordenen Form übernommen werden, sondern die Mütter vielmehr die aktuellen Erfordernisse berücksichtigend und sich
an der optimalen Adaptation ihres Kindes an die Umweltgegebenheiten orientie-
rend, diese neu bewerten und anpassen. Problematisch kann es jedoch werden,
wenn Kinder mit Migrationshintergrund in die Kindertagesbetreuung eintreten und
Divergenzen in den Vorstellungen der Eltern und Erzieher/innen darüber, wann
ein Kind seine Impulse kontrollieren, seine Emotionen selbständig regulieren, ein
bestimmtes Sozialverhalten zeigen, sauber sein, eigenständig essen sollte, nicht
partnerschaftlich ausgehandelt werden, sondern die elterlichen Vorstellungen als
falsch und die Eltern selbst als inkompetent abgewertet werden. Eltern mit Migrationshintergrund in "Elternintegrationskursen" auf die in Deutschland geltenden
Entwicklungsfahrpläne hinzuweisen und sie anzuhalten sich daran zu orientieren,
ist sicherlich keine zielführende Lösung. Interkulturell pädagogische Ansätze (vgl.
etwa Borke und Kärtner in diesem Band) geben Hinweise darauf, wie mit Heterogenität in der Kindertagesbetreuung respektvoll und anerkennend umgegangen
werden und in einem gleichberechtigten Austauschprozess über Maßstäbe der Erziehung verhandelt werden kann.

Die Ergebnisse zum Erziehungsverhalten der Mütter zeigen, dass türkisch-
deutsche und deutsche Mütter sich in ihrem positiven Erziehungsverhalten, einem
Erziehungsverhalten, das von Wärme und gleichzeitig mit der Begründung vorgegebener Regeln gekennzeichnet ist, nicht unterscheiden. Beide Müttergruppen
zeigen dieses Erziehungsverhalten häufig bis fast immer. Das negative Erziehungsverhalten bestehend aus Gehorsamsanforderung und Bestrafung taucht selten bis
manchmal auf, wobei Bestrafung selten und Gehorsamsanforderung etwas öfter,
also eher manchmal vorkommt (Otyakmaz 2014). Zusammengenommen deuten
die Ergebnisse darauf hin, dass sowohl türkisch-deutsche als auch deutsche Vorschulkinder eine weitgehend autoritative Erziehung durch ihre Mütter erfahren.
Diese Ergebnisse der türkisch-deutschen Mütter stimmen auch weitgehend mit den
Ergebnissen der Untersuchungen zum Erziehungsverhalten von Müttern mit türkischem Migrationshintergrund in den Niederlanden und in Australien überein (Durgel et al. 2013; Yağmurlu und Sanson 2009). Dass türkisch-deutsche Mütter erster
Generation etwas öfter negatives Erziehungsverhalten zeigen als deutsche Mütter,
scheint mit ihrer höheren Anzahl an Kindern einherzugehen. Dies kann damit zusammenhängen, dass der Familienalltag mit mehreren Kindern sich möglicherweise stressvoller für die Mütter gestaltet. So wurde auch in einigen früheren Studien
festgestellt, dass als ungünstig eingeschätzte mütterliche Erziehungspraktiken mit
einer höheren Kinderzahl einhergingen (Liebenwein und Weiß 2012; Baharudin
und Luster 1998; Hannan und Luster, 1991).

Ausblick: Sowohl die Entwicklungserwartungen der Mütter als auch ihr Erziehungsverhalten wurden in der vorliegenden Studie als Selbstauskünfte erfasst. Interessant wäre es in zukünftigen Studien genauer zu untersuchen, inwiefern die Entwicklungserwartungen der Mütter mit ihrem tatsächlichen Förderverhalten und dem kindlichen Entwicklungsstand zusammenhängen. Darüber hinaus wäre es aufschlussreich, das Erziehungsverhalten der Mütter auch mittels beobachtender Erhebungsmethoden in möglichst alltäglichen Interaktionssituationen mit ihren Kindern zu erfassen.

## Literatur

Alamdar-Niemann, M. (1990). Die Wahrnehmung elterlicher Erziehungsstile in türkischen Familien. *Zeitschrift Migration und soziale Arbeit, 1*, 75–78.

Baharudin, R., & Luster, T. (1998). Factors related to the quality of the home environment and children's achievement. *Journal of Family Issues, 19*(4), 375–403.

Boos-Nünning, U., & Karakaşoğlu, Y. (2005). *Viele Welten leben*. Münster: Waxmann.

Bornstein, M. H. (1991). Approaches to parenting in culture. In M. H. Bornstein (Hrsg.), *Cultural approaches to parenting* (S. 3–19). Hillsdale: Erlbaum

Carlson, V. J., & Harwood, R. L. (2000). Understanding and negotiating cultural differences concerning early developmental competence: The six-raisin solution. *Zero to Three Journal, 20*(3), 19–24.

Durgel, E. S. (2011). *Parenting beliefs and practices of Turkish immigrant mothers in western Europe*. Tilburg: Tilburg University.

Durgel, E. S., & van de Vijver, F. J. R. (2008). *Developmental expectations of Dutch and Turkish-Dutch mothers of preschoolers*. Paper session presented at 19th International Congress of International Association of Cross-Cultural Psychology, Bremen.

Durgel, E. S., van de Vijver, F. J. R., & Yagmurlu, B. (2013). Self-reported maternal expectations and child-rearing practices: Disentangling the associations with ethnicity, immigration, and educational background. *International Journal of Behavioral Development, 37*, 35–43.

Fuhrer, U. (2009). *Lehrbuch Erziehungspsychologie* (2. überarb. Auflage). Bern: Huber.

Goodnow, J. J. (2002). Parents' knowledge and expectations: Using what we know. In M. H. Bornstein (Ed.), *Handbook of parenting* (Bd. 3, Being and becoming a parent, S. 439–460). Mahwah: Erlbaum.

Goodnow, J. J., Cashmore, J., Cotton, S., & Knight, R. (1984). Mothers' developmental timetabels in two cultural groups. *International Journal of Psychology, 19*, 193–205.

Hannan, K., & Luster, T. (1991). Influences of parent, child, and contextual factors on the quality of the home environment. *Infant Mental Health Journal, 12*(1), 17–30.

Harkness, S., & Super, C. M. (1992). Parental ethnotheories in action. In E. Sigel, A. V. McGillicuddy-DeLisi, & J. J. Goodnow (Eds.), *Parental belief systems: The psychological consequences for children* (S. 373–391). Hillsdale: Erlbaum.

Herwartz-Emden, L., & Westphal, M. (2000). Konzepte mütterlicher Erziehung. In L. Herwartz-Emden (Hrsg.), *Einwandererfamilien: Geschlechterverhältnisse, Erziehung und Akkulturation* (S. 99–120). Osnabrück: Universitätsverlag Rasch.

Hess, R., Kashiwagi, K., Azuma, H., Price, G., & Dickson, W. P. (1980). Maternal expectations for mastery of developmental tasks in Japan and the United States. *International Journal of Psychology, 15*, 259–271.

Ho, D. Y.-F. (1994). Cognitive socialization in confucian heritage cultures. In P. M. Greenfield & R. R. Cocking (Eds.), *Cross-cultural roots of minority child development* (S. 285–313). Hillsdale: Erlbaum.

Jäkel, J., & Leyendecker, B. (2009). Erziehungsverhalten türkischstämmiger und deutscher Mütter von Vorschulkindern. *Psychologie in Erziehung und Unterricht, 56*(1), 1–15.

Karakaşoğlu-Aydın, Y. (2000). *Muslimische Religiosität und Erziehungsvorstellungen. Eine empirische Untersuchung zu Orientierungen bei türkischen Lehramts- und Pädagogik-Studentinnen in Deutschland.* Frankfurt a. M.: IKO-Verlag für Interkulturelle Kommunikation.

Leyendecker, B. (2003). Die frühe Kindheit in Migrantenfamilien. In H. Keller (Hrsg.), *Handbuch der Kleinkindforschung* (S. 381–431). Bern: Hans Huber.

Liebenwein, S., & Weiß, S. (2012). Erziehungsstile. In U. Sandfuchs, W. Melzer, B. Dühlmeier, & A. Rausch (Hrsg.), *Handbuch Erziehung* (S. 160–167). Bad Heilbrunn: Klinkhardt.

Lightfoot, C., & Valsiner, J. (1992). Parental belief systems under the influence: Social guidance of the construction of personal cultures. In E. Sigel, A. V. McGillicuddy-DeLisi, & J. J. Goodnow (Hrsg.), *Parental belief systems: The psychological consequences for children* (S. 393–414). Hillsdale: Erlbaum.

Mc Gillicuddy-De Lisi, A. V., & Sigel, I. E. (1995). Parental beliefs. In M. Bornstein (Hrsg.), *Handbook of parenting* (Bd. 3, S. 333–358). Hillsdale: Erlbaum.

Merkens, H. (1997). Familiale Erziehung und Sozialisation türkischer Kinder in Deutschland. In H. Merkens & F. Schmidt (Hrsg.), *Sozialisation und Erziehung in ausländischen Familien in Deutschland* (S. 9–100). Hohengehren: Schneider.

Miller, S. A. (1986). Parents' beliefs about their children's cognitive abilities. *Developmental Psychology, 22*, 276–284.

Nauck, B. (1990). Eltern-Kind-Beziehungen bei Deutschen, Türken und Migranten. *Zeitschrift für Bevölkerungswissenschaft, 16*(1), 87–120.

Nauck, B., & Özel, Ş. (1986). Erziehungsvorstellungen und Sozialisationspraktiken in türkischen Migrantenfamilien. *Zeitschrift für Sozialisationsforschung und Erziehungssoziologie, 2*, 285–312.

Ninio, A. (1988). The effects of cultural background, sex, and parenthood on beliefs about the timetable of cognitive development in infancy. *Merrill-Palmer Quarterly, 34*(4), 369–388.

Otyakmaz, B. Ö. (2007). *Familiale Entwicklungskontexte im Kulturvergleich.* Lengerich: Pabst Science Publisher.

Otyakmaz, B. Ö. (2014). *Mütterliches Erziehungsverhalten – ein Vergleich türkisch-deutscher und deutscher Mütter mit Kindern im Vorschulalter.* (Zeitschrift für Pädagogik 6).

Pachter, L. M., & Dworkin, P. H. (1997). Maternal expectations about normal child development in 4 cultural groups. *Archives of Pediatrics & Adolescent Medicine, 151*(11), 1144–1150.

Paterson, G., & Sanson, A. (1999). The association of behavioural adjustment to temperament, parenting and family characteristics among 5-year-old children. *Social Development, 8*(3), 293–309.

Pfluger-Schindelbeck, I. (1989). *Achte die Älteren, liebe die Jüngeren Sozialisation türkischer Kinder*. Frankfurt a. M.: Athenäum.

Reichle, B., & Franiek, S. (2009). Erziehungsstil aus Elternsicht – Deutsche Erweiterte Version des Alabama Parenting Questionnaire für Grundschulkinder (DEAPQ-EL-GS). *Zeitschrift für Entwicklungspsychologie und Pädagogische Psychologie, 41,* 12–25.

Ribas R. de C. Jr. Seidl de Moura M. L., & Bornstein M. H. (2003). Socioeconomic status in Brazilian psychological research: II. Socioeconomic status and parenting knowledge. *Estudos de Psicologia (Natal), 8*(3), 385–392.

Rosenthal, M., & Roer-Strier, D. (2001). Cultural differences in parents' developmental goals and ethnotheories. *International Journal of Psychology, 36*(1), 20–31.

Schneewind, K. A. (2008). Sozialisation und Erziehung im Kontext der Familie. In R. Oerter & L. Montada (Hrsg.), *Entwicklungspsychologie* (6. Aufl., S. 117–145). Weinheim: Beltz.

Schneewind, K. A., & Böhmert, B. (2011). Stichwort: Der Interaktive Elterncoach „Freiheit in Grenzen" für Eltern von 3- bis 18-jährigen Kindern. *Psychologie in Erziehung und Unterricht, 58,* 152–154.

Sissons Joshi, M., & MacLean, M. (1997). Maternal expectations of child development in India, Japan, and England. *Journal of Cross-Cultural Psychology, 28*(2), 219–239.

Stevenson, H. W., Chen, C., & Lee, S. (1992). Chinese families. In J. L. Roopnarine & D. B. Carter (Hrsg.), *Parent-child socialization in diverse cultures: Advances and applied developmental psychology* (S. 17–33, Bd. 5). Norwood: Ablex Publishing Cooperation.

Uslucan, H.-H., Fuhrer, U., & Mayer, S. (2005). Erziehung in Zeiten der Verunsicherung. In Th. Borde & M. David (Hrsg.), *Kinder und Jugendliche mit Migrationshintergrund* (S. 65–88). Frankfurt a. M.: Mabuse.

Valsiner, J. (1987). *Culture and the development of children's actions*. Chichester: Wiley.

Van de Vijver, F. J. R. (2002). Bias and equivalence: Cross-cultural perspectives. In J. A. Harkness, F. J. R. van de Vijver, & P. P. Mohler (Hrsg.), *Cross-cultural survey methods* (S. 143–155). Hoboken: Wiley.

Willemsen, M. E., & van de Vijver, F. J. R. (1997). Developmental expectations of Dutch, Turkish-Dutch, and Zambian mothers: Towards an explanation of cross-cultural differences. *International Journal of Behavioral Development, 21,* 837–854.

Yağmurlu, B., & Sanson, A. (2009). Acculturation attitudes and parenting in Turkish-Australian mothers. *Journal of Cross-Cultural Psychology, 40*(3), 361–380.

# Parenting Practices of Turkish-Dutch and Dutch Mothers

Elif Durgel and Fons J. R. van de Vijver

## 1 Introduction

Developmental researchers have been mostly interested in parenting styles which can be defined as parent's general attitude towards the child (Baumrind 1991). Four parenting styles have been described in the literature: Authoritarian, authoritative, permissive, and neglectful (Baumrind; Maccoby and Martin 1983); especially authoritarian and authoritative parenting styles attracted attention. However, although parenting styles are informative for understanding general principles of child rearing, they provide little information on the proximal aspects of parenting that have a direct impact on child development. Darling and Steinberg (1993) argued that parenting practices, which are specific, goal-directed behaviors through which parents perform their parental duties towards their children, directly affect children's developmental outcomes (Wade 2004).

E. Durgel (✉)
Department of Psychology, Yasar University, Üniversite Caddesi,
No: 37–39, 35100 Bornova/Izmir, Turkey
e-mail: elif.durgel@yasar.edu.tr

F. J. R. van de Vijver
Social and Behavioral Sciences Department of Social Psychology,
Tilburg University, PO Box 90153, 5000 LE Tilburg, The Netherlands
e-mail: fons.vandevijver@tilburguniversity.edu

© Springer Fachmedien Wiesbaden 2015
B. Ö. Otyakmaz, Y. Karakaşoğlu (Hrsg.), *Frühe Kindheit in der Migrationsgesellschaft*, DOI 10.1007/978-3-658-07382-4_5

Some of the most frequently studied parenting behaviors include responsiveness, warmth, induction, power assertion, cognitive stimulation, and demandingness (Dekovic and Janssen 1992; Tamis-LeMonda et al. 2004; Yagmurlu and Sanson 2009). Although some practices like caring and nurturing the child are found to be intuitive and universal (Bornstein et al. 1991), most practices are found to vary with cultural background. In general, parents from collectivistic cultures are found to display a more authoritarian parenting with high levels of parental control, demandingness, and restrictiveness than parents from individualistic cultures who display authoritative parenting more (Chao 1994; Kagitcibasi 1970; Rudy and Grusec 2006). Non-Western mothers are found to use more negative parenting, punishment, and control (Cardona et al. 2000; Kelley and Tseng 1992) and less praising and verbal encouragement (Bradley et al. 1996) than Western mothers. For example, studies with African and Chinese Americans in the US revealed that parental control is much more common in the ethnic minority groups than in the mainstream Caucasian families (Kelley and Tseng 1992). It was also shown that parents from collectivistic background engage in child-rearing practices that support connectedness and relatedness with others more and behaviors that stimulate autonomy of their children less than parents from individualistic backgrounds (Liu et al. 2005).

Parenting practices are often assessed by self-reports of parents. This method is indeed very informative; however, self-reported parenting practices reflect the attitudes and perception of parents about themselves which may not be reflected in their actual parenting behaviors (Liu et al. 2005). The literature confirms the relationship between what parents report they do and what they actually do; however, the predictive value of self-reports for observed parenting practices is very low in magnitude (Goodnow 1988; Kochanska et al. 1989; Miller 1988; Sigel 1986).

In summary, it can be concluded that parenting practices have a direct relation to children's developmental outcomes and can differ across cultural settings. In this study, we examined observed parenting practices of Turkish immigrant and Dutch mothers residing in the Netherlands, an acculturation context.

## 1.1   Turkish and Dutch Parenting Patterns

The Turkish society is an interdependence-oriented culture (Hofstede 2001) that is high on conservatism and hierarchy and low on autonomy and egalitarianism (Schwartz 1999). As can be expected from a collectivistic culture, the Turkish society is characterized by interdependence, close interpersonal relationships, and loyalty (Aygun and Imamoglu 2002). Parenting patterns of Turkish parents focus mainly on obedience to parents and on having close ties with family members which are highly endorsed in many layers in the society, particularly in rural and low-SES settings. In such contexts, parents show obedience-oriented parenting and low levels of autonomy granting (Kagitcibasi 2007; Sunar 2002). On the other hand, well-educated Turkish parents in urban cities in Turkey display more autonomy-oriented values and child-rearing practices (Imamoglu 1998; Kagitcibasi 2007). Studies showed that Turkish parents display authoritarian parenting style with high levels of power-assertive discipline techniques and strict control; however, these parenting practices do not exclude emotional closeness and warmth between parent and child (Kagitcibasi 1970).

Obedience-oriented parenting and controlling behaviors are also common among Turkish immigrant parents in the Netherlands (Gerrits et al. 1996; Nijsten 2006). Durgel et al. (2009) found that Turkish immigrant mothers expect their children to be well-mannered more than the mainstream European mothers. At the same time, Turkish mothers who are more integrated into mainstream culture seem to value individualistic goals more than Turkish mothers who are more separated from the mainstream culture (Durgel et al. 2009). Turkish-Dutch and Turkish-German mothers are also shown that they perceive preschool years as "childhood" without much focus on developing and improving skills whereas Dutch and German mainstream mothers perceive children as individuals with their own will, interest, and potential even at very early ages of life (Durgel and van de Vijver 2008; Otyakmaz (in review). Turkish-Dutch mothers are found to display low levels of supportive parenting, autonomy granting, and to provide fewer stimulating materials (e.g. toys, books) that are conducive to the child's cognitive development compared to Dutch mothers (Leseman and Van den Boom 1999). Another study which compared Turkish-Dutch and Dutch mothers' parenting practices used observational methods. Mothers of 2-year-old children were observed during problem-solving and clean-up tasks and the findings showed that Turkish immigrant mothers were less sensitive and more intrusive than the Dutch mothers (Yaman et al. 2010). In Yaman et al.'s study sensitivity referred to the mother's expressions of emotional support and positive regard by encouraging and acknowledging the child's accomplishments on the tasks. Intrusiveness referred to the mother's lack of respect of the child's autonomy by interfering with the child's needs and interests.

The Netherlands is a prototypical culture of independence (Hofstede 2001) that is high on egalitarianism and autonomy and low on hierarchy and conservatism (Schwartz 1999). Independence and assertiveness are highly endorsed goals in Dutch families, and even infants are expected to be able to play alone and take care of themselves (Pels 1991; Willemsen and Van de Vijver 1997). Dutch mothers often display parenting styles that support both emotional and material independence of the child (Georgas et al. 2006), use less controlling and more autonomy-oriented parenting behaviors (Gerrits et al. 1996) with higher levels of authoritative control (Yaman et al. 2010).

## 1.2   The Present Study

In this study, we were interested in group differences in child-rearing practices between Turkish immigrant and Dutch mothers in the Netherlands. We expected Dutch mothers to display more use of positive parenting (i.e. responsiveness, warmth) and less use of negative parenting (i.e. demandingness), compared to Turkish-Dutch mothers.

## 2   Method

## 2.1   Participants

Participants of the study comprised 33 mainstream Dutch and 35 Turkish immigrant mothers living in the Netherlands. All participating mothers had at least one child aged 3–5 who was the target child in this study. A mother was classified as Turkish immigrant only if both her parents were born in Turkey and either her parents or she had migrated to the Netherlands; and mothers were classified as Dutch if they were born in the Netherlands, as were their parents and grandparents.

Of the Turkish immigrant sample, mean age of the mother was 33 years ($SD$=3.86) and mean age of the target child was 57 months ($SD$=13.39). Ninety one percent of the mothers were born in the Turkey and 9% were born in the Netherlands. The mean age of migration to the Netherlands was 11.96 years ($SD$=8.76). Of these Turkish-Dutch mothers, 17% were primary school, 14% were middle school, 40% were high school, and 29% were university graduates. The mean years of education Turkish-Dutch mothers had was 12 years ($SD$=3.86). Sixty two percent were at-home mothers, 32% were working at a part-time job, and 6% had a full-time job. All Turkish-Dutch mothers were married and 9% of them had only one child who was the target child in this study. Forty six percent of the target children were girls.

Among the mainstream Dutch mothers, the mean age was 37 years ($SD$=4.48) and the mean age of the target child was 51 months ($SD$=12.67). Thirty one percent of the Dutch mothers were middle school, 49% were high school, and 21% were university graduates. Mean years of education Dutch mothers had was 16 years ($SD$=2.86). Twenty one percent were at-home mothers, 70% were working at a part-time job, and 9% had a full-time job. Regarding the marital status of Dutch mothers, 53% were married, 41% had partnership, and 6% were divorced. Eighteen percent of the Dutch mothers had only one child who was the target child in this study. Fifty one percent of the target children were girls.

An analysis of variance revealed that Turkish-Dutch and Dutch mothers were significantly different from each other in terms of age and years of education. Turkish-Dutch mothers were significantly younger than Dutch mothers, $F(1, 68) = 17.523$, $p < 0.001$, $\eta^2 = 0.21$. Moreover, Dutch mothers showed a higher level of education than Turkish-Dutch mothers, $F(1, 68) = 23.50$, $p < 0.001$, $\eta^2 = 0.27$.

## 2.2 Materials

Mothers' parenting behaviors were measured by observation of the interaction between the mother and the child during 10-min free-play and 10-min joint book reading sessions. Observed maternal behaviors were coded using the Parent-Child Affect, Responsiveness, Connectedness, and Autonomy Scale developed by Durgel and Van de Vijver (2010) on the basis of coding schemes by Liu et al. (2005), Tamis-LeMonda et al. (2004), and Rubin and Cheah (2000). An event-sampling approach was used in this study. Maternal behaviors were coded into six subscales of the Parent-Child Affect, Responsiveness, Connectedness, and Autonomy Scale. These subscales assessed the following parenting behaviors: Positive Affect which reflects the mother's displays of warm and positive affect, attitudes, and emotions towards the child (e.g. "using pet names when calling the child"), Responsiveness which refers to the mother's responding to the child's verbal and nonverbal requests (e.g. "suggesting an activity/drawing attention to a toy when child is unoccupied/bored"), Negative Control which reflects the degree to which the mother is intrusive during interaction and the amount of control the mother exerts over child (e.g. "pulling the book/toy away when the child reaches for it"), Autonomy which refers to the degree to which the mother is willing to let the child direct an activity, initiate an activity and explore (e.g. "letting the child decide about game rules/turns/role assignments"), Connectedness which refers to the mother's behaviors dealing with child's cooperation, emotional closeness, physical/behavioral proximity (e.g., "kissing the child or getting a kiss from the child"), and Number of Sentences Uttered. For Responsiveness, the criteria for the mother to get a score was that the child needed to initiate a request and the mother needed to respond to it within 5 s after the child's initiation; these criteria were based on previous coding schemes (Rubin and Cheah 2000).

The main difference of the coding scheme used in this study compared to the existing coding manuals is that many of the existing coding schemes (e.g. Erickson et al. 1985; Tamis-LeMonda et al. 2004) use rating systems. In these schemes, coders rate the maternal behaviors on a Likert scale in terms of the degree of the category being assessed. This procedure may not clearly outline what and how should be coded, as the link between the displayed behavior and the 'to be coded' category is not always clear. Therefore, in the coding manual we developed for this study, we created an almost exhaustive list of behaviors for each category based on existing manuals and pilot studies. We tried to list all the possible types of verbal and non-verbal behaviors for each subscale that can occur during mother-child interactions, thereby minimizing the need for more subjective interpretations by the coders. The coding of the observational data was carried out by the main researcher and Turkish, Dutch, and Turkish-Dutch graduate student assistants. We scored the number of times these behaviors in the list happened during the recorded session. The sessions of free-play and joint book reading were coded in blocks of 20 s by scoring a behavior each and every time it happened. The principal researcher trained coders until acceptable interrater agreement was maintained. Interrater reliabilities were calculated based on six randomly selected observations for each sample (20 % of the cases). Codings of the principal researcher and the student coders were checked for the percentage agreement for play and book sessions separately. The interrater agreement ranged from 74 to 87 % for Positive Affect, from 81 to 90 % for Negative Control, from 72 to 89 % for Responsiveness, from 79 to 91 % for Autonomy, and from 83 to 95 % for Connectedness. Subscale scores were computed by dividing the sum of the frequencies of listed behaviors under each category by the length of the recorded interaction since some of the observations took less than 10 min. Coding of the recording of one session of a child took approximately 7 hours.

## 2.3   Procedure

All participants were recruited from preschools and Turkish associations in and around Tilburg, the Netherlands as well as through snowball sampling. Mothers were given information on the study and asked whether they were willing to participate. Those who agreed to take part were visited at their home and the data collection lasted about one and a half hours. Dutch mothers were interviewed by a Dutch researcher and Turkish immigrant mothers were interviewed by a Turkish interviewer in either Dutch or Turkish, according to the participants' preference. The first 10–15 min of the visit were spared for a warm-up between the researcher and the mother and the child. The researcher conversed with the mother casually about their life in general and initiated chatting with the target child. After the warm-up, the researcher explained the procedure of the study to the mother and once again got permission for the videotaped data collection. After collecting background information, a 10-min free play session between the mother and her child was recorded after giving the instruction to 'play with the provided toys as you usually play together at home'. The toy set included a piano, a telephone, a baby doll, Lego blocks, a doctor kit, an ambulance, a police car, and a fire truck. After 10 min of free play, the mother and the child were asked to put the toys back into the bag so that they could start with the joint book reading session. The session used the book 'Frog, where are you?' (Mayer 1969) brought by the researcher. This book had only pictures in it (except for the cover) to eliminate the cultural differences that might arise from language issues. The instruction was to 'read the Froggie book as you usually read a book together at home'.

# 3   Results

First of all, we examined similarities and differences in observed parenting practices during free-play setting by a oneway MANCOVA with group as independent variable, observed parenting practices subscales as dependent variables, and maternal education and age as covariates. MANCOVA results showed that two groups significantly differed in the ways they interacted with their children during free-play, Wilks' lambda $= 0.80$, $F(1, 68) = 2.89$, $p < 0.05$, $\eta^2 = 0.18$. Univariate analyses indicated that, after accounting for maternal age and education, Turkish-Dutch mothers displayed more Responsiveness than Dutch mothers while playing with their children, $F(1, 68) = 8.38$, $p < 0.01$, $\eta^2 = 0.12$.

Additionally, group differences in observed parenting practices during joint book reading session were analyzed. A one-way MANCOVA was conducted with group as independent variable, observed parenting practices subscales as dependent variables, and with maternal education and age as covariates. MANCOVA results (see Table 1) showed that two groups significantly differed in their parenting practices while reading a book with their children, Wilks' Lambda $= 0.77$, $F(1, 68) = 3.43$, $p < 0.01$, $\eta^2 = 0.24$. Univariate analyses indicated that Turkish-Dutch mothers displayed Responsiveness significantly more frequently than the Dutch mothers, $F(1, 68) = 16.54$, $p < 0.001$, $\eta^2 = 0.22$.

Lastly, we checked the overall level of interaction during free play and book reading sessions by analyzing the number of sentences uttered by the mothers. It was found that Turkish immigrant mothers used significantly more sentences as they interacted with their children than did the Dutch mothers, both in the free play ($F(1, 68) = 5.07$, $p < 0.05$, $\eta^2 = 0.07$) and in book reading sessions ($F(1, 68) = 4.98$, $p < 0.05$, $\eta^2 = 0.08$).

**Table 1** Observed parenting practices during free play and book reading: means, standard deviations, MANOVA and MANCOVA Results (Maternal Education and Age as Covariates) ©

| Scale | Dutch | | Turkish-Dutch | | $\eta^2$ before covariates | $\eta^2$ after covariates |
|---|---|---|---|---|---|---|
| | M | SD | M | SD | | |
| *Free play* | | | | | | |
| Affect | 1.89 | 1.19 | 1.67 | 1.43 | 0.006 | 0.021 |
| Negative control | 0.76 | 0.55 | 1.29 | 1.77 | 0.038 | 0.001 |
| Responsiveness | 2.07 | 1.11 | 3.42 | 2.19 | 0.133** | 0.117** |
| Autonomy | 2.51 | 1.58 | 3.45 | 1.95 | 0.067* | 0.037 |
| Connectedness | 3.33 | 0.88 | 4.14 | 1.89 | 0.070* | 0.015 |
| Number of sentences | 10.96 | 2.99 | 15.11 | 6.30 | 0.152** | 0.074* |
| *Book reading* | | | | | | |
| Affect | 1.85 | 1.25 | 2.29 | 1.64 | 0.022 | 0.007 |
| Negative control | 1.93 | 1.44 | 2.06 | 1.28 | 0.002 | 0.000 |
| Responsiveness | 1.72 | 0.91 | 3.70 | 2.03 | 0.287*** | 0.216*** |
| Autonomy | 1.53 | 1.61 | 1.99 | 1.51 | 0.023 | 0.029 |
| Connectedness | 3.27 | 0.39 | 3.68 | 0.83 | 0.091* | 0.034 |
| Number of sentences | 16.79 | 4.06 | 21.33 | 6.04 | 0.166** | 0.077* |

$*p<7.05; **p<*.01; ***p<*.001$

# 4 Discussion

Turkish immigrant families form one of the largest immigrant populations in the Netherlands and their adaptation to and performance in the Dutch society have been attracting major academic and public interest; however, there are not many observational studies investigating family dynamics and parenting patterns in this community. We examined observed parenting practices of Turkish immigrant and Dutch mothers in the Netherlands.

Based on literature in the field of parenting practices, we expected Turkish immigrant mothers to display more demandingness and less positive parenting practices compared to the Dutch. It is generally accepted that parents from non-Western, traditional, collectivistic cultures display authoritarian parenting with high levels of obedience and demandingness more than parents from Western, individualistic backgrounds (Chao 1994; Rudy and Grusec 2006). However, when mothers' observed parenting behaviors were examined, the expected differences in parenting practices between the Turkish-Dutch and Dutch mothers were not found.

Our expectations regarding negative parenting practices being displayed more by Turkish immigrants than the Dutch were not supported. One can argue that this result may be associated with how much culture relates to observed and self-reported aspects of parenting. There is an extensive literature in psychology which shows that culture reflects itself in people's attitudes and beliefs more than in their behaviors and that cross-cultural differences in attitudes and beliefs are often larger than in behaviors (Arends-Tóth and Van de Vijver 2008; Van de Vijver 2007). We know that parenting studies largely depend on self-reported data which may not reflect what is actually happening in child-rearing styles of parents.

Another reason we did not find a difference in observed negative parenting practices between the two samples might be related to the nature of the interactions triggered by the experimental conditions. We observed mothers' child-rearing practices in two different conditions; first in a free-play setting in which the mother and her child were playing with the toys we provided, and secondly in a book reading session in which mother and child were asked to explore a picture-based book jointly. None of these sessions were task or performance related which would require disciplining and specific guidelines from the mothers toward their children. Mothers might use control as a discipline technique when they particularly need to guide and lead their children. However in this study neither free play nor book reading sessions were performance related, and mothers were not explicitly asked to guide or lead their children. Thus, we can speculate that the ways mothers' parenting practices were observed in this study did not give much opportunity to capture negative parenting and parental control.

Turkish-Dutch mothers were found to display more responsiveness compared to the Dutch mothers, both in free-play and in book-reading settings. This finding diverges from our expectations based on the previous literature stating the similar (Leseman and Van den Boom 1999; Yaman et al. 2010). One of the reasons as to why in this study we found Turkish mothers display more responsiveness might be related to the way responsiveness is defined in this study. Our definition of responsiveness referred to mother's responding to the child's verbal and non-verbal requests and it consisted of items such as "helping child when s/he needs help", "reacting to child's excitement/ boredom/ interest", and "responding to child's expressions of love and affection". However, in one of the very few observational studies comparing Dutch and Turkish-Dutch mothers' parenting practices, Dutch mothers were found to display more sensitive parenting than the Turkish-Dutch immigrants (Yaman et al. 2010). In this particular study, maternal sensitivity was defined as mother's expressions of emotional support and positive regard by encouraging child's accomplishments on the tasks (during a problem-solving task session). It is generally accepted that praising and encouraging the child's task-related accomplishments are more Western, individualism-oriented parenting practices (Kagitcibasi 2007; Liu et al. 2005). It can be tentatively concluded that the cross-cultural differences between Dutch and Turkish-Dutch mothers in responsiveness may be restricted to task-related situations.

This finding may also be related to the way responsiveness was coded in this study. We gave a mother a score for responsiveness, if she responded to child's requests within 5 s after the child's initiation. Any response later than the first 5 s was not counted. For instance, if the child was struggling with opening the Lego box or undressing the baby doll and the mother helped within 5 s, then a score was given. When looked at this way of coding, one can think of many reasons leading to the observed group difference. Firstly, it might be that Dutch children initiated fewer requests than the Turkish children which led to more opportunities for the Turkish mothers to response (note that responsiveness was considered only if the child initiated a request from the mother). This could well be related to the notion of Western children being more autonomous and assertive than non-Western children (Kagitcibasi 2007). Thus, Dutch children might solve their needs more without involving their mothers as compared to the Turkish-Dutch children. However, in order to make sure this was the reason, we would need to recode the child's behaviors.

Secondly, we gave mothers a responsiveness score only if they displayed a reaction towards their children's needs within 5 s. It could be that Turkish mothers reacted immediately whereas Dutch mothers gave more time for their children to find out the solution themselves before they interfere with the issue. This argument is again in line with Western parenting patterns which support children's self-sufficiency and autonomy (Kagitcibasi 2007). The use of a more liberal time limit might change the findings.

Lastly, we found that Turkish-Dutch mothers uttered more sentences while interacting with their children compared to the Dutch mothers which means Turkish mothers were more verbally interactive than their Dutch counterparts. One can argue that since Turkish mothers talked more and engaged more verbally with their children, they were also more likely to respond to their children's requests. These explanations amount to a picture that is in line with a view of the Turkish culture as interdependent. Helping the child and using verbalizations to support these actions is probably an effective tool in developing and maintaining a close relationship between caregiver and child. High levels of responsiveness that are not restricted to a specific type of input (such as control) but cover various domains, as we found in the present study, may be indicative of indulgent parenting and foster the close mother—child relationship, supposedly a strong feature of more collectivistic groups. Focusing on praise as has been done in previous studies may restrict responsiveness to a specific domain (cognition and learning) that is not appropriate to do justice to the way Turkish-Dutch mothers interact with their children.

This study is not free from limitations. Most importantly, the manual used to code mothers' observed parenting behaviors as they were interacting with their children was developed by the authors specifically for this study and was used for the first time in this study. As a consequence, we cannot compare our results to the findings of previous studies with various cultural groups. Secondly and lastly, differences found in responsive parenting behaviors might be related to child's behaviors as well, as discussed earlier in the discussion. For the next studies, it is important to code and analyze children's behaviors as they interact with their mothers as well.

To conclude, although Turkish immigrants in the Netherlands receive much academic and public interest, there are not many studies focusing on their family dynamics and parenting patterns. The present study has significance in this regard, since it is one of the very few in-depth studies examining Turkish-Dutch parents' child-rearing beliefs and practices. Moreover, observational studies in this cultural context are scarce even though they provide us with a better understanding of what is going on in the day-to-day interactions between parents and their children. More observational studies on Turkish immigrant parents' child rearing and linking it to the developmental outcomes of their children would be very helpful to further develop prevention and intervention studies focusing on Turkish immigrant children who are reported to be behind their mainstream counterparts (Te Nijenhuis et al. 2004).

# References

Arends-Tóth, J. V., & Van de Vijver, F. J. R. (2008). Family relationships among immigrants and majority members in the Netherlands: The role of acculturation. *Applied Psychology: An International Review, 57,* 466–487.

Aygun, Z. K., & Imamoglu, O. (2002). Value domains of Turkish adults and university students. *Journal of Social Psychology, 142,* 333–351.

Baumrind, D. (1991). The influence of parenting style on adolescent competence and substance use. *Journal of Early Adolescence, 11,* 56–95.

Bornstein, M. H., Tal, J., & Tamis-LeMonda, C. (1991). Parenting in cross-cultural perspective: The United States, France and Japan. In M. H. Bornstein (Ed.). *Cultural approaches to parenting* (pp. 69–89). London: Lawrence Erlbaum.

Bradley, R. H., Corwyn, R. F., & Whiteside-Mansell, L. (1996). Life at home: Same time, different places. An examination of the HOME Inventory in different cultures. *Early Development and Parenting, 5,* 251–269.

Cardona, P. G., Nicholson, B. C., & Fox, R. A. (2000). Parenting among Hispanic and Anglo-American mothers with young children. *Journal of Social Psychology, 140*, 357–365.

Chao, R. K. (1994). Beyond parental control and authoritarian parenting style: Understanding Chinese parenting through the cultural notion of training. *Child Development, 65*, 1111–1119.

Darling, N., & Steinberg, L. (1993). Parenting style as context: An integrative model. *Psychological Bulletin, 113*, 487–496.

Dekovic, M., & Janssens, J. (1992). Parents' child-rearing style and child's sociometric status. *Developmental Psychology, 32*, 1065–1072.

Durgel, E., & Van de Vijver, A. J. R. (2008). *Developmental expectations of Dutch and Turkish-Dutch mothers of preschoolers.* Paper session presented at 19th International Congress of the International Association for Cross-Cultural Psychology, Bremen.

Durgel, E., & Van de Vijver, A. J. R. (2010). *Parenting practices of Turkish immigrant and Dutch mothers in the Netherlands.* Paper session presented at 21st Biennial Meeting of International Society for the Study of Behavioral Development, Lusaka.

Durgel, E. S., Leyendecker, B., Yagmurlu, B., & Harwood, R. (2009). Sociocultural influences on German and Turkish immigrant mothers' long-term socialization goals. *Journal of Cross-Cultural Psychology, 40*, 834–852.

Erickson, M. F., Sroufe, L. A., & Egeland, B. (1985). The relationship between quality of attachment and behavior problems in preschool in a high-risk sample. *Monographs of the Society for Research in Child Development, 50*, 147–166.

Georgas, J., Berry, J. W., Van de Vijver, F. J. R., Kagitcibasi, C., & Poortinga, Y. H. (2006). *Families across cultures: A 30-nation psychological study.* Cambridge: Cambridge University Press.

Gerrits, L., Dekovic, M., Groenendaal, J., & Noom, M. (1996). Opvoedingsgedrag [parenting behavior]. In J Rispens, J. M. Hermanns, & W. H. Meeus (Eds.), *Opvoeden in Nederland* (pp. 41–69). Assen: Van Gorcum.

Goodnow, J. J. (1988). Parents' ideas, actions, and feelings: Models and methods from developmental and social psychology. *Child Development, 59*, 286–320.

Hofstede, G. (2001). *Culture's consequences: Comparing values, behaviors, institutions, and organizations across nations* (2nd ed.). Thousand Oaks: Sage Publications.

Imamoglu, E. O. (1998). Individualism and collectivism in a model and scale of balanced differentiation and integration. *Journal of Psychology, 132*, 95–105.

Kagitcibasi, C. (1970). Social norms and authoritarianism: A Turkish-American comparison. *Journal of Personality and Social Psychology, 16*, 444–451.

Kagitcibasi, C. (2007). Family, Self and Human Development Across Cultures: Theory and Applications. (2nd Edition). Hillsdale, NJ: Lawrence Erlbaum.

Kelley, M. L., & Tseng, H. (1992). Cultural differences in child rearing: A comparison of immigrant Chinese an Caucasian American mothers. *Journal of Cross-Cultural Psychology, 23*, 444–455.

Kochanska, G., Kuczynski, L., & Radke-Yarrow, M. (1989). Correspondence between mother's self-reported and observed child-rearing practices. *Child Development, 60*, 56–63.

Leseman, P. P. M., & Van den Boom, D. C. (1999). Effects of quantity and quality of home proximal processes on Dutch, Surinamese-Dutch and Turkish-Dutch preschoolers' cognitive development. *Infant and Child Development, 8*, 19–38.

Liu, M., Chen, X., Rubin, K. H., Zheng, S., Cui, L., Li, D., Chen, H., & Wang, L. (2005). Autonomy- vs. connectedness-oriented parenting behaviors in Chinese and Canadian mothers. *International Journal of Behavioral Development, 29*, 489–495.

Maccoby, E. E., & Martin, J. A. (1983). Socialization in the context of the family: Parent-child interaction. In P. H. Mussen & E. M. Hetherington (Eds), *Handbook of child psychology: Vol.4, Socialization, personality, and social development* (pp. 1–101). New York: Wiley.

Mayer, M. (1969). *Frog, where are you?* New York: Dial Press.

Miller, S. A. (1988). Parents' beliefs about children's cognitive development. *Child Development, 59,* 259–285.

Nijsten, C. C. (2006). Coming from the East: Child rearing in Turkish families. In M. Deković, T. Pels, & S. Model (Eds.) *Unity and diversity in child rearing: Family life in a multicultural society* (pp. 25–58). Ceredigion: The Edwin Mellen Press.

Otyakmaz, B. O. (in review). Maternal expectations of child development in two cultural groups in Germany. Conference Proceedings to the 21st International Congress of the International Association of Cross-Cultural Psychology (IACCP), July 2012.

Pels, T. (1991). Developmental expectations of Moroccan and Dutch parents. In N. Bleichrodt & P. Drenth (Eds.), *Contemporary issues in cross-cultural psychology* (pp. 64–71). Amsterdam: Swets and Zeitlinger.

Rubin, K., & Cheah, C. (2000). Parental warmth and control scale. Available: http://www.rubin-lab.umd.edu/research.html. Accessed 28 July 2009.

Rudy, D., & Grusec, J. E. (2006). Social cognitive approaches to parenting representations. In O. Mayseless (Ed.), *Parenting representations: Theory, research, and clinical implications* (pp. 79–106). New York: Cambridge University Press.

Schwartz, S. H. (1999). Cultural value differences: Some implications for work. *Applied Psychology: An International Review, 48,* 23–47.

Sigel, I. E. (1986). Reflections on the belief-behavior connection: Lessons learned from a research program on parental belief systems and teaching strategies. In M. K. Ashmore & D. M. Brodzinsky (Eds.). *Thinking about the family: Views of parents and children* (pp. 35–65). Hillsdale: Erlbaum.

Sunar, D. (2002). Change and continuity in the Turkish middle class family. In E. Ozdalga & R. Liljestrom (Eds.), *Autonomy and dependence in family: Turkey and Sweden in critical perspective* (pp. 217–238). Istanbul: Swedish Research Institute.

Tamis-LeMonda, C. S., Shannon, J. D., Cabrera, N., & Lamb, M. (2004). Fathers and mothers at play with their 2- and 3 year-olds: Contributions to language and cognitive development. *Child Development, 75,* 1806–1820.

Te Nijenhuis, J., Tolboom, E., Resing, W., & Bleichrodt, N. (2004). Does cultural background influence the intellectual performance of children from immigrant groups? The RAKIT Intelligence Test for Immigrant Children. *European Journal of Psychological Assessment, 20,* 10–26.

Van de Vijver, F. J. R. (2007). Methodologische und methodische Probleme des Kulturvergleichs [Methodological and method problems of cultural comparisons]. In G. Trommsdorff & H. J. Kornadt (Eds.), *Enzyklopädie der Psychologie: Theorien und Methoden der kulturvergleichenden Psychologie* (pp. 338–382). Göttingen: Hogrefe.

Wade, S. M. (2004). Parenting influences on intellectual development and educational achievement. In M. Hoghughi & N. Long (Eds.), *Handbook of parenting: Theory and research for practice* (pp. 198–212). London: Sage.

Willemsen, M. E., & Van de Vijver, F. J. R. (1997). Developmental expectations of Dutch, Turkish-Dutch, and Zambian mothers: Towards an explanation of cross-cultural differences. *International Journal of Behavioral Development, 21,* 837–854.

Yagmurlu, B., & Sanson, A. (2009). Parenting and temperament as predictors of prosocial behavior in Australian and Turkish-Australian children. *Australian Journal of Psychology, 61*, 77–88.

Yaman, A., Mesman, J., Van IJzendoorn, M. H., & Bakermans-Kranenburg, M. J., & Linting, M. (2010). Parenting in an individualistic culture with a collectivistic cultural background: The case of Turkish immigrant families with toddlers in the Netherlands. *Journal of Child and Family Studies, 19*, 617–628.

# Migration und Behinderung - Familien im Bildungs- und Hilfesystem

Donja Amirpur

## 1 Einleitung

Mit dem Inkrafttreten der UN-Behindertenrechtskonvention, die Deutschland 2009 ratifizierte und sich damit verpflichtete, die Teilhabe von Menschen mit Behinderung zu fördern, auf allen Ebenen umzusetzen sowie Diskriminierung gegen behinderte Menschen zu unterbinden, wird auch vermehrt die Notwendigkeit einer inklusiven Ausrichtung der Behindertenhilfe diskutiert. Weil Angehörige ethnischer Minderheiten in der Inanspruchnahme von präventiven und unterstützenden Hilfen unterrepräsentiert sind, wird in diesem Zusammenhang der Ruf nach einer interkulturellen Öffnung der Einrichtungen der Behindertenhilfe lauter (z. B. in: Die Bundesregierung 2007, S. 29; Die Landesregierung NRW 2012, S. 232).

Der gegenwärtige Zustand wird als unzureichend betrachtet. Merz Atalik (2008) kritisiert, dass der Umgang mit der zunehmenden Heterogenität der Gesellschaft in Institutionen des Sozial-, Gesundheits- und Bildungswesens nach wie vor weitestgehend als Zusatzaufgabe und als Belastung wahrgenommen wird – und nicht als Normalität bzw. Bestandteil der Regelaufgaben. Dies stünde den inklusiven Prozessen in der Gesellschaft entgegen. Durch eine problemorientierte Sicht würde die generelle Zugehörigkeit von Menschen mit Migrationshintergrund zur hiesigen

D. Amirpur (✉)
Fachbereich Erziehungs- und Bildungswissenschaften, Arbeitsbereich Interkulturelle Bildung, Universität Bremen, Bremen, Deutschland
E-Mail: Amirpur@uni-bremen.de

© Springer Fachmedien Wiesbaden 2015
B. Ö. Otyakmaz, Y. Karakaşoğlu (Hrsg.), *Frühe Kindheit in der Migrationsgesellschaft*, DOI 10.1007/978-3-658-07382-4_6

Gesellschaft ebenso infrage gestellt wie die Existenz einer Einwanderungsgesellschaft (Merz-Atalik 2008, S. 23).

Dass das Hilfesystem seinem Versorgungsauftrag nicht nachkommen kann, und es einen Bedarf an Unterstützung der Fachkräfte, an Informationen und Weiterbildungen gibt, zeigt die in den letzten Jahren gestiegene Anzahl an Fachtagungen und Publikationen zum Thema (Beyer 2003; Kauczor et al. 2008; Sarimski 2013). Darin schildern Fachkräfte des Hilfesystems auch die Schwierigkeiten in der Beratung von Familien im Kontext von Migration und Behinderung.

## 2  Kulturalisierte Problemdefinition

Viele dieser Publikationen und Fortbildungen haben gemeinsam, dass darin die Kategorie Kultur als zentrale Differenz- und Erklärungskategorie für den Kontext Migration und Behinderung fungiert. Daraus entwickelten sich kulturspezifische Ansätze, die versuchen, die Heterogenität bewusst zur Kenntnis zu nehmen und darauf zu reagieren. Allerdings existieren in dieser Sichtweise die Barrieren vor allem innerhalb der Familie (zum Kulturdefizitansatz[1] siehe auch Karakaşoğlu 2009). Die Familien werden als „fremd", „anders" und sich selbst benachteiligend, ihr Umgang mit der Behinderung des Familienangehörigen als nicht den Vorstellungen von Empowerment der Behindertenhilfe entsprechend dargestellt (Beyer 2003; Van Dillen 2008). Weitere Heterogenitätsdimensionen, die Struktur des Hilfesystems und die damit verbundenen strukturellen Barrieren finden kaum Berücksichtigung. Es stellt sich laut Rose die Frage, ob hier die „kulturelle Differenz als Zauberformel" zum Umgang mit betroffenen Familien dient (Rose 2012, S. 44)? Im Fokus diverser Publikationen stehen insbesondere Familien türkischer, arabischer und iranischer Herkunft. Sie werden in dieser Perspektive vor allem als Muslime betrachtet (Gültekin 1989; Merz-Atalik 1998; Skutta 1998; Rauscher 2003; Laabdallaoui und Rüschoff 2010).

Auf der Grundlage von Einzelfallanalysen oder einzelnen Interviews werden etwa in der Fachzeitschrift „DAS BAND" verallgemeinernde Aussagen getroffen: Geschildert wird bspw. die Situation einer Familie, in der eine Mutter türkischer Herkunft erzählt, wie lange es gedauert hat, bis ihr Ehemann die Behinderung

---

[1] Karakaşoğlu sieht eine Wiederbelebung des Kulturdefizitansatzes gerade im Kontext von Bildungsbenachteiligung, in dem kulturalistische Bilder reaktiviert werden. Bspw. wird Migranteneltern unterstellt, aufgrund traditionell pädagogischer Vorstellungen und einem für Einwanderer spezifisches, angeblich kulturell bedingtem Bildungsverhalten für die Benachteiligung ihrer Kinder im Bildungssystem selbst verantwortlich zu sein (Karakaşoğlu 2009, S. 180).

akzeptiert und auf das Aufsuchen eines Hodschas[2] verzichtet hat. „Diese Familie steht stellvertretend für viele türkische Familien. Schicksale wiederholen sich, Probleme ähneln einander: Väter verleugnen die Behinderung ihrer Kinder, Mütter sind überlastet. Geschwisterkinder befinden sich im Spagat […]. Mit den Worten: ‚Wie kannst du nur dein Kind weggeben, es ist doch hilfebedürftig!' und ‚die eigene Mutter sorgt am besten für ihr Kind!' dürfen die Kinder nicht einmal in den Kindergarten". Aus diesem Grund, so die Autorin, nutzen nicht alle Migrantenmütter die Angebote der Behindertenhilfe (Beyer 2003, S. 11). Mit einer solchen Darstellung des Umgangs mit der kindlichen Behinderung in den Familien wird nahegelegt, dass auf institutioneller Seite passgenaue Angebote vorhanden sind und zudem auch kommuniziert werden. Die Verweigerung, das Kind einen Kindergarten besuchen zu lassen, liege vielmehr in der (vermeintlich kulturell bedingten) fehlenden Akzeptanz der Behinderung des eigenen Kindes begründet. Diese kulturalistische Sichtweise ist problematisch, da „Probleme zwischen Menschen unterschiedlicher kultureller Herkunft alleine auf die Tatsache der [kulturellen] Differenz zurückgeführt" werden (Rommelspacher 2008, S. 202). Gerade im Gesundheitswesen scheinen Hierarchien aufgrund einer ethnischen Herkunft wirksam zu werden, die nicht nur die „individuellen Begegnungen zwischen KlientInnen und Fachpersonal prägen, sondern auch die strukturellen Maßnahmen, die eine Institution ergreift" (Rommelspacher 2008, S. 202). Unbeachtet bleiben so Kerndimensionen politischer, rechtlicher und sozial-ethischer Art sowie Bedingungen des Verlustes von Ressourcen durch die Wanderung. Religiös-kulturelle Kontroversen und Differenzen, vor allem im Sozialbereich, werden zumeist auf den Islam zugespitzt, ohne dass entsprechende fundierte Informationen über die Relevanz des Faktors Religion in der Lebensgestaltung der Betroffenen bei den Professionellen im Beratungszusammenhang vorliegen würden.

## 3  Paternalistische Interventionen

Neuere Studien bezweifeln den Stellenwert kultureller Deutungsmuster beim Umgang mit Behinderung im Kontext von Migration. In Sarimskis (2013) qualitativer Untersuchung z. B. schildern 16 Eltern türkischer Herkunft ihre Erfahrungen mit der Diagnosemitteilung und sprechen über ihre Schwierigkeiten, die Ärzt_innen

---

[2] Eigentlich ist ein Hodscha ein normaler islamischer Geistlicher. Im ländlichen Raum islamischer Länder tendieren allerdings einige Hodschas dazu, die Kraft ihrer Bittgebete zu übertreiben und geben an, dass diese für das Heilen der Kranken bzw. Behinderten nützlich sein sollen.

zu verstehen (Sarimski 2013). Sie berichten von der Suche nach Unterstützungs-
möglichkeiten, da sie diese nicht finden, entscheiden sie sich häufig, ihre Kinder
zusätzlich in der Türkei untersuchen zu lassen. Die Studie beschreibt die Enttäu-
schung der Eltern, weil die Suche nach einem Platz in einem integrativen Kindergarten erfolglos blieb: „Die haben mich echt im Stich gelassen. Und ich habe
gedacht: die will niemand haben, darf die denn nie unter Kinder?" (Sarimski 2013,
S. 9). Eindrucksvoll belegen die Ergebnisse der Studie, wie wenig die Differenz-
kategorie Kultur als Zauberformel dienlich ist, da in den Aussagen der Eltern keinerlei Hinweise auf traditionelle Deutungsmuster oder Heilungserwartungen zu
finden sind.

Leider werden diese Ergebnisse in den zusammenfassenden Betrachtungen am
Ende des Beitrages von Sarimski nicht hinreichend berücksichtigt. Neben den Eltern selbst werden in der Studie elf Fachkräfte aus Frühförderstellen und Schulkin-
dergärten zu ihren Erfahrungen in der Zusammenarbeit mit Eltern mit türkischer
Herkunft befragt. Die Fachkräfte stellen fest, dass Eltern türkischer Herkunft Son-
dereinrichtungen meist ablehnend gegenüber stehen. Grund für die Ablehnung, so
die Vermutung der Fachkräfte, sei das Erleben der Behinderung des Kindes als eine
Schande. Sie beobachten, dass die Familien „bei der Konfrontation mit Behinderung ihr Kind ganz kurzfristig zurückschicken" in das Herkunftsland der Eltern
(Sarimski 2013, S. 10). Dies seien die Eltern, die kein deutsch sprächen, kaum
Ahnung von dem in Deutschland herrschenden „kulturellen Rahmen" hätten und
zudem konservativ seien. Es zeigt sich, dass auch hier die Barriere sehr deutlich
innerhalb der Familie ausgemacht wird – auch in dem kulturalistische Deutungsmuster zum Tragen kommen.

In der Analyse wird schließlich versäumt, die Aussagen der Fachkräfte in Beziehung zu den vorher getätigten Aussagen der Eltern und ihrem Wunsch nach
einer integrativen Einrichtung bzw. Beschulung zu setzen. So bleiben diese spezifischen Vermutungen der Fachkräfte im Aufsatz unkommentiert. Stattdessen
werden in der Zusammenfassung folgende Hinweise für die Zusammenarbeit mit
Eltern benannt: Frühförderkräfte sollten im Gespräch mit den familien weniger
über Fördermöglichkeiten, Prognosen und Diagnosen sprechen, als über Probleme
im Alltag. Eltern sollten dazu ermutigt werden, Wünsche zu äußern, bei „welchen
Alltagssituationen ihnen eine Veränderung des kindlichen Verhaltens am wichtigsten wäre […] Es empfiehlt sich, die Beratung dann zunächst auf diese Verhaltens-
auffälligkeiten auszurichten, sodass Eltern sie als unmittelbar hilfreich für ihren
Alltag erleben können, und erst später auf Fragen der Entwicklungsförderung zu-
rückzukommen" (Sarimski 2013, S. 13 f.). Überspitzt formuliert: Um den Kindern
eine Förderung zukommen lassen zu können, müssen die Eltern erst einmal mit
unmittelbaren Unterstützungsmaßnahmen geködert werden.

Solche Interventionen sind fragwürdig, weil sie paternalistisch konnotiert sind. „Prominenter Weise wird dabei ein Mangel konstatiert, der das „Wohl" bestimmter Personen einschränkt; nämlich ein Mangel an Einbezug, an Unterstützung oder eben [...] an „Integration". Die zumeist mit einem mechanischen (Be-) Handlungsverständnis verknüpfte und die bestehende Ordnung unhinterfragt zum Maßstab nehmende Leitfrage lautet dann: ‚Was muss getan werden, um MigrantInnen besser zu integrieren, einzubeziehen, etc'" (Mecheril et al. 2012). Auch wenn diese paternalistische Interventionen wie im oben genannten Fall das Wohl des Kindes im Blick haben, sind sie unzulässig und kaum zielführend. Vor allem, weil sie auf der Grundlage irrtümlicher Annahmen beruhen. Denn dass die Bildungsaspirationen von so genannten Migranteneltern mit Migrationshintergrund, der Wunsch nach Förderung und Partizipation auch im Kontext von Behinderung durchaus ausgeprägt sind, zeigen biografische Interviews, die im Rahmen einer Untersuchung im Bereich Interkulturelle Bildung an der Universität Bremen mit Eltern durchgeführt worden sind.[3] Sie verdeutlichen die Unzufriedenheit der Eltern mit dem Hilfesystem, weil ihr Wunsch nach integrativen Maßnahmen nicht nachgekommen wird. Im Folgenden werden einige für den Kontext frühkindliche Bildung relevante Aspekte der Studie vorgestellt.

## 4 Migration und Behinderung – Zwischenergebnisse einer Studie an der Universität Bremen

Es gibt Hinweise aus Literatur und Praxis (siehe Kap. 1 „Kulturalisierende Problemdefinition"), dass religiös-kulturelle Vorstellungen einen nennenswerten Einfluss auf die Perzeption und den Umgang mit Behinderung haben. Auf diesen Annahmen aufbauend, war es zunächst Ziel der Untersuchung, herauszuarbeiten, welchen Stellenwert die islamisch geprägte Sozialisation muslimischer Familien im Umgang mit der Behinderung ihres Kindes eigentlich einnimmt.

Ausgewählt für das Sample wurden daher zwölf muslimische Familien türkischer und iranischer Herkunft. Die Interviews wurden größtenteils auf Persisch bzw. Türkisch geführt. In beiden Gruppen unterschieden sich die Familien jeweils hinsichtlich ihrer Religiosität, ihres formalen Bildungsabschlusses, ihres rechtlichen Status', ihrer Deutschkenntnisse und ihrem Migrationszeitpunkt (vor und nach der Geburt des Kindes). Sie gehören jedoch alle der ersten Einwandererge-

---

[3] Die biografischen Interviews wurden mit Hilfe der Grounded Theory (Corbin, Strauss 2010) und der intersektionalen Mehrebenenanalyse nach Winker und Degele (2009) ausgewertet.

neration an (also Familien mit einer realen eigenen Migrationserfahrung) und ihre Kinder werden auf einer Förderschule beschult. Größtenteils sind es Förderschulen mit dem Schwerpunkt „geistige Entwicklung". Zum einen hatte die Beschränkung auf Kinder, die diese Schulform besuchten, praktische Gründe: Durch meine Tätigkeit an einer Förderschule mit diesem Schwerpunkt hatte ich Kontakte zu Familien und Fachkräften, was den Zugang zu dem ansonsten für Externe schwerer zugänglichen Feld ermöglichte. Zum anderen schildern Fachkräfte, dass vor allem Kinder mit einer so genannten geistigen Behinderung kaum im Hilfesystem ankommen. Begründet wurde dies von Seiten der Fachkräfte mit Barrieren innerhalb der Familien, die religiös konnotiert seien.

Im Verlauf der Studie und in den Gesprächen mit den Eltern wurde jedoch deutlich, dass vor allem die Suche nach Unterstützungs- und Fördermöglichkeiten zentrales Thema der elterlichen Bemühungen sind (Amirpur 2013). Dabei stoßen die Eltern auf spezifische Barrieren, die eine Inanspruchnahme von Unterstützung nur in seltenen Fällen und unter großer persönlicher Anstrengung gelingen lässt. Diese Situation belastet sowohl die Eltern als auch die betroffenen Kinder. In der retrospektiven Schilderung der Familien über ihre Erfahrungen mit staatlichen bzw. wohlfahrtsorganisatorischen Unterstützungsangeboten im Bereich der Behindertenhilfe seit der Geburt des Kindes wird deutlich, dass zum einen ihre Migrationssituation im Umgang mit der Behinderung ihres Kindes eine wichtige Rolle spielt. Zum anderen sind migrationsspezifische Barrieren (bspw. Sprachbarrieren oder ein unsicherer Aufenthaltsstatus) in der Inanspruchnahme von Hilfen sowie in den Partizipationsmöglichkeiten der Kinder und Familien auszumachen. Vor allem aber belastet die Eltern das Gefühl, ihren Kindern keine ausreichende Förderung und adäquate Bildungsmöglichkeiten anbieten bzw. für sie auffinden zu können.

## 4.1    Auf der Suche nach Handlungsbefähigung - Das Streben nach inklusiven Bildungssettings[4]

Die oft propagierte Erziehungs- und Bildungspartnerschaft zwischen Institutionen und so genannten Migrantenfamilien (Amirpur 2010), die Eltern in die institutionelle Bildung ihrer Kinder einbezieht, beinhaltet, dass die Familien zum einen Unterstützung bekommen, aber zum anderen als gleichberechtigte Partner mit ihren Kompetenzen anerkannt werden. Die Beobachtung in der pädagogischen Praxis ist vor diesem Hintergrund paradox, kritisiert Boos-Nünning. So werde ein erheblicher Teil der Eltern unterdurchschnittlich häufig im Bereich der formalen

---

[4] Die folgenden Ausführungen sind Teil einer Auswertung, die im Rahmen einer Expertise für das Deutsche Jugendinstitut München erschienen ist (Amirpur 2013).

und nonformalen Bildungseinrichtungen im Zusammenhang mit der Bildung der Kinder erreicht, bei der Inanspruchnahme nahezu aller sozialer Hilfen seien die Familien unterrepräsentiert (Boos-Nünning 2011, S. 49).

Dies bestätigen auch die Aussagen der Eltern der Studie. Im Folgenden werden zentrale Aussagen der Eltern über ihre Vorstellungen von Förderung und Bildung sowie einer Erziehungspartnerschaft dargelegt. Dabei werden zwei Stationen des Umgangs mit der Behinderung des Kindes in den Fokus genommen: die Zeit der Diagnosefindung und die ersten Schritte im (nonformalen) Bildungsbereich.

## 4.1.1  Die Diagnose: „Keiner versteht, was los ist"

Die Diagnoseeröffnung stellt für viele Familien, gerade vor dem Hintergrund fehlender oder geringer deutscher Sprachkenntnisse und fehlender Vertrautheit mit Krankheitsbildern, ein traumatisches Ereignis dar: „*Dann kamen wir ins Krankenhaus, dann haben die erzählt von Ausdrücken mit Downsyndrom und solche Dinge, wovon man am Anfang natürlich keine Ahnung hat. Wir machten uns Sorgen, was das ist, Downsyndrom. Sie versuchten uns daraufhin zu beruhigen und sagten, er wird nicht kriminell, aber er wird auch kein Ingenieur*" (V2)[5].

Vor allem eine recht unvermittelt eröffnete Diagnose führt zu einer Art Schock bei den Eltern und verursacht eine tief greifende Erschütterung. Es zeigt sich aber auch, dass Familien, die erst nach Jahren eine konkrete Diagnose erhalten, die Zeit der Unwissenheit als starke Belastung empfinden, auch aus Sorge, wertvolle Zeit zu vergeuden, in der eine Förderung ihres Kindes längst hätte stattfinden können. Die Odyssee durch das Versorgungssystem, auf die sich Eltern in dieser Zeit begeben, ist für sie von Hoffen und Bangen gezeichnet. Wird die Beeinträchtigung des Kindes nicht unmittelbar nach der Geburt festgestellt, setzen „hektische Aktivitäten" der Eltern ein, um Sicherheit zu erlangen: „*Man denkt auch viel an die Zukunft. Meistens gibt man auch nicht sich und dem Kind Zeit. So sehe ich, wenn ich zurückblicke, so sehe ich, dass man wirklich viel Unterstützung, viel Zeit und Liebe braucht. Man kommt in so eine Teufelskreis, in so eine Hektik, wo man nicht mehr Mutter oder Vater ist*" (M1). Allgemein ist die Lebenssituation der Familien von einer großen Sorge um das Kind und einem ständigen Kampf um Informationen geprägt.

Hier lassen sich migrationsspezifische Barrieren erkennen, die die Informationssuche besonders erschweren. Eine Mutter erzählt: „*Die Informationen müssen sie suchen und keiner kommt zu Ihnen und sagt, das ist möglich*" (M1). Das ist besonders problematisch, wenn sprachliche Barrieren die Möglichkeiten der Informationssuche stark einschränken. Hier beschreibt ein Vater seine Machtlosigkeit:

---

[5] Die Angaben beziehen sich auf die biografischen Interviews (V1 = Vater, 1. Interview, bzw. M = Mutter) der unveröffentlichten Studie (Amirpur, unveröffentlicht).

*„Bei mir werden immer nur die Türen zugeschlagen, und ich weiß gar nicht, was ich machen soll. Sie sagen, es geht nicht. Und das muss ich einfach hinnehmen"* (V1). Fehlen den Familien die notwendigen Hintergrundinformationen, können in Beratungsgesprächen auch keine gezielten Fragen gestellt werden. Mehrere Familien bemängeln die fehlende *„Beratung"*, die fehlenden *„Gespräche"*. Es habe *„keine Pläne"* für ihre Kinder gegeben und man habe in vielen Fällen ein Gefühl von *„Sicherheit"* vermisst. In den pädagogischen Einrichtungen habe es keine Möglichkeit zur Kooperation mit externen Unterstützungssystemen gegeben. Es sei kaum möglich, zu den pädagogischen Fachkräften eine *„Bindung"* aufzubauen. Eine Mutter leidet unter der *„Distanz"*, die in Deutschland aufrecht erhalten werde (M1). *„Ich möchte meinem Kind das Richtige anbieten."* Eine andere Mutter spricht von einem Dilemma. Sie glaubt, sie habe ihr Kind in diese schwierige Situation gebracht, weil sie nach Deutschland migriert ist. *„Als ich in Iran war, war ich gut informiert. Ich wusste Mittel und Wege, da wusste ich, was zu tun war"*, berichtet die Mutter (M6), die zwei behinderte Kinder hat. Das erste Kind wurde in Iran betreut, bei der Geburt des zweiten Kindes waren sie gezwungen, das Land zu verlassen. In Deutschland, so ihre Einschätzung, konnte sie für ihre Kinder kaum etwas tun. Bis heute, der Sohn ist mittlerweile zwölf Jahre alt, hat sie keine Diagnose erhalten, die aber, so wurde ihr mitgeteilt, der Schlüssel zum Zugang weiterer Bildungsmöglichkeiten bzw. zu einem Platz im Gemeinsamen Unterricht ist. Neue Kontakte, die die Eltern auftun, lassen sie erneut hoffen, endlich die richtige Ansprechpartnerin/den richtigen Ansprechpartner gefunden zu haben: *„Die müssen dort dann testen, um zu sehen, wohin sie [die beiden Kinder] in der Klinik gehen könnten und wer sie therapieren könnte. Wenn nicht, dann müsste ich sehen, dass man andere Therapien finden kann, um die Sache voran zu bringen. Ich habe die Kinder immer untersuchen lassen. Ich war in B-Stadt., ich war in K-Stadt, aber keiner hat mir den richtigen Weg gezeigt, was ich eigentlich tun müsste, um die Kinder zu therapieren"* (M6). Eine Diagnose führt demnach zu einer größeren Sicherheit bei den Familien.

Informationen zu Fördermöglichkeiten, die im Rahmen von Informationsabenden vermittelt werden sollen, kommen nicht immer bei den Familien an: *„Ja, manchmal hat man uns Tipp von der Lebenshilfe bekommen. Die machen zu bestimmte Zeit auch so Abende, Informationsabende und so. Wir bekommen Hilfe von da. Aber wenn man die nicht versteht [schweigen]"* (V2).

Beratungssituationen oder andere Interaktionen sind aufgrund unterschiedlich verfügbarer Ressourcen sehr häufig durch Machtasymmetrien gekennzeichnet, bspw. durch den ungleichen rechtlichen oder sozialen Status oder durch einen unterschiedlichen sozioökonomischen Hintergrund. Ob man angehört wird oder nicht, sich durchsetzen kann oder nicht, hängt von der jeweiligen sozialen Position ab. Eine Asymmetrie ist schon dann gegeben, wenn die Eltern oder das Kind über unzureichende Deutschkenntnisse verfügen: *„Ich habe die Erfahrung gemacht, wenn man zu Behörden geht und die Sprache nicht richtig spricht, dann nehmen sie einen nicht richtig ernst und nehmen einen nicht gut auf"* (V5). Die Familien können ihre Anliegen oft nicht differenziert genug vortragen und ihre Bedürfnisse nicht in einem von den Institutionen gewünschtem Maße mitteilen. Erfahrungen wie aus dem Büro verwiesen zu werden, weil die Deutschkenntnisse für ein Gespräch als unzureichend beurteilt werden (M2) und später der eigens organisierte Dolmetscher ebenfalls aus dem Büro verwiesen wird, weil man sich schließlich an eine deutsche Behörde wende, lässt Eltern machtlos werden. Diese Unrechts- und Diskriminierungserfahrungen können dazu führen, dass Eltern ein generelles Misstrauen gegenüber Behörden und Bildungsinstitutionen hegen (*„Sie haben mich gequält"*, M5) und Angebote der Behindertenhilfe nicht mehr einfordern (*„Ich bin nicht mehr hingegangen"*, M5).

Die Eltern finden es hilfreich, wenn flexibel auf ihre Bedürfnisse eingegangen wird. So wurde es einer Mutter ermöglicht, einem Träger der Behindertenhilfe selbst eine Frau vorschlagen zu dürfen, die sie im Rahmen des Familienunterstützenden Dienstes (FUD) begleitete. Sie suchte sich eine persischsprachige Frau, die sie entlasten und gleichzeitig zwischen Behörden und der Mutter vermitteln konnte: *„…damit sie sagen kann, welche Probleme das Kind hat, damit die Person auf das Kind aufpassen kann. Die Übersetzungen übernehmen konnte und auch von unserer Seite erzählen zu können, welche Probleme wir haben... Sie hat uns dann begleitet, zum Arzt, zu Untersuchungen, zur Augenklinik. Wir waren zusammen"* (M5).

Bei Familien mit geringen Deutschkenntnissen zeigt sich, dass diejenigen einen größeren Kompetenzerwerb über die Behinderung ihres Kindes vorweisen können, die noch im Herkunftsland lebten, als ihr Kind geboren wurde sowie die ersten Jahre danach. Geringere Kenntnisse über die Behinderung ihres Kindes hatten die Eltern, die bei der Geburt ihres Kindes bereits in Deutschland lebten. Durch die Gespräche mit den Eltern lässt sich die Annahme, Familien nutzten weniger Angebote der Behindertenhilfe aufgrund einer Orientierung an den mangelhaften Strukturen des Herkunftslands nicht bestätigen.

Auffallend in allen Gesprächen ist, dass sich die Familien geradezu nach einer klaren Diagnose „sehnen". Dies widerspricht der oftmals geäußerten Vermutung, so genannte Migrantenfamilien versteckten ihr Kind oder wollten eine Behinderung nicht wahrhaben.

## 4.1.2 Erste Schritte im (nonformalen) Bildungsbereich: „Sie können die Kinder doch nicht alle aussondern" (M6)

In den Gesprächen mit den Eltern zeigt sich vor allem, dass sich viele von ihnen für ihre Kinder eine inklusive Kindertageseinrichtung und eine inklusive Beschulung wünschen. *„Optimal ist natürlich, wenn alle Kinder zusammen sind"* (M1). Allerdings konnte kaum eines der Kinder einen Regelkindertageseinrichtung oder eine integrative Einrichtung besuchen. Sie besuchten aus unterschiedlichen Gründen[6] mehrheitlich erst mit vier Jahren eine Kita.

Gerade Familien in prekären Lebenslagen benötigen eine Unterstützung, die durch einen frühen Kindergartenbesuch gelingen könnte. So hatten einige der Familien aufgrund ihres schwierigen rechtlichen Status' keine Möglichkeit, einen Kindergartenplatz für ihre Kinder zu finden. Sie lebten mehrere Jahre in einem Flüchtlingsheim, in dem das Zusammenleben auf engstem Wohnraum eine psychische Belastung für Kind und Familien war. Eine Mutter berichtet: *„Da war die Situation überhaupt nicht in Ordnung. Es war sehr schwierig. Da gab es sogar eine Messerstecherei zwischen den anderen Familien. Das wurde durch den ganzen Stress verursacht."* Zwei Jahre lang lebte die Familie in dem Heim. *„Am Anfang konnte man ihn auch gar nicht in den Kindergarten bringen, weil es keinen Platz gab. Es dauerte bis er vier Jahre alt war, bis er einen Platz bekam. Er hatte Angst vor Kindern, er hatte keine Kinder gesehen, er fing an zu schreien"* (M3). Ein früherer Besuch einer Kindertageseinrichtung hätte dem Jungen und auch der Familie ein Mehr an gesellschaftlicher Teilhabe ermöglicht und einen Ausgleich zu dem schwierigen Leben im Flüchtlingsheim bieten können.

Maßnahmen in den Einrichtungen werden jedoch auch kritisch betrachtet. Eine Mutter bemängelt: *„So Institutionen, wenn ein Kind anders ist, es wird festgestellt schon im Kindergarten. Da bin ich der Meinung, dass man da schon ein Konzept haben muss"* (M1). Weil die Kindertageseinrichtung kein Konzept für ihren Sohn mit Aspergersyndrom hatte, begann sie sich zu kümmern und meldete ihr Kind im Sportverein an. Er begann mit Leichtathletik, Schwimmen, Wasserski. *„Ich möchte ihm sagen können: ‚Guck mal, wie viel du kannst'"* (M1). Die Familien unternehmen große Anstrengungen, ihren Kindern optimale Bildungssettings zu ermöglichen und kritisieren, dass ihre Kinder ausgesondert werden: *„Wenn ein Kind etwas anderes verdient hat oder geeignet ist, dann sollte man nicht einen Schritt zurück-*

---

[6] Beispielsweise hatte ein Kind durch den Duldungsstatus kein Anrecht auf einen Platz in einer Kindertageseinrichtung, ein anderer Junge war die ersten Lebensjahre durchweg im Krankenhaus. Eine andere Familie weigerte sich, ihren Sohn in einen „Sonderkindertageseinrichtung" zu geben und wartete auf einen Platz in einer Montessori-Kindertageseinrichtung usw.

*gehen*" (M1). In dieser Aussage einer Mutter steckt ein Migrationsphänomen: der Wunsch nach einem gesellschaftlichen Aufstieg durch die Migration (Vgl. Heath und Brinbaum 2007). Es sollte in Deutschland besser werden, stattdessen geht es nun einen „Schritt zurück". Die Erwartungen, die in die Auswanderung gesetzt wurden, werden nicht erfüllt. So fürchten die Eltern um die Chancen ihrer Kinder, sind sie erst einmal im deutschen „Sondersystem" für behinderte Menschen angekommen. Eine Mutter beklagt sich beim Jugendamt darüber, dass ihr Sohn nicht in einen Regelkindertageseinrichtung gehen dürfe: *„Ich sagte ihm, ja dann lassen Sie mich ein Beispiel nennen aus meinen Erfahrungen und Studien, die ich in Iran gemacht habe: ‚Wenn einer eine Depression hat und psychisch krank ist und der andere vielleicht auch darunter leidet, finden Sie es dann richtig, den einen zu dem anderen, der auch eine Depression hat, zu stecken oder vielleicht auch anders wo, wo andere Menschen fröhlich sind, wo er auf andere Gedanken kommen kann?"* (M6). Die Mutter nimmt hier eine kritische Haltung gegenüber den segregierenden Maßnahmen in Deutschland ein und sieht im Herkunftsland die Möglichkeit einer größeren Partizipation von behinderten Menschen bzw. chronischer Krankheit.

Das Herkunftsland als Referenzsystem für die Bildungsmöglichkeiten ihrer Kinder lässt sich vor allem bei denjenigen beobachten, die als Flüchtlinge nach Deutschland gekommen sind und durch ihren hohen Bildungshintergrund als die besser informierten gelten: So schickt eine Mutter ihre Tochter mit frühkindlichem Autismus regelmäßig in die Türkei, um ihr eine „bessere Förderung" zukommen zu lassen. *„Als ich nach Deutschland kam, hatte ich natürlich Gewissensbisse, dass sie [ihre Tochter] aufgrund meiner Lebensumstände keine Therapie bekommen konnte. Deswegen habe ich sie auch in regelmäßigen Abständen in die Türkei geschickt, damit sie Hilfe bekommt. Denn wenn man dort Geld hat, dann bekommt man auch Hilfen. Ein Beispiel: Hier hatte man mir erzählt, sie [die Tochter] würde ein Dreirad nicht bedienen können. Der Druck mit dem Fuß sei nicht möglich. Ich habe sie dann in die Türkei geschickt. Und dort konnte sie innerhalb kürzester Zeit sogar mit einem Zweirad fahren. Hier geht es alles ziemlich langsam voran"* (M2).

Die große Bedeutung des transnationalen Raumes in der Lebenswirklichkeit vieler der Familien entspricht auch den Beobachtungen der Fachkräfte der oben vorgestellten Studie von Sarimski (2013). Die Vermutungen der Fachkräfte über die Motive der Eltern werden aber nicht bestätigt: Hier wird der transnationale Raum Deutschland-Türkei genutzt, um der Tochter im Herkunftsland Türkei eine bessere Förderung zukommen zu lassen. Ein „konservatives Bild von Behinderung" oder „keine Ahnung vom kulturellen Rahmen", wie die Fachkräfte annehmen, lassen sich hingegen nicht finden.

## 5 Migration und Behinderung im Kontext einer frühkindlichen inklusiven Bildung

Die Ausführungen der Eltern zeigen ihr Anliegen der Integration ihrer Kinder im Bildungssystem, segregierenden Maßnahmen wie heilpädagogischen Kindergärten stehen sie kritisch gegenüber. Vermutungen, Eltern seien nicht zu einer ausreichenden Förderung ihrer Kinder bereit, können durch diese Studie nicht bestätigt werden. Scham, Schande, Tendenzen, die Behinderung ihrer Kinder verschleiern zu wollen – auch das lässt sich anhand der Äußerungen der Eltern nicht belegen. Es erscheint eher, als seien die kulturspezifischen Ansätze, die diesen Annahmen zugrunde liegen, hinderlich für eine adäquate Orientierung der Fachkräfte an den spezifischen Bedürfnissen des einzelnen Kindes und seiner Familie. Diese pauschal gruppenbezogen formulierten Ansätze engen den pädagogischen Handlungsspielraum ein, wenn Verhaltensweisen per se auf eine kulturelle Sichtweise zurückgeführt werden. Pädagogische Fachkräfte benötigen vielfältige, unvoreingenommene Einblicke in die Lebenssituationen der betroffenen Familien. Einrichtungen sollten ihren Blick auf die Bedürfnisse der Kinder und ihrer Familien richten, um die adäquate Förderung ihrer Bildungschancen zu sichern und Partizipation zu ermöglichen – im Sinne der Leitidee der Inklusion (Karakaşoğlu et al. 2011; Platte 2012).

Das System, in dem Informationen durch Behörden und Institutionen erst dann zur Verfügung gestellt werden, wenn sie gezielt nachgefragt werden (was bedingt, dass man weiß, dass es überhaupt einen Anspruch auf bestimmte Leistungen nach Antragstellung gibt und dass man weiß, wo diese Anträge zu stellen sind), führt dazu, dass Umstrukturierungen und neue Orientierungen im Bildungssystem wie die Einzelintegration in Kitas oder der Gemeinsame Unterricht von behinderten und nichtbehinderten Kindern denen vorbehalten bleibt, die um ihre Rechte wissen und diese einfordern können. Die eigenständige Erschließung dieser Maßnahmen ist für viele Familien im Kontext von Migration und Behinderung nur schwer möglich.

Ein inklusiv ausgerichtetes Bildungs- und Hilfesystem berücksichtigt auch interkulturelle Aspekte, indem politische, rechtliche und sozial-ethische Gesichtspunkte einbezogen werden. Eltern werden dann systematisch begleitet und über Hilfen und Fördermöglichkeiten unterrichtet. Dabei werden sie als gleichberechtigte Partner bei der Bildung und Förderung Ihrer Kinder wahrgenommen, weil sie die Expertinnen und Experten ihrer Kinder und deren Lebensumstände sind.

## Literatur

Amirpur, D. (2010). *Vielfalt gestalten im Kindergarten. WISO Diskurs: „Sprache ist der Schlüssel zur Integration". Bedingungen des Sprachlernens von Menschen mit Migrationshintergrund* (S. 60–68). Bonn.

Amirpur, D. (2013). *Behinderung und Migration – eine intersektionale Analyse im Kontext inklusiver Frühpädagogik*. München: DJI.

Beyer, I. (2003). Im besten Sinne bunt. DAS BAND. *Zeitschrift des Bundesverbandes für Körper- und Mehrfachbehinderte e. V*. Düsseldorf, 3 Seite?

Boos-Nünning, U. (2011). *Migrationsfamilien als Partner von Erziehung und Bildung*. Bonn: FES.

Büker, C. (2010). *Leben mit einem behinderten Kind. Bewältigungshandeln pflegender Mütter im Zeitverlauf*. Bern: Huber.

Die Bundesregierung (2007). Der Nationale Integrationsplan, http://www.bundesregierung. de/Content/DE/_Anlagen/IB/nip-broschuere-best-practise.pdf?__blob=publicationFile, letzter Zugegriffen: 29. Aug. 2013.

Die Bundesregierung. (2012). Unser Weg in eine inklusive Gesellschaft. Der Nationale Aktionsplan der Bundesregierung zur Umsetzung der UN-Behindertenrechtskonvention. www.bmas.de/SharedDocs/Downloads/DE/PDF-Publikationen/a740-nationaler-aktionsplan-barrierefrei.pdf?__blob=publicationFile. Zugegriffen: 7. Jan. 2013.

Die Landesregierung Nordrhein-Westfalen: Aktionsplan der Landesregierung Eine Gesellschaft für alle. http://www.mais.nrw.de/08_PDF/003/121115_endfassung_nrw-inklusiv. pdf. Zugegriffen: 27. Aug. 2013.

Gültekin, N. (1989). Defizite in der Versorgung behinderter türkischer Kinder – ein Sprachproblem? *Informationsdienst zur Ausländerarbeit (2)*, 75–78.

Heath, A., & Brinbaum Y. (2007). Guest Editorial. Explaining ethnic inequalities in educational attainment. *Ethnicities, 7*, 291–305.

Karakaşoğlu, Y. (2009). Beschwörung und Vernachlässigung der Interkulturellen Bildung im ‚Integrationsland‘ Deutschland – ein Essay. In W. Melzer, R. Tippelt (Hrsg.), *Kulturen der Bildung. Beiträge zum 21. Kongress der Deutschen Gesellschaft für Erziehungswissenschaft* (S. 177–198). Opladen: Barbara Budrich.

Karakaşoğlu, Y., Gruhn, M., & Wojciechowicz, A. (2011). Wissenschaftliche Expertise mit Handlungsempfehlungen für einen „Entwicklungsplan Migration und Bildung", Bremen. http://www.bildung.bremen.de/sixcms/media.php/13/migratioon-bildung.pdf. Zugegriffen 1. Okt. 2012

Kauczor, C., Lorenzkowski, S., & Al-Munaizel, M. (2008). *Migration, Flucht und Behinderung*. Essen: Behinderung und Entwicklungszusammenarbeit e. V.

Laabdallaoui, M., & Rüschoff, I. (2010). *Basiswissen: Umgang mit muslimischen Patienten*. Bonn: Psychiatrie Verlag.

Mecheril, P., Arens, S., Dirim, I., Döll, M., Knappik, M., Melter, C., Romaner, E., Springits, B., Thoma, N., & Thomas-Olalde, O. (AG Sprache, Bildung und Rassismuskritik) (2012). Paternalismus als migrationsgesellschaftliches Herrschaftsverhältnis in der Erwachsenenbildung. In *Die Gaste*, Ausgabe 21/März-April 2012. http://www.diegaste.de/ gaste/diegaste-sayi2110almanca.html. Zugegriffen: 15. Aug. 2013.

Merz-Atalik, K. (1998). Kulturspezifische Einstellungen zu Krankheit und Behinderung in Familien türkischer Herkunft. In W. Datler (Hrsg.), *Zur Analyse heilpädagogischer Beziehungsprozesse* (S. 315–321). Luzern: Edition SZH/CSPS.

Merz-Atalik, K. (2008). Begleitung und Beratung von Familien mit Migrationshintergrund – Aspekte der Kommunikation in inter- bzw. transkulturellen Situationen. *Sonderpädagogische Förderung heute, 53*(01) 22–38.

Platte, A. (2012). Inklusive Bildung als internationale Leitidee und pädagogische Herausforderung(2012). In H.-J. Balz, B. Benz, & C. Kuhlmann, (Hrsg.), *Soziale Inklusion*,

*Grundlagen, Strategien und Projekte in der sozialen Arbeit* (S. 141–162) Wiesbaden: VS Verlag für Sozialwissenschaften.

Rauscher, I. (2003). Zur Situation von türkischen Migrantenfamilien mit behinderten Kindern in der BRD. *Behindertenpädagogik, 42*, 402–416.

Rommelspacher, B. (2008). Tendenzen und Perspektiven interkultureller Forschung. In B. Rommelspacher & I. Kollak (Hrsg.), *Interkulturelle Perspektiven für das Sozial- und Gesundheitswesen* (S. 115–134). Frankfurt a. M.: Mabuse-Verlag.

Rose, N. (2012). *Migration als Bildungsherausforderung. Subjektivierung und Diskriminierung im Spiegel von Migrationsbiographien.* Bielefeld: transcript.

Sarimski, K. (2013). Wahrnehmung einer drohenden geistigen Behinderung und Einstellungen zur Frühförderung bei Eltern mit türkischem Migrationshintergrund. *Frühförderung interdisziplinär, 32,* 3–16.

Skutta, S. (1998). Leiden oder Bewältigen. Türkische Familien mit einem behinderten Kind. Anpassungs- und Bewältigungsforme. In E. von Koch, M. Özek, & W.M. Pfeiffer, (Hrsg.), *Chancen und Risiken von Migration* (S. 124–133). Freiburg: Lambertus-Verlag.

Strauss, A., & Corbin J. (2010). *Grounded Theory. Grundlagen qualitative Forschung.* Weinheim: BeltzPVU.

Van Dillen, T. (2008). Erfahrungen aus Europa: Migration und Behinderung. Ein Thema in den Niederlanden, dem multikulturellen Staat? In C. Kauczor, S. Lorenzkowski, & M. Al-Munaizel (Hrsg.), *Migration, Flucht und Behinderung*, Essen: Behinderung und Entwicklungszusammenarbeit e. V. (Seite?)

Veeser, H. (2007). *Muslime besser verstehen. Elternarbeit im Kindergarten.* München: Vogel.

Winker, G., Degele, N. (2009). *Intersektionalität. Zur Analyse sozialer Ungleichheiten.* Bielefeld: transcript.

# Die Bedeutung der Muttersprache in zugewanderten Familien für die Eltern-Kind Beziehung

Birgit Leyendecker, Jessica Willard und Ulrike Caspar

## 1 Die Bedeutung der Mehrsprachigkeit

Der amerikanische Soziologe Ruben Rumbaut (2009) hat die USA als den größten „Sprachenfriedhof" bezeichnet. Obwohl Menschen aus aller Welt in die USA migriert sind verlieren die meisten innerhalb von ein bis zwei Generationen die Sprache ihrer Herkunftsländer und sprechen nur noch Englisch. Sprachliche Homogenität wurde in den USA als ein wichtiger Schritt auf dem Weg zur nationalen Einheit gesehen. Rumbaut beschreibt in seinen Analysen, dass es nicht nur darum ging, dass alle Amerikaner Englisch sprechen, sondern auch darum, dass sie NUR Englisch sprechen. Einige Staaten der USA sind deshalb dazu übergegangen, Englisch als einzige Landessprache anzuerkennen und bilinguale Schulprogramme nicht mehr zu fördern. Hinzu kommt, dass gerade diejenigen, die beruflich weiterkommen wollen, wissen, dass dies nur mit ausgezeichneten Englischkenntnissen möglich ist. Die Enkelkinder der ersten Immigranten sprechen überwiegend nur noch Englisch und haben – abgesehen von einzelnen Traditionen aus dem Her-

B. Leyendecker (✉) · J. Willard · U. Caspar
Fakultät für Psychologie, Ruhr Universität Bochum, Universitätsstr. 150, 44801 Bochum, Deutschland
E-Mail: birgit.leyendecker@rub.de

J. Willard
E-Mail: jessica.willard@rub.de

U. Caspar
E-Mail: Ulrike.Caspar@rub.de

© Springer Fachmedien Wiesbaden 2015
B. Ö. Otyakmaz, Y. Karakaşoğlu (Hrsg.), *Frühe Kindheit in der Migrationsgesellschaft*, DOI 10.1007/978-3-658-07382-4_7

kunftsland ihrer Vorfahren – die amerikanische Kultur weitgehend übernommen. Mit ihren Großeltern können sie sich nur noch eingeschränkt verständigen, denn diese sprechen wahrscheinlich Englisch nur in einer Lernversion. Rumbaut weist allerdings auch darauf hin, dass der Anteil der Familien, in denen eine andere Sprache als Englisch gesprochen wird, in den letzten Jahrzehnten in einigen Regionen der USA stark zugenommen hat. Ein prominentes Beispiel hierfür ist die Stadt Miami in Florida, in der ein hoher Prozentsatz der Bevölkerung aus sehr selbstbewussten kubanischen Immigranten besteht. Aber auch hier zeigen Daten von Längsschnittstudien, dass in der zweiten Generation der kubanischen Immigranten die Dominanz des Englischen und damit einhergehend die Amerikanisierung zunimmt (Rumbaut 2009). Rumbaut geht davon aus, dass mit dem Verlust der Sprache auch geringere positive Identifikation mit der ethnischen Herkunft einhergeht. Durch die Dominanz des Englischen als Lingua Franca und die Größe der USA gibt es nicht viele ökonomische Anreize, eine zweite Sprache gut zu sprechen und somit auch einen Zugang zu einer anderen Kultur zu bekommen. Anders sieht dies in Deutschland aus – durch seine geographische Lage können die meisten Menschen in wenigen Stunden mehrere Länder erreichen, in denen andere Sprachen gesprochen werden. Hinzu kommt, dass für Deutschland der Export zentral für die Wirtschaft ist und dementsprechend Kenntnisse anderer Sprachen in vielen Wirtschaftszweigen gefragt sind. Da in Deutschland mehr als ein Drittel aller Kinder aus zugewanderten Familien stammt, ist die Chance, dass diese Kinder zweisprachig aufwachsen, recht groß. Erstaunlicherweise führt dies aber nicht dazu, dass dieses Potenzial als wichtig erachtet wird, vielmehr ist der Fokus recht einseitig auf das Erlernen der deutschen Sprache gerichtet. Gute Kenntnisse der Sprache, in der in den Schulen unterrichtet wird, sind zweifelsohne wichtig für eine gute Schullaufbahn. Mangelnde Deutschkenntnisse von Kindern aus zugewanderten Familien wurden häufig als eine wahrscheinliche Ursache geringer Schulleistungen identifiziert (Dollmann und Kristen 2010; Müller und Stanat 2006). Deshalb ist es nicht überraschend, dass die Entwicklung der Deutschkenntnisse von Vorschulkindern aus zugewanderten Familien im Fokus vielen Studien steht (Caspar und Leyendecker 2011; Dubowy et al. 2008; Hoffmann et al. 2008). Untersuchungen hingegen, in denen die Kenntnisse der Kinder in ihrer Herkunftssprache oder in denen Bilingualität berücksichtigt werden, sind in Deutschland noch sehr selten (Willard et al. 2014).

Der einseitige Fokus auf die deutsche Sprache ist jedoch gesellschaftspolitisch gesehen verwunderlich, denn eine auf Export ausgerichtete Nation wie Deutschland könnte von bilingualen und bikulturellen Arbeitskräften sehr profitieren. Hinzukommt, dass Bilingualität eine wichtige Ressource für die kognitive und schulische Entwicklung der Kinder sein kann. So legen neuere Studien nahe, dass Kinder, die bilingual sind, hierdurch in wichtigen kognitiven Bereichen Vorteile haben können (Adesope et al. 2010; Barac und Bialystok 2012; Engel de Abreu et al. 2012). Die in den USA mit mehr als 20.000 Kindern durchgeführte Early Childhood Longitudinal Study (ECLS-K) zeigte, dass bilinguale Kinder sich im Laufe ihrer ersten Schuljahre in wichtigen schulischen Bereichen wie Mathematik und Lesen verbesserten (Han 2012). Kinder hingegen, die Englisch nicht ausreichend beherrschten und dies auch nicht aufholten, ließen in ihren schulischen Leistungen immer mehr nach (Han 2010, 2012). Die CILS Studie (Children of Immigrants Longitudinal Study) zeigte, dass bilinguale Kinder höhere schulische Aspirationen hatten als Kinder aus zugewanderten Familien, die ihre Herkunftssprache nicht mehr gut sprachen (Portes und Hao 2002). Studien in Deutschland legen nahe, dass bilinguale Kinder einen leichteren Zugang zu neuen Fremdsprachen haben als monolinguale Kinder. In der DESI Studie (Deutsch Englisch Schülerleistungen International) erreichten bilinguale Schüler und Schülerinnen (nach Kontrolle des sozioökonomischen Status ihrer Eltern) höhere Werte auf Tests der englischen Sprache als monolingual deutsche Kinder (Hesse und Göbels 2009). Eine weitere Studie fand einen positiven Zusammenhang zwischen der Lesekompetenz von türkeistämmigen Kindern und ihren Lesekompetenzen in Englisch (Rauch et al. 2010; Rauch et al. 2012). Darüber hinaus gibt es deutliche Hinweise darauf, dass Bilingualität auch die sozial-emotionale Entwicklung der Kinder unterstützt und sie hier Vorteile gegenüber denjenigen haben, die entweder nicht mehr die Sprache ihrer Eltern sprechen oder nur sehr geringe Kenntnisse der Sprache des Aufnahmelandes haben. Dies zeigt sich sowohl in geringem externalisierenden und internalisierenden Problemverhalten bilingualer Kinder in ihrer Grundschulzeit, in ihren guten sozialen Kompetenzen (Han 2010; Han und Bridglall 2009) als auch in einem höheren Selbstwertgefühl (Portes und Hao 2002). Hierzu passt, dass Studien zu den sozialen Netzwerken von Kindern aus zugewanderten Familien zeigen, dass Bilingualität hierfür förderlich ist. Bilingualität erleichtert Kindern Kontakt und Freundschaften sowohl innerhalb ihrer eigenen ethnischen Gruppen als auch mit Kindern aus der Majoritätsgesellschaft sowie aus anderen ethnischen Gruppen (Golash-Boza 2005; Ledesma und Oppedal 2013). Zusammenfassend kann hier festgehalten werden, dass diese Forschungsergebnisse nahe legen, dass Bilingualität für die kognitive Entwicklung ebenso wie für wichtige außerfamiliäre Bereiche – soziale Netzwerke, Schulerfolg – förderlich ist. In diesem Kapitel werden wir den familiären Bereich genauer betrachten, insbesondere den Zusammenhang zwischen Sprachkenntnissen der Kinder und der Eltern-Kind Beziehung. Wir möchten aufzeigen, welches Potenzial in Bilingualität steckt und wie Eltern und Institutionen gemeinsam dazu beitragen können, dass Kinder dieses Potenzial schätzen und weiterentwickeln.

## 2  Warum ist eine gemeinsame Sprache von Eltern und Kindern wichtig?

Für die Eltern-Kind Beziehung ist es wichtig, dass sie eine gemeinsame Sprache haben, in der sowohl die Eltern als auch die Kinder kompetent sind. Drei Gründe können hier unterschieden werden. Erstens ist können Eltern in der Sprache, die sie sich „zu Hause" fühlen, die ihnen vertraut ist, am besten ihren Kindern die Welt erklären und ihnen reichhaltige sprachliche Anregung geben. Place und Hoff (2011) zeigten am Beispiel von spanisch sprechende Familien in den USA, dass es für Kinder weniger stimulierend und deswegen für die Sprachentwicklung der Kinder weniger förderlich ist, wenn sie mit einer Person interagieren, die diese Sprache nicht auf muttersprachlichem Niveau spricht, als wenn die Kinder mit jemand interagieren, der oder die diese Sprache als Muttersprache beherrscht. Sie plädieren deshalb dagegen, dass Eltern mit ihren Kindern in einer Sprache sprechen, die sie nicht auf einem ausreichend hohen Niveau beherrschen.

Zweitens verlieren Eltern, wenn sie keine gemeinsame Sprache mit den Kindern haben, an Autorität. Kinder, deren Eltern Deutsch nur in einer Lernversion sprechen, werden spätestens im Jugendalter sprachlich kompetenter sein als ihre Eltern. Selbst wenn Eltern bis dahin relativ gut Deutsch gelernt haben, werden sie noch einen Akzent haben, grammatikalische Fehler machen, gelegentlich nach Worten suchen, Wörter benutzen, die sprachlich nicht optimal sind oder sie werden sprachliche Feinheiten nicht ausdrücken können. Dies hat das Potenzial, die Autorität der Eltern durch deren eingeschränkte verbale Kommunikationsfähigkeit zu untergraben (Leyendecker und De Houwer 2011).

Drittens — und dies ergibt sich auch aus den oben genannten beiden Gründen — gibt es zahlreiche Studien die zeigen, dass eine gemeinsame Sprache für den Zusammenhalt in den Familien, für die Eltern-Kind Beziehung sowie für das psychosoziale Wohlbefinden der Kinder wichtig ist. Fillmore (2000) dokumentierte den Fall einer Familie in den USA, deren Eltern aus China zugewandert waren. Während die Eltern, die beide sehr viel arbeiteten, kaum Englisch sondern fast nur kantonesisch sprachen, wurde bei den Kindern Englisch schnell zur dominierenden Sprache und mehrere der Kinder konnten kaum noch kantonesisch sprechen. Dies führte zu einer emotionalen Distanz zwischen Eltern und Kindern bis hin zum Kontaktverlust mit einem der Söhne. Dies ist sicherlich ein extremer Fall, aber auch andere Studien zeigen, wie wichtig eine gemeinsame Sprache für die Beziehung zwischen Eltern und Kindern ist. Tseng und Fuligni (2000), die in den USA mehr als 600 Jugendliche aus zugewanderten Familien untersucht hatten, fanden ebenfalls einen Zusammenhang zwischen einer gemeinsamen Sprache von Eltern und Jugendlichen und ihrer emotionalen Beziehung. Diejenigen, die nicht mehr die

Sprache ihrer Eltern beherrschten, waren emotional distanzierter von ihren Eltern und die Wahrscheinlichkeit, dass Eltern und Kinder miteinander diskutierten, war geringer.

Andere Studien, die die Sprache zwischen Eltern und Kinder untersucht haben, haben dies in der Tradition von Akkulturationsstudien gemacht. Costigan und Dokis (2006) untersuchten chinesische Familien in Kanada. Sie fanden, dass in Familien, in denen chinesisch die gemeinsame Sprache von Eltern und Kindern war, Familienkonflikte sowie depressive Symptome geringer, die Leistungsmotivation hingegen höher war. Park (2007), die koreanische Familien in den USA untersuchte, kam zu ähnlichen Ergebnissen. Weitere Studien, die weniger die Eltern-Kind Interaktion untersuchten sondern vielmehr die Fähigkeit der Kinder, die Herkunftssprache ihrer Eltern zu sprechen, zeigten, dass diese Sprachfähigkeiten mit dem Wohlbefinden der Familie sowie der Kinder zusammenhing (Birman 2006; Oh und Fuligni 2010; Park et al. 2012).

## 3    Welche Einflussfaktoren in der Familie fördern den Erhalt der Herkunftssprache?

Kinder aus zugewanderten Familien haben die Chance, mit zwei Sprachen aufzuwachsen. Dies bedeutet für die Kinder viel (unbewusste) Lernarbeit. Im Vergleich zu Kindern, die eine neue Sprache später im Unterricht lernen, geschieht dies relativ mühelos. Trotzdem gibt es bei Kindern aus zugewanderten Familien keine Garantie, dass sie die Herkunftssprache ihrer Eltern gut lernen oder dass sie Deutsch gut beherrschen. Weder der Erwerb der Herkunftssprache noch Bilingualität sind selbstverständlich. Sicherlich gibt es Extremfälle, in denen Kinder obwohl sie hier geboren sind, erst spät und nur sehr selektiv mit der deutschen Sprache Kontakt haben, sie nie gut lernen und nach dem frühen Ende der Schule kaum noch einsetzen, so dass sie fast nur ihre Herkunftssprache kennen und nutzen. Dies könnte der Fall sein, wenn Kinder in einem sprachlichen Ghetto aufwachsen, zusätzlich nicht oder nur sehr kurz den Kindergarten besuchen, eine Schule mit einem sehr hohen Anteil von Kindern ihrer eigenen ethnischen Gruppe besuchen, ohne Schulabschluss und Berufsausbildung heranwachsen und einen Freundeskreis haben, der vor allem die Herkunftssprache spricht. Dieses Szenario ist zum Glück jedoch selten. Die meisten Kinder aus zugewanderten Familien kommen spätestens mit dem Besuch des Kindergartens in Kontakt mit der deutschen Sprache. Unter der Prämisse, dass Bilingualität wünschenswert ist und gefördert werden sollte, stellt sich eher die Frage, welche Faktoren dazu führen, dass Kinder, die mit zwei Sprachen aufwachsen, diese auch wirklich erlernen, so dass sie mindestens alltagsrelevante Kommunikationsfähigkeiten darin erwerben.

Elternpaare unterscheiden sich darin, welche Sprachen sie wie gut sprechen. In manchen Familien können die Eltern kaum Deutsch, so dass die Entscheidung über die Familiensprache leicht ist. In anderen Familien jedoch kann vielleicht ein Partner gut oder gar sehr gut Deutsch, der andere kaum, oder beide Elternteile sprechen beide Sprachen. Die Entscheidung, welche Sprache Familiensprache wird und in welcher Sprache mit dem Kind gesprochen wird, kann von vielen Faktoren abhängen. Sie kann auch leicht durch die jeweils vertretene politische, pädagogische oder psychologische Meinung dazu, was das Beste für das Kind sei, beeinflusst werden. Die Entscheidung der Eltern hat jedoch weitgehende Auswirkungen (Leyendecker und De Houwer 2011).

De Houwer (2007) berichtet über eine Studie von Siren (1991), die 600 schwedische Paare untersuchte, von denen mindestens einer eine andere Sprache als Schwedisch mit den Kindern sprach. Diese Studie zeigte, dass wenn Eltern mit dem Kind in beiden Sprachen kommunizierten, die Wahrscheinlichkeit hoch war, dass das Kind nur die Mehrheitssprache, also Schwedisch, lernte. In ihrer eigenen Studie unterschied De Houwer (2007) zwischen fünf Konstellationen des häuslichen Sprachgebrauchs in zugewanderten Familien: 1) Beide Eltern sprechen nur die Herkunftssprache (HKS) zu Hause, 2) ein Elternteil spricht beide, eines nur HKS, 3) ein Elternteil spricht nur HKS, eines nur die Mehrheitssprache, 4) beide Eltern sprechen beide Sprachen, 5) ein Elternteil spricht nur die Mehrheitssprache, ein Elternteil spricht beide Sprachen. Die Ergebnisse zeigten, dass die Konstellationen 1 und 2 mit hoher Wahrscheinlichkeit dazu führten, dass Kinder die Herkunftssprache verwenden. Die Erfolgsrate in den nächsten beiden Konstellationen war schon geringer (75 %) und in der zuletzt beschriebenen Konstellation betrug sie nur noch 35 %. Die abnehmende Erfolgsrate kann durch zwei sich ergänzende Aspekte erklärt werden. Dies ist zu einem der sprachliche Input. Je mehr ein Kind die Herkunftssprache zu Hause hört und selber aktiv anwendet, desto größer ist die Wahrscheinlichkeit, dass es sie gut erlernt. Aber auch das ist nicht garantiert, De Houwer (2007) wies darauf hin, dass 3 % der Kinder die Herkunftssprache nicht benutzten, obwohl beide Eltern sie zu Hause ausschließlich sprachen. Der andere Aspekt ist die Möglichkeit, dass ein Kind zwar rezeptiv die Herkunftssprache versteht, sie aber nicht anwendet. Wenn ein Kind merkt oder weiß, dass Eltern beide Sprachen verstehen, kann dies zu der Kombination führen, dass ein Kind die Mehrheitssprache mit seinen Eltern spricht, diese jedoch weiterhin das Kind in der Herkunftssprache ansprechen beziehungsweise ihm antworten. Wenn Kinder in den Kindergarten oder in die Schule kommen und sich hierdurch ihr Kontakt mit der Mehrheitssprache erhöht, kann dies ihre Neigung, nur noch die Mehrheitssprache zu sprechen, noch weiter verstärken.

## 4  Bilinguale Kinder – monolinguale Eltern: Ein Risiko?

Wenn beide Eltern der ersten Generation angehören und kaum Deutsch sprechen, sind sie auf Übersetzungen durch Personen aus ihrem sozialen Netzwerk angewiesen. Bei Kindern, die entweder schon in Deutschland geboren werden oder noch sehr jung waren, als sie hier eingereist sind, ist die Wahrscheinlichkeit hoch, dass sie über Kindergarten und Schule mehr Kontakt zur deutschen Sprache haben als ihre Eltern, dass sie diese vergleichsweise schneller lernen. Wenn dies der Fall ist, liegt es nahe, dass sie für ihre Eltern übersetzen. Werden hierdurch die Rollen von Eltern und Kindern vertauscht? Was bedeutet dies für die Eltern-Kind Beziehung, wenn Kinder mehr verstehen als ihre Eltern und für sie übersetzen? Eine Version beschreibt Julia Alvarez (1992) in ihrem autobiographisch geprägten Roman über eine Familie, die von Puerto Rico nach New York zieht. Die Mutter fragt die Mädchen, was die Note „F" (steht für *failure*/ungenügend) bedeutet. Die Mädchen erklären ihr, dass „F" für *fabulous* steht. Tse (1996a) beschreibt ähnliches für die Kommunikation zwischen Elternhaus und Schule. Hier können Kinder Informationen sowohl in die eine als auch in die andere Richtung selektiv weitergeben oder in ihrem Sinne interpretieren. Neben dieser kreativen Übersetzungs- und Interpretationsvariante gibt es jedoch auch Hinweise darauf, dass – in Abhängigkeit von der Persönlichkeit des Kindes oder der Situation – Übersetzen durch Kinder auch bedenklich oder gar negativ zu bewerten ist. Unzweifelhaft ist es weder für Eltern noch für Kinder angemessen, wenn Kinder zu Arztbesuchen als Übersetzer mitgenommen werden und wenn beispielsweise ein Teenager seiner Mutter erklären soll, dass sie Gebärmutterhalskrebs hat (Morales und Hanson 2005; Tse 1996b). In ihrem Überblicksartikel gehen Morales und Hanson (2005) der Frage nach, ob die Eltern-Kind Beziehung durch das Übersetzen von Dokumenten durch die Kinder negativ beeinflusst wird. Sie kommen zu dem Schluss, dass die Praxis, dass Kinder für ihre Eltern übersetzen, weitverbreitet ist. Die bisherigen Studien lassen aber keine eindeutige Bewertung dieses Phänomens zu. Weisskirch (2007), der in den USA 7. Klässler mexikanischer Herkunft untersuchte, fand Unterschiede im Hinblick auf das Familienklima. Kinder aus Familien mit weniger positivem Familienklima berichteten eher darüber, dass sie sich in ihrer Übersetzerrolle unwohl fühlten, dass ihnen dies unangenehm war und eher mit Stress verbunden. Kinder, die zu ihren Eltern eine gute Beziehung hatten, waren hingegen eher stolz auf ihre Fähigkeit, bei Besuchen im Restaurant oder in der Schule für ihre Eltern oder für andere Personen übersetzen zu können. Weisskirch vermutet deshalb, dass negative Gefühle beim Übersetzen auch Ausdruck familiärer Spannungen sein können. Trotzdem weist er darauf hin, dass dies auch immer eine Herausforderung für Kinder und Jugendliche darstellt, vor allem dann, wenn sie selber einige Wörter oder Passagen in Dokumenten nicht verstehen, aber den Druck verspüren, eine möglichst gute Übersetzung abzuliefern. Zusammenfassend kann hier festgehalten werden, dass es wahrscheinlich bei einer guten Eltern-Kind Beziehung nicht schadet, wenn die Kinder gelegentlich für Eltern übersetzen; jedoch sollten Eltern darauf achten, dass sie die Kinder hierdurch nicht überfordern.

## 5   Wie können Familie und Gesellschaft das Potenzial Bilingualität angemessen fördern?

Der hohe Stellenwert der deutschen Sprache für die Schullaufbahn der Kinder wird gerne als Begründung genommen um Eltern nahezulegen, mit ihren Kindern vor allem deutsch zu sprechen. Wenn die Eltern beide sehr gut deutsch sprechen und Deutsch ihnen leichter fällt als ihre Muttersprache, dann verpassen die Kinder lediglich die Chance, bilingual aufzuwachsen. Dies wird unterstützt durch die Studie von Schofield et al. (2012) zu Familien mexikanischer Herkunft in den USA. Schofield und seine Kollegen zeigten in der Studie, dass es keinen Einfluss auf die Eltern-Kind Beziehung hatte, ob die Kinder mit ihren Eltern Spanisch oder Englisch sprachen. Entscheidend war, dass sie eine gemeinsame Sprache hatten, in der beide kompetent waren.

Wenn aber mindestens ein Elternteil nur oder überwiegend die Herkunftssprache beherrscht, dann ist es aus den oben dargelegten Gründen wichtig, dass das Kind diese Sprache auch erlernt. Ratschläge, dass diese Eltern, obwohl sie nur eine Lernversion des Deutschen beherrschen, mit ihren Kindern Deutsch sprechen sollen, sind potentiell schädlich und auch ethisch nicht zu vertreten. Dies geht auch einher mit einer subtilen Abwertung der Herkunftssprachen. Englisch hingegen wird in manchen Kindergärten schon in Kursform angeboten und ab dem ersten Schuljahr unterrichtet, und die Wahrscheinlichkeit, dass Englisch sprechenden Eltern geraten würde, auf gar keinen Fall Englisch mit dem Kind zu sprechen, ist extrem gering, denn diese Sprache gilt als gesellschaftlich bedeutsam. Sprachen hingegen, die nicht oder nur sehr selten an unseren Schulen gelehrt werden, wie serbo-kroatisch oder türkisch, werden weniger wertgeschätzt und hier ist die Wahrscheinlichkeit höher, dass dies den Kinder und ihren Eltern entsprechend zurückgemeldet wird. De Houwer (2013) beschreibt jedoch, wie wichtig es für das Wohlergehen der Kinder ist, dass ihre bilinguale Entwicklung harmonisch verläuft. Voraussetzung für eine harmonische bilinguale Entwicklung ist demnach, dass Kinder, Eltern und unsere Gesellschaft eine positive Einstellung zu Bilingualität haben und Bilingualität wertschätzen. Dies ist nicht gegeben, wenn Kinder oder ihre Eltern die Erfahrung machen, dass eine der beiden Sprachen als minderwertig oder gar als störend erlebt wird. Damit Kinder aber eine Chance haben, beide Sprachen gut zu erlernen, brauchen sie für beide Sprachen Input.

Hoff und ihre Kolleginnen (Hoff et al. 2012) verglichen monolingual englisch sprechende mit bilingualen Kleinkindern. Sie fanden, dass die monolingualen Kinder, die immer nur eine Sprache hörten und nutzten, ein insgesamt höheres Vokabular im Englischen hatten. Wenn beide Sprachen berücksichtigt wurden, erkannten die bilingualen Kinder hingegen mehr Wörter. Der Wortschatz der bilingualen Kinder ebenso wie ihr Verständnis für Grammatik hing jedoch vor allem mit den zeitlichen Gelegenheiten, die jeweilige Sprache zu hören und anzuwenden, zusammen. De Houwer et al. (2013) fanden sogar, dass Kleinkinder, die von Anfang an bilingual aufwachsen und einen ausreichenden Input in beiden Sprachen hatten, genauso viele Wörter verstanden und sprechen konnten wie monolinguale Kinder in ihrer jeweiligen Sprache. In diesem Sinne weist Chumak-Horbatsch (2012) noch auf einen weiteren Aspekt hin – nicht nur der zeitliche Input ist wichtig, sondern auch die Vielfalt. Wenn ein Kind die Herkunftssprache seiner Eltern fast ausschließlich nur mit ihnen spricht, dann lernt es eine „Erwachsenenversion" der Sprache. Ein Beispiel hierfür ist ein vierjähriges Mädchen, das in Schweden aufwächst und nur mit seinen Eltern sowie gelegentlich mit den Großeltern Deutsch spricht. Seine Sprache ist fließend, aber ungewöhnlich „erwachsen" für ein Kind seines Alters. So antwortete es beispielsweise auf die Frage, ob es Fisch mag „Fisch schmeckt grauenhaft". Ein Kind, dass viel Kontakt mit deutschen Kindern hat, hätte wahrscheinlich einfach gesagt „Fisch schmeckt iiiih/mag ich nicht".

Wer ist für die Vermittlung von Sprache verantwortlich? In der frühen Kindheit sind die Rollen klar verteilt – Eltern sprechen mit ihren Kindern die Herkunftssprache und geben ihnen hierin eine möglichst vielfältige Anregung. Chumak-Horbatsch (2008, 2012) beschreibt in diesem Zusammenhang die Bedeutung von vielfältigen Sprachpartnern für die Kinder sowohl innerhalb als auch außerhalb der Familie. Wichtig ist, dass die Kinder ihre Sprachkenntnisse einsetzen können. So bekommen sie nicht nur vielfältige sprachliche Anregungen sondern erfahren auch, dass es Kontexte gibt, in den ihre Kompetenzen in der Herkunftssprache von großer Relevanz sind. Gleichzeitig sollten Eltern aber auch dem Kind vermitteln, dass sie stolz darauf sind, dass es noch eine weitere Sprache lernt. Suarez-Orozco und Suarez-Orozco (2001), die sich allerdings weniger auf Sprache als auf Kultur beziehen, betonen, wie wichtig für eine erfolgreiche Adaptation der Kinder an die Kultur des Aufnahmelandes die Rolle der Eltern ist und deren Fähigkeit, den Respekt für die Familie und für die Herkunftskultur aufrechtzuerhalten. „Unsere Daten lagen nahe, dass diejenigen Kinder, deren Eltern ihre Autorität als Eltern behalten und gleichzeitig die Kinder ermuntern, das was wir unter ‚bikulturellen Kompetenzen' verstehen, zu erwerben, die besten Startchancen haben um die Möglichkeiten, die sich ihnen bieten, nutzen zu können" (Suarez-Orozco und Suarez-Orozco 2001, S. 7, Übersetzung B.L.). Übertragen auf Sprache bedeutet dies, dass Eltern die Aufgabe ernst nehmen sollen, ihren Kindern ihre Herkunftssprache vermitteln, ihnen aber gleichzeitig auch ausreichend Gelegenheit bieten, gut Deutsch zu lernen.

Die Meinungen, ob Kinder zwei Sprachen gleichzeitig lernen können, gehen auseinander. Die Studie von De Houwer et al. (2013) zum simultanen bilingualen Spracherwerb legt jedoch nahe, dass Kinder keine sprachlichen Defizite in einer der Sprachen haben, wenn sie von Geburt an zweisprachig aufwachsen. Kinder aus zugewanderten Familien, die zu Hause zunächst die Muttersprache ihrer Eltern lernen, kommen jedoch erst im Kindergarten mit der zweiten Sprache in Kontakt, lernen also die beiden Sprachen sukzessiv. In einer Untersuchung zu den Deutschkenntnissen von türkeistämmigen Kindergartenkindern zeigten Caspar et al. (2014), dass diejenigen Kinder die mindestens seit ihrem dritten Geburtstag den Kindergarten besuchten, beim Übergang in die Schule deutlich bessere Deutschkenntnisse hatten als diejenigen, die erst mit vier Jahren oder später mit dem Besuch des Kindergartens angefangen hatten.

Für Krippen, Kindergärten und Schulen bedeutet dies umgekehrt, dass sie ihren Auftrag, den Kindern eine möglichst vielfältige Sprachumwelt zu geben, ernstnehmen, gleichzeitig aber auch den Kindern eine Wertschätzung für ihre Herkunftssprache vermitteln. Die Vermittlung der deutschen Sprache darf nicht auf einige Förderstunden reduziert werden, sondern muss vielmehr ein integraler Bestandteil der alltäglichen Arbeit sein, beispielsweise während kleiner naturwissenschaftlicher Experimente, beim Vorlesen und beim gemeinsamen Mittagessen. Das gleiche gilt für die Wertschätzung der Muttersprache der Kinder und damit für die indirekte Förderung und Anerkennung der Bilingualität. Dies kann über Rituale – beispielsweise wenn alle Kinder im Stuhlkreis lernen, sowohl in deutschen als auch in anderen Sprachen bis zehn zu zählen – ebenso erfolgen wie darüber, dass das immer mal wieder das zusätzliche sprachliche Wissen der Kinder nachgefragt wird und die ganze Gruppe lernt, dass es für einen Alltagsgegenstand wie eine Tasse ganz unterschiedliche Namen gibt. Dies hebt den besonderen sprachlichen Wissensschatz der Kinder positiv hervor, gleichzeitig erfahren alle Kinder, dass es viele Sprachen gibt und dass sie diese Sprachen auch lernen können. Kindergärten können, müssen aber nicht bilingual sein. Für die Wortschatzentwicklung der Kinder ist es vielmehr wichtig, dass sie möglichst vielfältige Anregung in beiden Sprachen bekommen. Sowohl Kinder mit deutscher Muttersprache als auch Kinder mit anderen Muttersprachen profitieren davon, wenn sie einen Kindergarten besuchen, in dem ihnen möglichst vielfältige sprachliche Interaktionsangebote gemacht werden. Besonders für Kinder, die außerhalb des Kindergartens fast nur ihre Herkunftssprache hören und sprechen, ist eine qualitativ hohe sprachliche Förderung im Kindergarten besonders wichtig.

Abschließend möchten wir noch einmal festhalten, dass es für zugewanderte Familien, die zu Hause eine andere Sprache als Deutsch sprechen, von zentraler Bedeutung ist, dass ihre Kinder auch diese Sprache lernen. Für eine gute Eltern-Kind Beziehung ist eine gemeinsame Sprache, in der beide kompetent sind, wichtig. Wenn ein Kind nur Deutsch gut spricht, seine Eltern aber nur eine Lernversion des Deutschen beherrschen, erschwert dies ihnen, ihrer Rolle als Eltern gerecht zu werden. Eltern dürfen deswegen nicht verunsichert werden und es sollte ihnen keinesfalls nahegelegt werden, mit ihren Kindern primär Deutsch zu sprechen mit der Begründung, dass dies ihnen den Zugang zu den Bildungseinrichtungen erleichtern würde. Gerade weil den meisten zugewanderten Eltern eine gute Bildung ihrer Kinder sehr wichtig ist (Citlak et al. 2008), sollten sie darauf achten, ihnen eine vielfältige sprachliche Umwelt in der Herkunftssprache zu ermöglichen, gleichzeitig aber auch die Chancen der Kinder auf Bilingualität unterstützen und im Idealfall eine Krippe oder eine Kita finden, die dieses Potenzial wertschätzt und unterstützt.

## Literatur

Adesope, O. O., Lavin, T., Thompson, T., & Ungerleider, C. (2010). A systematic review and meta-analysis of the cognitive correlates of bilingualism. *Review of Educational Research, 80*(2), 207–245.

Alvarez, J. (1992). *How the Garcia girls lost their accent*. New York: Plume Paperbacks.

Barac, R., & Bialystok, E. (2012). Bilingual effects on cognitive and linguistic development: The role of language, cultural background, and education. *Child Development, 83*, 413–422.

Birman, D. (2006). Acculturation gap and family adjustment. *Journal of Cross-Cultural Psychology, 37*(5), 568–589.

Caspar, U., & Leyendecker, B. (2011). Deutsch als Zweitsprache. Die Sprachentwicklung türkischstämmiger Vorschulkinder in Deutschland. *Zeitschrift für Entwicklungs- und Pädagogische Psychologie, 43*(3), 118–132.

Caspar, U., Leyendecker, B., Agache, A., & Schölmerich, A. (2014). *Sprachförderung im Kindergarten – warum sich ein früher Start lohnt*.(Manuskript in Vorbereitung).

Chumak-Horbatsch, R. (2008). Early bilingualism: Children of immigrants in an English-Language Childcare Center. *Psychology of Language and Communication, 12*(1), 3–27.

Chumak-Horbatsch, R. (2012). *Linguistically appropriate practice*. Toronto: University of Toronto Press.

Citlak, B., Leyendecker, B., Harwood, R. L., & Schoelmerich, A. (2008). Long-term socialization goals of first and second generation migrant Turkish mothers and German mothers. *International Journal of Behavioral Development, 32*, 57–66.

Costigan, C. L., & Dokis, D. P. (2006). Relations Between Parent–Child Acculturation Differences and Adjustment Within Immigrant Chinese Families. *Child Development, 77*(5), 1252–1267.

De Houwer, A. (2007). Parental language input patterns and children's bilingual use. *Applied Psycholinguistics, 28,* 411–424.

De Houwer, A. (2013). Harmonious bilingual development: Young families' well-being in language contact situations. *International Journal of Bilingualism* (Online First Article, June 2013), 1–16. doi:10.1177/1367006913489202.

De Houwer, A., Bornstein, M. H., & Putnik, D. L. (2013). A bilingual-monolingual comparison of young children's vocabulary size: Evidence from comprehension and production. *Applied Psycholinguistics, 35,* 1189–1211. doi:10.1017/S0142716412000744.

Dollmann, J., & Kristen, C. (2010). Herkunftssprache als Ressource für den Schulerfolg? Das Besipiel türkischer Grundschulkinder. *Zeitschrift für Pädagogik, 56*(55. Beiheft), 123–146.

Dubowy, M., Ebert, S., von Maurice, J., & Weinert, S. (2008). Sprachlich-kognitive Kompetenzen beim Eintritt in den Kindergarten. Ein Vergleich von Kindern mit und ohne Migrationshintergrund. *Zeitschrift für Entwicklungspsychologie und Pädagogische Psychologie, 40*(3), 124–134.

Engel de Abreu, P. M. J., Cruz-Santos, A., Tourinho, C. J., Martin, R., & Bialystok, E. (2012). Bilingualism enriches the poor: Enhanced cognitive control in low-income minority children. *Psychological Science, 23*(11), 1364–1371.

Fillmore, L. W. (2000). Loss of family languages: Should educators be concerned? *Theory Into Practice, 39*(4), 203.

Golash-Boza, T. (2005). Assessing the advantages of bilingualism for the children of immigrants. *The International Migration Review, 39,* 721–753.

Han, W.-J. (2010). Bilingualism and socioemotional well-being. *Children and Youth Services Review, 32,* 720–731.

Han, W.-J. (2012). Bilingualism and academic achievement. In C. Garcia Coll & A. K. Marks (Hrsg.), *The immigrant paradox in children and adolescents. Is becoming American a developmental risk?* (S. 161–184). Washington: American Psychological Association.

Han, W.-J., & Bridglall, B. L. (2009). Assessing school supports for ELL students using ECLS-L. *Early Childhood Research Quarterly, 24,* 445–462.

Hesse, H.-G., & Göbel, K. (2009). Mehrsprachigkeit als Kapital: Ergebnisse der DESI-Studie. In I. Gogolin & U. Neumann (Hrsg.), *Streitfall Zweisprachigkeit – The Bilingualism Controversy* (S. 281–287). Wiesbaden: Verlag für Sozialwissenschaften.

Hoff, E., Core, C., Place, S., Rumiche, R., Senor, M., & Parra, M. (2012). Dual language exposure and early bilingual development. *Journal of Child Language, 39*(1), 1–27.

Hoffmann, N., Polotzek, S., Roos, J., & Schöler, H. (2008). Sprachförderung im Vorschulalter – Evalaution dreier Förderkonzepte. *Diskurs Kindheits- und Jugendforschung, 3,* 291–300.

Ledesma, H. M., & Oppedal, B. (2013). *Role of linguistic and behavioral cultural competence in perceived social support in immigrant preadolescents.* Paper presented at the Meeting of the Society for Research in Child Development, April 2013, Seattle, WA., USA.

Leyendecker, B., & De Houwer, A. (2011). Frühe bilinguale und bikulturelle Erfahrungen – Kindheit in zugewanderten Familien. In H. Keller (Hrsg.), *Handbuch der Kleinkindforschung 4. Auflage* (S. 178–219). Bern: Huber.

Morales, A., & Hanson, W. E. (2005). Language brokering: An integrative review of the literature. *Hispanic Journal of Behavioral Sciences, 27,* 471–503.

Müller, A. G., & Stanat, P. (2006). Schulischer Erfolg von Schülerinnen und Schülern mit Migrationshintergrund: Analysen zur Situation von Zuwanderern aus der ehemaligen

Sowjetunion und aus der Türkei. In J. Baumert, P. Stanat, & R. Watermann (Hrsg.), *Herkunftsbedingte Disparitäten im Bildungswesen: Differenzielle Bildungsprozesse und Probleme der Verteilungsgerechtigkeit* (S. 221–255). Wiesbaden: VS Verlag für Sozialwissenschaften.

Oh, J. S., & Fuligni, A. J. (2010). The role of heritage language development in the ethnic identity and family relationships of adolescents from immigrant backgrounds. *Social Development, 19*(1), 202–220.

Park, I. J. K. (2007). Enculturation of Korean American adolescents within familial and cultural contexts: The mediating role of ethnic identity. *Family Relations: Interdisciplinary Journal of Applied Family Studies, 56,* 403–412.

Park, H., Tsai, K. M., Liu, L., & Lau, A. S. (2012). Transactional association between supportive family climate and young children's heritage language proficiency in immigrant families. *International Journal of Behavioral Development, 36*(3), 226–236.

Place, S., & Hoff, E. (2011). Properties of dual language exposure that influence 2-year-olds' bilingual proficiency. *Child Development, 82*(6), 1834–1849.

Portes, A., & Hao, L. (2002). The price of uniformity: Language, family and personality adjustment in the immigrant second generation. *Ethnic and Racial Studies, 25*(6), 889–912.

Rauch, D., Jurecka, A., & Hesse, H.-G. (2010). Für den Drittspracherwerb zählt auch die Lesekompetenz in der Herkunftssprache. Untersuchung der Türkisch-, Deutsch- und Englisch-Lesekompetenz bei Deutsch-Türkisch bilingualen Schülern. *Zeitschrift für Pädagogik Beiheft, 55,* 78–100.

Rauch, D., Naumann, J., & Jude, N. (2012). Metalinguistic awareness mediates effects of full biliteracy on thir-language reading proficiency in Turkish-German bilinguals. *International Journal of Bilingualism, 16*(4). 402–418.

Rumbaut, R. G. (2009). A Language Graveyard? The Evolution of Language Competencies, Preferences and Use Among Young Adult Children of Immigrants. In T. G. Wiley, J. S. Lee, & R. Rumberger (Hrsg.), *The education of language minority immigrants in the United States* (S. 35–71). Tonawanda: Multilingual Matters.

Schofield, T., Beaumont, K., Widaman, K., Jochem R., Robns, R., & Conger, R. (2012). Parent-child fluency in common language: Implications for the parent-child relationship and later academic success in Mexican American families. *Journal of Family Psychology, 26*(6), 869–879.

Sirén, U. (1991). *Minority language transmission in early childhood: Parental intention and language use* (Bd. 21). Stockholm University: Institute of International Education.

Suárez-Orozco, C., & Suárez-Orzoco, M. (2001). *Children of immigration.* Cambridge: Harvard University Press.

Tse, L. (1996a). Who decides? The effects of language brokering on home-school communication. *Journal of Educational Issues of Language Minority Students, 16,* 225–234.

Tse, L. (1996b). Language brokering in linguistic minority communities. The case of Chinese- and Vietnamese-American students. *Bilingual Research Journal, 20,* 485–498.

Tseng, V. & Fuligni, A. (2000). Parent-adolescent language use and relationships among immigrant families with East Asian, Filipino, and Latin American backgrounds. Journal of Marriage and the Family, 62 (May), 465–476.

Weisskirch, R. S. (2007). Feelings about language brokering and family relations among Mexican-American early adolescents. *Journal of Early Adolescence, 27*(4), 545–561.

Willard, J., Agache, A., Jäkel, J., Glück, C., & Leyendecker, B. (2014). Family Factors Predicting Vocabulary in Turkish as a Heritage Language. *Applied Psycholinguistics,* 1–24. doi:10.1017/S0142716413000544.

# Subjektive Vorstellungen zur Gestaltung von Vaterschaft in Migrations- und Bildungsaufstiegsprozessen

Manuela Westphal

## 1 Einleitung

In diesem Beitrag werden Ergebnisse über Vaterschaftskonzepte von Männern im Kontext von migrationsgesellschaftlichen Zusammenhängen diskutiert. Hierzu wird im ersten Teil ein Überblick über Erkenntnisse aus verschiedenen Phasen der Väterforschung in Deutschland gegeben. Spätestens seit dem neuen Jahrtausend wird in Deutschland ein „neuer", engagierter Vater ausgemacht, der jedoch eher ein normatives Konstrukt ist, denn die gelebte Realität von Vätern ist vielfältiger und widersprüchlicher. Das Leitbild neuer, guter Vaterschaft ist dabei nur selten interkulturell-vergleichend analysiert und kaum auf Väter im Migrations- und Akkulturationsprozess bezogen worden. Migrantenväter gelten oftmals, aufgrund von ethnisch-kulturellen oder religiösen Prägungen, eher als problematisch in der Ausübung ihrer aktiven Vaterrolle oder als kaum in der Lage engagierte Vaterschaft, aufgrund von sozial benachteiligten Lebenslagen, zu gestalten. Im zweiten Teil werden empirische Erkenntnisse über die Dynamik von Kontinuität und Wandel von Vätern und Vaterschaft im Migrations- und Akkulturationsprozess dargestellt. Im dritten Teil schließlich werden Ergebnisse aus einer aktuellen qualitativen

M. Westphal (✉)
Fachbereich Humanwissenschaften, Institut für Sozialwesen, FG Sozialisation mit Schwerpunkt Migration und Interkulturelle Bildung, Universität Kassel, Kassel, Deutschland
E-Mail: mwestphal@uni-kassel.de

© Springer Fachmedien Wiesbaden 2015
B. Ö. Otyakmaz, Y. Karakaşoğlu (Hrsg.), *Frühe Kindheit in der Migrationsgesellschaft*, DOI 10.1007/978-3-658-07382-4_8

Studie mit männlichen Studierenden präsentiert. Der Blick auf die Vaterbilder und Vaterschaftsvorstellungen dieser bildungserfolgreichen Männer der zweiten Migrationsgeneration wird insbesondere auf die Bedeutung intergenerationaler Transmission von Vaterschaft fokussieren und diese in Wechselwirkung mit Bildungsaufstiegsprozessen aufzeigen.

## 2 Väter und Vaterschaft in der deutschsprachigen Forschung

Väter und Vaterschaft rückten zunehmend in den letzten Jahren in das öffentliche Blickfeld, wenn es um das Thema frühe Bildung, Betreuung, Erziehung und Entwicklung von Kindern geht. Mittlerweile gibt es Vätermonate, Väternetzwerke, Zeitschriften für werdende Väter, väterfreundliche Unternehmenskulturen in Betrieben und Organisationen u. a. m. Jüngst hat etwa die Zeitschrift „Eltern" eine Studie mit dem Titel „Väter 2014" beauftragt und titelt zum Vatersein heute: „Zwischen Wunsch und Wirklichkeit" (Eltern.de 2014). Auch kann die deutschsprachige Vaterforschung auf einen beachtlichen Fundus an Forschungsliteratur blicken (im Überblick Westphal 2000). Ging es zunächst noch in den 1970/80er Jahren eher um Auswirkungen einer vaterlosen bzw. -abwesenden Erziehung, setzte danach eine intensive Phase der Untersuchung von Vater-Kind-Beziehungen, auch in verschiedenen Familienstrukturen (z. B. alleinerziehende Väter, Stiefväter u. a.), ein (Fthenakis 1985a,b). Hier erbrachte insbesondere die psychologische Vaterforschung das zentrale Ergebnis, dass das Zustandekommen einer frühen emotionalen Eltern-Kind-Bindung nicht vom Geschlecht, sondern von der Qualität der Eltern-Kind-Beziehung abhängig ist. Das Kleinkind geht eigenständige Beziehungen zu Mutter und Vater ein, wobei das rein zeitliche Ausmaß der Interaktion weniger eine Rolle spielt. Die Beziehungsqualität zeichnet sich noch eher durch eine Spielpartnerbeziehung (Sport, Toben, Ausflüge, Spielen) aus. Der Vater betont vorrangig Aktivitäten, die eine autonome Entwicklung, Bewegung und Kontrolle über den Körper fördert, versteht sich zudem als Lehrer und Unterweiser. Eine weitere Forschungsfrage ist die Auswirkung väterlicher Beteiligung z. B. bei Schwangerschaft und Geburt auf die eheliche Beziehung und das spätere Erziehungsengagement. Das väterliche Engagement hängt jedoch weitgehend von den früheren Erfahrungen des Vaters, seinem Selbstkonzept, seinen Bewältigungsstrategien und anderen Hintergrundvariablen ab. Seit den 1990er Jahren werden erweiterte oder neue Vaterschaftskonzepte beobachtet (Fthenakis 1999), bei denen der Vater vor allem in der Babyphase liebevolle, emotionale Zuwendung zeigt (Petzold 1994), allerdings vornehmlich im jüngeren Alter, bei höherer Sozialschicht, städtischen Kontext und erstem Kind. Die Beziehung des Vaters zum eigenen Vater, seine subjektiven Überzeugungen und Einstellungen zur Elternrolle sowie seine Geschlechtsrollenorientierung sind weitere wichtige Faktoren für die Art der Vater-Kind-Beziehung. In der männlichen Sozialisationsforschung wird die Demonstration dieser neuen Väterlichkeit auch als eine strategische Dimension für das Aufbrechen von traditioneller männlicher Geschlechterrolle aufgefasst: „Vaterschaft kann (…) am männlichen Dilemma der Autonomie rühren und das Spannungsverhältnis von männlichem Selbst und Gender biographisch neu aufladen" (Böhnisch und Winter 1993, S. 164). Die sozialwissenschaftliche Forschung stellt im Kontext sich wandelnder Geschlechterrollen die Modernisierung von Männlichkeit und Vaterschaft fest. Vaterschaft wird im Zusammenhang mit verschiedenen Männlichkeitskonstruktionen untersucht (Connell 1999). Aufgezeigt wird nun, dass Männlichkeitskonstruktionen äußerst beharrlich in gesellschaftlichen Macht- und Positionsstrukturen verankert sind. Modernisierung von Männlichkeit und aktive Vaterschaft oder ein neues Vatersein von Männern unter Bedingungen von Migrations- und Akkulturationsprozessen tauchen zwar in diesem Forschungsstrang auf (Tuider 2012; Westphal 2000; Spohn 2005; Tunç 2006), jedoch insgesamt betrachtet immer noch sehr randständig (Westphal 2006). Demgegenüber wird das Spannungsfeld von Männern in Familie und Beruf, hemmende und fördernde Strukturen in Berufsarbeit und Familienarbeit folgend, zum Gegenstand zahlreicher neuerer Forschungsbemühungen (Werneck et al. 2006). Im neuen Jahrtausend wird der Wandel von Vaterschaft bereits unter Schlagwörtern „neues Vatersein" oder „aktive Vaterschaft" als selbstverständlich verhandelt. Allerdings zeigt die Realität weiterhin ein mehrdeutiges Bild, mit Brüchen, Problemen und Missständen. Gemäß der Frankfurter Väterstudie (Bambey und Gumbinger 2008) in der sowohl quantitativ als auch qualitativ Väter von Grundschulkindern befragt worden sind, verteilen sich die „neuen Väter" in Deutschland auf folgende Typen (nach Clusteranalyse, $N = 1524$): egalitäre Väter (28,5 %), fassadenhafte Väter (24,7 %), traditionelle, distanzierte Väter (17,8 %), unsichere, gereizte Väter (12,8 %), randständige Väter (10,2 %) und partnerschaftliche, traditionelle Väter (6 %). Trotz unterschiedlicher Betätigungen mit dem Kind orientieren sich diese Typen alle an dem normativen Leitbild des neuen, engagierten Vaters. Elternschaft wird heute in vielfältigen Modellen und Formen gelebt (z. B. gleichgeschlechtliche Eltern, verheiratete zweigeschlechtliche Eltern, leibliche oder Patchworkeltern u. a. m.). Allerdings kann von diesen Modellen aus immer weniger auf spezifische Elternschaftsvorstellungen in Abhängigkeit von Geschlecht wie Mutterschaft und Vaterschaft geschlossen werden. Häufig werden zudem Mutterschaft und Vaterschaft als anthropologische und damit als universelle bzw. kulturübergreifende Konzepte angenommen. Die Konzepte sind jedoch stark historischen, kulturellen und sozialen Veränderungen unterworfen und werden je gesellschaftspolitisch gerahmt. Elternschaft im Rahmen von Migrationsprozessen und migrationsgesellschaftlichen Zusammenhängen ist dabei mit besonderen Herausforderungen und Veränderungen konfrontiert (Westphal 2014). Zum einen werden durch Migrations- und Akkulturationsprozesse selbst spezifische Dynamiken von Veränderungen in den Elternschaftskonzepten von Frauen und Männer in Einwandererfamilien in Gang gesetzt (Herwartz-Emden und Westphal 1999) (vgl. hierzu Pkt. 3). Zum anderen stellen gegenwärtige Bildungs- bzw. Integrationspolitiken spezifische Erwartungen und Ansprüche an Eltern und Elternschaft in Familien mit Migrationshintergrund. So fußen die gegenwärtigen Erwartungen vor allem auf Annahmen über Erziehungs- und Sozialisationsdefizite. Unterschiedliche Gründe werden für Begrenzungen des Erziehungs- und Bildungsvermögens angeführt, wie z. B. Traditionalität, Religiosität, Armut, Gewalt, Bildungsferne und -benachteiligung, Informations- und Sprachdefizite, Separations- und Marginalisierungstendenzen. Ein problematisches Vater-Kind-Verhältnis wird z. B. insbesondere mit Bezug auf aggressive Strenge und Gewalt bei der Durchsetzung von Erziehungszielen von Vätern mit Herkunft aus der Türkei berichtet (Toprak 2004; Atabay 2010). Uslucan (2010) kommt in einer quantitativ angelegten Untersuchung zu dem differenzierten Ergebnis, dass die festgestellte höhere Gewaltbereitschaft innerhalb der von ihm untersuchten türkischen Familien nicht auf die Herkunft, sondern auf den Bildungsstand bezogen werden muss. Im Vergleich der Väter mit Hauptschulabschluss berufen sich Väter ohne Migrationshintergrund sogar häufiger auf den Erziehungsstil „aggressive Strenge" als Väter mit türkischem Migrationshintergrund. Diese im öffentlichen Diskurs genutzten Bilder „über" Eltern bzw. Mütter und Väter mit Migrationshintergrund sind wiederholt als Konstruktionen von Differenz und Defizit gekennzeichnet und kritisiert worden (Otyakmaz und Westphal 2013). In dieser Rahmung stehen Mütter und Väter in Familien mit Migrationshintergrund mit ihrer elterlichen Erziehungspraxis und -einstellung nicht selten unter Generalverdacht auf ihre Kinder integrations- und entwicklungshemmend zu wirken und auch den gegenwärtigen bildungs- und integrationspolitischen Bemühungen von Krippe, Kita und Schule entgegenzuwirken. Mit Maßnahmen und Ansätzen von interkultureller Elternarbeit und Elternbildung sowie der programmatischen Forderung nach Erziehungs- und Bildungspartnerschaften von Eltern und professionellen pädagogischen Fachkräften soll auf die Reflexion, Veränderung und Anpassung bisheriger (vermeintlich defizitärer oder dysfunktionaler) Elternschaftskonzepte und -praktiken hingewirkt werden. Allerdings wenden sich die meisten Elternarbeits- und Bildungsansätze bislang an Mütter (Sacher 2013) und selten explizit an Väter. Diese gelten als sehr schlecht erreichbare Gruppe (z. B. aufgrund von Erwerbsarbeit, geringerer familiärer Zuständigkeit, geringem Interesse an Erziehungsfragen, traditionell- männlichen Verhalten u. a. m). Vertreter aus der Praxis interkultureller Väterarbeit und -netzwerke beschreiben migranti-sche Väter hingegen als aktive Väter, „die sich intensive Gedanken über die Bil-dung, Ausbildung, Entwicklung bzw. über die Zukunft ihrer Kinder" (Deniz 2012, S. 338) machen. Eine kritische Reflexion und Modifikation (dominanter) Eltern-schafts- bzw. Vaterschaftskonzepten in institutioneller Erziehung und Bildung fin-det erst ansatzweise statt (Westphal 2014).

## 3 Der „neue", engagierte Vater im Migrations- und Akkulturationsprozess

Die im deutschsprachigen Raum erste interkulturell-vergleichend und qualitativ angelegte Väterstudie (Westphal 2000) zeigte Ende der 1990er Jahre auf Basis von 54 qualitativen Interviews bei allen Befragten, deutschen und aus der Türkei sowie der ehemaligen Sowjetunion stammenden Vätern, starke Neuorientierungsprozes-se und Auseinandersetzungen mit der Vaterrolle und den normativen Erwartungen an Vaterschaft. Alle Väter definierten ihre Vaterschaft in Abgrenzung oder Erwei-terung der traditionellen Versorger-/Ernährerrolle. Sich Zeit für Kinder nehmen zu müssen und sich bei der Betreuung und Erziehung der Kinder aktiv engagieren zu wollen, sind als Herausforderungen einer „neuen", engagierten Väterlichkeit von der Gesamtstichprobe betont worden. In diesem Kontext thematisierten sie aller-dings die frühe Kindheit eher selten, zeigten vorrangig ihr Interesse an Erziehung in Bezug auf Schulkinder und adoleszente Jugendliche. Zudem sahen sie ihre elter-liche bzw. väterliche Verantwortung deutlich im Bereich der Erziehung der Söhne. Als väterliche Aktivitäten wurden Zeit für Spielen, Zeit für Gespräche, und das Einbinden in alltägliche technische und körperliche Arbeiten wie Garten, Repara-turen u. a. m. beschrieben. Sie wollten den Kindern ein gutes Benehmen beibrin-gen, moralische und gesellschaftliche Werte vermitteln, sowie sie bei der Schule und Ausbildung unterstützen. Insgesamt konnte festgestellt werden, dass es den „neuen" Vater als Anspruch bzw. als normatives Konstrukt bei allen Vätern gibt, jedoch aus sehr unterschiedlichen Verständnissen, Positionen und Erfahrungen he-raus. Diesen Anspruch führten die nichtgewanderten, deutschen Männer auf das Erleben eines in der Familie meist abwesenden Vaters zurück. Auch unterlagen sie einem starken ideologischen Druck; sie fühlten sich zu einer kritisch-emanzipati-ven Auseinandersetzung mit traditionellen Männlichkeits- und Vaterschaftsbildern aufgefordert, häufig auch von den Partnerinnen. Die bereits lange in Deutschland lebenden Väter aus der türkischen Arbeitsmigrantengruppe versuchten dagegen, die von der Berufsarbeit noch verbleibende Zeit als sinnvollen, gezielten Akt her-zustellen und fassten damit ihr Engagement eher als Erziehungsleistung denn als

Spiel-/Freizeitaktivität auf. Dieser Anspruch wurde mit mobilitätstheoretischen Aspekten wie der Relevanz des Schulabschlusses für einen sozialen Aufstieg begründet. Von den Vätern aus der ehemaligen Sowjetunion, die erst wenige Jahre in Deutschland lebten, wurde zunächst eine enorme Freisetzung von zeitlich intensiven Aufgaben in Arbeits- und Familienwelt wahrgenommen. Neben dem Zuwachs an Zeit erlebten sie zugleich deutlich einen Verlust von Betätigungs- und Einflussmöglichkeiten in der Vater-Kind-Beziehung. Da die Kinder als in Deutschland schnell selbständig geworden erlebt wurden, stellte sich auch eine Wandlung der innerfamiliären Statusverteilung dar, die für viele Männer mit einem väterlichen Autoritätsverlust korrespondierte. Diese Entwicklung wurde u. a. auf die außerfamiliäre Erziehung der Kinder in Freizeit, Kita und Schule zurückgeführt. Insgesamt standen sie der aus ihrer Sicht egalitär-partnerschaftlichen Erziehung in Kita und Schule eher kritisch gegenüber, doch zeigten sie sich bemüht, mit Blick auf notwendige Anpassung an die neue Gesellschaft, eine Balance zwischen eigenen und institutionellen Verhaltenserwartungen herzustellen. Die materielle Absicherung der Familie war für alle Väter eine zentrale Dimension ihrer Vaterschaftseinstellung, jedoch erlebten sich die Aussiedler erstmals als alleinige Familienernährer, bei den Arbeitsmigration wurde die Versorgerrolle erweitert um den Aspekt der rechtlich-politischen Absicherung ihrer Familie wohingegen die Versorger-/Ernährerrolle von den einheimischen deutschen Vätern sehr polarisiert wahrgenommen wurde. Auch Tuider (2012) sieht, in ihrer Analyse von zwei biographischen Fallbeispielen, Migranten als aktive Väter mit „demokratischen Erziehungsprinzipien" (S. 394). Sie zeigt auf, dass das Investieren in Vaterschaft für die Männlichkeitskonstruktion von Migranten ein Potential (bzw. Kapital im Sinne Bourdieus) bedeutet kann, insbesondere unter Bedingungen der Dequalifizierung und Entwertung ihrer Berufsarbeit. Eine neuere interkulturell vergleichende Studie[1] über Vaterschaftskonzepte von Männern (Geisen und Niermann 2013) belegt ebenfalls die Wandelbarkeit von Vorstellungen zu Vaterschaft durch die Migration. So konnte sich das Vaterschaftskonzept von Vätern mit türkischem Migrationshintergrund durch die Trennung von der Ursprungsfamilie (in der Türkei) und durch den Erwerb von höheren Bildungszertifikaten zu einem ausbalancierten Verhältnis zwischen Familienversorgung und Kindererziehung entwickeln (S. 231 f). Besonders für Väter mit osteuropäischer Migrationsgeschichte der zweiten Generation steht hingegen das Vaterschaftsideal als Familienernährer unabhängig von der Migra-

---

[1] Zwischen 2008 und 2009 wurden in der Studie „Men Live – Family and Migration in the Lives of Men with Turkish and Eastern European Migratory Background" Väter der ersten und zweiten Generation zwischen 18 und 50 Jahren mit türkischem und osteuropäischem Migrationshintergrund in 6 Gruppendiskussionen und 15 narrativen Interviews befragt (Geisen und Niermann 2013, S. 215).

tionserfahrung im Vordergrund. Von der Übernahme dieser Rolle fühlt sich diese Vätergruppe besonders unter Druck gesetzt, da sie ihre eigenen Interessen für die Kinder in den Hintergrund stellen müssen. Väter mit osteuropäischem Migrationshintergrund bezeichnen diesen Transformationsprozess ihrer eigenen Person (in eine neue Lebensphase) als „adult masculinity" (Geisen und Niermann 2013, S. 226, 231). Auch im internationalen Kontext finden sich interessante Belege für verschiedene Konstellationen von Wandel und Kontinuität der Vaterschaftsvorstellungen im Kontext von Migrations- und Akkulturationsprozessen. Eine intergenerativ angelegte qualitative Studie über Männer mit irischem Migrationshintergrund in Großbritannien zeigt (Brannen 2011), dass deren Vaterschaftsvorstellungen stark mit (beruflichen) Mobilitätserwartungen/-zielen verknüpft sind. Kontinuität über die Generationen zeigt sich bspw. als „spur to work hard" (S. 280), aber auch in der Weitergabe einer ethnisch geprägten „family identity" (S. 277). Obgleich die Söhne als Väter den (mittelschichtsspezifischen) Einstellungen ‚neuer Väterlichkeit' zustimmen, haben sie jedoch faktisch auch bei sozialem Aufstieg nur begrenzt Zeit für Familie und Kinder (S. 281). Eine weitere Studie, in der Gruppendiskussionen mit Vätern afrikanisch/karibischem Migrationshintergrund geführt worden sind (Williams et al. 2013) ergibt, dass diese Väter wesentlich weniger Zeit mit ihren Kindern verbringen können als noch vor der Migration. Sie könnten allenfalls den Kindern am Ende des Tages allgemeine Lektionen über das Leben erteilen, da kein Raum für die von ihnen gewünschten (und gewohnten) langen Gespräche bleibe. Neu ist auch das Leben in Kernfamilien und die individuelle Verantwortung für Vaterschaft (Williams et al. 2013, S. 94). Zeit für familien- und sorgebezogenen Aufgaben als Vater zu haben oder haben zu wollen, zeigt sich jedoch nicht nur abhängig von Erwerbsposition, Bildung und sozialer Schichtzugehörigkeit in der Migrationsgesellschaft, sondern auch beeinflusst von soziokulturellen Familien- und Elternschaftsmodellen. Mihçiyazgan (2010) betrachtet die individuelle Verantwortung für Elternschaft in Klein- und Kernfamilien als Merkmal individualistischer Kulturen. In kollektivistischen Kulturen und Kettenfamilie, zu denen sie manche islamisch geprägten Migrantenfamilien in Deutschland zählt, werden Pflege, Betreuung und Erziehung des Kindes nicht primär einer Mutter, sondern allen Müttern in der Umgebung („all-motherhing", hierzu auch Herwartz-Emden 1995) und bei Jungen, wenn sie etwas größer sind, auch den Vätern in der Umgebung zugeschrieben (Herwartz-Emden 1995, S. 111). Auch der entwicklungspsychologische Ansatz von Keller (2008, 2011) verweist auf verschiedene kulturelle Modelle von Elternschaft in Abhängigkeit von Familienorganisation und deren ökonomische Grundlage. In dem „autonomen" Modell, das eher für westlich-städtische und individualisierte Gesellschaften idealtypisch ist, setzen Eltern früh auf Strategien einer gleichberechtigten Kommunikation mit dem Kind als

quasi gleichgestelltem Partner. In dem „relationalen" Modell, was eher für länd-
lich-bäuerliche und kollektive Gesellschaften idealtypisch gefasst wird, sind Kooperation in der Familie, das Hineinwachsen in eine familiäre Gemeinschaft und
gemeinsame Überlebensstrategien notwendig. Keller geht nun davon aus, dass
Mischformen der beiden Modelle bei Familien mit Migrationshintergrund bedeutsam sind (Keller 2008, S. 157). In Anlehnung an das von Kağıtçıbaşı (1996) ent-
wickelte „Model of family change" (model of interdependence, model of independence, model of emotional independence) kann bspw. sowohl für die Türkei als
auch für den Migrationskontext Deutschland ein drittes Modell oder ein Modell, in
dem *beide* Orientierungen gleichzeitig existieren („autonome Verbundenheit"),
festgestellt werden (Otyakmaz 2012). Wie Vaterschaftskonzepte in der Migration
mit diesem Modell zu erklären sind, ist erst ansatzweise untersucht. Spohn (2005)
arbeitet in einer qualitativen Studie über Väter der ersten Migrationsgeneration aus
der Türkei unterschiedliche familienbezogene Männlichkeits- und Vaterschaftsty-
pen heraus. Sie kann aufzeigen, dass einige Männer das Modell kontinuierlich mit
entsprechenden Balanceakten weiterleben, was sie bereits in der Türkei gelebt haben und andere das Modell verändern, durch erhöhten Individualismus bei gleich-
zeitiger Aufrechterhaltung enger familiärer emotionaler Beziehungen.

## 4    Subjektive Vorstellungen von Vaterschaft im Kontext von Bildungsaufstiegsprozessen

Vaterschaftsvorstellungen werden nun im Kontext von Bildungsaufstiegsprozessen bei männlichen Studierenden aufgezeigt. Diese sind von uns im Rahmen einer
qualitativ angelegten Studie über „Bildungserfolgreiche Migranten – ihre Wege
und Handlungsstrategien" erhoben worden[2]. Das übergeordnete Forschungsinter-
esse gilt der Untersuchung von positiv motivierenden Widerstandskräften (protek-
tive Faktoren) in (mehrfach) benachteiligten Lebenslagen (Westphal und Kämpfe
2013). Dabei wird von Benachteiligungsrisiken bei (jungen) männlichen Migranten ausgegangen, insbesondere wenn sie aus sozialen und ethnisch-kulturellen
Herkunftsfamilien und Milieus stammen, die in der gegenwärtigen Bildungs- und
Integrationsdiskussion als „bildungsfern" stigmatisiert werden. Junge männliche
Migranten werden nicht selten als Bildungsverlierer thematisiert; sie erzielen insgesamt geringer qualifizierende Abschlüsse als weibliche und ihre Schul- und

---

[2] Gefördert von der Zentralen Forschungsförderung der Universität Kassel, unterstützt durch
Forschungspraktikant/innen des Fachgebietes Sozialisation mit Schwerpunkt Migration und
interkulturelle Bildung insbesondere Jonas Ringler und Benjamin Schäfer, sowie Karin
Kämpfe als wissenschaftliche Mitarbeiterin.

Bildungslaufbahnen verlaufen selten gradlinig und unproblematisch. Zudem sind junge männliche Migranten aus bestimmten sozialen und kulturellen Gruppen eher negativen Erwartungen durch Lehrkräfte und Aufnahmegesellschaft ausgesetzt, da sie verstärkt mit einer bedrohlichen oder unruhestiftenden Fremdzuschreibung in Verbindung gebracht werden (Schofield 2006; Plunkett et al. 2009). Welche Bedingungen und Konstellationen für das Gelingen von Bildungsaufstiegen (Hochschulstudium) trotz dieser Risikozuschreibung und -erfahrung[3] beitragen, ist eine für den deutschen Kontext noch weitgehend offene Forschungsfrage. Im Gegensatz zu weiblichen Bildungs- und Berufserfolgen (Westphal und Kämpfe 2014; Behrensen und Westphal 2009; Farrokhzad 2007; Hummrich 2002) sind männliche Bildungsaufsteiger mit Migrationshintergrund bislang kaum erforscht (Koller et al. 2010; King 2006). Eine offene Forschungsfrage ist weiterhin, welche Strategien und Selbstdeutungen sie für ihre Wege nutzen und heranziehen, um die Herausforderung ausgrenzender bis diskriminierender Strukturen zu bewältigen. In Anlehnung an die US-amerikanische Studie von Mollenkopf et al. (1997) zu Bildungserfolg und -aufstieg männlicher Migranten kann bspw. eine bewusste Vermeidungsstrategie, in Form eines „avoiding ‚negative social capital' of the streets and cutting themselves off from connections that might lead violence and crime" (S. 19) angenommen werden. Diese findet ihre Steigerung in einem strategischen Anpassungsverhalten an die mehrheitsgesellschaftlichen kulturellen und linguistischen Normenerwartungen mit dem Ziel, durch das angepasste Verhalten in Bildungseinrichtungen auf mehr Zuspruch zu treffen. Konkret interessieren uns die Handlungsstrategien und Deutungen für die Gestaltung und Bewältigung von Bildungsaufstiegen und den Übergängen in Studium, Beruf und Familie. In diesem Sinne waren im Leitfaden die Erfahrungen mit Eltern und Familie wie auch (Zukunfts-) Vorstellungen zu Vaterschaft und Vatersein explizite Teilthemen. Folgende Fragen leiten uns bei der Materialerhebung und -auswertung zu diesem spezifischen Teilbereich: Wie sehen sich die Studierenden in der Zukunft als Vater? Was wünschen, was wollen sie ihrem Kind/ihren Kindern mit auf dem Weg geben? Welche Erfahrungen haben sie mir ihren eigenen Vätern gemacht und was wollen sie anders als ihre eigenen Väter machen? In der Studie wurden 17 männliche Studierende im höheren Semester verschiedener Fachrichtungen und Universitäten mit problemzentrierten Interviews befragt. Das Datenmaterial (transkribierte Gespräche von 1,5–2,5 h) wird transkribiert und schrittweise inhaltsanalytisch (nach Mayring) ausgewertet. Die Interviewten haben sich als Interessenten auf Flyer und Aushänge via Email bei uns gemeldet. Gesucht wurden männliche Studierende der zweiten

---

[3] Als Risiko wird die Herkunft aus einer bildungsfernen Familie gefasst, sowie das Geschlecht in Verbindung mit Herkunftsmilieu und Migrationshintergrund.

Generation, die im Vergleich zur Elterngeneration einen Bildungsaufstieg vollzogen haben. Die befragten Studenten zählen zu den ersten in der Familie mit einem akademischen Studium. Der jüngste Student ist zum Zeitpunkt des Interviews 22 Jahre und der älteste ist 33 Jahre alt. Drei der Studierenden sind verheiratet und zwei bereits Väter. Ihre Väter haben überwiegend eine schulische Grundausbildung erworben, viele sind (Früh-)Rentner oder Bezieher von Transferleistungen, wenige sind zum Zeitpunkt der Befragung erwerbstätig oder selbstständig tätig. Die Eltern sind aus verschiedenen Ländern überwiegend als Arbeitsmigranten, aber auch als Flüchtlinge oder Aussiedler nach Deutschland eingewandert bzw. migriert. Die subjektiven Vorstellungen zur Gestaltung von Vaterschaft bei studierenden Männern werden in Anlehnung an Kalicki (2003) bestimmt als persönliche Überzeugung väterlicher Verantwortung. Subjektive Vaterschaftskonzepte beinhalten Auffassungen darüber, welche Funktion Eltern bzw. Väter für die Entwicklung ihres Kindes haben und wie sie diese ausüben sollten. Dabei wird davon ausgegangen, dass die Vaterschaftskonzepte durchaus eine Bedeutung für das faktische Handeln haben, insofern sie „als internalisierte präskriptive Handlungserwartungen zur erwartungskonformen Rollenausübung motivieren" (Kalicki 2003, S. 500). Sie sind zugleich Urteilsmaßstab für das Handeln als auch Selbstverpflichtung. Allerdings ist das faktische Handeln in hohem Maße von Merkmalen der elterlichen Partnerschaft, den Arbeitsbedingungen, Zeitbudget, Erfahrungen mit eigenem Vater etc. abhängig. Im Folgenden werden die subjektiven Vorstellungen über elterliche Verantwortung, die in Auseinandersetzung mit dem eigenen Vater und vor dem Hintergrund eigener bildungsbiographischer Erfahrungen entwickelt bzw. später als Vater erwartet werden, dargestellt.

## 4.1 „Vom Ziel her das Gleiche, aber ich müsste es irgendwie mit anderen Mitteln machen" (Student der Wirtschaftspädagogik, 33 Jahre alt)

Die Studierenden der zweiten Migrationsgeneration berichten meist von dem Erleben eigener Väter, die insbesondere eine Verantwortung für die (Schul-)Bildung der Kinder wahrnahmen. Der eigene Vater wird dabei als Vater beschrieben, der sich durch eine hohe Bildungsaspiration an den Sohn auszeichnete und diese, anhand unterschiedlicher Formen und Ausmaßen der Unterstützung und Ermutigung, aber auch durch die Ausübung von Strenge und Druck, umsetzte. Einige Studierende haben abwesende Väter aufgrund von früher Trennung der Eltern, Stiefväter oder Väter, die praktisch kaum präsent in der Erziehung und Bildung der Söhne waren, erlebt und betonen in Opposition dazu bei ihren individuellen Vorstellungen aktiver Vaterschaft sehr stark eine intakte Beziehungsebene. Viele können sich mit den eigenen Vorstellungen von Vaterschaft deutlich an die Praxis und Positionen der eigenen Eltern bzw. des Vaters anlehnen. *„Ich glaube, ich würde das so ähnlich machen. Also, ich würde ihn ehm quasi verwöhnen und halt Freiheiten geben, viele Freiheiten geben, aber ich würde ihm natürlich wieder erklären, die Schule ist wichtig, das muss man machen, damit du weiterkommst, du willst ja nicht so enden oder was auch immer"* (Student der politischen Ökonomie, 30 Jahre). Sie sehen für sich vergleichbare Ziele und Werte, suchen jedoch nach anderen Mitteln und Methoden der erzieherischen Umsetzung. Hierzu ein Studierender, der bereits zweifacher Vater ist: *„Also ich versuch, denen schon die Werte beizubringen, die meine Eltern mir beigebracht haben. Vielleicht auch bisschen besser. Nee, sagen wir mal anders. Ne? Optimierter sag ich mal auf dieses Land, weil ich das ja nun mal kennengelernt hab. Aber ansonsten würde ich das genauso machen"* (Student des Bauingenieurwesen, 33 Jahre). Das Kontextwissen und das Mehr an (ökonomischen und kulturellen) Ressourcen, welche den eigenen Eltern noch fehlten, werden als wichtige Potentiale für eine ‚optimiertere' Erfüllung der Vaterschaftsrolle ausgemacht. Wissen, Kraft und Macht, die sie durch ihren Bildungsaufstieg erwarten, verleihen ihnen auch andere, weitere Mittel und Methoden für engagierte Eltern- bzw. Vaterschaft: *„Ich würde anders handeln als meine Eltern, weil ich dann auch dieses Wissen habe und die Kraft auch, vielleicht auch die Macht so das zu ändern oder zu können. [...] Ich würde mehr können und auch mehr machen wollen. Vielleicht kann ich das nicht abschätzen, aber mehr können, das kann ich, denke ich schon"* (Student der Sozialen Arbeit, 32 Jahre).

## 4.2 „Ich würde denen nie vorschreiben, was die zu studieren haben" (Student der Humanmedizin, 29 Jahre)

Die Transmission von Bildung(-serfolg) stellt in den subjektiven Vorstellungen ein zentraler väterlicher Verantwortungsbereich dar. Die Studierenden sehen ihre väterliche Aufgabe darin, den (zukünftigen eigenen) Kindern den Wert guter Bildung zu vermitteln und deren Bildungsweg zu unterstützen. *„Ja ich sage, ich bin jetzt Akademiker, sage ich mal, wenn ich fertig bin, bin ich eigentlich Akademiker, dann würde ich auch nicht wollen, dass mein Sohn dann wieder Arbeiter wird. Ich meine, ich habe den Anspruch gehabt, studieren zu wollen und habe es dann geschafft, dann will ich dann auch, dass mein Sohn oder meine Kinder dann auch studieren und ehm was Vernünftiges aus ihrem Leben machen, ne. Aber ich würde denen nie vorschreiben, was die zu studieren haben."*, so der bereits oben zitierte Medizinstudent. Die Bildungserwartungen ihrer eigenen Väter waren teils auch durch konkrete Berufsbilder (z. B. Arzt, Rechtsanwalt, Ingenieur) bestimmt, von denen sich die befragten Männer in ihren Bildungsverläufen erst nach und nach (z. B. nach einem Studienwechsel) lösen konnten und ihre eigenen Lebensentwürfe und Berufsziele entwickelten. Entsprechend sinnen die Männer sehr stark auf die autonome Selbstbestimmung der Kinder in Studien- und Berufswahl. Einer der Männer berichtet von einem ihm bekannten Vater, der hochgebildet und beruflich sehr gut positioniert ist und den er als sein Vorbild beschreibt: *„Der eine [Sohn] macht eine KFZ-Ausbildung, der andere arbeitet bei Rewe und der Kumpel hat mit mir studiert und der wertet das überhaupt nicht. Der sagt nicht, das eine ist besser als das andere oder so. Ihm war einfach nur wichtig, dass er, dass seine Kinder was lernen, das sie ihr eigenes Brot verdienen und dass sie glücklich sind mit dem, was sie machen. Und das war für mich so ein positiver Blick und so eine Vorbildfunktion auch, so die Kinder dann auch zu sehen, die, egal was die machen, wenn er Frisör werden will, dann soll er Frisör werden"* (Student der Erziehungswissenschaften, 29 Jahre). Diese Einstellung fasziniert ihn vor allem vor dem biographischen Hintergrund des Erlebens seines eigenen Vaters, der die hohen und konkreten Bildungsaspirationen an den Sohn sehr druckvoll und strikt, aber ohne konkrete Unterstützung durchzusetzen versuchte.

## 4.3  „Du darfst nicht den fatalen Fehler machen, dass du ihn unter Druck setzt" (Lehramtsstudent 27 Jahre)

Der Student für Lehramt am Gymnasium, der bereits Vater eines Sohnes ist, hat sich vorgenommen ihn in allem zu unterstützen, ohne aber *„den fatalen Fehler [zu] machen, dass du ihn unter Druck setzt, sonst kann das nach hinten losgehen"*. Er selbst fühlte sich in seiner Kindheit und Schulzeit durch die fehlende väterliche Unterstützung und Fürsorge sehr einsam und überfordert. Vor diesem Hintergrund ist es ihm daher wichtiger, dass der eigene Sohn eine glückliche Schulzeit verbringt, die er selbst nicht hatte und *„glücklich Abitur macht"* als die besten Noten zu schreiben. So haben sich seine Eltern nie *„über seine Schulter gebeugt [...] und mal geguckt, was ich da mache, nie, absolut, nie"*. Vor allem diejenigen Studenten, die ihre Bildungslaufbahn sehr heteronom sowie unter Druck und Überforderung erlebt haben, betonen als ihre (künftige) väterliche Verantwortung die Förderung von Selbstbestimmung und Wohlbefinden der Kinder. Die Männer, die über aggressive Strenge des eigenen Vaters berichten, distanzieren sich in unterschiedlichem Maß von väterlicher Bestrafung als Erziehungsmittel. *„Ich würde meine Kinder zum Beispiel nicht so bestrafen, wie ich bestraft wurde. [...] Ich wäre wahrscheinlich eher einer von denen die sagen, komm, wir reden mal. Aber einen Klaps auf den Hintern gibt es trotzdem"* (Student des Bauingenieurwesens, 33 Jahre). Andere lehnen die selbst erlebte väterliche Gewalt für ihre eigenen Kinder strikt ab. Ein weiter Befragter, der von seinem Vater regelmäßig Strafe („*immer dieses Straf-Ding*") erhielt, kritisiert am Verhalten des Vaters, es habe: „*nie dieses so Präventive [gegeben], so man guckt vorher mal, sondern immer intervenieren, als Intervention, so ok du hast Scheiße gemacht, scheiß Noten, abmelden vom Fußball oder sowas*" (Student der Erziehungswissenschaften, 29 Jahre). Er beschreibt die Mischung aus „*null Support*" aber maximalem Druck als sehr unangenehm und möchte als Vater sein Kind in Schule und Alltag umfassend und engagiert unterstützen.[4] Die Vorstellung aktiver Förderung bezieht sich dabei nicht nur auf eine gezielte Steuerung bestmöglicher Bildungsvoraussetzungen durch die Auswahl guter Bildungseinrichtungen, einen regen Austausch mit Lehrern und die Hilfe bei Hausaufgaben, Nachhilfe etc. Wichtiger noch sei das Signal „*Ich bin für dich da*" (Wirtschaftsingenieurstudent, 24 Jahre) und ein Mehr an Interesse und Verantwortung an den alltäglichen Belangen und Befindlichkeiten des Kindes. Die Idee engagierter Vaterschaft beschreibt einer der jungen Väter als Mittelweg zwischen elterlicher Wachsamkeit und Fürsorge sowie Autonomie: „*also ich will ihn [den Sohn] einerseits nicht zu sehr einschränken, aber auch nicht so große Freiheit, Freiheiten geben, sodass er alles machen kann*" (Lehramtsstudent, 27 Jahre). Einige betonen dabei die zentrale Rolle der Beziehungsgestaltung zum Kind: „*Ich hoffe, dass ich einen besseren Zugang habe. He? Also meine Eltern haben ja (lacht), obwohl sie sehr viel Wert drauf gelegt haben, viele Jahre lang da versagt. Also die haben ja jetzt keinen Zugang zu mir gefunden*" (Student der Wirtschaftspädagogik, 33 Jahre).

## 4.4   „Dass er halt […] nicht willkürlich daher lebt" (Student der Politikwissenschaften, 31 Jahre)

Zudem wird Wert darauf gelegt, den eigenen Söhnen Verantwortungsbewusstsein und Selbstständigkeit zu vermitteln, mit dem Ziel Verantwortung für die eigenen Entscheidungen und ihr Leben zu übernehmen: „*Dass er halt Verantwortung übernehmen kann, mit seinem Taschengeld, mit seiner Freizeit. Dass er halt bewusst sich mit diesen Sachen auseinander setzt und nicht willkürlich daher lebt*" (Student der Politikwissenschaften, 31 Jahre). Der Student des Bauingenieurwesens erklärt

---

[4] Interessant ist, dass auch einige der sehr strengen Väter in Bezug auf jüngere Geschwister einen Wandel ihrer Erziehungsvorstellungen und ihrer Vaterrolle vollziehen, indem sie bspw. mehr Freiheiten zulassen und Nachsicht zeigen: „*meine Schwester […] wird komplett anders erzogen als wir eben, das ist schon krass, also genau das Gegenteil. Also nix mehr vom strengen Vater, also mein Vater hat sich jetzt auch verändert muss man auch sagen ne, der ist nicht mehr so krass wie er früher war ne und meine Schwester wird voll verwöhnt einfach*" (Student der Erziehungswissenschaften, 29 Jahre).

hierzu: *„Was es halt nicht gibt, wenn jetzt irgendwo in der Schule einer rumläuft und hat das tollste Handy der Welt und er kommt zu mir an und sagt Papa, ich brauch ein Handy. Dann werd ich ihm halt in aller Ruhe verklickern, dass man dafür arbeiten muss. Und wenn ich ihn soweit da hab, dass er sagt ja, dann geh ich halt nebenbei jobben bis ich mir das leisten kann. Dann hab ich alles richtig gemacht. Also verwöhnen, die werden schon verwöhnt, aber nicht verhätschelt".* Frühe Verantwortungsübernahme und Selbstständigkeit in der familiären Sozialisation deuten die Männer als wichtige Faktoren für ihre persönliche Entwicklung und schließlich den Bildungsaufstieg. Hier erlebten einige der Männer ihre Väter als weise Ratgeber, die ihnen durch Worte oder lehrreiche Erfahrungen einen verantwortungsvollen Umgang mit den ihnen sich bietenden Möglichkeiten, die sie im Gegensatz zur Elterngeneration hatten, mit Nachdruck nahelegten.[5] Die Förderung von Verantwortungsbewusstsein und Selbstständigkeit sehen sie vor diesem Hintergrund auch als Teil der eigenen Vaterrolle.

## 4.5 „Die dürfen auf jeden Fall von nichts ausgeschlossen werden" (Student des Bauingenieurwesens, 33)

Ein Bezug auf herkunftskulturelle Aspekte in den Vorstellungen von Vaterschaft wird in den Interviews kaum hergestellt. Allerdings werden Herkunftssprache und der Umgang mit zu vielen Personen der gleichen Herkunftssprache eher als hinderlich für die Reproduktion des Bildungsaufstiegs erachtet. So sehen es einige als ihre väterliche Aufgabe an, auch darauf zu schauen, wer die Freunde der Kinder sind und vor allem auch die Bildungsinstitutionen nach deren sprachlich-kultureller Zusammensetzung zu wählen. Der Student des Bauingenieurwesens sieht es dagegen explizit als seine Verantwortung an, die von der eigenen Familie unterdrückte Herkunftskultur an die eigenen Kinder weiterzugeben. *„Also, er hat ja*

---

[5] So schildert der Lehramtsstudent den Appell seines Vaters: *„Er hat uns allen, wir sind 6 Kinder und em, er hat uns immer gesagt, hört zu, ich hatte nicht die Möglichkeit zur Schule zu gehen, ich hatte nicht die Möglichkeit mich zu bilden, ich hatte nicht die Möglichkeit kostenlos zu lernen, was die Bildung hier betrifft. Macht was daraus, ich hatte ganz andere Bedingungen".* Erst durch einen Besuch im Herkunftsland im Erwachsenenalter (*„ich will, dass du mitgehst"*) wird er sich jedoch der Tragweite der Worte des Vaters bewusst (Lehramtsstudent, 28 Jahre). Ein anderer Vater zeigt seinem Sohn die harten Seiten als Arbeiter: *„Ich brauche dich nicht unbedingt auf der Baustelle, aber du sollst hingehen und sehen wie das ist. [...] Und er meinte, guck dir diese Menschen an, das sind Leute die zum Beispiel, zum Teil nicht, sich nicht bilden konnten, nicht in der Lage waren oder zu faul waren oder sonst was. Was auch immer der Grund sein mag, er sagt, du sollst das wissen und dann dementsprechend studieren gehen"* (Wirtschaftsingenieurstudent, 24 Jahre).

*dann das Glück halt, dass er diese sprachliche Barriere nicht so groß hat. Ich glaub da ist es dann der umgekehrte Fall. Dass diesen, diesen Ausländeranteil sag ich mal so, wo es bei mir halt war, den zu verringern, sag ich mal so oder sich anzupassen. Wird es bei ihm wahrscheinlich dann wichtig sein, dass er seine alten Werte und Traditionen kennenlernt. Dass er weiß, woher er kommt. […] Also das was meine Eltern versucht haben oder was ich versucht habe halt zurückzuhalten, das will ich ihm beibringen. Aber natürlich nur die positiven Aspekte, wie gesagt Sprache, Kultur und so".* Aber auch dieser Befragte zielt wie die meisten anderen auch, bei den Vaterschaftsvorstellungen eher auf Anpassung bzw. Erreichen des Modells einer (deutschen) Mittelschichtsfamilie. Exemplarisch wird das Familienleben eines Verwandten geschildert: *„Ich sehe ja wie er seine Kinder erzieht und er macht das ja genauso. Der feiert mit denen auch Weihnachten. Und die Kinder, das ist ja schon die zweite Generation sag ich mal so. Der redet also wenn du zu dem hingehst, ne, bis auf dass er Arabisch redet oder so und es da kein Schweinefleisch und keinen Alkohol gibt, wie eine deutsche Familie. Eins zu eins. Ei, da wollen die Kinder auch einen Hasen haben, weil die, die haben alles. Die haben jetzt ein Häuschen da, einen Garten und so. So wie es sich einfach, sag mal wie es sich der Deutsche immer vorstellt. Häuschen, Garten, (lachend) alles dieses, ich will es mal Spießerleben nennen, aber ich find es eigentlich toll. Das ist das worauf man hinarbeitet. Und dann sind die Bedürfnisse anders. Ne? Da willst du halt einen Hasen haben, einen Hund und dies und das. Das wollt ich damals gar nicht. So einen Hasen hab ich gesagt, wenn dann höchstens mal gebraten oder so".* Dieser nahe Verwandte wirkt für den 33-jährigen auch im Hinblick auf die eigene zeitliche Planung der Vaterschaft als Vorbild: *„Der hat es auch mit, mit fast 40 hat er noch, ist er erst Vater geworden und mit fast 50 ein Häuschen gebaut und so und es hat alles funktioniert, so nehme ich mir den Druck ein bisschen weg. Aber da will ich mal hin"* (Student des Bauingenieurwesens, 33 Jahre).

## 5  Fazit

Diese hier präsentierten ersten Ergebnisse unserer Studie zeigen die Bedeutsamkeit des Erlebens des eigenen Vaters für die subjektive Auffassung von Vaterschaft bei Männern der zweiten Migrationsgeneration. Zudem wird eine intergenerationale Transmission insofern aufgezeigt, dass die befragten Männer deutlich an die Konzepte der eigenen Eltern bzw. Väter anknüpfen und die eigene familiäre Sozialisation durchaus zum Vorbild nehmen wollen. Zugleich rekurrieren die Männer auf die im Vergleich zur Elterngeneration bessere Ressourcenausstattung und Rahmenbedingungen für engagierte Vaterschaft, die sie auch dazu befähigen werden, andere Mittel und Methoden zur Erfüllung ihrer Vaterrolle nutzen zu können. Während die Eltern noch dem Druck ausgesetzt waren, unter begrenzten Ressourcen den Kindern ein besseres Leben (durch Bildung) zu ermöglichen, orientieren sich die eigenen väterlichen Vorstellungen zum einen an der Verantwortung zur Reproduktion von Bildungsaufstieg und -erfolg und zum anderen an der Verantwortung zur Selbstverwirklichung, Selbstbestimmtheit und zum Wohlbefinden ihrer Kinder beizutragen. Dieses sehen sie durchaus in Anpassung an ein mehrheitsgesellschaftliches, mittelschichtsspezifisches Ideal der bürgerlichen Familie.

## Literatur

Atabay, I. (2010). *Ich bin Sohn meiner Mutter: elterliches Bindungsverhalten und männliche Identitätsentwicklung in türkeistämmigen Familien*. Freiburg: Centaurus.

Bambey, A., & Gumbinger, H. W. (2008). Wandel des Leitbildes oder Wandel väterlicher Praxis? In J. Brunner (Hrsg.), *Mütterliche Macht und väterliche Autorität. Elternbilder im deutschen Diskurs* (S. 309–326). Tel Aviver Jahrbuch für deutsche Geschichte. Göttingen: Wallstein-Verlag.

Behrensen, B., & Westphal, M. (2009). *Beruflich erfolgreiche Migrantinnen. Rekonstruktion ihrer Wege und Handlungsstrategien*. Expertise im Rahmen des Nationalen Integrationsplans im Auftrag des Bundesamts für Migration und Flüchtlinge (BAMF). IMIS-Beiträge (Heft 35). Osnabrück.

Böhnisch, L., & Winter, R. (1993). *Männliche Sozialisation: Bewältigungsprobleme männlicher Geschlechtsidentität im Lebenslauf*. Weinheim: Juventa.

Brannen, J. (2011). Fatherhood in the context of migration: An intergenerational approach. *BIOS, 24,* 267–283.

Deniz, C. (2012). Perspektiven für die Elternarbeit mit migrantischen Familien. In W. Stange, R. Krüger, A. Henschel, & S. Schmitt (Hrsg.), *Erziehungs- und Bildungspartnerschaften. Grundlagen und Strukturen von Elternarbeit* (S. 326–331). Wiesbaden: VS Verlag für Sozialwissenschaften.

Connell, R. (1999). *Der gemachte Mann. Konstruktion und Krise von Männlichkeiten*. Wiesbaden: VS Verlag für Sozialwissenschaften.

Eltern.de (2014). VÄTER 2014 Zwischen Wunsch und Wirklichkeit. http://www.eltern.de/familie-und-urlaub/familienleben/vaeter-2014.html. Zugegriffen: 3. Juli 2014.

Farrokhzad, S. (2007). *Ich versuche immer, das Beste daraus zu machen. Akademikerinnen mit Migrationshintergrund: Gesellschaftliche Rahmenbedingungen und biographische Erfahrungen*. Berlin: Regener.

Fthenakis, W. E. (1985a). *Zur Psychologie der Vater-Kind-Beziehung* (Bd. 1.). München: Urban & Schwarzenberg.

Fthenakis, W. E. (1985b). *Zur Vater-Kind-Beziehung in verschiedenen Familienstrukturen* (Bd. 2.). München: Urban & Schwarzenberg.

Fthenakis, W. E. (1999). *Engagierte Vaterschaft: die sanfte Revolution in der Familie/LBS-Initiative Junge Familie*. Opladen: Leske + Budrich.

Geisen, T., & Niermann, D. (2013). When sons become fathers – Migration benefits and (new) fatherhood from an intergenerational perspective. In T. Geisen, T. Studer, & E.

Yildiz (Hrsg.), *Migration, Familie und soziale Lage: Beiträge zu Bildung, Gender und Care* (S. 213–243). Wiesbaden: VS Verlag für Sozialwissenschaften.

Herwartz-Emden, L. (1995). *Mutterschaft und weibliches Selbstkonzept: Eine interkulturell vergleichende Untersuchung*. Weinheim: Juventa.

Herwartz-Emden, L., & Westphal, M. (1999). Frauen und Männer, Mütter und Väter: Empirische Ergebnisse zu Veränderungen der Geschlechterverhältnisse in Einwandererfamilien. *Zeitschrift für Pädagogik, 6*, 885–902.

Hummrich, M. (2002). *Bildungserfolg und Migration*. Opladen: Leske + Budrich.

Kağıtçıbaşı, Ç. (1996). *Family and human development across cultures. A view from the other side*. Hillsdale:

Kalicki, B. (2003). Die Bedeutung subjektiver Elternschaftskonzepte für Erziehungsverhalten und elterliche Partnerschaft. *Zeitschrift für Pädagogik, 49*, 499–512.

Keller, H. (2008). Die Bedeutung kultureller Modelle für Entwicklung und Bildung: Sozialisation, Enkulturation, Akkulturation und Integration. *IMIS Beiträge, 34*, 103–115.

Keller, H. (2011). *Kinderalltag. Kulturen der Kindheit und ihre Bedeutung für Bindung, Bildung und Erziehung*. Wiesbaden: VS Verlag für Sozialwissenschaften.

King, V. (2006). Ungleiche Karrieren. Bildungsaufstieg und Adoleszenzverläufe bei jungen Männern und Frauen aus Migrantenfamilien. In V. King, & H. C. Koller (Hrsg.), *Adoleszenz-Migration-Bildung: Bildungsprozesse Jugendlicher und junger Erwachsener mit Migrationshintergrund* (S. 27–46). Wiesbaden: VS Verlag für Sozialwissenschaften.

Koller, H. C., Carnicer, J., King, V., Subow, E. & Zoelch, J. (2010). Educational development and detachment processes of male adolescents from immigrant families. *Journal of Identity and Migration Studie, 4*, 44–60.

Mihçiyazgan, U. (2010). Elternschaft im interkulturellen Vergleich. In G. Romeike, & H. Imelmann (Hrsg.), *Eltern verstehen und stärken. Analysen und Konzepte der Erziehungsberatung* (S. 103–119). Weinheim/München: Juventa.

Mollenkopf, J., Kasinitz, P., Waters, M., Lopez, N. & Young Kim, D. (1997). The school to work transition of second generation immigrants in metropolitan New York: Some preliminary findings. Working Paper No. 214, Presented at the Symposium on the Second Generation, The Jerome Levy Economics Institue of Bard College.

Otyakmaz, B. Ö. (2012). Individualismus-Kollektivismus: ein sinnvolles Konstrukt zur Beschreibung von Prozessen in (türkischen) Migrationsfamilien? *Migration und soziale Arbeit, 34*, 243–249.

Otyakmaz, B. Ö. & Westphal, M. (2013). Außerfamiliäre Betreuung von Kindern mit Migrationshintergrund: Der wissenschaftliche Diskurs um institutionelle Kindertagesbetreuung im Kontext von Migration. In M. Wolf, S. Dietrich-Daum, E. Fleischer, & M. Heidegger (Hrsg.), *Child care. Kulturen, Konzepte und Politiken der Fremdbetreuung von Kindern aus geschlechterkritischer Perspektive* (S. 98–116). Weinheim/München: Juventa.

Petzold, M. (1994). Der Vater im Übergang zur Elternschaft. *Psychosozial, 58* (4), 61–73.

Plunkett, S. W., Behnke, A. O., Sands, T. & Choi, B. Y. (2009). Adolescents' reports of parental engagement and academic achievement in immigrant families. *Journal Youth Adolelescence, 38*, 257–268.

Sacher, W. (2013). Differenzierende Elternarbeit. In W. Stange, R. Krüger, A. Henschel, & S. Schmitt (Hrsg.), *Erziehungs- und Bildungspartnerschaften. Grundlagen und Strukturen von Elternarbeit* (S. 70–763). Wiesbaden: VS Verlag für Sozialwissenschaften.

Schofield, J. W. (2006). *Migrationshintergrund, Minderheitenzugehörigkeit und Bildungserfolg. Forschungsergebnisse der pädagogischen, Entwicklungs- und Sozialpsychologie.*

AKI-Forschungsbilanz 5. Berlin: Arbeitsstelle Interkulturelle Konflikte und gesellschaftliche Integration, Wissenschaftszentrum Berlin.

Spohn, M. (2005). Familienbezogene männliche Identitäten türkischer Migranten der ersten Generation. In S. Heinrich Böll (Hrsg.), *Migration und Männlichkeiten* (S. 33–44). (Dokumentation einer Fachtagung des Forum Männer in Theorie und Praxis der Geschlechterverhältnisse und der Heinrich-Böll-Stiftung am 9./10. Dezember 2005 in Berlin).

Toprak, A. (2004). *Wer sein Kind nicht schlägt, hat später das Nachsehen. Elterliche Gewaltanwendung in türkischen Migrantenfamilien und Konsequenzen für die Elternarbeit.* Herbolzheim: Centaurus.

Tuider, E. (2012). Fremde Männlichkeiten. Oder: When Masculinity meets Care. In M. S. Baader, J. Bilstein, & T. Tholen (Hrsg.), *Erziehung, Bildung und Geschlecht: Männlichkeit im Fokus der Gender-Studies* (S. 383–400). Wiesbaden: VS Verlag für Sozialwissenschaften.

Tunç, M. (2006). Migrationsfolgegenerationen und Männlichkeiten in intersektionaler Perspektive. Forschung, Praxis und Politik. In S. Heinrich Böll (Hrsg.), *Migration und Männlichkeiten* (S. 17–32) (Dokumentation einer Fachtagung des Forum Männer in Theorie und Praxis der Geschlechterverhältnisse und der Heinrich-Böll-Stiftung am 9./10. Dezember 2005 in Berlin).

Uslucan, H. H. (2010). Erziehungsstile und Integrationsorientierungen türkischer Familien. In C. Hunner-Kreisel, & S. Andresen (Hrsg.), *Kindheit und Jugend in muslimischen Lebenswelten: Aufwachsen und Bildung in deutscher und internationaler Perspektive* (S. 195–210). Wiesbaden.

Werneck, H., Beham, M., & Palz, D. (2006). *Aktive Vaterschaft. Männer zwischen Familie und Beruf.* Gießen: Psychosozial-Verlag.

Westphal, M. (2000). Vaterschaft und Erziehung. In L. Herwartz-Emden (Hrsg.), *Einwandererfamilien* (S. 121–204). Osnabrück: Rasch.

Westphal, M. (2006). Modernisierung von Männlichkeit und aktive Vaterschaft – kein Thema für Migranten? In H. Werneck (Hrsg.), *Aktive Vaterschaft. Männer zwischen Familie und Beruf* (S. 214–229). Gießen: Psychosozial-Verlag.

Westphal, M. (2014). Elternschaft und Erziehung im interkulturellen Vergleich. *Bildung und Erziehung, 67*(2), 187–202.

Westphal, M., & Kämpfe, K. (2013). Family socialisation, gender and educational success. In T. Geisen, T. Studer, & E. Yildiz (Hrsg.), *Migration, Familie und soziale Lage: Beiträge zu Bildung, Gender und Care* (S. 81–104). Wiesbaden: VS Verlag für Sozialwissenschaften.

Westphal, M., & Kämpfe, K. (2014). Bildungs- und Berufserfolg im Kontext von Migration, Familie und Geschlecht. *Migration und Soziale Arbeit, 1,* 59–66.

Williams, R., Hewison, A., Wildman, S., & Roskell, C. (2013). Changing fatherhood: An exploratory qualitative study with African and African Caribbean men in England. *Children & Society, 27,* 92–103.

# Teil II
# Umgang mit migrationsgesellschaftlicher Heterogenintät in Kindertageseinrichtungen

# Erzieherin-Kind-Beziehungen und kindliche Entwicklung: Der Einfluss von Geschlecht und Migrationshintergrund

Daniela Mayer, Kathrin Beckh, Julia Berkic und Fabienne Becker-Stoll

*Der hier wieder abgedruckte Beitrag ist erstmals erschienen in: Zeitschrift für Pädagogik, 59(6), S. 803–816.*

## 1 Einleitung

Beziehungen zu erwachsenen Personen spielen für die Entwicklung in der Kindheit eine wichtige Rolle. Den größten Einfluss hat dabei die Qualität der Beziehung zu den Eltern, es gibt jedoch mittlerweile eine wachsende Anzahl von Studien, die auch die Bedeutung der Beziehung zu Erziehern und Erzieherinnen in der Kindertagesbetreuung klar belegen. Eine gute Erzieherin-Kind-Beziehung im Kindergartenalter steht in Zusammenhang mit der kognitiven und sprachlichen Entwicklung, sozial-emotionalen Kompetenzen und Problemverhalten (Ahnert et al. 2013; Burchinal et al. 2008; Mashburn et al. 2008; O'Connor et al. 2012). Ähnliche Befunde zeigten sich auch für die Lehrer-Kind-Beziehung im Grundschulalter (Ahnert et al. 2012; Pianta et al. 1995).

Zwar finden sich moderate Zusammenhänge zwischen der Qualität der Beziehung zu Eltern und zu Erzieherinnen (Pianta et al. 1997), dennoch haben die Beziehungen zu den Erzieherinnen auch einen elternunabhängigen Einfluss auf

D. Mayer (✉) · K. Beckh · J. Berkic · F. Becker-Stoll
Staatsinstitut für Frühpädagogik (IFP), Winzererstraße 9, 80797 München, Deutschland
E-Mail: Daniela.Mayer@ifp.bayern.de

© Springer Fachmedien Wiesbaden 2015
B. Ö. Otyakmaz, Y. Karakaşoğlu (Hrsg.), *Frühe Kindheit in der Migrationsgesellschaft*, DOI 10.1007/978-3-658-07382-4_9

145

die Entwicklung und können unter gewissen Umständen sogar kompensatorisch wirken (O'Connor et al. 2012; Spilt et al. 2012; Watamura et al. 2011).

Während sich im Hinblick auf die Qualität der Eltern-Kind-Beziehung kaum Geschlechtsunterschiede finden lassen, fällt es Mädchen in der Regel leichter, eine gute Beziehung zu den Erzieherinnen aufzubauen, als Jungen (Ahnert et al. 2006; Hamre und Pianta 2001; Spilt et al. 2012). Dies steht in Einklang mit gängigen Geschlechtsstereotypen, denen zu Folge Mädchen beziehungsorientierter sind als Jungen. Es gibt bisher jedoch kaum Studien, die untersucht haben, inwieweit sich die Qualität der Erzieherin-Kind-Beziehung unterschiedlich auf die Entwicklung von Mädchen und Jungen auswirkt. Bisherige Ergebnisse weisen auf differentielle Effekte hin, jedoch sind diese inkonsistent (Ewing und Taylor 2009; Hamre und Pianta 2001; Spilt et al. 2012).

Auch die Frage, welche Rolle die Erzieherin-Kind-Beziehung für Kinder mit Migrationshintergrund spielt, wurde bisher kaum empirisch untersucht. Es ist denkbar, dass Kinder mit Migrationshintergrund in besonderem Maße von einer guten Beziehungsqualität profitieren, insbesondere dann, wenn sie außerhalb der Kindertagesstätte nur wenig Kontakt zur deutschen Sprache und Kultur haben. In Übereinstimmung mit dieser Annahme fanden Spilt et al. (2012), dass konflikthafte Beziehungen zu Lehrern für afroamerikanische Kinder mit schlechteren Schulleistungen in Zusammenhang stehen. Insbesondere afroamerikanische Jungen mit niedrigen Sprachfähigkeiten scheinen unterstützende Beziehungen zu ihren Lehrern zu benötigen.

In diesem Beitrag wird der Frage nachgegangen, inwieweit ein Zusammenhang zwischen der Qualität der Erzieherin-Kind-Beziehung und der sprachlichen und sozial-emotionalen Entwicklung von vierjährigen Kindern besteht. Darüber hinaus wird untersucht, ob sich für Mädchen und Jungen bzw. für Kinder mit und ohne Migrationshintergrund vergleichbare Effekte der Erzieherin-Kind-Beziehungsqualität auf die kindliche Entwicklung zeigen. Alle Analysen werden für die Variablen Alter des Kindes, Bildung der Mutter, sozioökonomischer Status der Familie sowie Mutter-Kind-Beziehung kontrolliert. Eine Kontrolle familiärer Variablen ist deswegen notwendig, da Studien einen stärkeren Einfluss familiärer Merkmale auf die kindliche Entwicklung feststellten (NICHD ECCRN 2002; Pianta et al. 1997).

## 2  Methode

### 2.1  Stichprobe

In die vorliegenden Berechnungen ging eine Teilstichprobe der Nationalen Untersuchung zur Bildung, Betreuung und Erziehung in der frühen Kindheit (NUB-BEK) ein. Eine detaillierte Beschreibung des Studiendesigns sowie der in acht

**Tab. 1** Stichprobenbeschreibung

| | | Ohne Migrationshintergrund | | | Mit Migrationshintergrund | | |
|---|---|---|---|---|---|---|---|
| | | Mädchen | Jungen | Gesamt | Mädchen | Jungen | Gesamt |
| | | (*n*=251) | (*n*=250) | (*n*=501) | (*n*=115) | (*n*=98) | (*n*=213) |
| Alter des Kindes in | *M* | 54,07 | 53,72 | 53,89 | 53,79 | 54,20 | 53,98 |
| Monaten | *(SD)* | (3,76) | (3,64) | (3,70) | (3,77) | (3,67) | (3,76) |
| Bildung der Mutter (ISCED)[1] | | | | | | | |
| Level 1 | % | 0,0 | 0,4 | 0,2 | 8,7 | 6,2 | 7,5 |
| Level 2 | % | 2,0 | 1,2 | 1,6 | 10,4 | 14,4 | 12,3 |
| Level 2.5 | % | 3,2 | 2,4 | 2,8 | 15,7 | 9,3 | 12,7 |
| Level 3 | % | 40,2 | 39,2 | 39,7 | 42,6 | 39,2 | 41,0 |
| Level 4 | % | 19,5 | 20,0 | 19,8 | 4,3 | 4,1 | 4,2 |
| Level 5 | % | 32,3 | 33,2 | 32,7 | 16,5 | 24,7 | 20,3 |
| Level 6 | % | 2,8 | 3,6 | 3,2 | 1,7 | 2,1 | 1,9 |
| Sozioökonom. | *M* | 52,91 | 52,92 | 52,91 | 48,60 | 50,22 | 49,34 |
| Status (SES) | *(SD)* | (11,88) | (12,16) | (12,01) | (12,65) | (12,17) | (12,43) |
| Mutter- | *M* | 4,20 | 4,19 | 4,19 | 4,23 | 3,99 | 4,06 |
| Kind-Beziehung | *(SD)* | (0,36) | (0,41) | (0,39) | (0,41) | (0,46) | (0,43) |

[1] *Level 1* Primärbildung (Grundschule), *Level 2* Sekundarbildung Unterstufe (Hauptschule), *Level 2.5* Sekundarbildung Unterstufe (Realschule), *Level 3* Sekundarbildung Oberstufe (Abitur), *Level 4* Postsekundäre nicht-tertiäre Bildung (Lehrabschluss und Abitur; Fachoberschulen und Berufskollegs), *Level 5* Tertiäre Bildung (Fach- und Hochschulabschlüsse; Meisterbildung), *Level 6* Tertiärbildung und weiterführende Forschungsausbildung (Promotion, Habilitation)©

Bundesländern der Bundesrepublik Deutschland realisierten Auswahl und Rekrutierung von Kindern und deren Familien und außerfamiliären Betreuungsformen ist ausführlich im Forschungsbericht der NUBBEK-Studie (Tietze et al., 2013) beschrieben. Ein Schwerpunkt der Studie lag auf Familien mit türkischem und russischem Migrationshintergrund. Die Definition des Migrationshintergrundes orientierte sich für beide Migrationsgruppen am Herkunftsland der Mutter: Russischer Migrationshintergrund lag vor, wenn die Mutter des Kindes in einem Land der ehemaligen Sowjetunion geboren wurde; türkischer Migrationshintergrund lag vor, wenn die Mutter des Kindes oder ihre beiden Eltern in der Türkei geboren wurden. Die Teilstichprobe der vorliegenden Berechnungen beschränkte sich auf die Gruppe der vierjährigen Kinder: *n* = 714 Kinder (48,7 % Jungen) im Alter von 47 bis 61 Monaten (*M* = 53,92, *SD* = 3,72), davon *n* = 213 Kinder (45,8 % Jungen) mit Migrationshintergrund (vgl. Tab. 1). Die Stichprobengruppen unterschieden sich nicht in Bezug auf die Merkmale Alter des Kindes und Geschlechterverteilung, aber hinsichtlich der Variablen Bildung der Mutter, sozioökonomischer Status der Familie und Qualität der Mutter-Kind-Beziehung, wobei in Familien ohne Migrationshintergrund die Werte in diesen Merkmalen signifikant höher waren (vgl. Tab. 1).

## 2.2 Datenerhebung

Für die Berechnungen wurden die im Folgenden beschriebenen Untersuchungsvariablen der NUBBEK-Studie ausgewählt (NUBBEK-Dokumentation der Erhebungsinstrumente; Eckhardt et al. 2012). Die demografischen Informationen Alter, Geschlecht und Migrationshintergrund des Kindes, die mütterliche Bildung sowie der sozioökonomische Status der Familie wurden über computergestützte Interviews mit den Müttern erhoben. Die Qualität der Mutter-Kind-Beziehung und der Erzieherin-Kind-Beziehung wurden von der Mutter bzw. der Erzieherin selbst eingeschätzt. Die Kinder wurden im rezeptiven Wortschatz in Deutsch getestet. Die Kommunikationsfertigkeiten, die sozial-emotionalen Kompetenzen und das Problemverhalten der Kinder wurden durch die Mütter und die Erzieherinnen eingeschätzt. Für die Berechnungen wurden je Entwicklungsmaß die Einschätzungen der Mutter und der Erzieherin zu einem Gesamtwert zusammengefasst, um in einem globaleren Maß beide Perspektiven auf die kindliche Entwicklung zu berücksichtigen.

### 2.2.1 Untersuchungsvariablen und -instrumente

*Bildung der Mutter* Um die in Deutschland und im Ausland erworbenen höchsten formalen Schul- und Berufsabschlüsse einheitlich und vergleichbar zu klassifizieren, wurde die International Standard Classification of Education 1997 (ISCED-97) angewandt (Schneider 2008).

*Sozioökonomischer Status (SES)* Ein Index für den sozioökonomischen Status der Familie wurde aus dem höchsten Bildungsabschluss und der beruflichen Stellung der Mutter bzw. des Partners, dem berechneten Nettoäquivalenzeinkommen und der subjektiven Einschätzung der ökonomischen Situation gebildet. Dieser Index fasst die kombinierten Effekte der sozioökonomischen Ressourcen der Familie sowie auch die subjektiven Einschätzungen der Mütter hinsichtlich ihrer finanziellen Situation in einem geschätzten Faktorenwert zusammen. Der Index wurde von 0 „niedrigster Status" bis 100 „höchster Status" skaliert.

*Mutter-Kind-Beziehung* Die Qualität der Mutter-Kind-Beziehung wurde im Rahmen eines Interviews mithilfe der Kurzform der Child Parent Relationship Scale (CPRS; Pianta 1992a) erfasst. Die Mütter sollten für jedes der 15 Items die Beziehung zwischen sich und ihrem Kind in den Aspekten Nähe und Konflikt auf einem fünfstufigen Antwortformat einschätzen. Aus den einzelnen Ratings wurde durch Mittelwertbildung ein Skalenwert berechnet. Cronbachs Alpha (α) lag für alle Stichprobengruppen über 0,66.

*Erzieherin-Kind-Beziehung* Die Qualität der Erzieherin-Kind-Beziehung wurde im Rahmen eines Interviews anhand der Kurzform der Student Teacher Relationship Scale (STRS; Pianta 1992b) erhoben. Die Erzieherinnen sollten für jedes der 15 Items die Beziehung zwischen sich und dem Kind in den Aspekten Nähe und Konflikt auf einem fünfstufigen Antwortformat selbst einschätzen. Aus den einzelnen Ratings wurde durch Mittelwertbildung ein Skalenwert gebildet (α > 0,81). Über einen Triadic-Split wurde dieses Merkmal in drei gleich große Gruppen aufgeteilt, so dass drei Kategorien der Qualität der Erzieherin-Kind-Beziehung (niedrig (< 4,19), mittel (4,19–4,54), hoch (> 4,54)) unterschieden wurden.

*Rezeptiver Wortschatz in Deutsch* Der rezeptive Wortschatz in Deutsch wurde anhand einer modifizierten, 60 Items umfassenden und ins Deutsche übersetzten Version in Anlehnung an den Peabody Picture Vocabulary Test (PPVT IV; Dunn und Dunn 2007) erfasst. Die Kinder wurden dazu aufgefordert, zu einem präsentierten Wort auf das dazugehörige der vier dargebotenen Bilder zu zeigen. Für jede richtige Antwort wurde ein Punkt vergeben und zu einem Summenwert addiert (α > 0,77).

*Kommunikationsfertigkeiten* Anhand der Subskala Kommunikation der Vineland Adaptive Behavior Scale (VABS; Sparrow et al. 2005) wurden die Kommunikationsfertigkeiten in Alltagssituationen erfasst. Die Skala umfasste 25 Items in den Bereichen Zuhören und Verstehen, Sprechen sowie Lesen und Schreiben. Auf einer dreistufigen Skala bewerteten die Mütter und Erzieherinnen, inwieweit das Kind das beschriebene Verhalten im Alltag zeigt. Durch Mittelwertbildung wurden die Beurteilungen der Mutter und der Erzieherin zu einem Gesamtwert zusammengefasst (α > 0,90).

*Sozial-emotionale Kompetenzen* Die sozial-emotionalen Kompetenzen der Kinder wurden anhand einer gekürzten deutschsprachigen Version des Social Skills Improvement Rating System (SSIS; Gresham und Elliot 2008) erhoben. Die Mütter bzw. Erzieherinnen stuften auf einer vierstufigen Skala für jedes der 33 Items, die den Bereichen Selbstbehauptung, Kooperation, Empathie, Engagement und Selbstkontrolle zugeordnet sind, ein, wie oft das Kind das beschriebene Verhalten innerhalb der letzten zwei Monate zeigte. Die Einschätzungen der Mutter und der Erzieherin wurden durch Mittelwertbildung zu einem Gesamtwert zusammengefasst ($\alpha > 0{,}90$).

*Problemverhalten* Das Problemverhalten der Kinder wurde mittels einer gekürzten Version der Child Behavior Checklist (CBCL; Arbeitsgruppe Deutsche Child Behavior Checklist 2002) von Achenbach (1991) bestehend aus 40 Items zu den Inhalten sozialer Rückzug, Ängstlichkeit/Depression, Aufmerksamkeitsprobleme und aggressives Verhalten erfasst. Die Mütter bzw. Erzieherinnen bewerteten auf einer dreistufigen Skala, wie charakteristisch das jeweilige Item das Verhalten des Kindes während der letzten zwei Monate beschreibt. Aus den Bewertungen der Mutter und der Erzieherin wurde durch Mittelwertbildung ein Gesamtwert gebildet ($\alpha > 0{,}90$).

# 3  Ergebnisse

## 3.1  Qualität der Erzieherin-Kind-Beziehung in Abhängigkeit von Geschlecht und Migrationshintergrund

Der Chi-Quadrat-Test ergab einen signifikanten Geschlechtsunterschied zugunsten der Mädchen in der Verteilung auf die drei Kategorien niedrig, mittel und hoch der Qualität der Erzieherin-Kind-Beziehung (vgl. Tab. 2; Gesamtstichprobe: $\chi^2(2) = 13{,}99$, $p < .001$; Teilstichprobe ohne Migrationshintergrund: $\chi^2(2) = 8{,}75$,

**Tab. 2**  Qualität der Erzieherin-Kind-Beziehung©

| | | Ohne Migrationshintergrund | | | Mit Migrationshintergrund | | | Gesamt | | |
|---|---|---|---|---|---|---|---|---|---|---|
| | | Mädchen ($n=251$) | Jungen ($n=250$) | Gesamt ($n=501$) | Mädchen ($n=115$) | Jungen ($n=98$) | Gesamt ($n=213$) | Mädchen ($n=366$) | Jungen ($n=348$) | Gesamt ($n=714$) |
| Erzie-herin-Kind-Bezie-hung | *M* | 4,40 | 4,29 | 4,35 | 4,34 | 4,14 | 4,25 | 4,39 | 4,25 | 4,32 |
| | *(SD)* | (0,43) | (0,48) | (0,46) | (0,45) | (0,54) | (0,50) | (0,44) | (0,50) | (0,48) |
| Niedrig | % | 22,3 | 34,0 | 28,1 | 30,4 | 44,9 | 37,1 | 24,9 | 37,1 | 30,8 |
| Mittel | % | 40,6 | 36,4 | 38,5 | 32,2 | 32,7 | 32,4 | 38,0 | 35,3 | 36,7 |
| Hoch | % | 37,1 | 29,6 | 33,3 | 37,4 | 22,4 | 30,5 | 37,2 | 27,6 | 32,5 |

$p < 0,05$; Teilstichprobe mit Migrationshintergrund: $\chi^2(2) = 6,86$, $p < 0,05$). Darüber hinaus waren Kinder ohne Migrationshintergrund im Vergleich zu Kindern mit Migrationshintergrund in ihrer Beziehungsqualität zur Erzieherin tendenziell im Vorteil ($\chi^2(2) = 5,78$, $p = 0,06$).

## 3.2 Kindliche Entwicklung

Um die Auswirkungen der Qualität der Erzieherin-Kind-Beziehung auf die kindliche Entwicklung in Abhängigkeit von Geschlecht und Migrationshintergrund zu untersuchen, wurde je Entwicklungsmaß eine univariate dreifaktorielle Varianzanalyse mit den Faktoren Qualität der Erzieherin-Kind-Beziehung, Geschlecht und Migrationshintergrund berechnet. Die Kontrollvariablen Alter des Kindes, Bildung der Mutter, SES sowie mütterliche Einschätzung der Mutter-Kind-Beziehung wurden als Kovariaten in die ANOVA mitaufgenommen, um den Effekt dieser Variablen auf die Maße der kindlichen Entwicklung zu kontrollieren (Ergebnisse können bei den Autoren erfragt werden).

Die Mittelwerte und Standardabweichungen der kindlichen Entwicklungsmaße unter Kontrolle der Kind- und Familienvariablen sind in Tab. 3 zusammengefasst.

### 3.2.1 Rezeptiver Wortschatz in Deutsch

Kinder ohne Migrationshintergrund schnitten erwartungsgemäß im rezeptiven Wortschatz in Deutsch signifikant besser ab als Kinder mit Migrationshintergrund

**Tab. 3** Kindliche Entwicklungsmaße

| | | Ohne Migrationshintergrund | | | Mit Migrationshintergrund | | |
|---|---|---|---|---|---|---|---|
| | | Mädchen | Jungen | Gesamt | Mädchen | Jungen | Gesamt |
| | | ($n=251$) | ($n=250$) | ($n=501$) | ($n=115$) | ($n=98$) | ($n=213$) |
| Rezeptiver Wortschatz | $M^a$ | 48,52 | 49,23 | 48,88 | 38,64 | 39,86 | 39,25 |
| | (SD) | (5,80) | (5,39) | (5,59) | (10,48) | (10,20) | (10,39) |
| Kommunikations-fertig-keiten | $M^a$ | 2,37 | 2,24 | 2,30 | 2,25 | 2,21 | 2,22 |
| | (SD) | (0,26) | (0,26) | (0,26) | (0,28) | (0,32) | (0,30) |
| Sozial-emotionale Kompetenzen | $M^a$ | 3,01 | 2,96 | 2,99 | 2,96 | 2,88 | 2,92 |
| | (SD) | (0,25) | (0,25) | (0,25) | (0,28) | (0,33) | (0,31) |
| Problemver-halten | $M^a$ | 1,32 | 1,37 | 1,35 | 1,37 | 1,40 | 1,38 |
| | (SD) | (0,16) | (0,18) | (0,17) | (0,18) | (0,23) | (0,21) |

[a] adjustierte Mittelwerte kontrolliert für Alter des Kindes, Bildung der Mutter, sozio-ökonomischer Status der Familie und Qualität der Mutter-Kind-Beziehung©

($F(1,691)=244,90, p<0,001$). Zwischen Mädchen und Jungen bestanden keine signifikanten Mittelwertunterschiede in ihren Leistungen im rezeptiven Wortschatz in Deutsch ($F(1,691)=2,71, p>0,05$, ns).

Wie in Abb. 1 dargestellt, hatte die Qualität der Erzieherin-Kind-Beziehung einen signifikanten Einfluss auf den rezeptiven Wortschatz in Deutsch ($F(2,691)=7,77, p<0,001$): Kinder mit einer hohen Qualität der Erzieherin-Kind-Beziehung erzielten die höchsten Werte im rezeptiven Wortschatz in Deutsch.

Darüber hinaus bestand eine signifikante Interaktion zwischen den Faktoren Qualität der Erzieherin-Kind-Beziehung und Migrationshintergrund: Insbesondere Kinder mit Migrationshintergrund profitierten von einer hohen Qualität der Erzieherin-Kind-Beziehung ($F(2,691)=10,78, p<0,001$).

### 3.2.2 Kommunikationsfertigkeiten in Alltagssituationen

Kinder ohne Migrationshintergrund erhielten signifikant bessere Beurteilungen der Kommunikationsfertigkeiten in Alltagssituationen als Kinder mit Migrationshintergrund ($F(1,696)=13,78, p<0,001$). Auch wurden Mädchen insgesamt signifikant besser beurteilt als Jungen ($F(1,696)=17,84, p<0,001$). Es zeigte sich dabei allerdings eine signifikante Interaktion zwischen den Faktoren Geschlecht

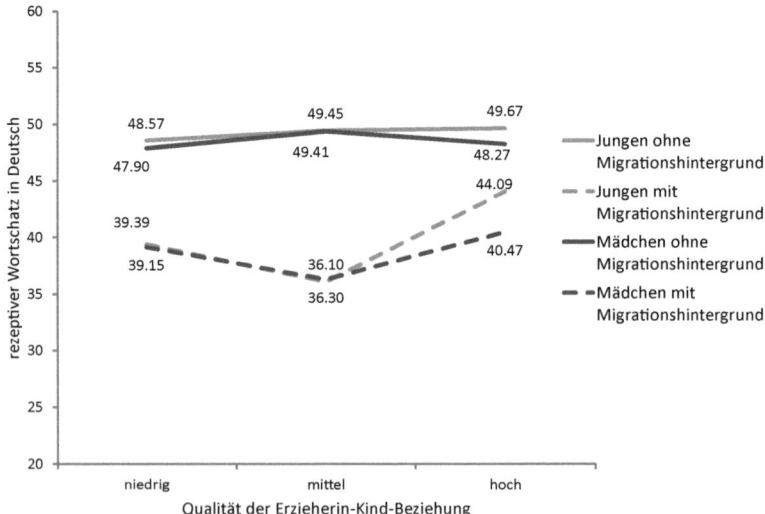

**Abb. 1** Rezeptiver Wortschatz in Deutsch in Abhängigkeit von der Qualität der Erzieherin-Kind-Beziehung. (Anmerkung: adjustierte Mittelwerte kontrolliert für Alter des Kindes, Bildung der Mutter, sozioökonomischer Status der Familie und Qualität der Mutter-Kind-Beziehung©)

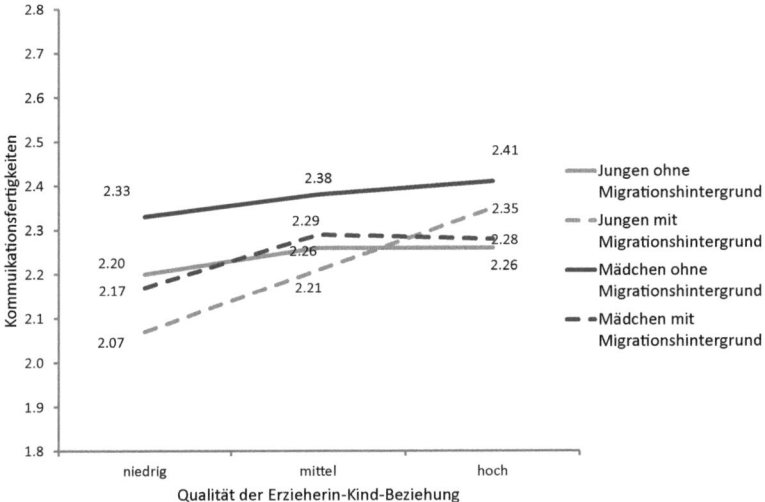

**Abb. 2** Kommunikationsfertigkeiten in Abhängigkeit von der Qualität der Erzieher in-Kind-Beziehung. (Anmerkung: adjustierte Mittelwerte kontrolliert für Alter des Kindes, Bildung der Mutter, sozioökonomischer Status der Familie und Qualität der Mutter-Kind-Beziehung©)

und Migrationshintergrund, in dem Sinne, dass Jungen mit Migrationshintergrund tendenziell bessere Werte erzielten als Mädchen mit Migrationshintergrund, während dieser Unterschied bei Kindern ohne Migrationshintergrund gegenläufig war ($F(1,696)=6{,}22$, $p<0{,}05$).

Wie in Abb. 2 dargestellt, hatte die Qualität der Erzieher in-Kind-Beziehung einen signifikanten Einfluss auf die Kommunikationsfertigkeiten der Vierjährigen ($F(2,696)=15{,}30$, $p<0{,}001$): Kinder mit einer hohen Qualität der Erzieher in-Kind-Beziehung hatten die höchsten Werte in den Kommunikationsfertigkeiten.

Es zeigte sich eine signifikante Interaktion zwischen den Faktoren Qualität der Erzieher in-Kind-Beziehung und Migrationshintergrund: Insbesondere Kinder mit Migrationshintergrund profitierten von einer hohen Qualität der Erzieher in-Kind-Beziehung ($F(2,545)=3{,}28$, $p<0{,}05$).

Des Weiteren wurde eine marginal signifikante Dreifachinteraktion der Faktoren Qualität der Erzieher in-Kind-Beziehung, Migrationshintergrund und Geschlecht gefunden: Insbesondere Jungen mit Migrationshintergrund profitierten tendenziell mehr von einer hohen Qualität der Erzieher in-Kind-Beziehung ($F(2,696)=2{,}51$, $p=0{,}08$).

### 3.2.3 Sozial-emotionale Kompetenzen

Die sozial-emotionalen Kompetenzen der Kinder ohne Migrationshintergrund wurden signifikant besser eingestuft als die der Kinder mit Migrationshintergrund

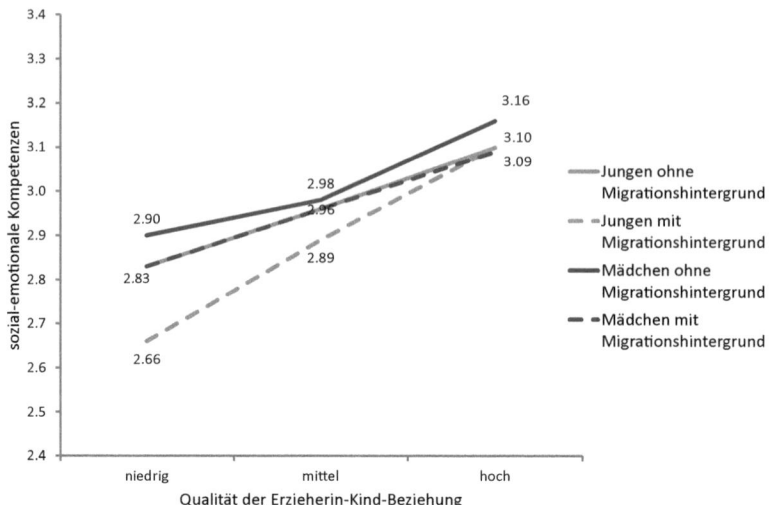

**Abb. 3** Sozial-emotionale Kompetenzen in Abhängigkeit von der Qualität der Erzieherin-Kind-Beziehung. (Anmerkung: adjustierte Mittelwerte kontrolliert für Alter des Kindes, Bildung der Mutter, sozioökonomischer Status der Familie und Qualität der Mutter-Kind-Beziehung©)

($F(1,696) = 11,76$, $p < 0,001$), und Mädchen wurden kompetenter eingeschätzt als Jungen ($F(1,696) = 11,14$, $p < 0,001$).

Wie in Abb. 3 dargestellt, hatte die Qualität der Erzieherin-Kind-Beziehung einen signifikanten Einfluss auf die sozial-emotionale Entwicklung der Vierjährigen ($F(2,696) = 85,22$, $p < 0,001$): Kinder mit einer hohen Qualität der Erzieherin-Kind-Beziehung zeigten die höchsten Werte in sozial-emotionalen Kompetenzen.

Darüber hinaus bestand eine marginal signifikante Interaktion der Variablen Qualität der Erzieherin-Kind-Beziehung und Geschlecht ($F(2,696) = 2,62$, $p = 0,07$): Tendenziell profitierten Jungen mehr von einer hohen Qualität der Erzieherin-Kind-Beziehung.

### 3.2.4 Problemverhalten

Mädchen zeigten signifikant weniger Problemverhalten als Jungen ($F(1,696) = 9,30$, $p < 0,01$). Kinder ohne Migrationshintergrund wurden in ihrem Problemverhalten signifikant niedriger eingestuft als Kinder mit Migrationshintergrund ($F(1,696) = 7,92$, $p < 0,01$).

Wie in Abb. 4 dargestellt, hatte die Qualität der Erzieherin-Kind-Beziehung einen signifikanten Einfluss auf das Problemverhalten der Vierjährigen

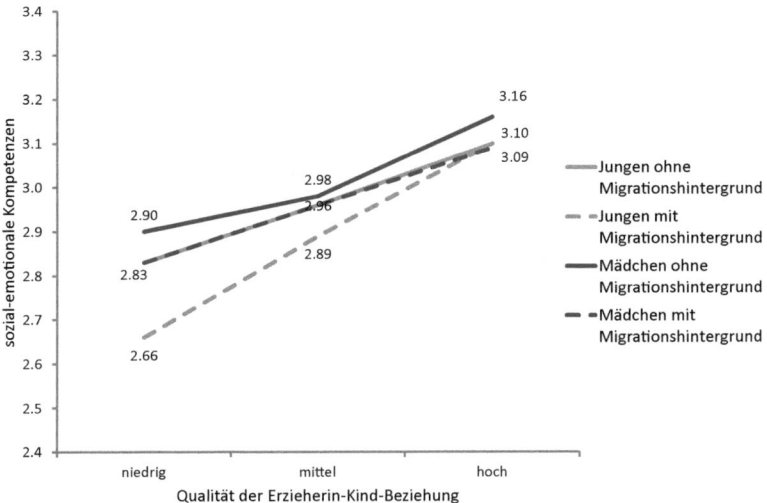

**Abb. 4** Problemverhalten in Abhängigkeit von der Qualität der Erzieherin-Kind-Beziehung. (Anmerkung: adjustierte Mittelwerte kontrolliert für Alter des Kindes, Bildung der Mutter, sozioökonomischer Status der Familie und Qualität der Mutter-Kind-Beziehung©)

($F(2,696) = 63,68$, $p < 0,001$): Kinder mit einer hohen Qualität der Erzieherin-Kind-Beziehung zeigten die niedrigsten Werte im Problemverhalten. Interaktionseffekte waren nicht signifikant.

## 4 Diskussion

Das Ziel der vorliegenden Studie lag darin, den Zusammenhang zwischen der Qualität von Erzieherin-Kind-Beziehungen und der Entwicklung von vierjährigen Kindern in den Bereichen Sprache und sozial-emotionale Kompetenzen zu untersuchen. Dabei wurde der Zusammenhang differenziert in Abhängigkeit von Geschlecht und Migrationshintergrund der Kinder betrachtet.

Konsistent mit internationalen Studien (Ahnert et al. 2006; Hamre und Pianta 2001; Saft und Pianta 2001) wurden Unterschiede in der Erzieherin-Kind-Beziehung, eingeteilt nach niedriger, mittlerer und hoher Qualität, zugunsten von Mädchen und Kindern ohne Migrationshintergrund festgestellt: Erzieherinnen berichteten häufiger von einer höheren Beziehungsqualität zu Mädchen und zu Kindern ohne Migrationshintergrund.

Unter Kontrolle der Familienvariablen hatte die Qualität der Erzieherin-Kind-Beziehung auf jedes der Entwicklungsmaße einen signifikanten Effekt: Kinder mit einer hohen Erzieherin-Kind-Beziehungsqualität zeigten die höchsten Werte im rezeptiven Wortschatz in Deutsch, in den Kommunikationsfertigkeiten in Alltagssituationen und in den sozial-emotionalen Kompetenzen sowie die niedrigsten Werte im Problemverhalten. Diese Befunde sind im Einklang mit internationalen Studien, in denen die Qualität der außerfamiliären Betreuung, insbesondere die Qualität der Erzieherin-Kind-Interaktion und -Beziehung, in Zusammenhang mit der Kompetenzentwicklung von Kindern im sprachlichen, kognitiven und sozial-emotionalen Bereich steht (Burchinal et al. 2000; Burchinal et al. 2008; Mashburn et al. 2008; O'Connor et al. 2012).

Darüber hinaus zeigten sich differentielle Zusammenhänge im Bereich Sprache: Im rezeptiven Wortschatz in Deutsch profitierten besonders Kinder mit Migrationshintergrund von einer hohen Beziehungsqualität, ebenso in den Kommunikationsfertigkeiten, wobei die Ergebnisse darauf hindeuten, dass hier insbesondere bei Jungen mit Migrationshintergrund kompensatorische Effekte auftreten können. Dies stimmt mit den Ergebnissen von Spilt et al. (2012) überein. Burchinal et al. (2000) fanden ebenfalls in der kindlichen Sprachentwicklung eine Interaktion zwischen der Qualität außerfamiliärer Betreuung und dem Migrationshintergrund der Kinder dahingehend, dass die Qualität der außerfamiliären Betreuung für farbige Kinder in Amerika wichtiger zu sein scheint.

Im Bereich der sozial-emotionalen Kompetenzen wurde ein differentieller Zusammenhang dahingehend gefunden, dass besonders Jungen von einer hohen Qualität der Beziehung zur Erzieherin profitierten. Dieser kompensatorische Effekt ist konsistent mit der berichteten Interaktion zwischen Geschlecht und Qualität außerfamiliärer Betreuung in der Studie von Hagekull und Bohlin (1995), der zu Folge nur bei Jungen in Kindertageseinrichtungen mit guter Qualität geringere Werte im Problemverhalten und höhere Werte in sozial-emotionalen Kompetenzen gefunden wurden. Der in dieser Studie berichtete differentielle Effekt im Hinblick auf Verringerung von Verhaltensproblemen wurde in der vorliegenden Studie nicht festgestellt.

Bei der Interpretation der Ergebnisse sind allerdings folgende Einschränkungen der Studie zu berücksichtigen: Bei der NUBBEK-Studie handelt es sich nicht um eine Längsschnittstudie, sondern lediglich um eine Querschnittuntersuchung, daher kann die Richtung der Zusammenhänge nicht kausal interpretiert werden. Außerdem ist zu beachten, dass die Einschätzung der Erzieherin-Kind-Beziehung durch die Erzieherin selbst erfolgte, eine Beobachtung der Interaktionsqualität wäre allerdings ein objektiveres Maß. Dieses Argument trifft auch auf die kindlichen Entwicklungsmaße zu, die auch durch die Mutter und die Erzieherin eingeschätzt wurden. Jedoch findet sich der gleiche Zusammenhang zwischen Erzieherin-Kind-Beziehungsqualität und kindlicher Entwicklung auch bei dem über ein Testinstrument gemessenen rezeptiven Wortschatz in Deutsch.

Zusammenfassend kann festgehalten werden, dass die Qualität der Beziehung zwischen der Erzieherin und den Kindern in Zusammenhang mit der kindlichen Entwicklung in den Bereichen Wortschatz, Kommunikationsfertigkeiten, sozial-emotionale Kompetenz und Problemverhalten steht, und zwar selbst dann, wenn Alter des Kindes, Bildung der Mutter, sozioökonomischer Status der Familie und Qualität der Mutter-Kind-Beziehung kontrolliert werden. Die Ergebnisse zeigen also, dass über familiäre Einflussfaktoren hinaus eine gute Erzieherin-Kind-Beziehung einen zusätzlichen Effekt auf die Entwicklung der Kinder hat.

In Einklang mit der bestehenden Literatur zu Schüler-Lehrer-Beziehungen unterstreichen die vorliegenden Befunde die Bedeutung der Beziehungsqualität zwischen Erzieherinnen und Kindern für die Bildungsentwicklung. Damit stellt die Erzieherin-Kind-Beziehung einen wichtigen Bestandteil der Prozessqualität in Kindertageseinrichtungen dar. Weiterer Forschungsbedarf besteht darin, den Zusammenhang zwischen den strukturellen Rahmenbedingungen von Kindertageseinrichtungen und der Qualität der Erzieherin-Kind-Beziehung zu untersuchen, um zu klären, von welchen Bedingungen eine gelingende Erzieherin-Kind-Beziehung und -Interaktion abhängt.

## Literatur

Achenbach, T. M. (1991). *Manual for the child behavior checklist/4–18 and 1991 profile*. Burlington: University of Vermont, Department of Psychiatry.

Ahnert, L., Pinquart, M., & Lamb, M. E. (2006). Security of children's relationships with nonparental care providers: A meta-analysis. *Child Development, 77*(3), 664–679.

Ahnert, L., Harwardt-Heinecke, E., Kappler, G., Eckstein-Madry, T., & Milatz, A. (2012). Student-teacher relationships and classroom climate in first grade: How do they relate to student's stress regulation? *Attachment and Human Development, 14*(3), 249–263.

Ahnert, L., Milatz, A., Kappler, G., Schneiderwind, J., & Fischer, R. (2013). The impact of teacher-child relationships on child cognitive performance as explored by a priming paradigm. *Developmental Psychology, 49*(3), 554–567.

Arbeitsgruppe Deutsche Child Behavior Checklist. (2002). *Elternfragebogen für Klein- und Vorschulkinder (CBCL/1½–5)*. Köln: Arbeitsgruppe Kinder-, Jugend- und Familiendiagnostik (KJFD).

Burchinal, M., Peisner-Feinberg, E., Bryant, D. M., & Clifford, R. (2000). Children's social and cognitive development and child-care quality: Testing for differential associations related to poverty, gender, or ethnicity. *Applied Developmental Science, 4*(3), 149–165.

Burchinal, M., Howes, C., Pianta, R. C., Bryant, D. M., Early, D., Clifford, R., & Barbarin, O. A. (2008). Predicting child outcomes at the end of kindergarten from the quality of pre-kindergarten teacher-child interactions and instruction. *Applied Developmental Science, 12*(3), 140–153.

Dunn, D. M., & Dunn, L. M. (2007). *Peabody picture vocabulary test, fourth edition, manual*. Minneapolis: Pearson.

Eckhardt, A., Egert, F., Beckh, K., Berkic, J., Kalicki, B., & Quehenberger, J. (2012). *NUB-BEK – Dokumentation der* Erhebungsinstrumente (unveröffentlichter Forschungsbericht der NUBBEK-Studienpartner).

Ewing, A. R., & Taylor, A. R. (2009). The role of child gender and ethnicity in teacher-child relationship quality and children's behavioral adjustment in preschool. *Early Childhood Research Quarterly, 24*(1), 92–105.

Gresham, F. M., & Elliott, S. M. (2008). *Social skills improvement system (SSIS). Rating scale manual*. San Antonio: Pearson.

Hagekull, B., & Bohlin, G. (1995). Day care quality, family and child characteristics and socioemotional development. *Early Childhood Research Quarterly, 10*(4), 505–526.

Hamre, B. K., & Pianta, R. C. (2001). Early teacher-child relationships and the trajectory of children's school outcomes through eighth grade. *Child Development, 72*(2), 625–638.

Mashburn, A. J., Pianta, R. C., Hamre, B. K., Downer, J. T., Barbarin, O. A., Bryant, D., Burchinal, M., Early, D. M., & Howes, C. (2008). Measures of classroom quality in pre-kindergarten and children's development of academic, language, and social skills. *Child Development, 79*(3), 732–749.

NICHD ECCRN=Early Child Care Research Network. (2002). Child-care structure → Process → Outcome: Direct and indirect effects of child-care quality on young children's development. *Psychological Science, 13*(3), 199–206.

O'Connor, E. E., Collins, B. A., & Supplee, L. (2012). Behavior problems in late childhood: The roles of early maternal attachment and teacher-child relationship trajectories. *Attachment and Human Development, 14*(3), 265–288.

Pianta, R. C. (1992a). *Child parent relationship scale*. Charlottesville: University of Virginia.

Pianta, R. C. (1992b). *Student teacher relationship scale*. Charlottesville: University of Virginia.

Pianta, R. C., Steinberg, M. S., & Rollins, K. B. (1995). The first two years of school: Teacher-child relationships and deflections in children's classroom adjustment. *Development and Psychopathology, 7*(2), 295–312.

Pianta, R. C., Nimetz, S. L., & Bennett, E. (1997). Mother-child relationship, teacher-child relationship, and school outcomes in preschool and kindergarten. *Early Childhood Research Quarterly, 12*(3), 263–280.

Saft, E. W., & Pianta, R. C. (2001). Teachers' perceptions of their relationships with students: Effects of child age, gender, and ethnicity of teachers and children. *School Psychology Quarterly, 16*(2), 125–141.

Schneider, S. L. (2008). Applying the ISCED-97 to the German educational qualifications. In Dies. (Hrsg.), *The international standard classification of education (ISCED-97). An evaluation of content and criterion validity for 15 European countries* (S. 76–102). Mannheim: Mannheimer Zentrum für Europäische Sozialforschung (MZES).

Sparrow, S. S., Cicchetti, D. V., & Balla, D. A. (Hrsg.). (2005). *Vineland-II Adaptive Behavior Scales: Survey forms manual*. Circle Pines: American Guidance Service Publishing.

Spilt, J. L., Hughes, J. N., Wu, J.-Y., & Kwok, O.-M. (2012). Dynamics of teacher-student relationships: Stability and change across elementary school and the influence on children's academic success. *Child Development, 83*(4), 1180–1195.

Tietze, W., Becker-Stoll, F., Bensel, J., Eckhardt, A. G., Haug-Schnabel, G., Kalicki, B., Keller, H., & Leyendecker, B. (Hrsg.). (2013). *NUBBEK – Nationale Untersuchung zur Bildung, Betreuung und Erziehung in der frühen Kindheit. Forschungsbericht*. Berlin: das Netz.

Watamura, S. E., Phillips, D. A., Morrissey, T. W., McCartney, K., & Bub, K. (2011). Double Jeopardy: Poorer social-emotional outcomes for children in the NICHD SECCYD experiencing home and child-care environments that confer risk. *Child Development, 82*(1), 48–65.

# Erzieherinnen-Eltern-Beziehung in Migrationskontexten

Berrin Özlem Otyakmaz und Paula Döge

## 1 Einleitung

Kein aktueller Bildungsbericht von Bund, Land, Region oder Kommune, der nicht darauf hinweist, wie wichtig der frühe Eintritt von Kindern mit Migrationshintergrund in die institutionelle Kindertagesbetreuung zur Förderung ihrer für den schulischen Bildungserfolg notwendigen Deutschsprach- und anderer schulvorbereitender Kompetenzen ist. Im aktuellen Bundesbildungsbericht wird unter Bezugnahme auf die IGLU-Ergebnisse festgestellt, dass der längere Kindergartenbesuch von Kindern mit Migrationshintergrund mit besseren Lesefähigkeiten als Viertklässler einhergeht (Autorengruppe Bildungsberichterstattung 2012). Da Kinder mit Migrationshintergrund in der Regel kürzere Kita-Besuchsdauern aufweisen als deutsche Kinder, sollen Eltern mit Migrationshintergrund dazu bewegt werden, ihre Kinder in möglichst jungem Alter institutionell betreuen zu lassen: „Unter dem Gesichtspunkt der Verbesserung von Bildungschancen von Kindern mit Migrationshintergrund durch eine frühzeitige Unterstützung in Tageseinrichtungen

B. Ö. Otyakmaz (✉)
Lehrstuhl für Entwicklungspsychologie, Technische Universität Dortmund,
Dortmund, Deutschland
E-Mail: berrin.otyakmaz@uni-due.de

P. Döge
Universität Osnabrück, Entwicklung & Kultur, Artilleriestraße 34,
49069 Osnabrück, Deutschland
E-Mail: pdoege@uos.de

© Springer Fachmedien Wiesbaden 2015
B. Ö. Otyakmaz, Y. Karakaşoğlu (Hrsg.), *Frühe Kindheit in der Migrationsgesellschaft*, DOI 10.1007/978-3-658-07382-4_10

ist es notwendig, Eltern noch stärker zu motivieren, ihren Kindern den Besuch einer Tageseinrichtung möglichst früh zu ermöglichen" (Autorengruppe Bildungs-berichterstattung 2010, S. 53). Ähnlich wird etwa auch im Bildungsbericht Ruhr (2012) argumentiert. Argumentationen dieser Art legen nahe, dass die Ursachen für den späteren Eintritt der Kinder in die Kindertageseinrichtungen vor allem in den sich von deutschen Eltern unterscheidenden Überzeugungen und Motivatio-nen der Eltern zu suchen seien. Aktuelle Untersuchungen zeigen jedoch, dass sich Eltern mit Migrationshintergrund in ihren Motivationen, ihre Kinder unter drei Jahren zu Hause zu betreuen, bezogen auf sogenannte normative oder familien-orientierte Gründe („Kind selbst erziehen wollen", „Kind ist zu jung") von Eltern ohne Migrationshintergrund kaum unterscheiden (SVR Forschungsbereich 2013; Bensel et al. 2013). Allerdings führen Mütter mit Migrationshintergrund wesent-lich häufiger als deutsche Mütter an, dass sie keinen Platz für ihr Kind in der Kita gefunden haben. Ein Grund, der eher eine institutionelle Hürde darstellt (Bensel et al. 2013; SVR Forschungsbereich 2013) und weniger in die Entscheidungskom-petenz der Eltern fällt. Motivierend für eine Entscheidung der Mütter mit und ohne Migrationshintergrund, ihr Kind in die U3 Betreuung zu geben, wären qualitative Verbesserungen in der Tagesbetreuung wie etwa kleinere Gruppen und ein güns-tigerer Erzieherinnen-Kind-Schlüssel. Deutlich häufiger als deutsche Mütter nen-nen Mütter mit Migrationshintergrund allgemein (SVR Forschungsbereich 2013) sowie Mütter mit türkischem und russischem Migrationshintergrund (Bensel et al. 2013) eine bessere Vorbereitung auf die Schule und eine bessere Zusammenarbeit zwischen Erzieherin und Eltern als Voraussetzung, um ihr Kind unter drei Jah-ren institutionell betreuen zu lassen. Diese, die Qualität des Bildungsangebotes und der Erzieherinnen-Eltern-Zusammenarbeit betreffenden Gründe stehen, wenn auch knapp, noch vor den Wünschen nach der Berücksichtigung „kultureller" As-pekte wie Essensgewohnheiten und Religion/Kultur. Diesen Ergebnissen zufolge stimmen Eltern also durchaus mit den Ansichten der Bildungsexpertinnen und -ex-perten darin überein, dass der Besuch einer Kindertageseinrichtung, ihre Kinder auf die Schule vorbereiten und somit ihre Bildungschancen verbessern solle. Auch die gewünschte bessere Zusammenarbeit mit den Erzieherinnen weist neben ihrem vertrauensbildenden Charakter, der Eltern vermutlich hilft, ihre Kinder bereits früh einer institutionellen Betreuung anzuvertrauen, einen positiven Zusammen-hang zum frühkindlichen Lernen im Kontext der Kindertagesbetreuung auf. Doch gerade diese Zusammenarbeit scheint sich schwierig zu gestalten.

## 2 Zusammenarbeit von pädagogischen Fachkräften und Eltern

Die Zusammenarbeit der pädagogischen Fachkräfte mit den Eltern ist gesetzlich vorgeschrieben und soll „zum Wohl der Kinder und zur Sicherung der Kontinuität des Erziehungsprozesses" (SGB VIII, § 22a Abs. 2 Satz 1) beitragen. Sie soll darüber hinaus eine gleichberechtigte Kooperation zwischen Eltern und Einrichtung darstellen (Textor 2006; Roth 2010). Zu einer gelungenen Erziehungspartnerschaft gehört laut Fröhlich-Gildhoff (2013), „dass beide Bezugssysteme der Kinder eng kooperieren, ihr Handeln und ihre Haltung gegenseitig austauschen und sich gemeinsam im Interesse der Kinder unterstützen" (S. 359). Stange (2012) nennt in diesem Sinne mehrere grundlegende Aspekte der Eltern-Erzieherin-Beziehung: „Absprache gemeinsamer Aktivitäten, Austausch von Erfahrungen über den Bildungsstand der Kinder, Erarbeitung gemeinsamer Bildungsziele und Angebote in den jeweiligen Institutionen, Unterstützung in Erziehungsfragen..." (S. 14 f.). Diese Aufzählung geht deutlich von einer symmetrischen Beziehung zwischen Eltern und pädagogischem Fachpersonal aus. Allerdings scheint es schwierig, diese Idee der gleichberechtigten Partnerschaft aufrechtzuerhalten bzw. in der Praxis umzusetzen, wenn das Anliegen der Zusammenarbeit, neben der Herstellung von Kontinuität in der Erziehung und Bildung zwischen Elternhaus und Einrichtung und der Beteiligung der Eltern an Entscheidungsprozessen in der Kita, die Stärkung der Erziehungskompetenzen der Eltern darstellt (Friedrich 2011). Wenn eines der Motive für die Zusammenarbeit zwischen Kindertageseinrichtung und Eltern die Stärkung der Erziehungskompetenzen der Eltern darstellt, so ist dieser Zusammenarbeit in ihrem Ansatz schon eine Machtasymmetrie zwischen Eltern und Fachkräften inhärent (Brock 2012). Eine vertrauensvolle Kooperation zwischen Erzieherin und Eltern kann unter diesen Umständen nur schwer gelingen, wenn Eltern in erster Linie als defizitär (Bauer und Brunner 2006) bzw. „pauschal als Adressaten von Elternbildungsangeboten oder erziehungsberatenden Interventionen betrachtet" werden (Brock 2012, S. 9). In diesem Sinne stellt auch Ahnert fest: „Der Begriff der Partnerschaft schließt Vorstellungen über eine grundsätzliche Gleichwertigkeit und Gleichberechtigung der Partner ein. Im Falle der Erziehungspartnerschaft von Familie und öffentlicher Betreuung sind Gleichwertigkeit und Gleichberechtigung in der Kommunikation und Kooperation von Eltern und Erzieher/innen gegenwärtig jedoch kaum gegeben" (2010, S. 263). Besonders im Falle der Eltern mit Migrationshintergrund, die in den öffentlichen wie wissenschaftlichen Diskursen – wie etwa den oben erwähnten Bildungsberichten – überwiegend als weniger kompetent für die frühkindliche Bildung und Erziehung ihrer Kinder oder sogar gleichzeitig als selbst bildungsbedürftig dargestellt werden (kritisch dazu Westphal 2009; Otyakmaz und Westphal 2013), kann angenommen werden, dass die grundlegende Problematik der Asymmetrie in der Erziehungspartnerschaft zwischen Kindertageseinrichtung und Eltern sich zusätzlich verschärft.

Im vorschulischen Bereich wurden bislang nur wenige Studien zur Erzieherin-Eltern-Beziehung in Bezug auf kulturell verschiedene Eltern und Familien durchgeführt (Iruka et al. 2011; Mayer et al. in diesem Band); dennoch greifen viele Interventionsprogramme die Verbesserung der Fachkraft-Eltern-Beziehung gezielt auf (Mendez 2010; Rothstein-Fisch et al. 2009). Auch für Deutschland existieren keine überregionalen oder quantitativen Untersuchungen zur Qualität der Zusammenarbeit zwischen Erzieherinnen und Eltern mit Migrationshintergrund bzw. zur Qualität ihrer Beziehung. In einigen Publikationen zur interkulturellen Arbeit in Kindergärten wird auf Aussagen von Erzieherinnen Bezug genommen, die bei verschiedenen Gelegenheiten wie interkulturellen Fortbildungen geäußert wurden. Diesen zufolge empfinden Erzieherinnen die Zusammenarbeit mit Eltern mit Migrationshintergrund als besonders herausfordernd, problematisch oder kaum möglich. Die Ursachen für die mangelnde oder schlechte Zusammenarbeit werden dabei fast ausschließlich auf Elternseite verortet. So werden etwa fehlende Deutschsprachkompetenzen der Eltern, ihre kulturell differierenden Erziehungsorientierungen oder ihr Desinteresse an den (Bildungs-)Belangen ihrer Kinder als Begründungen aufgeführt (Apeltauer 2006; Böhm et al. 1999; Şıkcan 2008). Eine kleinere qualitative Erhebung in fünf städtischen Kindertageseinrichtungen in einer hessischen Kleinstadt, bei der acht Erzieherinnen (Einzelinterviews) und zwei Müttergruppen (Gruppeninterviews), davon eine Gruppe mit Müttern eritrischer sowie afghanischer Herkunft und eine Gruppe mit Müttern türkischer Herkunft, befragt wurden, bestätigt die oben erwähnten Aussagen von Erzieherinnen (Gaitanides 2007). Die interviewten Erzieherinnen formulierten wahrgenommene Unterschiede zwischen den Erziehungszielen der Einrichtungen und denen der Eltern mit Migrationshintergrund, – beispielsweise dem geringeren Stellenwert, den die Eltern laut Aussagen der Erzieherinnen der Selbständigkeitserziehung beimaßen, die aus der Sicht der Erzieherinnen eine der wichtigsten Sozialisationsaufgaben des Kindergartens darstelle. Diese Diskrepanz in den Selbständigkeitsvorstellungen führe zu Konflikten, da die Eltern mit Migrationshintergrund einen überhöhten Anspruch an eine stärker fürsorgende und intensiver beaufsichtigende Betreuung ihrer Kinder durch die Erzieherinnen stellten. Ebenfalls führten die zu hohen Erwartungen der Eltern an die schnellere, systematischere und kontinuierlichere Vermittlung der deutschen Sprache im Kindergarten zu Konflikten. In ihrer Selbstwahrnehmung „bemühten sich die Erzieherinnen, Konflikte zeitnah anzusprechen und ‚auf gleicher Augenhöhe' dialogisch zu behandeln" (Gaitanides 2007, S. 33). Es finden sich in den Aussagen der Erzieherinnen jedoch „Hinweise für eine einseitige Konfliktbearbeitung. Eltern werden informiert, belehrt und

manchmal auch moralisch unter Druck gesetzt. (…) Das strukturelle Machtge-
fälle in der Kommunikationsbeziehung scheint den Erzieherinnen nicht bewusst"
(S. 33). Der Anspruch der Eltern an eine systematische und kontinuierliche Vermittlung der deutschen Sprache führt von den Erzieherinnen als überzogen ein-
geordnete Erwartung zu Konflikten. Auch wird eine differenziertere Betrachtung
von Familien mit Migrationshintergrund in den Aussagen der Erzieherinnen nicht
deutlich, so dass unklar bleibt, welche Eltern (z. B. bezogen auf den familiären
Bildungshintergrund oder ethnischen Hintergrund) die Erzieherinnen vor Augen
haben, wenn sie von Abstimmungsschwierigkeiten berichten.

# 3 Erzieherin-Kind-Beziehung als eine Bedingung von Lernen im Kindergarten

Die Erzieherin-Eltern-Beziehung im Kontext frühkindlicher Betreuung ist nicht
nur auf der Erwachsenenebene relevant, sondern über das Beziehungsdreieck
Kind-Eltern-Fachkraft auch mit der Beziehung zwischen Erzieherin und Kind
verbunden (Fröhlich-Gildhoff 2013). Inwieweit die Erzieherin-Eltern-Beziehung
die Erzieherin-Kind-Beziehung beeinflusst oder die Wirkrichtung eher umgekehrt
ist, lässt sich aus den vorliegenden Untersuchungen nicht eindeutig sagen. Gemäß
einer Untersuchung von Chung et al. (2005) stellt die Erzieherin-Eltern-Beziehung
den wichtigsten Prädiktor der Erzieherin-Kind-Beziehung dar. Ebenso zeigen
Owen et al. (2000) den Einfluss der Erzieherin-Eltern-Beziehung auf die Erzieherin-Kind-Interaktion. Ahnert und Gappa (2008) stellen allerdings fest, dass die
Bewertung der Erzieherin-Eltern Beziehung, die bei Eltern von Jungen schlechter
ausfällt als bei Eltern von Mädchen, offensichtlich von der Qualität der Erzieherin-
Kind-Beziehung, die wiederum vom Geschlecht des Kindes abhängen, beeinflusst
wird. Positive Beziehungserfahrungen, die Vorschulkinder mit ihren Erzieherinnen
machen, schlagen sich in einer allgemein höheren Lernmotivation und späterem
Schulengagement nieder und wirken darüber hinaus auf ihre Deutsch- und Mathe-
matikleistungen als Erstklässler (Ahnert und Harwardt 2008; auch Baker 2006).
„Damit liegt auf der Hand, dass der Einstieg in die Schule eben nicht nur durch
die mentalen Fähigkeiten des Kindes getragen wird, die traditionell im Mittelpunkt
der Schulvorbereitung des Kindergartens stehen. Vielmehr müssen diese Vorbe-
reitungen sowie Maßnahmen zur Gestaltung des Schulübergangs emotionale und
motivationale Grundlagen erhalten" (Ahnert und Harwardt 2008, S. 157). Noch
vor der Schule gilt auch für das Lernen im Kindergarten, dass Bildungsangebote
durch das Kind vor allem dann angenommen werden, wenn sie eingebettet sind in
eine positive emotionale Beziehung zur Erzieherin (Ahnert und Harwardt 2008).
Jedoch erfahren laut Ahnert et al. (2006) nicht alle Kinder gleichermaßen eine

gute Beziehungsqualität. Eine Metaanalyse von 40 internationalen Studien, in denen die Beziehungsqualität von rund 3000 Erzieherinnen-Kind-Paaren erfasst worden war, ergab, dass Mädchen im Gegensatz zu Jungen von einer besseren Beziehungsqualität zur Erzieherin profitieren. Neben solchen Geschlechtseffekten hat sich auch der ethnische Hintergrund als bedeutsam für die Fachkraft-Kind-Beziehung sowohl in schulischen als auch vorschulischen Kontexten erwiesen (Mayer et al. in diesem Band; Ewing und Taylor 2009; Hughes und Kwok 2007; Hughes et al. 2005; Meehan et al. 2003). Verschiedene Untersuchungen zur frühkindlichen Bildung machen deutlich, dass nicht die Dauer des Besuch einer Einrichtung an sich, aber die Erzieherin-Eltern- bzw. Erzieherin-Kind-Beziehung einen wichtigen Einfluss auf die sprachliche und soziale Entwicklung von Kindern im Vorschulalter (Flöter et al. 2013; Mayer et al. in diesem Band) und ihre späteren Leistungen im Grundschulalter (Ahnert und Harwardt 2008; Baker 2006; Chung et al. 2005) haben. Gerade bei Kindern mit Migrationshintergrund wird oftmals generell eine möglichst lange Dauer des Besuchs einer Kindertageseinrichtung vor allem von Bildungsexpertinnen und -experten befürwortet und mit besonderen Erwartungen an sprachliche Lernleistungen (bezogen auf die deutsche Sprache) und andere kognitive Fähigkeiten verknüpft. Jedoch scheint diese Forderung angesichts der Hinweise auf mögliche Einschränkungen der Lernbedingungen in diesen Kontexten aufgrund der möglichen geringeren Qualität der Erzieherinnen-Eltern-Zusammenarbeit bzw. der Erzieherinnen-Kind-Beziehung (Mayer et al. in diesem Band), nicht angemessen. Die bislang existierenden wenigen kleineren, auf einzelne Kommunen bezogenen, Studien in Deutschland zum Thema Erzieherin-Eltern-Beziehung sind qualitativ angelegt und beziehen entsprechend eine begrenzte Anzahl an Teilnehmenden ein. Gleichzeitig wird die ethnische Zugehörigkeit der Eltern bzw. das Vorhandensein eines Migrationshintergrundes als alleiniges Unterscheidungsmerkmal genutzt. Wenig Beachtung finden weitere Faktoren wie der elterliche Bildungsgrad, der im Sinne eines erweiterten Kulturverständnisses als mindestens ebenso maßgeblich für elterliches Erziehungsverhalten gilt (Leyendecker et al. 2005; Otyakmaz 2007). Der vorliegende Beitrag bezieht daher sowohl den Migrationshintergrund als auch den mütterlichen Bildungsgrad[1] als familiäre Merkmale in die Betrachtung der Erzieherin-Eltern-Beziehung sowie der Erzieherin-Kind-Beziehung ein. Darüber hinaus werden Zusammenhänge der beiden Beziehungsmaße mit der elterlichen Zufriedenheit mit frühkindlicher Betreuung sowie der mütterlichen Verantwortungszuschreibung für Bildung und Erziehung geprüft.

---

[1] Leyendecker et al. 2005 beschreiben, dass sich der mütterliche Bildungsgrad als geeignetes Annäherungsmaß für den familiären Bildungshintergrund herausgestellt hat.

# 4 Studie

## 4.1 Stichprobe

Die im Folgenden dargestellten Befunde basieren auf Daten der „Nationalen Untersuchung zur Bildung, Betreuung und Erziehung in der frühen Kindheit" (NUB-BEK) (Tietze et al. 2013). Zur Erfassung der pädagogischen Qualität der Kindertagesbetreuung wurden bundesweit Erhebungen in rund 2000 Familien sowie in den jeweiligen außerfamiliären Betreuungssettings der untersuchten zwei- bzw. vierjährigen Kinder durchgeführt. Als die beiden größten Migrationsgruppen wurden Kinder und Familien russischer ($n=279$) bzw. türkischer ($n=249$) Herkunft in die Untersuchung einbezogen. Die Untersuchung war multizentrisch angelegt: Die Kinder selbst wurden in ihrem Sprach- und Entwicklungsstand getestet, ihre Eltern wurden sowohl schriftlich als auch mündlich befragt, das Betreuungssetting der Kinder in der Familie wie auch außerfamiliär wurde beobachtet und die Einrichtungsleitungen sowie die Erzieherinnen (bzw. Tagesmütter) der Kinder wurden befragt. Die hier dargestellten Ergebnisse beziehen sich auf die Daten der Mütter mit 4-jährigen Kindern in institutioneller Kindertagesbetreuung und ihren jeweiligen Erzieherinnen. Die Stichprobe setzt sich daher zusammen aus insgesamt 714 Müttern, davon 106 mit türkischem sowie 107 mit russischem Migrationshintergrund. Für die Berücksichtigung des mütterlichen Bildungshintergrundes wurde innerhalb jeder Gruppe nochmals weiter differenziert. Da in der Gruppe der Mütter ohne und mit russischem Migrationshintergrund niedrigere Bildungsabschlüsse deutlich weniger vertreten waren, wurde in diesen beiden Gruppen eine Zweiteilung vorgenommen, um eine annähernde Gleichverteilung der Untergruppen zu erreichen. In der Gruppe der Mütter mit türkischem Migrationshintergrund war hingegen eine Dreiteilung möglich (siehe Tab. 1).

**Tab. 1** Untergruppeneinteilung nach mütterlichem Bildungsabschluss

| Mütter k. MH | | |
|---|---|---|
| | Bildungsabschluss bis max. Abitur | 44 % |
| | Bildungsabschluss höher als Abitur | 56 % |
| Mütter t. MH | | |
| | Bildungsabschluss bis max. Hauptschule | 37 % |
| | Bildungsabschluss mittlere Reife + Abitur | 52 % |
| | Bildungsabschluss höher als Abitur | 11 % |
| Mütter r. MH | | |
| | Bildungsabschluss bis max. Abitur | 59 % |
| | Bildungsabschluss höher als Abitur | 41 % |

*k. MH* kein Migrationshintergrund, *t. MH* türkischer Migrationshintergrund, *r. MH* russischer Migrationshintergrund.©

Ein inferenzstatistischer Vergleich der Mütter unterschiedlicher Bildungs-
niveaus nach ethnischer Herkunft ist über alle drei Gruppen demnach nur bei den
Müttern mit einem Bildungsabschluss höher als Abitur sowie zwischen Müttern
ohne und mit russischem Migrationshintergrund in der Gruppe der Mütter mit Bildungsabschlüssen bis maximal Abitur möglich.

Die befragten pädagogischen Fachkräfte ($N=244$) sind zu 99 % weiblichen Ge-
schlechts, sind im Durchschnitt 42.16 Jahre alt (Minimum 21 und Maximum 62
Jahre) und ihre durchschnittliche Berufserfahrung liegt bei 18.2 Jahren (Minimum
1 und Maximum 43 Jahre). 89.7 % der Befragten verfügen über eine Ausbildung
als Erzieherin, 6.2 % haben einen akademischen Abschluss (bspw. Sozialpädagogik) aufzuweisen und 4.1 % haben eine niedrigere Qualifikation als eine Erziehe-
rinnenausbildung.

## 4.2   Instrumente

### 4.2.1   Die Erzieherinnen-Eltern-Beziehung aus der Perspektive
der Erzieherinnen

Dreizehn Items der Parent-Teacher-Relationship Scale II (Vickers und Minke 1995)
wurden zur Beurteilung der Erzieherin-Eltern-Beziehung verwendet. Eine Faktorenanalyse[2] legt die Unterscheidung von drei Subskalen nahe: Problemlösen, Dialog mit Eltern und Respekt (siehe Tab. 2). Zwei Items waren aufgrund von Mehr-
fachladungen keinem der Faktoren eindeutig zuzuordnen und wurden daher bei
der Skalenbildung nicht berücksichtigt. Die Reliabilität der Skalen liegt zwischen
$\alpha = 0.77$ und 0.84.

### 4.2.2   Die Erzieherinnen-Kind-Beziehung aus der Perspektive der
Erzieherinnen

Zur Erfassung dienten 15 Items der Student-Teacher Relationship Scale (Pianta
und Stuhlman 2004), mit deren Hilfe Erzieherinnen auf einer Skala von (1) *trifft
überhaupt nicht zu* bis (5) *trifft voll und ganz zu* die Qualität ihrer Beziehung zum
jeweiligen Kind einschätzten. Der Mittelwert aller Items wurde als Gesamtmaß der
positiven Beziehung zwischen Fachkraft und Kind verwendet.

---

[2] Hauptkomponentenanalyse mit Varimax-Rotation und einer Varianzaufklärung durch die
drei Faktoren in Höhe von 59 %. Kriterien für Faktorenauswahl: Eigenwerte > 1 (Kaiser-
Guttman-Kriterium) und Scree-Test.

**Tab. 2** Erzieherin-Eltern-Beziehung: Items der Subskalen©

| *Skala PROBLEMLÖSEN* |
| --- |
| 5. Wenn es ein Problem mit dem Kind gibt, reden seine Eltern viel, tun aber nichts (−) |
| 7. Wenn es ein Problem mit dem Verhalten des Kindes gibt, muss ich es ohne die Hilfe der Eltern lösen (−) |
| 2. Es ist schwierig für uns zusammenzuarbeiten (−) |
| 6. Wir stimmen darüber überein, dass die Aufgaben und Rollen das Kind betreffend verteilt sind. |
| *Skala DIALOG MIT ELTERN* |
| 13. Ich frage die Eltern dieses Kindes nach ihren Anregungen |
| 12. Ich frage die Eltern dieses Kindes danach, wie sie den Entwicklungsstand ihres Kindes einschätzen |
| 10. Ich sage den Eltern dieses Kindes, wenn ich erfreut bin |
| 11. Ich sage den Eltern dieses Kindes, wenn ich beunruhigt bin |
| 8. Die Eltern dieses Kindes sagen mir, wenn sie erfreut sind |
| *Skala RESPEKT* |
| 4. Die Eltern dieses Kindes respektieren mich |
| 3. Ich respektiere die Eltern dieses Kindes |
| Ohne Skalenzugehörigkeit |
| 1. Wir vertrauen uns gegenseitig |
| 9. Ich mag die Art nicht, wie die Eltern des Kindes mit mir reden (−) |

### 4.2.3 Die Zufriedenheit der Eltern mit der Erzieherin hinsichtlich des Umgangs mit dem Kind und des Kontaktes mit den Eltern

Auf einer 10-stufigen Skala von (1) *gar nicht zufrieden* bis (10) *sehr zufrieden* stuften die Eltern jeweils ihre Zufriedenheit über den Umgang der Erzieherin mit dem Kind und über den Kontakt mit den Eltern ein.

### 4.2.4 Die Verantwortungszuschreibung für Bildung und Erziehung aus Elternperspektive

Auf einer 4-stufigen Skala von (1) *überhaupt nicht* bis (4) *sehr stark* schätzten die Mütter ein, wie stark sie als Eltern bzw. wie stark die außerfamiliäre Betreuung für die Bildung und Erziehung des Kindes verantwortlich sind.

# 5    Ergebnisse

## 5.1    Die Erzieherinnen-Eltern-Beziehung aus der Perspektive der Erzieherinnen

Mittelwertvergleiche zwischen den drei Gruppen (ohne, mit türkischem und mit russischem Migrationshintergrund) auf Subskalenebene zeigten signifikante Unterschiede der von den Erzieherinnen eingeschätzten Erzieherin-Eltern-Beziehung in den Bereichen Problemlösen ($F(2, 711) = 21.469$; $p = 0.000$) und Dialog mit den Eltern ($F(2, 711) = 9.721$; $p = 0.000$) zwischen den Familien mit und ohne Migrationshintergrund (Tab. 3, Werte grau unterlegt). Die Beziehung zu Eltern türkischer Herkunft wurde im Vergleich zu Eltern ohne Migrationshintergrund bei beiden Subskalen signifikant schlechter eingeschätzt; zu Eltern russischer Herkunft traten Unterschiede beim Problemlösen, jedoch nicht im Bereich Dialog mit Eltern auf. Keine Unterschiede fanden sich insgesamt für die Subskala Respekt ($F(2.711) = 1.474$; $p = 0.230$).

Bei Betrachtung der nach dem mütterlichen Bildungsgrad differenzierten Skalenwerte zeigte sich, dass die Erzieherin-Eltern-Beziehung, die in der Gruppe der Mütter mit türkischem Migrationshintergrund ohnehin die niedrigsten Werte aufwies, für diese Mütter sich nochmals schlechter darstellte, wenn die Mütter einen niedrigen Bildungsabschluss aufwiesen. In der Gruppe der Mütter mit russischem

**Tab. 3** Erzieherin-Eltern-Beziehung: Mittelwerte und Standardabweichung nach Migrationsgruppe und mütterlichem Bildungsgrad

|  |  | Problemlösen | Dialog mit Eltern | Respekt |
|---|---|---|---|---|
| *Mütter k. MH (n = 501)* |  | $4.49^a$ (0.61) | $4.31^a$ (0.64) | 4.74 (0.59) |
|  | Max. Abitur | 4.40 (0.66) | 4.26 (0.68) | 4.72 (0.52) |
|  | >Abitur | 4.57 (0.55) | 4.35 (0.60) | 4.75 (0.63) |
| *Mütter t. MH (n = 106)* |  | $4.05^b$ (0.86) | $4.00^b$ (0.72) | 4.64 (0.58) |
|  | Max. Hauptschulabschluss | 3.92 (0.90) | 3.99 (0.72) | 4.71 (0.47) |
|  | Mittlere Reife + Abitur | 4.10 (0.83) | 3.95 (0.74) | 4.55 (0.65) |
|  | >Abitur | 4.21 (0.88) | 4.27 (0.57) | 4.83 (0.44) |
| *Mütter r. MH (n = 107)* |  | $4.23^b$ (0.82) | $4.22^a$ (0.72) | 4.69 (0.58) |
|  | Max. Abitur | 4.29 (0.76) | 4.26 (0.75) | 4.70 (0.61) |
|  | >Abitur | 4.15 (0.79) | 4.16 (0.67) | 4.68 (0.53) |

*k. MH* kein Migrationshintergrund, *t. MH* türkischer Migrationshintergrund, *r. MH* russischer Migrationshintergrund; a und b kennzeichnen spaltenweise signifikante Mittelwertunterschiede zwischen den Gruppen ©

Migrationshintergrund hingegen nahm die Erzieherin-Eltern-Beziehungsquali-
tät bei höherem Bildungsabschluss (höher als Abitur versus maximal Abitur) ab,
während sich bei den Müttern ohne Migrationshintergrund ein entgegengesetztes
Muster zeigte. Der statistische Gruppenvergleich (ohne, türkischer, russischer
Migrationshintergrund) in der Gruppe der am höchsten formal gebildeten Mütter (>Abitur) ergab für die Skala Problemlösen bedeutsame Unterschiede ($F$(2,
24.631)$=6.314$; $p=0.006$).[3] Der Post-hoc Vergleich nach Games-Howell spezifi-
ziert, dass sich Mütter mit russischem Migrationshintergrund signifikant von den
Müttern ohne Migrationshintergrund unterscheiden. In den Skalen Dialog mit Eltern sowie Respekt gab es zwischen den hoch formal gebildeten Müttern keine
Unterschiede, d. h. unabhängig von der ethnischen Herkunft wurde die Erzieherin-Eltern-Beziehung gleichartig beurteilt.

## 5.2 Die Erzieherinnen-Kind-Beziehung aus der Perspektive der Erzieherinnen

Als ein weiteres Maß schätzten die Erzieherinnen die Qualität ihrer Beziehung
zum einzelnen Kind ein. Im Vergleich der Beziehungsqualität zwischen den Kindern mit türkischem, russischem und ohne Migrationshintergrund wurde die Erzieherin-Kind-Beziehung Kindern mit türkischem Migrationshintergrund gegenüber
geringfügig aber statistisch signifikant schlechter eingestuft ($F$(2, 711)$=3.623$;
$p=0.027$).

Die Unterscheidung nach mütterlichem Bildungsgrad innerhalb der drei Gruppen verdeutlicht auch bei der Erzieherin-Kind-Beziehung, dass bei Kindern von
Müttern mit türkischem Migrationshintergrund die Erzieherin-Kind-Beziehung
bei niedrigerer formaler Bildung der Mütter tendenziell niedriger bewertet wurde
(Tab. 4). Für die Kinder von Müttern mit russischem Migrationshintergrund zeigte
sich ein ähnliches Muster wie bei der Erzieherin-Eltern Beziehung: die Beziehung
zwischen Erzieherin und Kind wurde bei Kindern, deren Mütter eine formal höhere Bildung aufwiesen, niedriger eingeschätzt. Darüber hinaus erfuhren Kinder von
Müttern mit der formal höchsten Bildung keine Unterschiede in der Erzieherin-
Kind Beziehung, die auf ihre ethnische Herkunft zurückzuführen gewesen wäre.

In einer anschließenden Analyse wurde separat für jede der nach Migrationshintergrund und Bildungsabschluss spezifizierten Gruppen geprüft, inwiefern sich
Zusammenhänge zwischen beiden Beziehungsmaßen, der Erzieherinnen-Eltern-

---

[3] Aufgrund von Varianzheterogenität in den Gruppen wird die Test-Statistik des Welch-Test
berichtet.

**Tab. 4** Erzieherin-Kind-Beziehung: Mittelwerte und Standardabweichung nach Migrationshintergrund und mütterlichem Bildungsabschluss

|  |  | Erzieherin-Kind-Beziehung |
|---|---|---|
| *Mütter k. MH (n = 501)* |  | *4.35[a] (0.46)* |
|  | Max. Abitur | 4.33 (0.46) |
|  | >Abitur | 4.35 (0.46) |
| *Mütter t. MH (n = 106)* |  | *4.22[b] (0.45)* |
|  | Max. Hauptschulabschluss | 4.15 (0.53) |
|  | Mittlere Reife+Abitur | 4.25 (0.39) |
|  | >Abitur | 4.29 (0.43) |
| *Mütter r. MH (n = 107)* |  | *4.28[a] (0.55)* |
|  | Max. Abitur | 4.34 (0.48) |
|  | >Abitur | 4.19 (0.63) |

*k. MH* kein Migrationshintergrund, *t. MH* türkischer Migrationshintergrund, *r. MH* russischer Migrationshintergrund; a und b kennzeichnen signifikante Mittelwertsunterschiede
zwischen den Gruppen.©

**Tab. 5** Korrelationen zwischen Erzieherin-Eltern-Beziehung und Erzieherin-Kind-Beziehung

|  |  | EEB-Problem-lösen* EKB | EEB-Dialog* EKB | EEB-Respekt* EKB |
|---|---|---|---|---|
| *Mütter k. MH (n = 501)* |  | *0.51\*\** | *0.43\*\** | *0.34\*\*\** |
|  | Max. Abitur | 0.51\*\*\* | 0.37\*\*\* | 0.37\*\*\* |
|  | >Abitur | 0.51\*\*\* | 0.49\*\*\* | 0.32\*\*\* |
| *Mütter t. MH (n = 106)* |  | *0.39\*\** | *0.24\** | *0.38\*\** |
|  | Max. Haupt-schulabschluss | 0.58\*\*\* | 0.32\* | 0.56\*\* |
|  | Mittlere Reife+Abitur | 0.33\* | n.s. | 0.41\*\* |
|  | >Abitur | n.s. | n.s. | n.s. |
| *Mütter r. MH (n = 107)* |  | *0.53\*\** | *0.41\*\** | *0.34\*\** |
|  | Max. Abitur | 0.59\*\*\* | 0.51\*\*\* | 0.37\*\* |
|  | >Abitur | 0.51\*\* | 0.30\* | 0.32\* |

*EEB* Erzieherin-Eltern-Beziehung, *EKB* Erzieherin-Kind-Beziehung, *k. MH* kein Migrationshintergrund, *t. MH* türkischer Migrationshintergrund, *r. MH* russischer Migrationshintergrund
*$p < 0.05$; **$p < 0.01$; ***$p < 0.001$; *n.s.* nicht signifikant©

Beziehung und der Erzieherinnen-Kind-Beziehung zeigen. Es bestanden in fast
allen Gruppen bedeutsame positive Zusammenhänge zwischen der Erzieherin-
nen-Eltern-Beziehung und der Erzieherinnen-Kind-Beziehung (Tab. 5). Auffällig
ist, dass bei höherer formaler Bildung der Mütter die Zusammenhänge zwischen

der Erzieherin-Eltern-Beziehung und der Erzieherin-Kind-Beziehung in allen drei Gruppen geringer ausfielen. Lediglich in der Gruppe der Mütter ohne Migrationshintergrund zeigte sich in der Skala Dialog mit Eltern der umgekehrte Effekt: bei höherem mütterlichem Bildungsabschluss verstärkt sich auch der Zusammenhang zur Erzieherin-Kind-Beziehung.

## 5.3 Die Zufriedenheit der Eltern mit der Erzieherin hinsichtlich des Umgangs mit dem Kind und des Kontaktes mit den Eltern

Die Beziehungsqualität zwischen Erzieherinnen und Eltern spiegelte sich in der Zufriedenheit der Eltern mit der Kita wieder, die in der mündlichen Befragung der Mütter erfasst wurde. Auch wenn alle Mütter im Durchschnitt hohe Zufriedenheitswerte angaben, waren die befragten Mütter türkischer Herkunft unzufriedener mit dem Kontakt der Erzieherinnen zu den Eltern oder ihrem Umgang mit dem Kind als die anderen Mütter (Tab. 6). Im statistischen Mittelwertvergleich zeigt sich, dass die Eltern türkischer Herkunft mit dem Umgang der Erzieherinnen mit ihren Kindern signifikant weniger zufrieden sind als die Mütter ohne bzw. mit russischem Migrationshintergrund. Auch mit dem Kontakt der Erzieherinnen mit den Eltern sind die Mütter türkischer Herkunft zwar nicht statistisch signifikant ($p = 0.096$), aber dennoch tendenziell weniger zufrieden als Mütter der beiden anderen Gruppen. Differenziert nach Bildungsabschluss waren Mütter bei zuneh-

**Tab. 6** Zufriedenheit nach Migrationshintergrund und Bildungsabschluss

| | | Z: Umgang mit Kind | Z: Kontakt zu Eltern |
|---|---|---|---|
| *Mütter k. MH (n = 501)* | | *8.77[a] (1.48)* | *8.39 (1.75)* |
| | Max. Abitur | 8.84 (1.60) | 8.49 (1.93) |
| | >Abitur | 8.72 (1,37) | 8.31 (1.63) |
| *Mütter t. MH (n = 106)* | | *8.21[b] (1.98)* | *7.95 (2.24)* |
| | Max. Hauptschulabschluss | 8.24 (2.24) | 8.16 (2.15) |
| | Mittlere Reife + Abitur | 8.26 (1.75) | 7.89 (2.31) |
| | >Abitur | 7.83 (2.21) | 7.58 (2.35) |
| *Mütter r. MH (n = 107)* | | *8.78[a] (1.53)* | *8.35 (1.95)* |
| | Max. Abitur | 8.78 (1.66) | 8.43 (2.04) |
| | >Abitur | 8.77 (1.37) | 8.25 (1.83) |

*k. MH* kein Migrationshintergrund, *t. MH* türkischer Migrationshintergrund, *r. MH* russischer Migrationshintergrund; a und b kennzeichnen spaltenweise signifikante Mittelwertunterschiede zwischen den Gruppen.©

mendem Bildungsgrad weniger zufrieden. Am deutlichsten zeigte sich die Tendenz sinkender Zufriedenheit bei steigender formaler Bildung in der Gruppe der Mütter mit türkischem Migrationshintergrund. Unabhängig vom Migrationshintergrund unterschieden sich die Mütter mit höherem Abschluss als Abitur nicht hinsichtlich ihrer Zufriedenheit mit dem Umgang der Erzieherin mit dem Kind sowie hinsichtlich des Elternkontaktes.

## 5.4 Die Verantwortungszuschreibung für Bildung und Erziehung aus Elternperspektive

Werden die Mütter danach gefragt, wie stark sie sich selbst bzw. die Kita für die Bildung bzw. Erziehung ihrer Kinder verantwortlich sehen, so verorten alle Mütter unabhängig von ihrer Herkunft die stärkere Verantwortung bei den Eltern. Die Verantwortung der Kita wurde von allen geringer als die elterliche eingeschätzt. Es existieren keine statistisch signifikanten Unterschiede zwischen den drei Gruppen. Für die Untergruppen nach Bildungsabschluss lässt sich kein eindeutiges Muster identifizieren. Tendenziell schätzten Mütter mit russischem und Mütter ohne Migrationshintergrund, die über eine formal hohe Ausbildung verfügen, die Verantwortung der Kita etwas geringer ein als Mütter dieser Gruppen mit maximal einem Abitur als Bildungsabschluss. Hingegen schätzten Mütter mit türkischem Migrationshintergrund, wenn sie über höchstens einen Hauptschulabschluss verfügen, sowohl ihre eigene als auch die Verantwortung der Kita tendenziell als geringer ein als Mütter dieser Gruppe mit höheren Bildungsabschlüssen (Tab. 7).

**Tab. 7** Verantwortungszuschreibung nach Migrationshintergrund und Bildungsabschluss

|  |  | VZ: Eltern | VZ: Kita |
|---|---|---|---|
| *Mütter k. MH (n = 501)* |  | *3.89 (0.27)* | *3.30 (0.56)* |
|  | Max. Abitur | 3.88 (0.28) | 3.38 (0.55) |
|  | >Abitur | 3.90 (0.26) | 3.23 (0.56) |
| *Mütter t. MH (n = 106)* |  | *3.79 (0.51)* | *3.48 (0.58)* |
|  | Max. Hauptschulabschluss | 3.63 (0.73) | 3.34 (0.71) |
|  | Mittlere Reife+Abitur | 3.92 (0.24) | 3.58 (0.47) |
|  | >Abitur | 3.78 (0.39) | 3.49 (0.43) |
| *Mütter r. MH (n = 107)* |  | *3.90 (0.29)* | *3.44 (0.53)* |
|  | Max. Abitur | 3.89 (0.28) | 3.48 (0.53) |
|  | >Abitur | 3.92 (0.32) | 3.39 (0.54) |

*k. MH* kein Migrationshintergrund, *t. MH* türkischer Migrationshintergrund, *r. MH* russischer Migrationshintergrund©

# 6  Diskussion

In der in den letzten Jahren intensiv geführten öffentlichen und wissenschaftlichen Debatte um den Ausbau des U-3 Betreuungsangebotes wurde insbesondere bezogen auf Kinder mit Migrationshintergrund betont, dass diese von der frühen Förderung in Betreuungseinrichtungen profitieren könnten, da sie in ihren Familien keine ausreichende Förderung erführen. Damit wird der frühen Kindheit eine große Bedeutung für die weitere kognitive und sprachliche Entwicklung eines Kindes und den Kitas eine hohe Bildungsverantwortung zugeschrieben, oftmals aber ohne dabei die Bedingungen frühkindlicher Bildungsprozesse in den Kindertageseinrichtungen weiter zu berücksichtigen. Für gelingende Bildungs- und Erziehungsprozesse in der Kindertagesbetreuung spielen aber neben anderen Faktoren sowohl die Beziehung zwischen Eltern und Erzieherin als auch zwischen Erzieherin und Kind eine wichtige Rolle und werden in der (nicht migrationsbezogenen) Literatur entsprechend vielfach betont (Ahnert und Harwardt 2008; Baker 2006; Chung et al. 2005). Der vorliegende Beitrag konnte in einer Gruppe von Müttern 4-jähriger Kinder veranschaulichen, dass sich sowohl die Erzieherin-Eltern-Beziehung als auch die Erzieherin-Kind-Beziehung in Abhängigkeit des mütterlichen Migrationshintergrundes und Bildungsabschlusses unterschiedlich darstellte. Erzieherinnen schätzen die Erzieherin-Eltern Beziehung zu Eltern mit Migrationshintergrund, auch wenn insgesamt als positiv, dennoch als statistisch bedeutsam schlechter ein als zu Eltern ohne Migrationshintergrund. In den Gruppen zeichnete sich zudem die Verschiedenartigkeit in den erhobenen Maßen bei einer weiteren Unterscheidung nach mütterlichem Bildungsgrad ab. So fielen die Beurteilungen der Erzieherinnen zur Qualität der Erzieherin-Eltern-Beziehung wie auch der Erzieherin-Kind-Beziehung am niedrigsten aus für die Familien mit türkischem Migrationshintergrund, bei denen die Mütter über höchstens einen Hauptschulabschluss verfügten. Damit stellt sich die Beziehungsqualität als einer der die Lernbedingungen im vorschulischen Kontext beeinflussenden Faktoren gerade für die Kinder, für die im öffentlichen wie auch wissenschaftlichen Diskurs oft die größte Förderbedürftigkeit gesehen wird, im Vergleich zu den anderen als schlechter dar. Im Gegensatz dazu fällt die Beziehung der Erzieherinnen zu Eltern und Kindern mit russischem Migrationshintergrund bei höherer Bildung der Mutter weniger gut aus. Möglich ist, dass Mütter russischer Herkunft mit akademischer Bildung verstärkt einen lernorientierten Ansatz mit hohen Bildungsleistungen bereits im Vorschulalter (Dintsioudi in Vorb.) von der Kita erwarten, was weniger dem Selbstverständnis der Erzieherinnen entspricht. Andererseits zeigen die jüngsten Ergebnisse der NUBBEK-Studie, dass Eltern mit türkischem Migrationshintergrund sogar geringfügig höhere Ansprüche an eine bessere Vorbereitung ihrer Kinder auf die Schule durch den Kindergarten stellen als Eltern mit russischem Migrationshintergrund (Bensel et al. 2013).

Der Bildungshintergrund der Mütter wirkt sich je nach ethnischer Gruppe unterschiedlich auf die durch die Erzieherinnen eingeschätzte Beziehungsqualität aus. Die Unterschiede betreffen nicht den gegenseitigen Respekt sondern vorrangig die mit Problemlösen und Dialog bezeichneten Aspekte der Erzieherin-Eltern-Beziehung. Damit sind es direkte Zusammenarbeit mit den Eltern und der Austausch bezüglich der Entwicklung und der emotionalen Verfasstheit des Kindes, die bei Familien mit Migrationshintergrund im Allgemeinen und besonders bei Familien türkischer Herkunft mit einem geringeren mütterlichen Bildungsgrad als weniger gut eingeschätzt werden. Vor allem also da, wo es um Vertrauen zu den Eltern als Kooperationspartner in Problemfällen und den Austausch mit ihnen als kompetente Experten der Entwicklung ihrer Kinder geht, bestehen ethnische und bildungsbedingte Differenzen. Obwohl immer wieder Unterschiede in den Erziehungsorientierungen von Kita und Eltern mit Migrationshintergrund konstatiert werden, werden laut den vorliegenden Ergebnissen diese Eltern seltener nach ihren Vorstellungen und Vorschlägen bezüglich der Entwicklung ihrer Kinder gefragt. Eine kooperative und symmetrische Erzieherin-Eltern-Beziehung wäre im Sinne von Textor (2006) und Roth (2010) jedoch notwendig, um die Förderung der Kinder an ihren – auch von ihren Eltern eingeschätzten – Fähigkeiten, Interessen und Bedürfnissen auszurichten und eine Kontinuität im Erziehungsprozess zwischen Familien und Betreuungsinstitution herzustellen. Des Weiteren ergeben sich auch für die Erzieherin-Kind-Beziehung ähnliche Ergebnisse wie für die Erzieherin-Eltern-Beziehung. Die vorliegenden Auswertungen sind demnach konsistent mit Ergebnissen anderer Studien (Ahnert und Gappa 2008; Owen et al. 2000), wonach die Erzieherin-Eltern-Beziehung stark mit der Erzieherin-Kind-Beziehung korreliert. Nicht nur die Erzieherin-Eltern-Beziehung sondern auch die Erzieherin-Kind-Beziehung stellte sich vor allem bezogen auf Kinder mit türkischem Migrationshintergrund als statistisch bedeutsam niedriger dar. Auch hier zeigt sich, dass gerade diejenigen, für die eine besondere Förderbedürftigkeit betont wird, bezogen auf die Erzieherin-Kind-Beziehung ungünstigere frühkindliche Lern- und Entwicklungsbedingungen erfahren als andere Kinder. Die von der Erzieherin unterschiedlich beurteilte Erzieherin-Eltern sowie Erzieherin-Kind-Beziehung spiegelte sich auch in der Zufriedenheit der Eltern wider. Mütter mit türkischem Migrationshintergrund waren signifikant weniger mit dem Umgang der Erzieherinnen mit ihrem Kind und tendenziell auch weniger mit dem Kontakt der Erzieherinnen zu ihnen zufrieden. Die Differenzierung nach mütterlichem Bildungsgrad deutete zudem darauf hin, dass bei allen Müttern unabhängig vom ethnischen Hintergrund die Zufriedenheit mit steigendem Bildungsabschluss eher sinkt. Ein gleichartiges Befundmuster fanden auch Fantuzzo et al. (2006). Davon unbeeinträchtigt war, wie in vielen anderen Studien zur elterlichen Zufriedenheit mit der frühkindlichen Betreuung ihrer Kinder (Erdwins et al. 1998; Shpancer 1998; Teleki und Buck-Gomez 2002), die Zufriedenheit insgesamt jedoch als hoch angegeben worden.

Festzustellen war auch, dass Mütter mit türkischem Migrationshintergrund, keineswegs, wie häufig von Fachkräften vor vorgebracht, ihre Erziehungs- und Bildungsverantwortung an die Kitas delegieren. Vielmehr sahen sie ähnlich wie Mütter mit russischem und Mütter ohne Migrationshintergrund sich selbst am stärksten, und zusätzlich in etwas geringerer Ausprägung auch die Kita, in der Bildungs- und Erziehungsverantwortung. Vor allem sich selbst und nachgeordnet auch die Kita in der Verantwortung zu sehen, stellt eine gute Ausgangsbedingung für eine tatsächlich gleichberechtigte Erziehungs- und Bildungspartnerschaft dar. Einschränkend ist zu sagen, dass die vorgestellten Daten aufgrund der Stichprobenzusammensetzung lediglich Tendenzen aufzeigen konnten. In der Gruppe der Mütter ohne bzw. mit russischem Migrationshintergrund waren nur wenige Teilnehmerinnen mit niedrigen Bildungsabschlüssen vertreten, so dass die Differenzierung der Untergruppen sich als schwierig herausstellte. Demgegenüber ließ die Gruppe Mütter türkischer Herkunft eine stärkere Unterscheidung nach Bildungsabschlüssen zu, wobei wiederum hohe Bildungsabschlüsse seltener vertreten und daher die Untergruppen ungleich besetzt waren. Allerdings sind die unterschiedlichen Beurteilungen der Erzieherin-Eltern-Beziehung sowie der Erzieherin-Kind-Beziehung insbesondere bei der Differenzierung der Mütter mit türkischem Migrationshintergrund am deutlichsten, so dass weitere Studien mit einem ausgeglicheneren Spektrum an Bildungsabschlüssen in allen Gruppen angezeigt sind, um die hier aufgezeigten Ergebnisse zu vertiefen. Wenn der Kita ein besonderer Bildungsauftrag in Bezug auf Kinder mit Migrationshintergrund erteilt wird, dann sollte diese Aufgabe unter möglichst optimalen Bedingungen erfüllt werden, zu denen nicht nur eine positive und vertrauensvolle Beziehung zwischen Erzieherin und Kind sondern als auch damit einhergehend die Beziehung zwischen Erzieherin und Eltern gehört (Chung et al. 2005). Vorschläge und umfassende Ideen zur Verbesserung des gegenseitigen Verständnisses von Eltern und Fachkräften liegen dabei durchaus vor (Knopf und Swick 2007; Mendez 2010; Rothstein-Fisch et al. 2009). Sollen Eltern motiviert werden, ihre Kinder möglichst früh institutionell betreuen zu lassen, so ist unabhängig vom familiären Hintergrund (sei es hinsichtlich der ethnischen Zugehörigkeit und/oder des formalen Bildungsgrades) eine vertrauensvolle partnerschaftliche Beziehung zu den Personen, denen sie ihre Kinder anvertrauen sollen, notwendig.

# Literatur

Ahnert, L. (2010). *Wieviel Mutter braucht ein Kind?* Heidelberg: Spektrum.

Ahnert, L., & Gappa, M. (2008). Entwicklungsbegleitung in gemeinsamer Erziehungsverantwortung. In J. Maywald & B. Schön (Hrsg.), *Krippen: Wie frühe Betreuung gelingt* (S. 74–95). Weinheim: Beltz.

Ahnert, L., & Harwardt, E. (2008). Die Beziehungserfahrungen der Vorschulzeit und ihre Bedeutung für den Schuleintritt. *Empirische Pädagogik, 22*(2), 145–159.

Ahnert, L., Pinquart, M., & Lamb, M. E. (2006). Security of children's relationships with nonparental care providers: a meta-analysis. *Child Development, 74,* 664–679.

Apeltauer, E. (2006). Kooperation mit zugewanderten Eltern. *Flensburger Papiere zur Mehrsprachigkeit und Kulturenvielfalt im Unterricht,* Heft 40/41

Autorengruppe Bildungsberichterstattung. (Hrsg.). (2010). *Bildung in Deutschland 2010.* Bielefeld: Bertelsmann Verlag.

Autorengruppe Bildungsberichterstattung. (Hrsg.). (2012). *Bildung in Deutschland 2012.* Bielefeld: Bertelsmann Verlag.

Baker, J. A. (2006). Contributions of teacher-child relationships to positive school adjustment during elementary school. *Journal of School Psychology, 44*(3), 211–229. doi:10.1016/j.jsp.2006.02.002

Bauer, P., & Brunner, E. J. (2006). Elternpädagogik. Von der Elternarbeit zur Erziehungspartnerschaft. Eine Einführung. In P. Bauer & E. J. Brunner (Hrsg.), *Elternpädagogik. Von der Elternarbeit zur Erziehungspartnerschaft* (S. 7–19). Freiburg im Breisgau: Lambertus.

Bensel, J., Aselmeier, M., Agache, A., Haug-Schnabel, G., Kalicki, B., Leyendecker, B., & Martinet, F. (2013). Betreuungsgeschichte und aktuelle Betreuungssituation. In W. Tietze, F. Becker-Stoll, J. Bensel, A. G. Eckhardt, G. Haug-Schnabel, B. Kalicki, H. Keller, & B. Leyendecker (Hrsg.), *NUBBEK – Nationale Untersuchung zur Bildung, Betreuung und Erziehung in der frühen Kindheit* (S. 37–67). Weimar: Verlag das Netz.

Böhm, D., Böhm, R., & Deiss-Niethammer, B. (1999). *Handbuch Interkulturelles Lernen. Theorie und Praxis für die Arbeit in Kindertageseinrichtungen.* Freiburg im Breisgau: Herder.

Brock, I. (2012). *Frühpädagogischen Fachkräfte und Eltern. Psychodynamische Aspekte der Zusammenarbeit.* München: DJI/WIFF.

Chung, L.-C., Marvin, C. A., & Churchill, S. L. (2005). Teacher factors associated with preschool teacher-child relationships: teaching efficacy and parent-teacher relationships. *Journal of Early Childhood Teacher Education, 25,* 131–142

De Gioia, K. (2013). Cultural negotiation: Moving beyond a cycle of misunderstanding in early childhood settings. *Journal of Early Childhood Research, 11*(2), 108–122. doi: 10.1177/1476718X12466202

Dintsioudi, A. (in Vorb.). *Family migration and its impact on socializing children: A comparative study of Russian-Jewish mothers and grandmothers in different contexts of living.* Unveröffentlichte Dissertation, Universität Osnabrück.

Erdwins, C. J., Casper, W. J., & Buffardi, L. C. (1998). Child care satisfaction: The effects of parental gender and type of child care used. *Child & Youth Care Forum, 27*(2), 111–123. doi:10.1007/BF02589546

Ewing, A. R., & Taylor, A., R. (2009). The role of child gender and ethnicity in teacher-child relationship quality and children's behavioral adjustment in preschool. *Early Childhood Research Quarterly, 24*(1), 92–105. doi:10.1016/j.ecresq.2008.09.002

Fantuzzo, J., Perry, M. A., & Childs, S. (2006). Parent satisfaction with Educational Experiences scale: A multivariate examination of parent satisfaction with early childhood education programs. *Early Childhood Research Quarterly, 21*(2), 142-152. doi: 10.1016/j.ecresq.2006.04.002

Flöter, M., Egert, F., Lee, H.-J., & Tietze, W. (2013). Kindliche Bildung und Entwicklung in Abhängigkeit von familiären und außerfamiliären Hintergrundfaktoren. In W. Tietze, F. Becker-Stoll, J. Bensel, A. G. Eckhardt, G. Haug-Schnabel, B. Kalicki, H. Keller, & B. Leyendecker (Hrsg.), *NUBBEK – Nationale Untersuchung zur Bildung, Betreuung und Erziehung in der frühen Kindheit* (S. 107–137). Weimar: Verlag das Netz.

Friedrich, T. (2011). *Zusammenarbeit mit Eltern – Anforderungen an frühpädagogische Fachkräfte*. München: DJI/WIFF.

Fröhlich-Gildhoff, K. (2013). Kooperation von Familien und familienergänzenden Einrichtungen. In M. Stamm & D. Edelmann (Eds.), *Handbuch frühkindliche Bildungsforschung* (pp. 357-371). Wiesbaden: Springer.

Gaitanides, S. (2007). *„Man müsste mehr voneinander wissen!" Umgang mit kultureller Vielfalt im Kindergarten*. Frankfurt/Main: Fachhochschulverlag.

Hughes, J. N., Gleason, K. A., & Zhang, D. (2005). Relationship influences on teachers' perceptions of academic competence in academically at-risk minority and majority first grade students. *Journal of School Psychology, 43*(4), 303–320. doi:10.1016/j.jsp.2005.07.001

Hughes, J. N., & Kwok, O.-M. (2007). Influence of student-teacher and parent-teacher relationships on lower achieving readers' engagement and achievement in the primary grades. *Journal of Educational Psychology, 99*(1), 39–51. doi:10.1037/0022–0663.99.1.39

Iruka, I. U., Winn, D.-M. C., Kingsley, S. J., & Orthodoxou, Y. J. (2011). Links between parent-teacher relationships and kindergartners' social skills: Do child ethnicity and family income matter? *The Elementary School Journal, 111*(3), 387–408. doi:10.1086/657652

Knopf, H. T., & Swick, K. J. (2007). How parents feel about their child's teacher/school: Implications for early childhood professionals. *Early Childhood Education Journal, 34*(4), 291–296. doi:10.1007/s10643–006-0119–6

Leyendecker, B., Harwood, R. L., Comparini, L., & Yalçınkaya, A. (2005). Socioeconomic status, ethnicity, and parenting. In T. Luster & L. Okagaki (Hrsg.), *Parenting: An ecological perspective* (2. Aufl., S. 319–341). Mahwah: Erlbaum.

Meehan, B. T., Hughes, J. N., & Cavell, T. A. (2003). Teacher-student relationships as compensatory resources for aggressive children. *Child Development, 74*(4), 1145–1157. doi: 10.1111/1467–8624.00598

Mendez, J. L. (2010). How can parents get involved in preschool? Barriers and engagement in education by ethnic minority parents of children attending Head Start. *Cultural Diversity and Ethnic Minority Psychology, 16*(1), 26–36. doi: 10.1037/a0016258

Otyakmaz, B. Ö. (2007). *Familiale Entwicklungskontexte im Kulturvergleich*. Lengerich: Pabst.

Otyakmaz B. Ö., & Westphal M. (2013). Außerfamiliäre Betreuung von Kindern mit Migrationshintergrund: Der wissenschaftliche Diskurs um institutionelle Kindertagesbetreuung im Kontext von Migration. In M. A. Wolf, E. Dietrich-Daum, E. Fleischer, & M. Heidegger (Hrsg.), *Child Care: Kulturen, Konzepte und Politiken der Fremdbetreuung von Kindern* (S. 98–116). Weinheim und Basel: Beltz Juventa.

Owen, M. T., Ware, A. M., & Barfoot, B. (2000). Caregiver-mother partnership behavior and the quality of caregiver-child and mother-child interactions. *Early Childhood Research Quarterly, 15*(3), 413–428.

Pianta, R. C., & Stuhlmann, M. W. (2004). Teacher-child relationships and children's success in the first years of school. School Psychology Review, 33, 444–458.

Regionalverband Ruhr. (Hrsg.). (2012). Bildungsbericht Ruhr. Münster: Waxmann.

Roth, X. (2010). Handbuch Bildungs- und Erziehungspartnerschaft. Zusammenarbeit mit Eltern in der Kita. Freiburg im Breisgau: Herder.

Rothstein-Fisch, C., Trumbull, E., & Garcia, S. G. (2009). Making the implicit explicit: Supporting teachers to bridge cultures. Early Childhood Research Quarterly, 24(4), 474–486. doi:10.1016/j.ecresq.2009.08.006

Sachverständigenrat deutscher Stiftungen für Integration und Migration (SVR) GmbH. (Hrsg.). (2013). Hürdenlauf zur Kita: Warum Eltern mit Migrationshintergrund ihr Kind seltener in die frühkindliche Tagesbetreuung schicken. Berlin. http://www.svr-migration. de/wp-content/uploads/2014/03/SVR_FB_Huerdenlauf-zur-Kita_Web.pdf. Zugegriffen: 13. Juni 2013

Shpancer, N. (1998). Caregiver–parent relationships in daycare: A review and re-examination of the data and their implications. Early Education and Development, 9(3), 239–259. doi:10.1207/s15566935eed0903_3

Şıkcan, S. (2008). Zusammenarbeit mit Eltern: Respekt für jedes Kind – Respekt für jede Familie. In P. Wagner (Hrsg.), Handbuch Kinderwelten – Vielfalt als Chance – Grundlagen einer vorurteilsbewussten Bildung und Erziehung (S. 184–202). Freiburg im Breisgau: Herder.

Teleki, J. K., & Buck-Gomez, S. (2002). Child care and early education: Satisfaction with services among rural families. Early Childhood Education Journal, 29(3), 161–166. doi:10.1023/A:1014532524941

Textor, M. R. (2006). Elternarbeit. In R. Pousset (Hrsg.), Handbuch für Erzieherinnen und Erzieher (S. 99–102). Weinheim: Beltz.

Thijs, J., & Eilbracht, L. (2012). Teachers' perceptions of parent-teacher alliance and student-teacher relational conflict: Examining the role of ethnic differences and „disruptive" behavior. Psychology in the Schools, 49(8), 794–808. doi:10.1002/pits.21635.

Tietze, W., Becker-Stoll, F., Bensel, J., Eckhardt, A. G., Haug-Schnabel, G., Kalicki, B., Keller, H., & Leyendecker, B. (Hrsg.). (2013). NUBBEK – Nationale Untersuchung zur Bildung, Betreuung und Erziehung in der frühen Kindheit. Weimar: Verlag das Netz.

Vickers, H. S., & Minke, K. M. (1995). Exploring parent-teacher relationships: Joining and communication to others. School Psychology Quarterly, 10(2), 133–150.

Westphal, M. (2009). Interkulturelle Kompetenzen als Konzept der Zusammenarbeit mit Eltern, In S. Fürstenau & M. Gomolla (Hrsg.), Migration und schulischer Wandel: Elternbeteiligung (S. 89–105). Wiesbaden: VS Verlag für Sozialwissenschaften.

Wong, S. W., & Hughes, J. N. (2006). Ethnicity and language contributions to dimensions of parent involvement. School Psychology Review, 35(4), 645–662.

# Elternpartizipation in der Kita von Eltern mit und ohne Migrationshintergrund

Diana Sahrai

## 1 Einleitung

Seit einigen Jahren sind Kindergärten und Kindertagesstätten[1] zunehmend ins Blickfeld öffentlicher, wissenschaftlicher und politischer Diskussionen gerückt. Diese relativ neue und zunehmende Popularität von Kindertagesstätten ist ganz unterschiedlichen Entwicklungen geschuldet. Die wahrscheinlich wichtigste Ursache ist dabei *erstens* die nun vor mehr als 10 Jahren veröffentlichen Ergebnisse der ersten Pisa-Studien über das schlechte Abschneiden deutscher Schülerinnen und Schüler im internationalen Vergleich. Um diese schlechten Ergebnisse in Zukunft nachhaltig zu verbessern, sind – neben anderen Maßnahmen wie etwa der Einführung von Ganztagsschulen oder des Zentralabiturs – Kindertagesstätten in den Fokus bildungspolitischer Bemühungen geraten. Insbesondere Kindern aus sozial benachteiligten Familien und Kindern mit Migrationshintergrund soll eine frühere institutionelle Bildung zu besseren Bildungschancen verhelfen. Für Kinder mit Migrationshintergrund soll die Kita zudem zur frühen Sprachförderung und zur besseren gesellschaftlichen Integration beitragen.

---

[1] In den folgenden Ausführungen werden die Begriffe Kindergarten, Kindertagesstätte und Kita synonym verwendet.

---

D. Sahrai (✉)
Institut für Spezielle Pädagogik und Psychologie, Fachhochschule Nordwestschweiz,
Pädagogische Hochschule, Steinentorstrasse 30, 4051 Basel, Schweiz
E-Mail: diana.sahrai@fhnw.ch

© Springer Fachmedien Wiesbaden 2015
B. Ö. Otyakmaz, Y. Karakaşoğlu (Hrsg.), *Frühe Kindheit in der Migrationsgesellschaft*, DOI 10.1007/978-3-658-07382-4_11

Zeitlich etwa parallel sind *zweitens* insbesondere in der Öffentlichkeit Diskussionen entfacht über Eltern, die ihre Erziehungsaufgaben nicht genügend wahrnehmen können, über Fälle von familialer Vernachlässigung und Misshandlung und in diesem Zusammenhang Forderungen nach entsprechenden Maßnahmen bzw. der Unterstützung von Eltern. Auch hier standen insbesondere Eltern aus sozial benachteiligten Familien im Fokus. Neben einem breiten Boom von Elternedukationsprogrammen wie z. B. Starke Kinder, starke Eltern, STEP, Tripple P, oder Eltern-AG sowie Erziehungssendungen wie Super Nanny sind auch in diesem Kontext Kindertagesstätten als wichtige Erziehungsorte in den Vordergrund gerückt. Dabei sollen Kitas eine stärkere Kontrollfunktion in Bezug auf die frühzeitige Entdeckung von evtl. Vernachlässigungen und Misshandlungen von Kindern erhalten (Rabe-Kleberg und Damrow 2012) und andererseits aber Eltern bei ihren Erziehungsaufgaben stärker unterstützen und gleichzeitig kompensatorisch wirken. Kitas sollen in diesem Zusammenhang die Elternzusammenarbeit stärken, um vor allem sozial benachteiligte Eltern und Migranteneltern in der Erziehung besser zu unterstützen. In diesem Rahmen werden in den letzten Jahren Bemühungen von Kitas, sich in Familienzentren zu verwandeln, staatlich gefördert.

*Drittens* ist die Kita als spezifischer und besonders geeigneter Ort der Gesundheitsförderung und Prävention (wieder-)entdeckt worden, ebenfalls mit der Idee, bei der Herausbildung von gesundheitsförderlichen Lebensstilen oder Präferenzstrukturen möglichst früh durch Förderung und Erziehung anzusetzen (Altgeld 2004; Hurrelmann 2006). Und auch hier werden Eltern aus sozial benachteiligten Elterngruppen als besonders vulnerable Gruppe angesehen, die durch die Bemühungen der Gesundheitsförderung in und durch Kitas speziell profitieren würden.

Aufgrund des jungen Alters der Kindergartenkinder spielen Eltern in all den genannten Bereichen eine wesentliche Rolle und sind somit genauso Adressaten von Bildungs-, Erziehungs-, und Gesundheitsförderungsbemühungen durch die Institutionen wie die Kinder selbst. Damit ist die institutionelle Schnittstelle der Zusammenarbeit mit Eltern adressiert. Genau in diesem Kontext wurde in den letzten Jahren die Kita von Initiativen, Programmen und Projekten, die das Ziel haben, Eltern in der Erziehung zu stärken und Erziehungs-, Bildungs- und Gesundheitsfragen zu unterstützen und zu beraten, zunehmend als Handlungsfeld entdeckt.

Wie oben bereits erwähnt, werden sozial benachteiligte Eltern und Eltern mit Migrationshintergrund als wichtige und besondere Zielgruppen angesehen, die von solchen Bemühungen profitieren sollen. Dem liegt die Annahme zu Grunde, dass Eltern aus diesen beiden sozialen Gruppen *erstens* über einen schlechteren Bildungs- und Gesundheitsstatus verfügen und größere Unterstützung in der Erziehung bedürfen. *Zweitens* gilt das Präventionsdilemma, das den Umstand bezeichnet, dass die Gruppen, die am ehesten von Maßnahmen der Gesundheitsförderung[2] profitieren würden, am wenigsten durch diese erreicht würden (Bauer 2005, 2006; Bauer und Bittlingmayer 2005, 2012).

Um diesem Präventionsdilemma zu begegnen und bislang schwer erreichbare Gruppen besser zu erreichen, sind ganz unterschiedliche Strategien erprobt worden. Als besonders vielversprechend geltend dabei zwei Strategien: der sogenannte Settingansatz (Altgeld 2004; Rosenbrock 2005) und ein zielgruppenspezifischer Zugang (Bauer und Bittlingmayer 2012; Sahrai 2009).

Im hier vorliegenden Beitrag werden die Ergebnisse eines Projektes vorgestellt, in dem es u. a. darum ging die Erreichbarkeit von bislang schwer erreichbaren Elterngruppen in Kindertagesstätten zu untersuchen. Dazu wird in einem ersten Schritt das Projekt BEEP (Bielefelder Evaluation von Elternedukationsprogrammen) und insbesondere das Teilprojekt, das konkreter das Thema Elternpartizipation in Kitas adressiert, kurz vorgestellt. In einem zweiten Schritt werden Analysestrategie, Design und Methoden beschrieben. Anschließend werden einige Ergebnisse aus der Studie präsentiert und im Anschluss diskutiert. Die Fragestellung des vorliegenden Beitrages fokussiert dabei die Elternpartizipation von Eltern mit und ohne Migrationshintergrund in Kitas. Um kulturalisierende Biaseffekte zu vermeiden, wird der soziale Hintergrund von allen Eltern mit in die statistischen Analysen einbezogen. Auf der Grundlage der vorliegenden Daten wird analysiert, inwieweit Eltern Angebote der Elternbeteiligung in Kitas wahrnehmen, welches die Gründe für die evtl. geringe Teilnahme sind und ob hier gruppenspezifische Differenzen nach Schicht und Migrationshintergrund vorliegen. Ferner werden einige Erwartungen von Eltern an die Kita vorgestellt, nach Migrationshintergrund und sozialer Schichtzugehörigkeit differenziert betrachtet und dem Selbstverständnis der Institution Kita gegenüber gestellt.

---

[2] In der Public Health ist das Konzept der Gesundheitsförderung ein normativ hoch anspruchsvolles Konzept, das insbesondere durch die Ottawa-Charta zur Gesundheitsförderung Bekanntheit und Verbreitung erlangt hat. Dabei wird ein Verständnis von Gesundheit zu Grunde gelegt, das nicht nur die Abwesenheit von Krankheit bedeutet, sondern selbst zum positiven Konzept wird und sehr weit gefasst wird. Gesundheitsförderung ist entsprechend ein ganzheitliches Konzept, das alle Lebensbereiche und alle Politikbereiche tangiert und auf der Mikro-, Meso- und Makroebene ansetzen soll (WHO 1984). In diesem erweiterten Verständnis gehören auch Programme der Elternbildung, Unterstützung in der Erziehung und eine gelingende Elternpartizipation und eine gute frühe Bildung zum Themenkomplex der Gesundheit (Hurrelmann et al. 2013; Hartung et al. 2010; Marzinzik und Kluwe 2009).

## 2    Das Projekt BEEP[3] – Bielefelder Evaluation von Elternedukationsprogrammen

Das Projekt BEEP bestand aus insgesamt drei Teilprojekten, in denen in drei verschiedenen Settings (KITA, Schule, Kommune), Elternbildungsprogramme (im weitesten Sinn) unter besonderer Berücksichtigung der Erreichbarkeit von sozial benachteiligten Gruppen und Migrantengruppen evaluiert wurden. In einem Teilprojekt wurde das Elterntraining „STEP" evaluiert und wissenschaftlich begleitet (Kluwe 2011), im zweiten Teilprojekt ging es um die schulische Elternarbeit des Kompetenzförderprogramms „Erwachsen werden" (Hartung 2014). Im Rahmen des Settings Kita untersuchte ein drittes Teilprojekt das Projekt „Mit dem U-Boot auf Gesundheitskurs", das Erzieherinnen und Erzieher und Eltern für die Inhalte der Früherkennungsuntersuchungen U8/U9 sensibilisiert (Sahrai 2011). Das Hauptziel des BEEP-Projektes war es, die drei Programme daraufhin zu untersuchen, ob sie durch die Anbindung in ein Setting bislang schwer erreichbare Elterngruppen besser erreichen und welche die ermöglichenden und behindernden Faktoren sind, die eine Programmimplementierung in den jeweiligen Settings beeinflussen (Hartung et al. 2010).

Der hier vorliegende Beitrag bezieht sich auf das dritte Teilprojekt, das das Setting Kita untersucht hat. Dabei werden an dieser Stelle nicht die Evaluationsergebnisse einzeln vorgestellt, sondern einige erweiternde Fragestellungen der Untersuchung, die sich auf die Partizipation von Eltern im Setting Kita bezogen.

## 3    Analytischer Zugang und Datenbasis

### 3.1    Datenbasis

Datengrundlage für die weiteren Analysen bilden zwei Befragungen von Eltern, deren Kinder im Alter zwischen 3 und 6 Jahren den Kindergarten besucht haben. Der Zugang zu den Eltern fand über die Kitas statt. Die Erhebungen wurden in zwei großen Städten im Rheinland zu zwei Messzeitpunkten 2007 und 2008 durchgeführt. Bei der Auswahl der Kitas wurde u. a. auf die sozialstrukturelle Zusam-

---

[3] Das Projekt BEEP wurde von 2006–2009 in der Universität Bielefeld, Fakultät für Gesundheitswissenschaften unter der Leitung von Klaus Hurrelmann durchgeführt. Finanziert wurde das Projekt im Rahmen der zweiten Präventionsausschreibung des BMBF. Projektmitarbeitende neben der Autorin waren Uwe H. Bittlingmayer, Susanne Hartung, Sabine Kluwe und Kordula Marzinzik. Beteiligt am Projekt waren zudem Elisabeth Blanz, Tuba Hastaoglu, Melanie Lutz, Irene Moor, Yulika Ogawa-Müller und Eva Trompetter.

mensetzung (nach Stadtteilen), Migrationshintergrund und Träger geachtet. Die Stichprobenzusammensetzung war demnach nicht zufällig, sondern systematisch gewählt. In der ersten Welle haben insgesamt 781 Eltern geantwortet, nach Bereinigung der Daten und der Bildung einer Schicht- und Migrationsvariable(s. u.) besteht der Datensatz der ersten Welle aus N = 635 Fällen. In der zweiten Welle der Befragung, an der insgesamt 32 Kitas teilgenommen haben, haben insgesamt 548 Eltern die Fragebögen beantwortet, nach Bereinigung und der Erstellung einer Schicht- und Migrationsvariable bleiben hier insgesamt N = 435 Fälle für weitere Auswertungen. Der Rücklauf war bei beiden Befragungen ca. 50 %. Ergänzend wurden qualitative Interviews mit Eltern und Kindergartenleitungen sowie teilnehmende Beobachtungen durchgeführt. Im vorliegenden Beitrag werden jedoch nur die quantitativen Daten berücksichtigt. Insgesamt hatten in beiden Wellen etwa ein Drittel der Befragten einen Migrationshintergrund und etwa zwei Drittel gehörten zur autochthonen Gruppe an. In beiden Wellen wurden weit über 90 % der Fragebögen von Frauen ausgefüllt, von daher wurden weitere genderspezifische Auswertungen als nicht sinnvoll erachtet.

## 3.2 Die Konstruktion der unabhängigen Variablen

Auch wenn auf theoretischer Ebene immer wieder betont wird, dass sowohl die Schichtzugehörigkeit als auch der Migrationshintergrund zentrale sozialwissenschaftliche Dimensionen sind, die immer zusammen betrachtet werden sollten, wird, insbesondere in der deutschen bzw. deutschsprachigen gesundheitswissenschaftlichen und sozialepidemiologischen Forschung, aber häufig auch in der Migrations-, Ungleichheits- und Bildungssoziologie bei empirischen Untersuchungen, eine Trennung zwischen Analysen des Einflusses von Schicht, Klasse oder Milieu auf der einen Seite sowie Analysen des Einflusses ethnisch-kultureller und migrationsspezifischer Differenzen auf der anderen Seite vollzogen (Spallek und Razum 2008; Diefenbach 2008; Deutsches Pisa-Konsortium 2002). Eine differenzierte empirische Analyse unter Berücksichtigung beider Dimensionen erfolgt kaum. Explizites Ziel der Kita-Untersuchung im Rahmen des BEEP Forschungsprojekts war es, den Migrationshintergrund[4] der Eltern sensibel zu berücksichtigen, aber nicht gegen die Ressourcenausstattung auszuspielen, sondern beide strukturellen Einflussgrößen – Sozialstruktur und Migrationshintergrund – gleichermaßen zu beachten. Aus diesem Grund wurde eine *zweidimensionale Auswertungsstrategie*

---

[4] Zur empirischen Bestimmung des Konstrukts Migrationshintergrund für statistische Zwecke s. Diefenbach und Weiß 2005.

| | Unterschicht | Mittelschicht | Oberschicht | Gesamt |
|---|---|---|---|---|
| Kein Migrationshintergrund/ autochthone Gruppe | 15,0% | 50,0% | 35,0% | 100,0% N=412 |
| Migrationshintergrund | 26,0% | 57,0% | 17,0% | 100,0% N=223 |

**Abb. 1** Migration und Schicht 1. Welle, Gesamt $N=635$; Reihenprozente (Da es kaum Differenzen in der Verteilung nach Schicht und Migration zwischen der ersten und zweiten Erhebungswelle gibt, werden an dieser Stelle aufgrund der Überschaubarkeit nur die Werte für die erste Welle aufgeführt.) ©

gewählt. Somit werden hier die Faktoren Migration und soziale Schicht nicht gegeneinander ausgespielt, sondern werden als analytisch unabhängige, jedoch empirisch vermittelte Dimensionen behandelt. Damit soll ein für die Untersuchung des Gegenstandes notwendiger, sowohl im theoretischen als auch im methodologischen und methodischen Sinn, intersektioneller Zugang verfolgt werden (Winker und Degele 2009).

Um diese Analysestrategie empirisch umzusetzen, wurden in einem ersten Schritt ein Schichtindex auf der Grundlage der Angaben zu Bildung, Beruf und Einkommen mit insgesamt drei Schichten (Unterschicht, Mittelschicht, Oberschicht) sowie ein Migrationsindex nach Migrationshintergrund und ohne Migrationshintergrund gebildet[5]. In einem zweiten Schritt wurden diese beiden Indices zusammengefasst, sodass dabei insgesamt sechs unterschiedliche Gruppen entstanden sind. Abbildung 1 zeigt die Anteile der sechs sozialen Gruppen in der Gesamtpopulation in der Erhebungswelle.

Die Daten zeigen, dass Migranten zwar signifikant häufiger die niedrigeren Positionen in der sozialen Hierarchie einnehmen; von einer „ethnischen Unterschichtung" der deutschen Sozialstruktur (zuerst Hoffmann-Novotny 1973; aktueller Vester et al. 2001), kann hier jedoch nicht ausgegangen werden. Diese Verteilung der Migranten entlang der Sozialstruktur kann auch durch die Angaben etwa des Mikrozensus oder des Bildungsberichts bestätigt werden. Damit ist die häufig implizite Gleichsetzung von sozialstruktureller Ressourcenschwäche mit Migrationshintergrund nicht möglich. Vielmehr soll es in den weiteren Ausführungen darum gehen zu untersuchen, ob und inwieweit sich in einzelnen Bereichen in Zusammenhang mit Elternpartizipation in Kitas nach Schicht und Migration Unterschiede feststellen lassen, etwa ob und inwieweit sich Menschen aus der unteren

---

[5] Zur genaueren methodischen Beschreibung s. Sahrai 2011.

sozialen Schicht nach Migrationshintergrund unterscheiden oder etwa ob es Formen der Partizipation gibt, die für alle Migranten unabhängig von der sozialen Schicht gelten. Diese intersektionelle Auswertungsstrategie wird allen folgenden Berechnungen zu Grunde liegen.

## 4 Elternpartizipation im Kita

Es ist unbestritten, dass eine gute Zusammenarbeit zwischen den Erzieherinnen und Erziehern und Eltern für eine gute und gesunde frühkindliche Entwicklung ganz besonders förderlich ist. Die Zusammenarbeit zwischen Eltern und den Erziehungspersonen in Kindergärten und Kindertagesstätten ist zudem in der Bundesrepublik gesetzlich festgeschrieben. Im Gesetz- und Verordnungsblatt des Landes NRW heißt es z. B.: „In jeder Kindertageseinrichtung werden zur Förderung der Zusammenarbeit von Eltern, Personal und Träger die Elternversammlung, der Elternbeirat und der Rat der Kindertageseinrichtungen gebildet". Im selben Paragraphen wird festgehalten: „die Eltern haben einen Anspruch auf eine regelmäßige Information über den Stand des Bildungs- und Entwicklungsprozesses ihres Kindes" (Landtag Nordrhein-Westfalen 2007, S. 462, § 9). Eltern und Erzieherinnen und Erzieher bilden eine Erziehungspartnerschaft in der Art, die das Wohl des Kindes in den Vordergrund stellt und für die Entwicklung des Kindes förderlich ist. Die Zusammenarbeit zwischen Eltern und Erzieherinnen und Erziehern ist also mehr als freiwillig. Die Schwierigkeit bei vielen Tageseinrichtungen ist jedoch, wie in der Praxis häufig beklagt, dass vor allem Eltern aus schulbildungsfernen Familien und aus Migrantenfamilien an Veranstaltungen der Kita seltener teilnehmen.

Wir waren daran interessiert dieses aus der Praxis vereinzelt bekannte Phänomen einer empirischen Überprüfung zu unterziehen. Im Projekt wurden Eltern gefragt an welchen Veranstaltungen der Kita ihres Kindes sie am häufigsten teilnehmen. In diesem Abschnitt sollen die empirischen Ergebnisse dieser Fragebatterie vorgestellt und nach der dieser Studie zu Grunde liegenden Heuristik nach den zwei Dimensionen Schichtzugehörigkeit und Migrationshintergrund differenziert analysiert werden. Die Befragung soll Aufschluss darüber geben, ob sich hier migrations- bzw. schichtspezifische Differenzen im Hinblick auf die Inanspruchnahme von Veranstaltungen ergeben. In einem zweiten Schritt wird dann genauer auf die von den Eltern genannten Ursachen ihrer Nicht-Teilnahme eingegangen.

## 4.1    Angebote der Elternpartizipation

In einem ersten Schritt wollten wir einen Überblick darüber bekommen, welche Veranstaltungen und Aktivitäten in den Kindergärten und Kindertagesstätten
überhaupt angeboten werden und wie häufig diese von den Eltern in Anspruch
genommen werden. Verwendet wurde dazu ein Instrument, in dem insgesamt 15
Aktivitäten und Veranstaltungen der Kindertagesstätten (Elternabende, interkulturelle Feste, Weihnachtsfeier etc.) benannt wurden. Ziel dieser Herangehensweise
war es, das aus der Praxis bekannte Phänomen, dass gerade schulbildungsferne
Eltern und Eltern mit Migrationshintergrund stärker an informellen Veranstaltungen wie Kindergartenfesten etc. teilnehmen aber weniger an formelleren Veranstaltungen wie Elternabenden, differenzierter betrachten zu können.

Vorab lässt sich sagen, dass den Eltern eine große Auswahl an Partizipations-
möglichkeiten in den befragten Kitas zur Verfügung steht. So geben fast 100 %
der Eltern an, dass in ihre Kita Kindergartenfeste, Elternabende, Weihnachts-
und Osterfeste, Ausflüge oder Flohmärkte angeboten werden. Auch Formen der
Partizipation außerhalb organisierter Veranstaltungen wie z. B. Beteiligung am
Kindergartenalltag oder die Beteiligung an wichtigen Entscheidungen findet nach
Angaben der befragten Eltern zu etwa Dreiviertel der Fälle in den Kitas statt.
Bemerkenswert aus der Perspektive einer migrationssensiblen Elternpartizipation
ist, dass knapp 60 % der Eltern angeben, dass in der Kita ihres Kindes interkulturelle Feste stattfinden. Und bei genau einem Drittel ist davon auszugehen, dass in
den Kitas Deutschkurse angeboten werden. Diese zwei letzten Ergebnisse sind besonders bedeutsam, weil sie zeigen, dass Kindertagesstätten in der Praxis bereits
sehr wohl auf eine gestiegene kulturelle und ethnische Heterogenität ihrer Klientel
reagiert haben. Ähnliche Ergebnisse gehen auch aus unseren Experteninterviews
mit Kitaleitungen hervor, sodass Kitas mit einem hohen Anteil von Migranten
ihren Alltag und die Organisation auf verschiedene Art und Weise bereits an die
jeweiligen Elterngruppen angepasst haben.

Die bisherigen Ergebnisse lassen jedoch keine Schlüsse darüber zu, ob und
wie häufig in den betreffenden Kitas diese Partizipationsmöglichkeiten tatsächlich
beansprucht werden. In welcher Form welche Veranstaltungen von welchen Elterngruppen tatsächlich in Anspruch genommen werden und ob es je nach Art der
Partizipation oder Veranstaltung Differenzen entlang der Schichtzugehörigkeit und
dem Migrationshintergrund der Eltern gibt, soll deshalb Gegenstand des nächsten
Abschnitts sein.

## 4.2 Gruppendifferenzierte Betrachtung der Elternpartizipation

Im folgenden Abschnitt wird genauer die Partizipation der Eltern an den einzelnen Angeboten der Kita dargestellt. Die differenzierte Untersuchung soll zeigen, an welchen Veranstaltungstypen welche Eltern stärker teilnehmen bzw. diese weniger in Anspruch nehmen und ob hier signifikante Differenzen festzustellen sind.

Erste Berechnungen zeigen, dass es in den allermeisten Bereichen *keine* signifikanten Unterschiede nach Schicht und Migration gibt. So sind nach den hier vorliegenden Daten keine signifikanten Unterschiede der Teilnahme in den Bereichen Informationsveranstaltungen, Flohmärkte oder interkultureller Feste festzustellen. An dieser Stelle sollte die ganz allgemeine These, dass Eltern aus unteren sozialen Schichten weniger an Kitaveranstaltungen teilnehmen relativiert werden. Denn in diesen Bereichen ist ihre Teilnahme nicht geringer als andere Gruppen. Es gibt jedoch auch Bereiche, in denen die Teilnahmeunterschiede nach sozialer Herkunft und Migrationshintergrund signifikant sind.

Um zu überprüfen, welche Gruppen von Eltern welche Veranstaltungen signifikant häufiger bzw. seltener nutzen, werden im folgenden Diagramm die Mittelwerte für die einzelnen Elterngruppen graphisch dargestellt.

Die Abb. 2 zeigt, dass es für den Besuch von Theatern und Konzerten einen linearen Zusammenhang gibt: Je niedriger der angegebene Wert im Diagramm,

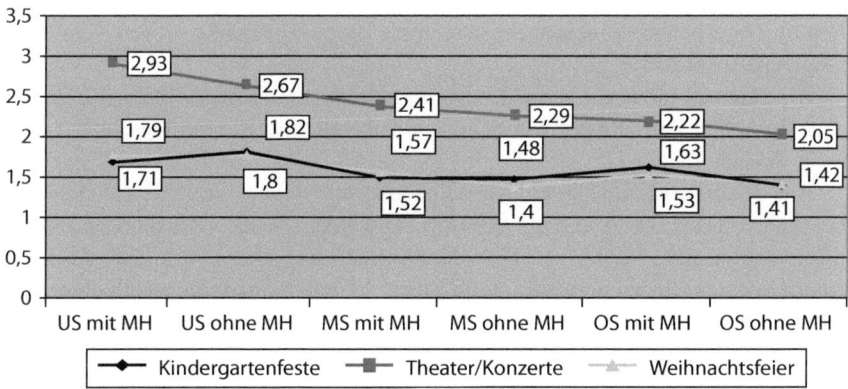

**Abb. 2** Mittelwerte Freizeitaktivitäten in der Kita nach Schicht und Migration, 2. Welle (In der Skala wurden insgesamt 15 gängige Veranstaltungen, die in Kitas angeboten werden, angegeben. Folgende Antwortkategorien konnten angekreuzt werden: „immer", „regelmäßig", „hin und wieder", „nur in Ausnahmefällen", „kaum/nie". Die Werte sind umgekehrt gepolt, das bedeutet, dass je höher der Wert ist, desto seltener ist die Teilnahme.)©

desto häufiger werden die jeweiligen Partizipationsmöglichkeiten wahrgenommen. Zu beobachten ist, dass in diesem Bereich der Effekt von Schichtzugehörigkeit größer ist als der des Migrationshintergrundes, auch wenn der letztere *als Katalysator innerhalb einer Schicht wirkt und den Effekt stärkt*. Bei der Teilnahme an Kindergartenfesten und Weihnachtsfeiern ist der Zusammenhang nicht linear. So ist bei der Teilnahme an Weihnachtsfeiern ebenfalls der Effekt von Schicht größer als von Migration. Untere soziale Schichten aus der autochthonen Gruppe und mit Migrationshintergrund nehmen seltener daran Teil als die restlichen sozioökonomisch besser gestellten Gruppen. Auch hier wirkt der Effekt von Migration *innerhalb* der einzelnen Schichten verstärkend. Die Tendenz bei der Teilnahme an Kindergartenfesten ist ähnlich dem von Weihnachtsfeiern.

Zusammenfassend kann gesagt werden, dass im Bereich der eher freizeitorientierten Veranstaltungen in der Kita Eltern aus sozio-ökonomisch höheren Schichten häufiger teilnehmen als die benachteiligten Elterngruppen. Abbildung 2 oben macht jedoch auch ersichtlich, dass *alle* Eltern viel häufiger Kindergartenfeste und Weihnachtsfeiern in der Kita besuchen als Theaterstücke und Konzerte. Diese Differenzen gelten für die Veranstaltungen, für die in der Praxis davon ausgegangen wird, dass sie besonders gut geeignet sind, um sozial benachteiligte Eltern besser zu erreichen, nämlich der eher informell gestaltete, freizeitorientierte Bereich. Der Mittelwertvergleich zeigt, dass Eltern aus der oberen sozialen Schicht zwar signifikant häufiger die Angebote wahrnehmen. Es zeigt aber ebenfalls deutlich, dass diese Veranstaltungen bei allen Eltern sehr beliebt sind und die Teilnahme nach eigenen Angaben sehr hoch ist. So bedeutet ein Mittelwert von 1,7 etwa, dass Eltern im Durchschnitt angeben, dass sie immer bzw. regelmäßig an den Veranstaltungen partizipieren.

Als nächstes sollen die schicht- und migrationsspezifischen Mittelwerte für die eher formellen Partizipationsbereiche Elternabende und Elternpflegschaft dargestellt werden.

Auf den ersten Blick kann in Abb. 3 beobachtet werden, dass Elternabende wie erwartet von Eltern viel häufiger beansprucht werden, als die Teilnahme an Elternpflegschaften. Der Verlauf der Kurven entspricht hier eher einem Zick-Zack als einem linearen Zusammenhang[6]. Eine Linearität von Schicht als erste Dimension von sozialer Benachteiligung und Migration lässt sich hier nicht feststellen. Bei den Mittelwerten, die die Teilnahme an Elternabenden wiedergeben, lässt sich ein viel stärkerer Migrationseffekt beobachten, wobei hier im umgekehrten Fall die soziale Schichtzugehörigkeit als Katalysator wirkt. Ein Post-Hoc-Test nach Duncan ergibt, dass die signifikanten Differenzen in den Mittelwertvergleichen sich aus

---

[6] Auch hier entspricht ein niedriger Wert einer höheren Teilnahme.

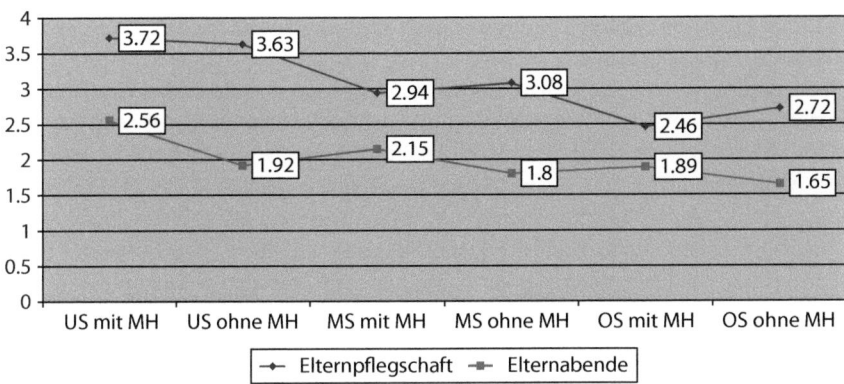

**Abb. 3** Mittelwerte für die Teilnahme an Elternpflegschaften und Elternabenden in der Kita nach Schicht und Migration (Angaben zu den Antwortmöglichkeiten s. Fußnote 7.)©

dem Antwortverhalten der Eltern mit Migrationshintergrund aus der unteren und mittleren sozialen Schicht ergeben und weniger aufgrund der sozio-ökonomischen Lage. Gerade Eltern aus der unteren Migrantenschicht sind statistisch gesehen die größten Ausreißer bei der Teilnahme an Elternabenden (2,56). Aber selbst die Mittel- und gar die Oberschichtmigranten sind bei der Teilnahme an Elternabenden im Vergleich zur autochthonen Gruppe eher zurückhaltend (2,15 und 1,89).

Bei der Teilnahme an Elternpflegschaften sind hingegen ganz andere Zusammenhänge feststellbar. Am deutlichsten ist hier eine geringe Inanspruchnahme unterer sozialer Schichten zu beobachten, und zwar sowohl der Migranten als auch der einheimischen Bevölkerung. Ein deutlich positiver Ausreißer sind hier Migranteneltern aus der Mittelschicht (2,94) und vor allem aus der Oberschicht (2,46). Diese beiden Gruppen geben viel häufiger an, dass sie an Elternpflegschaften teilnehmen als ihre Gegenpole aus den autochthonen Gruppen. Das Ergebnis, dass sozial benachteiligte Elterngruppen sich weniger an eigeninitiativen Elterntreffen beteiligen, ist aus der Praxis bekannt. Ein überraschender Befund ist, dass es eine Gruppe von sozio-ökonomisch gut gestellten Eltern mit Migrationshintergrund gibt, die sich noch stärker als die einheimischen Gruppen engagieren. Dies kann als eine hohe Bildungsaspiration dieser Gruppe interpretiert werden, die noch stärker als viele einheimische Eltern versuchen, über Bildung Aufstieg bzw. Statussicherung zu erreichen.

Die in diesem Unterkapitel dargestellten Ergebnisse zeigen teilweise eine sehr heterogene Nutzung von Partizipationsmöglichkeiten durch unterschiedliche Elterngruppen. Nichtsdestotrotz ist die Heterogenität nicht zufällig oder willkürlich. Alle signifikanten Differenzen zeigen eine gewisse Systematik nach den beiden

Dimensionen Schicht und Migration. Dabei zeigt sich im Bereich der eher freizeit-orientierten Veranstaltungen (s. Abb. 3) ein deutlicherer Schichteffekt, wobei der Migrationshintergrund innerhalb der Schichten einen verstärkenden Einfluss hat. Für die eher formalen Partizipationsmöglichkeiten gestaltet sich das Bild nicht so linear. So ist bei der Teilnahme an Elternabenden der Migrationseffekt viel höher als der Schichteffekt. Bei der Teilnahme an Elternpflegschaften sind zwei interessante Trends zu beobachten: Einerseits der eindeutige Schichteffekt unabhängig von Migration am linken Ende der Kurve, wenn es um die geringe Teilnahme geht. Andererseits die überraschend hohe Teilnahme von Migranteneltern aus der oberen und mittleren sozialen Schicht (s. Abb. 3).

Zusammenfassend lässt sich als erstes laut unseren Ergebnissen festhalten, dass in den Kitas eine ganze Reihe von Veranstaltungen und Möglichkeiten der Zusammenarbeit mit Eltern angeboten werden. Diese werden zu einem großen Teil auch von den Eltern wahrgenommen. Das macht deutlich, dass Kindergärten und Kindertagesstätten aktuell sehr stark um die Beteiligung der Eltern bemüht sind.

Es zeigt sich ebenfalls, dass der Großteil der Eltern die meisten dieser Angebote in Anspruch nimmt. Das große Angebotsspektrum von Seiten der Kitas einerseits und die recht hohe Inanspruchnahme dieser Angebote andererseits zeigen also, dass auch außerhalb der alltäglichen Begegnungen zwischen Eltern und Erziehe-rinnen in den so genannten Tür- und Angelgesprächen andere, organisierte Begegnungsmöglichkeiten durchaus genutzt werden.

## 4.3   Gründe für die Nicht-Teilnahme

Als Ursachen für die geringe Teilnahme von Migranteneltern und Eltern aus sozial benachteiligten Schichten an eher formell gestalteten Veranstaltungen gibt es in der Literatur bereits Erklärungsversuche (zusammenfassend Textor 2006; Kuhlemann 2008). Dabei werden bei Migranteneltern häufig die geringen Deutschkenntnisse als Ursache genannt. Andere erklären die geringe Teilnahme eher mit patriarchalen Strukturen in Migrantenfamilien (Knisel-Scheuring 2002). Ferner gibt es Studien, die die geringe Teilnahme von benachteiligten Eltern eher auf den formalen Charakter der Veranstaltungen zurückführen. So ist vor allem aus der Forschung im Bereich sozialer Arbeit bekannt, dass sich gerade bildungsferne Eltern von formal gestalteten Veranstaltungen und Anlässen eher fernhalten (Munch 2003; Schlösser 2004). Was Elternabende betrifft, teilte eine Kindergartenleiterin in einem Experteninterview mit, dass sie in ihrer Kita mit einem Migrantenanteil von fast 100 % kaum noch Elternabende anbietet und stattdessen versucht andere eher informelle Möglichkeiten der Kommunikation mit den Eltern zu suchen.

In der BEEP-Befragung wurden die Eltern auf der Grundlage einer vorgegebenen Itembatterie gebeten anzugeben, was die Gründe sind, die sie an einer Teilnahme im Kindergartenalltag behindern.

Etwa zwei Drittel aller Eltern gibt als Grund, warum sie am Kindergartenalltag nicht teilnehmen können an, dass sie arbeiten müssen. Mehr als 50 % sagen, dass sie sich um ihre Familie kümmern müssen, 46,4 % haben keine anderen Betreuungsmöglichkeiten für ihre Kinder. Familiale und berufliche Verpflichtungen sind somit – wenig überraschend – die Haupthindernisse für die Beteiligung in Kita-Veranstaltungen.

Um zu überprüfen, ob es bestimmte Ursachenbündel gibt, die Elterngruppen nach sozialer Schicht und Migrationshintergrund nennen, wurden die oben dargestellten 9 Items einer Faktorenanalyse unterzogen (Bühl 2006). Dabei hat sich das Item 8 (Kein Interesse) als faktorenanalytisch nicht trennscharf erwiesen und wurde aus den weiteren Berechnungen herausselektiert. Mit den restlichen 8 Items ließen sich insgesamt drei Faktoren mit einer erklärten Gesamtvarianz von 59,8 % bilden, was bei 8 Items und drei Faktoren durchaus als akzeptabel angesehen werden kann. Dabei erklärt der erste Faktor bereits 30,3 %, Faktor zwei 15,5 % und Faktor drei knapp 13,0 % der Varianz. Die so gebildeten Faktoren wurden anschließend einer Reliabilitätsanalyse unterzogen. Für den ersten Faktor ergab sich ein Cronbachs Alpha-Wert von $\alpha = .614$, für den zweiten Faktor von $\alpha = .586$ und für den dritten Faktor $\alpha = .493$ (Tab. 1).

Faktor zwei und drei sind direkt auf den ersten Blick inhaltlich sehr konsistent. Die beiden Items „sich um die Kinder zu kümmern" und „keine anderen

**Tab. 1** Grund Nicht-Teilnahme am Kitaalltag (Rotierte Komponentenmatrix(a) (Extraktionsmethode: Hauptkomponentenanalyse; Rotationsmethode: Varimax mit Kaiser-Normalisierung; Die Rotation ist in 15 Iterationen konvergiert.))©

|  | Faktor | | |
|---|---|---|---|
|  | 1. Externalität | 2. Familiale Hindernisse | 3. Arbeitsweltliche Hindernisse |
| Nicht ausreichend informiert | 0,787 |  |  |
| Nicht Verstehen mit anderen Eltern | 0,703 |  |  |
| Kann nichts bewirken | 0,614 |  |  |
| keine Fahrgelegenheit | 0,590 |  |  |
| Keine andere Betreuungsmöglichkeit für Kinder |  | 0,797 |  |
| Kümmern um Familie |  | 0,795 |  |
| Arbeiten |  |  | 0,873 |
| Keine Zeit |  | 0,468 | 0,692 |

Betreuungsmöglichkeiten zu haben" hängen eng zusammen. Der Faktor lässt sich mühelos als Verhinderungsgrund „familialer Hindernisse" interpretieren. Faktor drei verweist auf Zeitmangel aufgrund beruflicher Verpflichtungen, auch hier sind keine weiteren Interpretationen notwendig, dieser Faktor wird als „arbeitsweltliche Hindernisse bezeichnet". Interessant und interpretationsbedürftig ist hingegen der erste Faktor, auf dem die meisten Items laden und der gleichzeitig die höchste Reliabilität aufweist ($\alpha = .612$). Dieser Faktor bildete sich aus den vier Items „nicht ausreichend informiert sein", „sich mit den anderen Eltern nicht verstehen", „nichts bewirken zu können" und „keine Fahrgelegenheit haben". Diesen Faktor haben wir inhaltlich mit dem Begriff „Externalität" geklammert. Denn die genannten Ursachen deuten alle auf Motive hin, die nicht unmittelbar in der Handlungsmacht der Person liegen. Externalität in der sozialpsychologischen Forschung befindet sich in einem Zusammenhang mit Kontrollüberzeugungen von Menschen. Die Kontrollüberzeugung „zeigt an, in welchem Maße Personen sich als Ursache für die Konsequenzen ihrer Handlungen, d. h. sich selbst als wirksam erleben" (Grundmann et al. 2006, S. 198). Menschen, die stärker *internale* Kontrollüberzeugungen haben, also die Überzeugung, dass Dinge, die geschehen auf eigene Handlungen zurückzuführen sind, erleben sich selbst als wirksamer (Grundmann 1998; Grundmann et al. 2006; Schwarzer und Jerusalem 1999; Strickland 1989). Menschen mit externalen Kontrollüberzeugungen hingegen führen die Konsequenzen ihrer Handlungen auf externale Ursachen zurück, die außerhalb der eigenen Wirksamkeit und Handlungsmacht liegen.

Um zu untersuchen, ob es bei den Gründen der Nicht-Teilnahme schicht- und migrationsspezifische Effekte gibt, wurden alle drei Faktoren in eine eigene Variable umgewandelt. Mittels univariater Varianzanalysen wurde mit den neu gebildeten Variablen als jeweils abhängige Variable der Schicht- bzw. die Migrationszugehörigkeit als unabhängiger Variable getestet, ob und inwieweit die soziale und kulturelle Herkunft der Eltern (nach Schicht und Migration) einen Einfluss hat auf die Ursachen der Nicht-Teilnahme im Kindergartenleben.

Es ist zu beobachten, dass sich für den ersten und zweiten Faktor – also für familiale ($p = 0.16$) und arbeitsweltliche Hindernisse ($p = 0.85$) – keine signifikanten Differenzen im Hinblick auf Migration und soziale Schichtzugehörigkeit ergeben. Familiale und berufliche Verpflichtungen, die Eltern davon abbringen, am Kita-Alltag teilzunehmen, sind weder schicht- noch migrationsspezifisch different.

Anders sieht es allerdings bei dem Faktor „Externalität" aus, bei dem es auf den ersten Blick schwer fällt eine inhaltliche Klammer für die vier Items zu finden. Im Gegensatz zu den anderen beiden Faktoren lässt sich bei diesem eine Abhängigkeit von Schicht und Migration feststellen. Die univariate Varianzanalyse ergibt eine Signifikanz von $p <= 0.001$. Der Post-Hoc-Test nach Duncan auf die

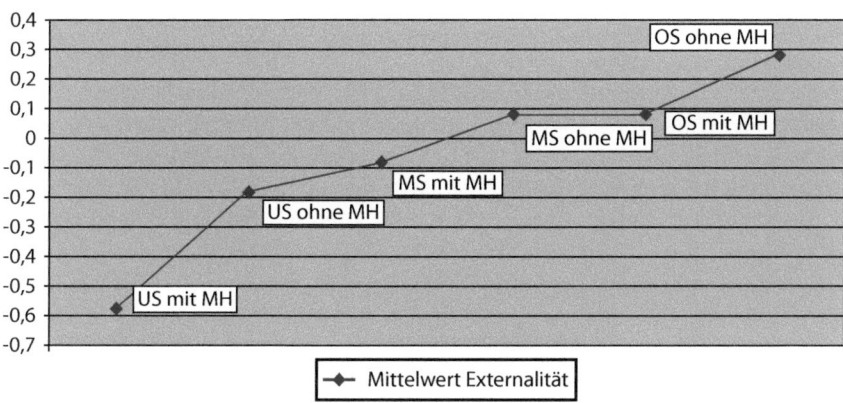

**Abb. 4** Mittelwerte des Faktors Externalität nach Schicht und Migration©

Überprüfung homogener Gruppen zeigt, dass die Mittelwert-Signifikanz auf den beiden Gruppen der unteren sozialen Schicht mit und ohne Migrationshintergrund beruht. Abbildung 4 zeigt anhand der Darstellung der Mittelwerte über die sechs Elterngruppen eine eindeutige Linearität, von Eltern aus der unteren sozialen Migrationsschicht bis zur oberen autochthonen Sozialschicht, wobei die Signifikanz sich nur auf die beiden Gruppen der unteren sozialen Schicht gegenüber den anderen 4 Elterngruppen bezieht, während die Differenzen zwischen der mittleren und oberen sozialen Schichten nicht signifikant sind.

Nicht ausreichend informiert sein, nichts bewirken zu können, keine Fahrgelegenheit zu haben und sich mit den anderen Eltern nicht zu verstehen sind die Items, die nach einer Faktorenanalyse eine recht reliable Subskala bilden. Dieser Faktor weist gleichzeitig einen starken Schichteffekt auf. Ein signifikanter zusätzlicher Migrationseffekt innerhalb der Schichten ist in diesem Bereich nicht festzustellen. Gemeinsam ist allen vier Items, dass sie auf eine wahrgenommene mangelnde Handlungsfähigkeit hindeuten. Im Gegensatz zu der Begründung etwa arbeiten zu müssen oder sich um die Familie kümmern zu müssen, die darauf verweisen, dass mit der Teilnahme am Kitaalltag andere Aufgaben im Alltag in Konkurrenz stehen, weisen diese vier Aussagen entweder auf eine resignative oder passive bzw. eher externale Haltung und Einstellung hin. Diese Antwort wird von 7,0 % der Eltern aus der oberen, 10,0 % der mittleren und 20,0 % der unteren sozialen Schichten angegeben. Die Begründung keine Fahrgelegenheit zu haben, wird von 1,0 % der Eltern aus der oberen sozialen Schicht, 7,7 % der mittleren und mit 22,8 % von fast einem Viertel der Eltern aus den unteren sozialen Schichten angegeben. Eine alternativer Erklärungsansatz zum sozialpsychologischen Einstellungsmuster könnten in diesem Zusammenhang auch Defizite in den materiellen Handlungsressourcen sein. Im Gegensatz zu der Begründung nichts bewirken zu können, kann diese Ursache weniger auf der Einstellungsebene, sondern vielmehr auf der Ebene struktureller Hindernisse angesiedelt werden. Wenn ein Hinderungsgrund für jedes vierte Elternteil[7] aus den unteren sozialen Schichten an der Teilnahme am Kindergartenalltag die fehlende Mobilität ist, dann sind mehr Informationen oder mehr Angebote im Setting Kita – selbst wenn diese kultursensibel und zielgruppenspezifisch angelegt sind – für diese Gruppe von Eltern trotzdem nicht erreichbar. Hier könnte man sagen, dass nicht die Programme oder Angebote die Eltern nicht erreichen, sondern die Eltern aufgrund ihrer mangelnden Mobilität die Programme und Angebote nicht erreichen.

Die mangelnde Mobilität sozial benachteiligter Eltern verweist auf einen gesamtgesellschaftlichen Trend, der in den letzten Jahren stark zunimmt und der die Handlungsspielräume von sozial benachteiligten Gruppen immer mehr einschränkt[8]. So ist die zunehmende Immobilität sicherlich nicht nur ein Problem der Eltern in den befragten Kitas; es ist vielmehr zu vermuten, dass vor dem Hintergrund der Kürzungen von Sozialleistungen, der Verarmung einer auf dem Niedriglohnsektor zunehmenden Gruppe der „workingpoor" und der immer stärker profitorientierten Dienstleistungsangebote von öffentlichen Verkehrsmitteln inzwischen ganze Gruppen von Menschen von der öffentlichen Mobilität mehr und mehr ausgeschlossen sind[9].

Die zunehmend eingeschränkte Mobilität sozial benachteiligter Gruppen ist nur ein Ausdruck für eine gesamtgesellschaftliche Entwicklung, die immer stärker sozial auseinander geht und die in immer mehr Bereichen die Handlungsressourcen sozial benachteiligter Gruppen – zu denen zu einem großen Teil Kinder bzw. Familien mit vielen Kindern und Einelternfamilien gehören – beschneidet (Barlösius und Ludwig-Mayerhofer 2001; Bundesministerium für Arbeit und Soziales 2008; Runge 2005). Eine bedarfsgerechte Herangehensweise wäre an dieser Stelle, diesen Eltern Mobilität zu ermöglichen, in einem ersten Schritt etwa eine Art Sozialticket für geringverdienende Personen.

---

[7] Ein Gendereffekt ist bei dieser Antwort nicht festzustellen, die fehlende Fahrgelegenheit wird sowohl von den männlichen als auch den weiblichen Befragten gleichermaßen angegeben (nichtsdestotrotz muss die besondere Stichprobe von mehr als 90,0% weiblichen Befragten berücksichtigt werden).

[8] S. Auch für Frankreich: Bourdieu 2010. Darin sind Interviews mit französischen Jugendlichen aus den Banlieues, die sich noch nicht einmal eine Fahrkarte leisten können, um in die Stadt zu fahren.

[9] Wenn man sich einmal die Entwicklung der Fahrpreise für öffentliche Verkehrsmittel der letzten Jahre vor Augen führt, ist diese Vermutung mehr als berechtigt.

In diesem Abschnitt ging es darum anhand der erhobenen Daten darzustellen, was die Gründe sind, die Eltern daran hindern, am Kindergarten-Alltag teilzunehmen. Dabei zeigt sich, dass es bei der großen Mehrheit der Eltern keine schicht- und migrationsspezifischen Differenzen bei der Begründung für das Nicht-Teilnehmen gibt. Die *Mehrheit* der Eltern aus allen sozialen Gruppen kann meistens aufgrund beruflicher und familialer Verpflichtungen und Terminüberschneidungen nicht immer am Kitaalltag teilnehmen. Um diese Eltern besser zu erreichen, wäre es möglich, die Zeiten für z. B. Elternabende flexibler zu gestalten und auf die zeitlichen Bedürfnisse der Eltern besser anzupassen[10]. Dem Hinderungsgrund der Betreuung anderer Kinder kann damit entgegengewirkt werden, indem eine Kinderbetreuung, zumindest während der wichtigsten Veranstaltungen wie etwa Elternabenden, in den Kitas angeboten wird, das ist etwas was sehr viele, aber nicht alle Kitas in der Praxis anbieten.

Abschließend für diesen Abschnitt ist noch von besonderem Interesse, dass bei diesen Begründungen keine migrationsspezifischen Differenzen festzustellen sind. Dies ist insofern wichtig, als dass sie in der Praxis der Elternarbeit in den Kitas, aber auch in der wissenschaftlichen Diskussion um das Thema Migration und kulturelle Differenzen bei der Problembeschreibung und Erklärung eine zentrale Rolle spielen. Dies ist auf den demographischen Wandel der bundesdeutschen Bevölkerungsstruktur mit einem zunehmenden Anteil an Menschen mit Migrationshintergrund gerade bei der jüngeren Bevölkerung (Statistisches Bundesamt 2007) zurückzuführen und darauf, dass gerade in vielen sozial benachteiligten Regionen und Stadtteilen der Anteil der Migranten besonders hoch ist, so auch in den Kitas in diesen Regionen, die teilweise einen Migrantenanteil von 100 % haben. In diesem Alltag vermengen sich kulturelle und sozialstrukturelle Unterschiede und Ungleichheiten auf eine ganz brisante Art und Weise. Jedoch gibt es in der Praxis nicht die Möglichkeit wie in der Wissenschaft diese analytisch zu trennen. So werden in der Praxis dann häufig kulturalistische Erklärungen herangezogen, wenn es etwa um die Erklärung der mangelnden Teilnahme von Eltern geht, wie etwa die Erziehungsstile der „Russen" oder der „Muslime". Die bisherigen Ergebnisse

---

[10] Was hier ebenfalls sicherlich die Elternbeteiligung erschwert, ist die enorme und zunehmende Arbeitszeitverdichtung der letzten Jahre. Viele Arbeitnehmende müssen entweder Überstunden in Kauf nehmen oder Weiterbildungen machen, um ihren Arbeitsplatz zu erhalten. Diese Entwicklung aus der Arbeitswelt ist nicht besonders förderlich für Familien und natürlich auch nicht für die Elternpartizipation in Kindertagesstätten. Auch dieser Aspekt ist eher auf der Makroebene politischer und gesamtgesellschaftlicher Entscheidungen und Entwicklungen anzusiedeln als im Bereich kita- oder settingspezifischer Zuständigkeitsbereiche. Dies kann jedoch in diesem Beitrag zwar nur angerissen werden, darf jedoch nicht unerwähnt bleiben.

zeigen, dass nicht jede Differenz in der Elternbeteiligung auf kulturelle Faktoren zurückgeführt werden kann, im Gegenteil: unseren Daten zufolge sind es viel häufiger sozioökonomische Faktoren, die Eltern die Partizipation erschweren oder sie daran hindern.

Es wäre jedoch zu voreilig auf der Grundlage dieser Ergebnisse zu dem Schluss zu kommen, dass der Faktor Migration keine Rolle im Kontext von Elternpartizipation spielt. Die folgenden Ausführungen geben die Einschätzung der Eltern wieder, wie sie die unterschiedlichen sozialisatorischen Zuständigkeitsbereiche der Familie und der Kita einschätzen. Es wird in diesem Beitrag nur auf einzelne Aspekte eingegangen.

## 5   Einschätzung des sozialisatorischen Einflusses der beiden Settings Kita und Familie

Eine wichtige Bedingung für die gelingende Kommunikation und Partizipation von Eltern in der Institution Kita ist, dass die Vorstellungen über die sozialisatorischen Aufgaben der Familie und der Institution übereinstimmen. Es ist jedoch bislang relativ wenig bekannt, welche Aufgaben unterschiedliche Elterngruppen mit der Institution Kita verbinden, welche Erwartungen für die Bildung und Erziehung ihrer Kinder sie mit der Kita verbinden und für welche Bereiche sie sich selbst zuständig fühlen. Die Kenntnis über die Einstellung von Eltern in diesem Bereich kann als eine wichtige Bedingung angesehen werden, Missverständnisse in der Zusammenarbeit mit den Institutionen vorzubeugen und wenn möglich, gar zielgruppenspezifisch auf die Bedürfnisse der Eltern einzugehen.

In der BEEP-Befragung wurden Eltern nach ihrer Einschätzung nach dem bereichsspezifischen sozialisatorischen Einfluss der beiden Settings Kita und Familie gefragt. Die Eltern hatten die Möglichkeit anzukreuzen, ob die Familie oder der Kindergarten ihrer Ansicht nach in verschiedenen Bereichen wie z. B. Bildung, Sozialverhalten oder Selbstbewusstsein den größeren Einfluss auf die Kinder hat[11]. Die Einschätzung des Einflusses kann als indirekter Indikator auch für die Erwartungen und Bedürfnisse der Eltern interpretiert werden. Denn mit der bereichsspezifischen Einschätzung des Einflusses des Kindergartens auf die Kinder gehen Einstellungen über die Aufgaben- und Zuständigkeitsbereiche der beiden Settings Kita und Familie für die Erziehung und Sozialisation der Kinder einher. Mittels dieser indirekten Messung konnte genauer eingeschätzt werden, entlang welcher

---

[11] Es handelt sich hier um ein relationales Maß. Die Frage lautete, ob die Eltern den Einfluss der Kita oder der Familie *grösser* einschätzten.

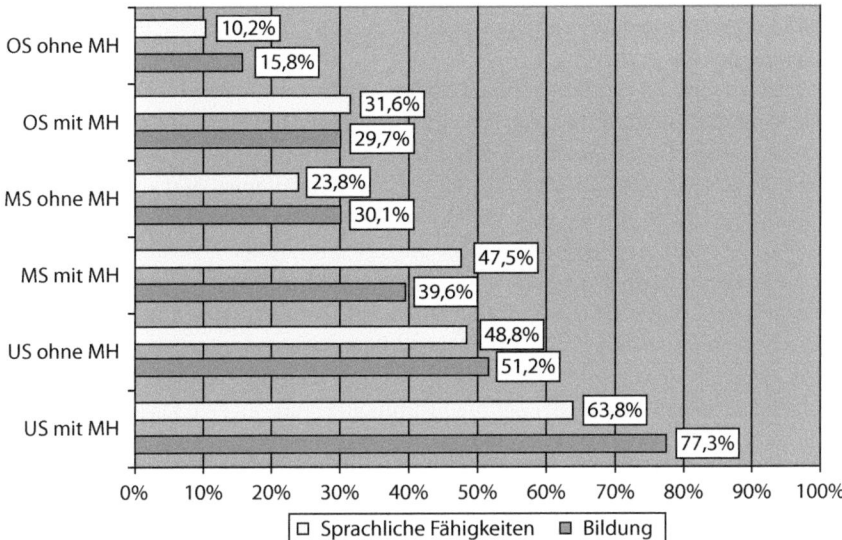

**Abb. 5** Einschätzung des Einflusses der Kita nach sozialer Herkunft und Migrationshintergrund der Eltern: Bereich Bildung, 1. Welle©

inhaltlichen Linien sich Eltern aus unterschiedlichen Schichten bzw. Eltern mit Migrationshintergrund von einander unterscheiden. Damit lassen sich die lebensweltlichen Differenzen präziser aufschlüsseln. Im Folgenden werden die Bereiche Bildung und Sozialverhalten genauer beschrieben.

## 5.1 Der Einfluss von Kita und Familie im Bereich Bildung

Eine erste allgemeine Auswertung zeigt, dass Eltern zu einem großen Teil den Einfluss der Familie als größer einschätzen als den Einfluss der Kita. So geben knapp 70 % der Eltern an, dass die Familie den größeren Einfluss auf die sprachlichen Fähigkeiten ihrer Kinder hat, über 60 % geben diese für den Bereich Bildung an.

Werden die Berechnungen nach Schicht und Migration durchgeführt, dann zeigt sich, dass Eltern aus unterschiedlichen Gruppen in Hinblick auf die konkreten Bildungsaufgaben der Kitas sehr unterschiedliche Schätzungen aufweisen. Es zeigt sich hierbei, dass der Zusammenhang nach beiden sozialen Merkmalen – also Schicht und Migration – linear ist. So schätzen nur knapp 16 % der autochthonen Eltern aus der Oberschicht den Einfluss der Kita als größer an, knapp 30 % der Migranteneltern aus der Oberschicht, aber über 77 % der Migranteneltern aus der Unterschicht (s. Abb. 5). Das bedeutet, dass erstens je niedriger die soziale

Schicht ist, desto eher Eltern in der Institution Kita den größeren Einfluss auf die Bildung ihrer Kinder sehen. Zweitens hat der Migrationshintergrund einen eigenen zusätzlichen Effekt. Das heißt, dass das Antwortverhalten von Eltern mit und ohne Migrationshintergrund aus derselben sozialen Schicht ähnlicher ist als das Antwortverhalten von Menschen ohne Migrationshintergrund aus unterschiedlichen sozialen Schichten (s. Abb. 5). Für den Bereich Bildung lässt sich aus diesen Daten interpretieren, dass gerade für Menschen aus unteren sozialen Schichten mit und ohne Migrationshintergrund der Kindergarten mit großen Hoffnungen für ihre Kinder verbunden ist. Dies kann ebenfalls ein Ausdruck von Aspiration des Bildungsaufstiegs dieser Eltern für ihre Kinder sein (Bittlingmayer und Bauer 2007). Diese Ergebnisse dürfen nicht dahingehend interpretiert werden, dass Migranteneltern oder Eltern aus sozial benachteiligten Gruppen die Verantwortung für die Bildungslaufbahn ihrer Kinder auf die Institutionen verschieben. Diese Haltung ist vielmehr nachvollziehbar, *erstens* weil den Eltern hier vermutlich bewusst ist, dass ihnen die „richtigen" Bildungsressourcen – d. h. die von den öffentlichen Institutionen anerkannten Wissensformen und sprachlichen Ausdrucksformen – fehlen, um ihre Kinder bei der Akkumulation kulturellen Kapitals nachhaltig unterstützen zu können (Bourdieu und Passeron 1971). *Zweitens* bleiben auch sozial benachteiligte Eltern von den öffentlichen Diskursen über die zentrale Bedeutung früher institutioneller Einbindung von Kindern für ihre spätere Bildungslaufbahne nicht unbeeinflusst, die Bedeutung der Institution Kita für die Bildung der Kinder wird Eltern also permanent vor Augen geführt.

Ähnliche Tendenzen sind auch bei der Einschätzung sprachlicher Fähigkeiten zu beobachten. Knapp die Hälfte der autochthonen Eltern aus den unteren sozialen Schichten schätzt den Einfluss der Kita im Bereich sprachlicher Fähigkeiten höher ein als den eigenen familialen Einfluss. In den letzten Jahren wird im Kontext der Diskussionen um die Bildungsbenachteiligung von Migranten die Sprache als zentrale Ursache für die schlechten Leistungen in der Schule benannt. Infolgedessen avancierte an den Schulen, aber ganz besonders auch in Kindergärten die sprachliche Förderung von Kindern mit Migrationshintergrund zu einer der zentralsten Aufgaben der Bildungspolitik. Die Antworten der Eltern aus unteren sozialen Schichten ohne Migrationshintergrund deuten darauf hin, dass auch bei diesen Eltern Erwartungen in Richtung Sprachförderung existieren könnten. Scheinbar werden hier sprachliche Kompensationsfunktionen mit der Kita verbunden. Eine solche Interpretation wird unterstützt durch die Studien aus der schichtspezifischen Sozialisationsforschung und der Soziolinguistik (Oevermann 1973; Bernstein 1973; Labov 1969), die zeigen, wie bedeutsam schichtspezifische Sprachvariationen für den Erfolg in der Schule sind. So konnten diese Studien zeigen, dass die Sprache, die Kinder von zu Hause mitbringen keineswegs neutral ist und die Sprachen, die in den Institutionen angeboten und anerkannt werden, nur die Sprachformen der Mittel- und Oberschichten sind. Kinder aus der Unterschicht, aber auch bestimmte Dialekte werden eher entwertet (Bourdieu 2005). Interessanterweise werden in den letzten Jahren – wenn es um sprachliche Defizite geht – nur Kinder mit Migrationshintergrund, die bilingual aufwachsen zum Thema (Gogolin 1994; Esser 2006). Die Antworten der autochthonen Eltern aus der Unterschicht deuten darauf hin, dass die Problematik der schichtspezifischen Sprachvariationen noch nicht gelöst ist. An dieser Stelle wäre es ratsam an diese kritische Diskussion wieder anzusetzen, um auch die Bildungsbenachteiligungen, die Kinder aus der autochthonen Unterschichten aufgrund ihrer Sprache erfahren, wieder aufzugreifen. Wenn z. B. finanzielle und personelle Förderungsressourcen nur nach dem Kriterium Migrationshintergrund den Kitas zusätzlich zur Verfügung gestellt werden, würden hier die Bedürfnisse der sozial benachteiligten Eltern der autochthonen Bevölkerung nicht berücksichtigt.

## 5.2 Der Einfluss von Kita und Familie im Bereich soziale Kompetenzen

Der überwiegende Teil der Eltern verortet, im Gegensatz zu dem Bereichskomplex Bildung, im Bereich soziale Kompetenzen den größeren sozialisatorischen Einfluss auf ihre Kinder in der Kita. In den Bereichen Sozialverhalten, Respekt gegenüber Kindern und Kontakt zu andern Kindern geben zwischen zwei Drittel und 90 % der Eltern an, dass sie den Einfluss der Kita als bedeutender einschätzen. Den meisten Eltern zufolge – und zwar aus allen sozialen Schichten mit und ohne Migrationshintergrund –hat die Kita bei der Erlangung von sozialen Kompetenzen gegenüber der Familie den weit größeren Einfluss. Allerdings lassen sich Differenzen bei Migranteneltern beobachten: Bei den sozialen Kompetenzen sehen Menschen mit Migrationshintergrund aus den unteren sozialen Schichten im Vergleich zu Menschen ohne Migrationshintergrund einen stärkeren Einfluss der Familie.

Markante Unterschiede gibt es vor allem bei den Nennungen „Sozialverhalten" und „Respekt gegenüber anderen Kindern". Im Bereich Sozialverhalten sind die Migranteneltern aus der Unterschicht die einzige Gruppe, die den Einfluss der Kita im Bereich Sozialverhalten mit knapp 48 % geringer einschätzt als den eigenen, familialen Einfluss. Im Gegensatz hierzu schätzen autochthone Eltern aus der Unterschicht den Einfluss der Kita im Vergleich zu den anderen Gruppen am größten ein. Insgesamt sind im Bereich sozialer Kompetenzen die Differenzen nach Migration etwas größer als nach sozialer Schicht (Abb. 6).

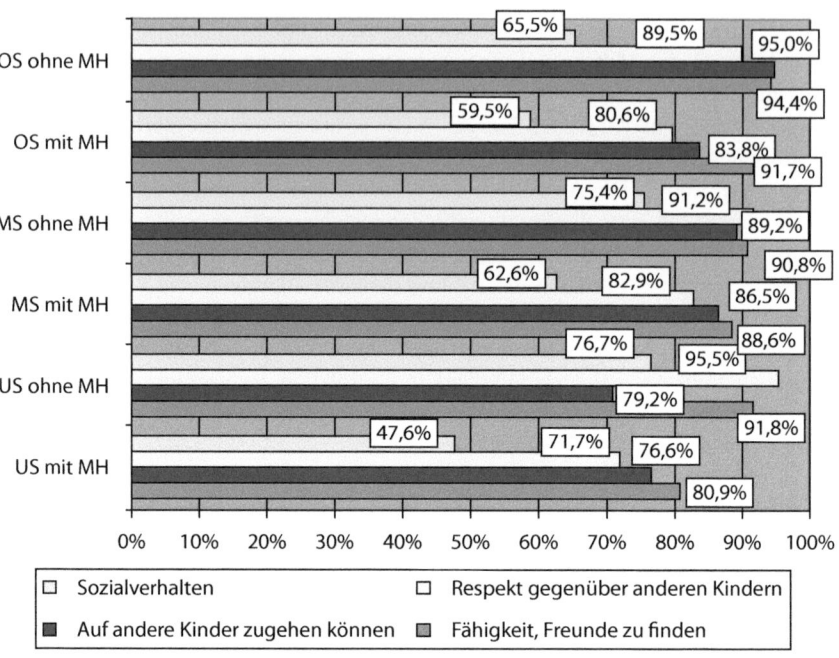

**Abb. 6** Einschätzung des Einflusses der Kita nach sozialer Herkunft und Migrationshintergrund der Eltern: Bereich soziale Kompetenzen, 17. Welle©

Diese Ergebnisse sind auf den ersten Blick überraschend, denn gerade Eltern mit Migrationshintergrund – und vor allem denen aus der unteren sozialen Schicht – wird nicht selten in der Öffentlichkeit und im Alltag der Institutionen mangelnde soziale Erziehungskompetenzen und Erziehungsoutcomes („schlechtes Benehmen") vorgeworfen. An dieser Stelle wird eine besondere Diskrepanz sichtbar zwischen den Haltungen der Migranteneltern der unteren sozialen Schicht und den Alltagswahrnehmungen und Einstellungen der Institutionen. Inwieweit die Einschätzung der Migranteneltern aus der unteren sozialen Schicht, selbst den größeren Einfluss auf das Sozialverhalten ihrer Kinder zu haben, realistisch oder wünschenswert ist, lässt sich an dieser Stelle nicht beantworten. Aus den Aussagen lässt sich jedoch interpretieren, dass der größte Teil von ihnen sich dies zutraut und dies auch als wichtigen Teil der elterlichen Aufgaben sieht.

Ob sich nun Eltern hierin richtig einschätzen, ob die Kritik von Seiten der Institutionen objektiv berechtigt ist oder eher sozio-kulturell differente Verhaltensweisen als defizitäre wahrgenommen werden bzw. aus einer bestimmten partikularen Sichtweise interpretiert werden und evtl. ein geringes Passungsverhältnis aufweisen, lässt sich ebenfalls nicht leicht beantworten. Diese Fragen sind theoretisch hochkomplex, sie werden etwa im Kontext der politischen Philosophie und der Multikulturalismusdebatte (Taylor 2001) oder der milieuspezifischen sozialen Ungleichheitsforschung (Bourdieu 1982) kontrovers diskutiert. So ist die Frage, was „richtiges" und „gutes" Verhalten ist, eine normativ schwer zu beantwortende philosophische Frage. Durch die zunehmend heterogener werdende Bevölkerung sind jedoch Institutionen wie Kita und Schule in der Praxis permanent mit solchen Fragen konfrontiert.

Wenn die Elternpartizipation mit schwer erreichbaren Eltern – hier also konkret von Migranteneltern aus der unteren sozialen Schicht – gestärkt und verbessert werden soll, dann wäre es ein erster Schritt in die richtige Richtung, wenn ihre Vorstellungen des guten Sozialverhaltens ernst genommen und gleich wert geschätzt würden, auch wenn diese aus der Perspektive der Akteure in den Institutionen nicht so eingeschätzt wird.

## 6　Fazit

Der hier vorliegende Beitrag hatte zum Ziel auf der Grundlage der empirischen Ergebnisse einer Befragung von Eltern in Kindertagesstätten einen Einblick in die unterschiedliche Partizipationsformen von Eltern und einige subjektive Einschätzungen von Eltern über die sozialisatorischen Einflussbereiche von Kita und Familie zu geben. Zentral war dabei zu untersuchen, ob es hier Differenzen zwischen den Eltern mit und ohne Migrationshintergrund und Eltern aus unterschiedlichen sozialen Schichten gibt. Eine zweidimensionale Indexbildung nach Schicht und Migrationshintergrund erlaubte es dabei, einen intersektionellen analytischen Zugang empirisch zu operationalisieren. Damit ist es bis zum gewissen Grade möglich, Schicht- und Migrationseffekte analytisch getrennt, aber empirisch immer vermittelt zu untersuchen.

Dabei zeigte sich, dass es in den unterschiedlichen Bereichen in der institutionellen Beziehung zwischen der Institution Kita und Familie, teilweise überhaupt keine schicht- und migrationsspezifischen Differenzen festzustellen sind und alle Eltern dieselben Handlungsmuster aufweisen. Teilweise spielt die soziale Schichtzugehörigkeit eine größere Rolle als der Migrationshintergrund, insbesondere dort, wo materielle Faktoren ausschlaggebend sind oder Veranstaltungen einen sehr formellen Charakter haben. Insbesondere wenn es um die Einschätzung der Bildungsfunktion der Kita geht, sind die Schichteffekte viel dominanter als die Migrationseffekte. In vielen dieser Bereiche hat Migration einen verstärkenden, katalysierenden Effekt. Und in einzelnen Fällen wiederum waren schließlich auch eigenständige Migrationseffekte festzustellen. Vor dem Hintergrund dieser empirischen Befunde ist es nicht möglich, eine simple Schlussfolgerung zu ziehen, ob nun Schicht oder Migration größere Effekte auf die Formen und Ausmaß der Elternbeteiligung in Kitas hat. Vielmehr ist es – so legen es die hier vorliegenden Ergebnisse nahe – notwendig, beide Dimensionen in empirischen Untersuchungen mit zu berücksichtigen und zu schauen, wo, wann, warum, in welchen Fällen, in welchen Konstellationen und unter welchen Umständen welche Dimensionen statistisch signifikante Differenzen erzeugen. Gerade für praxisbezogene Wissenschaften ist dieser Vorgang unbedingt notwendig, sollen praktische und politische Maßnahmen und Programme die entsprechenden Zielgruppen auch tatsächlich erreichen. Denn erst eine genaue Analyse und Wissen über die Verhaltensweisen, Präferenzen und Bedürfnisse der Zielgruppen ermöglichen es Programme zu initiieren, die diese auch tatsächlich erreichen.

Zuletzt darf nicht unerwähnt bleiben, dass strukturell bedingte soziale Ungleichheiten auch im Kontext der Elternpartizipation nicht außer Acht gelassen werden dürfen. Die in den letzten Jahren stark steigende Zahl von Kindern, die in Armut leben, die Prekarisierung ganzer Bevölkerungsgruppen durch disziplinierende Hartz-IV Gesetzgebungen (Lessenich 2009; Gerdes und Bittlingmayer 2012) sowie eine immer größer werdende Gruppe der sogenannten „working poor" sorgen dafür, dass die von diesen Tendenzen betroffenen Menschen unter immer größerem Druck und Ängsten leben müssen. Einige Migrantengruppen haben zudem durch ihren prekären Aufenthaltsstatus in Folge immer repressiver werdender Asylgesetzgebungen eine nochmal eigene Form der Existenzangst.

Das Leben in Armut, Angst und Existenznot macht auch vor den Türen einer Institution Kita nicht halt, Erzieherinnen und Erzieher als Akteure in der Institution Kita sind also unmittelbar mit solchen Lebensumständen konfrontiert. Diese Schwierigkeiten, die insbesondere Eltern aus sozial benachteiligten Familien haben, lassen sich meist auch nicht durch gute Vorsätze durch die Kita oder durch noch mehr Angebote in der Kita beheben, sie liegen auf einer anderen Ebene und können nur auf struktureller, politischer Ebene begegnet werden, wie z. B. durch die Einführung echter existenzsichernder Löhne und Sozialleistungen. Es geschieht nicht selten, dass die objektiven Nöte von Menschen kulturalisiert werden, häufig in Richtung Migranten, in denen dann etwa vermeintliche Eigenschaften einzelner ethnischer oder religiöser Gruppen verantwortlich gemacht werden, wenn z. B. Kinder ohne Frühstück in die Schule kommen. Kulturalisierung von strukturellen Problemen kann aber auch Menschen aus der autochthonen Unterschichten treffen, wenn z. B. die fehlenden materiellen Ressourcen in Pauschalurteile umformuliert werden, wie häufig vorkommende Aussagen wie etwa „sie geben ihr Geld doch nur für Alkohol und Zigaretten aus, anstatt was für die Kinder zu kaufen" oder „sie können nicht mit Geld umgehen".

Eine gelingende Elternpartizipation, die Eltern mit Migrationshintergrund und/oder aus unteren sozialen Schichten anspricht, sollte also einerseits die kulturellen Unterschiede zunächst als differente und gleichwertig anzuerkennende Ausdrucksformen akzeptieren und respektieren, andererseits aber die objektiven, strukturellen Faktoren, die tatsächlich vorhandenen objektiven Defizite, wie z. B. die nicht ausreichende materielle Ausstattung und den eingeschränkten Zugang zu kulturellen und sozialen Gütern sozial benachteiligter Gruppen nicht außer Acht lassen.

## Literatur

Altgeld, T. (2004). *Gesundheitsfördernde Settingansätze in benachteiligten städtischen Quartieren.* Berlin: Expertise im Auftrag des Bundesministerium für Familie, Senioren, Frauen und Jugend und der Regiestelle E & C.

Barlösius, E., & Ludwig-Mayerhofer, W. (Hrsg.). (2001). *Die Armut der Gesellschaft.* Opladen: Leske & Budrich.

Bauer, U. (2005). *Das Präventionsdilemma. Die Potenziale schulischer Kompetenzförderung Spiegel sozialer Polarisierung.* Wiesbaden: VS Verlag für Sozialwissenschaften.

Bauer, U. (2006). *Das Präventionsdilemma.* Wiesbaden: VS.

Bauer, U., & Bittlingmayer U.-H. (2005). Wer profitiert von Elternbildung? *Zeitschrift für Soziologie der Erziehung und Sozialisation, 25*(3), 263–280.

Bauer, U., & Bittlingmayer U.-H. (2012). Zielgruppenspezifische Gesundheitsförderung. In K. Hurrelmann, U. Laaser, & O. Razum (Hrsg.) *Handbuch Gesundheitswissenschaften* (S. 781–818). Weinheim: Juventa.

Bernstein, B. (1973). Der Unfug mit der „kompensatorischen" Erziehung. In: b:e (Hrsg.): Familienerziehung, *Sozialschicht und Schulerfolg* (S. 21–36). Weinheim: Juventa.

Bittlingmayer, U.-H., & Bauer, U. (2007). Aspirationen ohne Konsequenzen. *Zeitschrift für Soziologie der Erziehung und Sozialisation, 27*(2), 160–180.

Bourdieu, P. (1982). *Die feinen Unterschiede.* Frankfurt a. M.: Suhrkamp.

Bourdieu, P. (2005). *Was heißt sprechen? Zur Ökonomie des sprachlichen Tausches.* Wien: Braumüller.

Bourdieu, P. (2010). *Das Elend der Welt.* Konstanz: UVK.

Bourdieu, P., & Passeron, J.-C. (1971). *Die Illusion der Chancengleichheit.* Stuttgart: Klett.

Bühl, A. (2006). *SPSS 14: Einführung in die moderne Datenanalyse.* München: Pearson Studium.

Bundesministerium für Arbeit und Soziales. (2008). Lebenslagen in Deutschland. *Der 3. Armuts- und Reichtumsbericht der Bundesregierung.* Berlin.

Deutsches PISA-Konsortium. (2002). *PISA 2000- Die Länder der Bundesrepublik Deutschland im Vergleich.* Opladen: Leske & Budrich.

Diefenbach, H. (2008). Kinder und Jugendliche aus Migrantenfamilien im deutschen Bildungssystem. Erklärungen und empirische Befunde. *Soziologische Revue, 31*(2), 194–197.

Diefenbach, H., & Weiß, A. (2005). *Gutachten: „Menschen mit Migrationshintergrund. Datenerfassung für die Integrationsberichterstattung".* Berlin: Verlag?

Esser, H. (2006). *Sprache und Integration. Die sozialen Bedingungen und Folgen des Spracherwerbs von Migranten.* Frankfurt a. M.: Campus.

Gerdes, J., & Bittlingmayer, U.-H. (2012) Assimilation und Wissensgesellschaft. Bildungsgesteuerte Integrationsimperative im deutschen parteipolitischen Diskurs, in: *sociologica internationalis.* (Seite?)

Gogolin, I. (1994). *Der monolinguale Habitus der multilingualen Schule.* Münster: Waxmann.

Grundmann, M. (1998). *Norm und Konstruktion. Zur Dialektik von Bildungsvererbung und Bildungsangeinung.* Opladen: Verlag?

Grundmann, M., Dravenau, D., Bittlingmayer, U.-H., & Edelstein, W. (2006). *Handlungsbefähigung und Milieu. Zur Analyse milieuspezifische Alltagspraktiken und ihrer Ungleichheitsrelevanz.* Münster: Wachmann.

Hartung, S. (2014). *Sozialkapital und gesundheitliche Ungleichheit: Analyse des elterlichen Sozialkapitals in der schulischen Gesundheitsförderung.* Wiesbaden: VS Verlag für Sozialwissenschaften.

Hartung, S., Kluwe, S., & Sahrai, D. (2010). Elternbildung und Elternpartizipation in Settings. Eine programmspezifische und vergleichende Anaylse von Interventionsprogrammen in Kita, Schule und Kommune. *Abschlussbericht Projekt BEEP.* Bielefeld.

Hoffmann-Nowotny, H.-J. (1973). *Soziologie des Fremdarbeiterproblems: eine theoretische und empirische Analyse am Beispiel der Schweiz.* Stuttgart: Verlag

Hurrelmann, K. (2006). *Einführung in die Sozialisationstheorie.* Weinheim: Juventa.

Hurrelmann, K., Hartung, S., Kluwe, S., & Sahrai, D. (2013). Gesundheitsförderung durch Elternbildung in „Settings". *Präv Gesundheitsf, 8,* 267–275. doi:10.1007/s11553-013-0402-5

Kluwe, S. (2011). *Zum präventiven Erfolg von Elternkurse – Eine gesundheitswissenschaftliche Untersuchung der Elternschulung am Beispiel des STEP Elterntrainings.* Dissertation, Universität Bielefeld.

Knisel-Scheuring, G. (2002). *Interkulturelle Elterngespräche. Gesprächshilfen für Erzieherinnen in Kindergarten und Hort.* Lahr: Kaufmann.

Kuhlemann, M. (2008). „Wir sind dabei!". Interkulturelles Lernen in der Kindertagesstätte. Hrsg. von der Aktion Kinder- und Jugendschutz (AKJS ) bei der Landesarbeitsstelle Schleswig-Holstein. Kiel.

Labov, W. (1969). *The Study of Nonstandard English.* Washington, DC: Urbana.

Landtag Nordrhein-Westfalen. (2007). Gesetz zur frühen Bildung und Förderung von Kindern (Kinderbildungsgesetz – KiBiZ). In *Gesetz- und Verordnungsblatt für das Land Nordrhein Westfalen – Nr. 25 vom 16. November 2007, 462,* § 9.

Lessenich, S. (2009). *Die Neuerfindung des Sozialen: der Sozialstaat im flexiblen Kapitalismus.* Bielefeld: transcript.

Marzinzik, K., & Kluwe, S. (2009). Normativität in der Elternarbeit. In U.- H. Bittlingmayer, D. Sahrai, & P.-E. Schnabel (Hrsg.), *Normativität und Public Health. Vergessene Dimensionen gesundheitlicher Ungleichheit* (S. 389–405). Wiesbaden: VS Verlag für Sozialwissenschaften.

Munch, C. (2003). *Sozial Benachteiligte engagieren sich doch.* Weinheim: Juventa.

Oevermann, U. (1973). *Sprache und soziale Herkunft.* Frankfurt a. M.: Suhrkamp.

Rabe-Kleberg & Damrow. (2012). Eltern als Partner und Verdächtige zugleich: Kindergarten und Kinderschutz. *APuZ* (62) 22–24, 34–39.

Rosenbrock, R. (2005). Public Health – Politische Anforderungen zur Überwindung sozial bedingter Ungleichheiten von Gesundheitschancen bei Kindern und Jugendlichen. In: *E*

& C-Konferenz. (S. 59–68). Dokumentation der Veranstaltung vom 17. und 18. Oktober 2005 in Berlin. Berlin: o.V.

Runge, D. (2005). Mobilitätsarmut in Deutschland? In: *IVP-Schriften 06 (Seite?)*. Berlin.

Sahrai, D. (2009). Die Kindertagesstätte als gesundheitsförderndes Setting: Zwischen normativen Idealen und alltagspraktischen Zwängen. In U.-H. Bittlingmayer, D. Sahrai, & P.-E. Schnabel (Hrsg.), *Normativität und Public Health. Vergessene Dimensionen gesundheitlicher Ungleichheit* (S. 235–267). Wiesbaden: VS Verlag für Sozialwissenschaften

Sahrai, D. (2011). *Differenzen in der Wahrnehmung präventiver Angebote und von Elternpartizipation im Setting Kita. Eine Analyse der Wechselwirkung schicht- und migrationsspezifischer Einflüsse.* Dissertation, Universität Bielefeld.

Schlösser, E. (2004). *Zusammenarbeit mit Eltern - interkulturell. Informationen und Methoden zur Kooperation mit deutschen und zugewanderten Eltern im Kindergarten, Grundschule und Familie.* Münster: Verlag?

Schwarzer, R., & Jerusalem, M. (Hrsg.). (1999). *Skalen zur Erfassung von Lehrer- und Schülermerkmalen. Dokumentation der psychometrischen Verfahren im Rahmen der wissenschaftlichen Begleitung des Modellversuchs Selbstwirksame Schulen.* Berlin. Verlag?

Spallek, J., & Razum, O. (2008). Erklärungsmodelle für die gesundheitliche Situation von Migrantinnen und Migranten. In U. Bauer, U. Bittlingmayer, & M. Richter (Hrsg.) *Health Inequalities. Determinanten und Mechanismen gesundheitlicher Ungleichheit* (S. 271–229). Wiesbaden: VS Verlag für Sozialwissenschaften.

Statistisches Bundesamt. (Hrsg.). (2007). *Bevölkerung und Erwerbstätigkeit Bevölkerung mit Migrationshintergrund Ergebnisse des Mikrozensus 2005.* Wiesbaden.

Strickland, B.-R. (1989). Internal-External Control Expectancies. From contingency to creativity. *American Psychologist, 44*(1), 1–12.

Taylor, C. (2001). *Multikulturalismus und die Politik der Anerkennung.* Frankfurt a. M: Suhrkamp.

Textor, M.-R. (2006). *Elternarbeit im Kindergarten. Ziele, Formen, Methoden.* Books on Demand.

Vester, M., von Oertzen, P., Geiling, H., Hermann, T., & Müller, D. (2001). *Soziale Milieus im gesellschaftlichen Strukturwandel Zwischen Integration und Ausgrenzung* (2. Aufl.). Frankfurt a. M.: Suhrkamp.

WHO. (1986). *Ottawa-Charta zur Gesundheitsförderung.* Verlag?

Winker, G., & Degele, N. (2009). *Intersektionalität: Zur Analyse sozialer Ungleichheiten.* Bielefeld: transcript.

# Auf der Suche nach Erklärungen für die geringe Repräsentanz von Fachkräften mit Migrationshintergrund im frühpädagogischen Berufsfeld

Bedia Akbaş und Rudolf Leiprecht

*Ergebnisse einer Befragung an Kindertagesstätten, Berufsfachschulen und Fachakademien.*

## 1 Einleitung

In vielen Einrichtungen und Berufsgruppen, die in der Migrationsgesellschaft Schlüsselpositionen in Bezug auf Information, Kommunikation, Bildung, Erziehung, Beratung, Unterstützung und Sicherheit einnehmen, bildet sich die Zusammensetzung der Bevölkerungsstruktur *nicht* in der Zusammensetzung der Personalstruktur ab. Dies ist ungünstig, da so kaum damit zu rechnen ist, dass in solchen Einrichtungen und Berufsgruppen ganz selbstverständlich möglichst viele Perspektiven, Lebenserfahrungen, sprachliche Voraussetzungen usw. mitgedacht werden, im Gegenteil, es entstehen oft – zugespitzt formuliert – ‚Parallelgesellschaften', die recht einseitig an einen ‚Teilbereich' ausgerichtet sind. Für solche Einrichtungen und Berufsgruppen stellt sich dann die Frage nach ihrer Attraktivität, etwa in Bezug auf Status des Berufes, Bezahlung, Arbeitszeiten, Aufstiegs-

B. Akbaş (✉) · R. Leiprecht
Center for Migration, Education and Cultural Studies (CMC), Institut für Pädagogik, Universität Oldenburg, Ammerländer Heerstr, 114–118, 26111 Oldenburg, Deutschland
E-Mail: bedia.akbas@uni-oldenburg.de

R. Leiprecht
E-Mail: rudolf.leiprecht@uni-oldenburg.de

© Springer Fachmedien Wiesbaden 2015
B. Ö. Otyakmaz, Y. Karakaşoğlu (Hrsg.), *Frühe Kindheit in der Migrationsgesellschaft*, DOI 10.1007/978-3-658-07382-4_12

chancen, Zukunftsperspektiven usw., vorausgesetzt, man stellt fest, dass solche Faktoren für Fachkräfte in spezifischen Lebenslagen und Lebenssituationen, die offenbar nicht repräsentiert werden, in besonderer Weise relevant sind. Allerdings kann eine solche Asymmetrie zwischen Bevölkerungs- und Personalstruktur auch bedeuten, dass spezifische Zugangsbarrieren oder Verbleibhindernisse existieren, die nicht zu den Vorstellungen von gleichen Möglichkeiten bei gleichen Leistungen in einer demokratischen Gesellschaft passen oder/und es zu subtilen oder offenen Diskriminierungen im Arbeitsfeld bzw. in den entsprechenden Ausbildungsstätten kommt. Mit den folgenden Ausführungen wenden wir uns bezüglich der Frage nach der Repräsentation in der Migrationsgesellschaft dem frühpädagogischen Berufsfeld und dem Bereich von Kindertagesstätten zu. Hier ist auffällig, dass – wie eine Sonderauswertung des Mikrozensus (2008) von Kirsten Fuchs-Rechlin zeigt – Personen mit so genanntem Migrationshintergrund[1] deutlich unterrepräsentiert sind: Gegenwärtig hat mehr als ein Drittel der Kinder unter fünf Jahren einen Mi-

---

[1] Auch im Rahmen unserer eigenen Untersuchungen greifen wir auf den Begriff ‚Migrationshintergrund' zurück. Wir sind uns dabei darüber im Klaren, dass dies nicht unproblematisch ist. Ähnlich wie andere Begriffe folgen solche Benennungen auch askriptiven demographischen Merkmalen oder alltäglichen Wahrnehmungsmustern, die häufig an phänotypische Oberflächlichkeiten gekoppelt sind, wobei eine Tendenz zu vereinheitlichenden und festlegenden Gruppenkonstruktionen zu beobachten ist. Es besteht die Gefahr, mit dem Begriff ‚Migrationshintergrund' (ungewollt) solche Muster und Logiken zu reproduzieren. Die Vielzahl der sowohl im Alltag, in den Medien als auch in den Wissenschaften verwendeten Benennungen für die in Deutschland lebenden Menschen, die aus anderen Ländern zugezogen sind bzw. eine (familiäre) Migrationsgeschichte haben, zeigt aber auch, dass es unmöglich ist, gültige und Zuschreibungen gänzlich vermeidende Begrifflichkeiten für eine unter Oberbegriffen versammelte Personenkohorte zu generieren. Vereinheitlichende Gruppenkonstruktionen wie ‚Türken', ‚Ausländerinnen', Zuwanderer, Immigranten, Eingewanderte, neue Inländerinnen, Schwarze, die Anderen, Menschen mit Migrationshintergrund, People of Color etc. greifen die Diversität der so subsummierten Menschen nicht auf, müssen jedoch eher weniger (‚Ausländerinnen') oder eher mehr (People of Color) als sinnvoll eingeordnet werden. Zudem machen einseitige Betonungen u. U. unsichtbar, dass „in einem konkreten Fall z. B. nicht nur ein Migrationshintergrund wirksam ist, sondern gleichzeitig und vor allem Generationsverhältnisse, Geschlechterverhältnisse und/oder soziale Schichtungsverhältnisse von Bedeutung sind" (Leiprecht 2011, S. 8). Um migrationsbezogene Ungleichheitsverhältnisse untersuchen zu können, halten wir aber dennoch (in provisorischer Weise) an der Verwendung der Beschreibungskategorie Migrationshintergrund fest. Sie wurde u. a. eingeführt, um den alltäglichen Begriff ‚Ausländer' zu vermeiden und gleichzeitig nicht nur auf die Berücksichtigung von Staatsbürgerschaft angewiesen zu sein. Zudem wird es mit ‚Migrationshintergrund' auch möglich, so hoffen wir, Prozesse offen zu legen, die mit Zuschreibungsverhältnissen und entsprechenden Praxisformen zu ‚Migration' verbunden sind oder verbunden werden. Wer eine Ignoranz gegenüber Unterscheidungspraxen vermeiden will, wird immer auf (mehr oder weniger geeignete) Bezeichnungen für betroffene Kohorten zurückgreifen müssen.

grationshintergrund (Statistisches Bundesamt 2012, S. 32 ff.), der entsprechende Anteil von Beschäftigten liegt deutlich unter einem Zehntel (etwas über 8 %). Zudem fällt die Verbleibquote[2] signifikant geringer aus im Vergleich zu allen frühpädagogisch Ausgebildeten (50 zu 66 %).

## 2 Bisher wenig Forschung, aber Hinweise aus der Analyse sozialstatistischer Daten

Forschungsarbeiten zur Beschäftigungssituation von frühpädagogischen Fachkräften mit Migrationshintergrund sind in Deutschland überaus selten. So gibt es zwar vor dem Hintergrund des neuen Kinderförderungsgesetzes (von 2008), das einen Rechtsanspruch auf einen Betreuungsplatz für alle Kinder vom vollendeten ersten bis zum vollendeten dritten Lebensjahr vorsieht, Untersuchungen, die der aktuellen Personalsituation und dem Personalbedarf im Bereich von Kindertagesstätten nachgehen, dabei werden aber Fachkräfte mit Migrationshintergrund nicht berücksichtigt (Rauschenbach und Schilling 2010). Neuere Ergebnisse hierzu bietet allein die bereits erwähnte Sonderauswertung des Mikrozensus durch Fuchs-Rechlin. Sie greift zunächst die Differenzierung im Mikrozensus zwischen KinderpflegerInnen und ErzieherInnen auf, wobei KinderpflegerInnen im Vergleich zu ErzieherInnen eine kürzere Ausbildungszeit absolvieren, schlechter bezahlt werden und keine Leitungsposition einnehmen können. Von den im Mikrozensus erfassten 316 KinderpflegerInnen haben 14 % einen Migrationshintergrund, von den 2793 ErzieherInnen lediglich 8 % (Fuchs-Rechlin 2010, S. 6, 48). Deutlich ist also, dass Beschäftigte mit Migrationshintergrund in diesem Arbeitsfeld in der ungünstigeren beruflichen Position zu einem größeren Anteil vertreten sind, wobei insgesamt diese Berufsgruppe im Kindertagesstättenbereich kleiner ist. Gleichzeitig wird erkennbar, dass nicht nur – wie in der Einleitung gezeigt – in Bezug auf die unmittelbaren AdressatInnen von Frühpädagogik (also die Kinder) eine prägnante Unterrepräsentation vorliegt, sondern auch in Bezug auf die entsprechende Referenzgröße in der Gesamtbevölkerung. Während im Jahr 2009 etwa ein Fünftel (ca. 20 %) bei den 20- bis unter 65-Jährigen einen Migrationshintergrund hat, ist dieser Anteil unter den pädagogischen Fachkräften im gleichen Zeitrahmen – wie bereits erwähnt – kaum halb so groß: „Migrantinnen und Migranten" sind also – so Fuchs-Rechlin – „unter den pädagogischen Fachkräften erkennbar unterre-

---

[2] Die Verbleibquote ist der Anteil der Fachkräfte, die eine Ausbildung im frühpädagogischen Bereich absolviert haben und auch aktuell im Berufsfeld arbeiten (Fuchs-Rechlin 2010, S. 47 ff.).

präsentiert" (Fuchs-Rechlin 2010). Ein weiteres Ergebnis der Sonderauswertung betrifft die Beschäftigungsstrukturen: So sind Fachkräfte mit Migrationshintergrund (KinderpflegerInnen und ErzieherInnen werden hier gemeinsam betrachtet) überproportional häufig in Beschäftigungsverhältnissen mit geringerer Arbeitszeit vertreten: „Während 29 % der Fachkräfte mit Migrationshintergrund weniger als 21 h pro Woche arbeiten, sind es bei den Fachkräften ohne Migrationshintergrund lediglich 18 %" (Fuchs-Rechlin 2010, S. 49). Darüber hinaus sind Fachkräfte mit Migrationshintergrund überproportional häufig von Befristung betroffen: Während bereits 24 % der Fachkräfte mit Migrationshintergrund einer befristeten Beschäftigung nachgehen, sind es bei den Fachkräften ohne Migrationshintergrund nur 14 % (Fuchs-Rechlin 2010, S. 19). Über diese Befunde hinausgehende, nicht nur auf Sozialstatistiken, sondern auch auf empirische Untersuchungen basierende Erkenntnisse zu den Fachkräften mit Migrationshintergrund an Kindertagesstätten fehlen bislang. Vor allem Ergebnisse zu Vorstellungen, Erfahrungen, Konzepten und Handlungsweisen der beteiligten Akteure stellen ein Desiderat dar.

## 3  Eigene Untersuchung zu ‚Pädagogischen Fachkräften mit Migrationshintergrund'

Die hier vorgestellte eigene empirische Untersuchung hat sich vorgenommen, mit einem ersten größeren (länderübergreifenden)[3] Projekt einen Beitrag zur Verbesserung der Forschungslage zu schaffen. Diese Untersuchung, die als Teilprojekt im Rahmen der vom Bundesministerium für Bildung und Forschung (BMBF)[4] geförderten Forschung „Pädagogische Fachkräfte mit Migrationshintergrund in Kinder-

---

[3] Bei der Auswahl des Erhebungsraumes lag der Schwerpunkt auf Regionen, die einen höheren Anteil an Menschen mit Migrationshintergrund aufweisen, um die Erfolgschancen für verwertbare Ergebnisse zu erhöhen. Beispielsweise wurden deshalb Regionen aus den neuen Bundesländern nicht berücksichtigt. Niedersachsen gewinnt an besonderer Relevanz, da hier unter allen Bundesländern der mit Abstand größte Personalfehlbedarf in der Kindertagesbetreuung prognostiziert wird (Rauschenbach und Schilling 2010, S. 45). Neben Niedersachsen wurden auch Hamburg und die Regierungsbezirke Stuttgart (Baden-Württemberg), Darmstadt (Hessen), Düsseldorf (Nordrhein-Westfalen) und Oberbayern (Bayern) als Erhebungsraum ausgewählt. Die Regierungsbezirke Stuttgart, Darmstadt, Düsseldorf und Oberbayern stellen im jeweiligen Bundesland den Regierungsbezirk mit dem höchsten Anteil an Menschen mit Migrationshintergrund dar. Diese Studie, Teil eines umfassenderen Forschungsprojektes (siehe Fußnote 5), ist angesichts der ausgewählten Erhebungsräume nicht repräsentativ für Deutschland und hat einen explorativen Charakter.

[4] Die Projektförderung durch das BMBF erfolgte im Rahmen des Programms „Ausweitung der Weiterbildungsinitiative Frühpädagogische Fachkräfte" (AWIFF).

tagesstätten: Ressourcen – Potenziale – Bedarfe"[5] durchgeführt wurde, ermittelt Beschäftigungsmerkmale von Fachkräften mit Migrationshintergrund und sucht dabei auch nach Antworten auf Kernfragen wie: Was sind die Bedarfe und Potenziale auf Seiten der Fachkräfte mit Migrationshintergrund? Welche Erfahrungen machen Auszubildende und Fachkräfte mit Migrationshintergrund im Bereich von Kindertagesstätten? Und was sind die Gründe für ihren Zugang bzw. Nicht-Zugang zum und dem Verbleib bzw. Nicht-Verbleib im Berufsfeld, also insgesamt für die geringe Repräsentanz? Nun sind Personen, die eine Ausbildung als pädagogische Fachkraft für den Kindertagesstättenbereich abgeschlossen haben und nicht bzw. nicht mehr im Berufsfeld tätig sind, nur schwer ermittelbar und kaum für die Forschung zu erreichen. Eine Annäherung an den Gegenstand erfolgte daher über die Befragung unterschiedlicher Akteure, die jeweils über ihre Kenntnis zur Repräsentanz und dem Verbleib von Fachkräften mit Migrationshintergrund befragt wurden. Hierbei wurden unterschiedliche Perspektiven sowie Befragungsformen integriert:

I. Die Sichtweisen und Angaben von Leitungskräften der Kindertagesstätten wurden quantitativ durch eine schriftliche Fragebogenbefragung mit zum Teil offenen Antwortelementen erhoben. Der Fragebogen ging an 1.500 Kindertagesstätten in den sechs Erhebungsräumen, der Rücklauf umfasste 347 Kindertagesstätten.[6]

II. Die Sichtweisen und Angaben von Schulleitungen bzw. Abteilungsleitungen der ausbildenden Fachschulen (FS) und Fachakademien (FAK) für Sozialpädagogik und Berufsfachschulen (BFS) für Kinderpflege/Sozialassistenz wurden ebenfalls quantitativ durch eine schriftliche Fragebogenerhebung ermittelt.

---

[5] Das Team des Gesamtprojekts setzt sich zusammen aus Christiane Brokmann-Nooren, Iris Gereke und die Autorin/den Autor des vorliegenden Beitrags. Bedia Akbaş konzentriert sich auf das erste Teilprojekt, über das hier berichtet wird. Ein zweites Teilprojekt, auf das sich Iris Gereke konzentriert, hat als Zielgruppe die Zugewanderten, die bereits im Herkunftsland frühpädagogische Qualifikationen erworben haben. Untersucht wird die (Nicht-) Anerkennung (formal/sozial) der im Ausland erworbenen Abschlüsse, Qualifikationen und Kompetenzen und der Zugang zum Berufsfeld.

[6] Ein Drittel der Einrichtungen, deren Leitungen einen Fragebogen ausfüllten, liegen in Großstädten mit über 100.000 EinwohnerInnen, zwei Drittel in Klein- und Mittelstädten. Ca. jeweils ein Drittel der Einrichtungen haben einen öffentlichen Träger (35 %) bzw. einen konfessionellen Träger (34 %). Unter den weiteren freien (gemeinnützigen) Trägern (24 %) hat der Paritätische Wohlfahrtsverband den größten Anteil. Die Zusammensetzung des Datenkorpus entspricht diesbezüglich den Relationen in den Erhebungsregionen, allerdings unterscheiden sich die Trägerlandschaften sehr erheblich in den einzelnen Regionen (z. B. mehr katholische Träger in RBZ Oberbayern und Düsseldorf, nicht-christliche freie Träger in Hamburg).

Von den verschickten Fragenbögen, die an alle 162 Fachschulen und Fachakademien in den sechs Erhebungsräumen gingen, kamen 54 ausgefüllt und
beantwortet zurück.[7]

III. Die Perspektive von SchülerInnen mit Migrationshintergrund an ausbildenden
Schulen wurde mit Hilfe von Methoden qualitativer Sozialforschung – themenfokussierten Interviews – erfasst. Insgesamt wurden 16 SchülerInnen inter-
viewt (Länge der Interviews: zwischen 40 bis 60 min).

IV. Die Perspektive von Fachkräften mit Migrationshintergrund an Kindertagesstätten wurde ebenfalls mit qualitativen Befragungsmethoden ermittelt, neben
16 themenfokussierten Interviews (Länge zwischen 30 bis 55 min) auch durch
7 Gruppendiskussionen mit jeweils zwischen 6 und 15 Fachkräften (Länge
zwischen 60 bis 90 min).

Für den vorliegenden Beitrag möchten wir Auszüge aus den Ergebnissen auf verschiedenen Datenebenen vorstellen und miteinander in Beziehung setzen. Dabei
konzentrieren wir uns auf die Frage der Repräsentanz.

## 4 Ergebnisse der eigenen Untersuchung zu ‚Pädagogischen Fachkräften mit Migrationshintergrund'

### 4.1 Deutliche Unterrepräsentation

Auf der Grundlage der Angaben der befragten Leitungskräfte von Kindertagesstätten (siehe oben: Forschungsabschnitt I) zur Zusammensetzung des Personals zeigt
sich, dass etwa ein Siebtel (14,2 %) der beschäftigten Fachkräfte einen Migrationshintergrund hat. Der mit der Untersuchung erfasste Datenkorpus weicht hier
also vom sozialstatistisch erfassten Bundesdurchschnitt, der – wie bereits erwähnt
– bei etwas über 8 % liegt, deutlich ab. Ein Grund hierfür sind die ausgewählten
Erhebungsräume, die allesamt in westlichen Bundesländern liegen, also Regionen, in denen deutlich mehr Menschen mit Migrationshintergrund leben als in öst-
lichen Bundesländern. Dennoch bedeutet dieser höhere Anteil keineswegs, dass

---

[7] Dabei stammt der überwiegende Teil aus Schulen in Niedersachsen (28), welches als Flä-
chenland auch über die meisten Schulen in den Erhebungsräumen verfügt. Der Rücklauf war
am niedrigsten in Hamburg (2 Fragebögen, bei insgesamt lediglich 7 Schulen) und im RBZ
Darmstadt (3). Auf Grund der geringen Zahl an Fragebögen aus Hamburg und dem RBZ
Darmstadt kann nicht davon ausgegangen werden, dass diese Erhebungsräume durch die
Fragebögen repräsentativ abgedeckt werden. Für eine explorative Studie sind im Gesamt des
Datensatzes Rücklauf und Datenumfang jedoch ausreichend.

eine ausgeglichene Repräsentation erreicht ist. Ein Blick auf die entsprechenden Referenzgrößen in den Erhebungsräumen zeigt, dass eine deutliche Unterrepräsentation vorliegt.[8] Gleichzeitig ist auch der Anteil an männlichen Fachkräften in den Kinderkrippen und Kindergärten den Angaben zufolge mit 4 bzw. 3 % sehr niedrig, eine um ein Vielfaches noch massivere Unterrepräsentation, die aber dem bundesweiten Durchschnitt entspricht (Fuchs-Rechlin 2010, S. 5). Haben diese männlichen Fachkräfte dazu noch einen Migrationshintergrund, dann stellen sie nochmal eine klare Minderheit innerhalb dieser kleinen Minderheit dar. Zusätzlich zu solchen Unterrepräsentationen zeigen unsere Ergebnisse auch, dass Fachkräfte mit Migrationshintergrund häufiger mit spezifischen Barrieren konfrontiert sind: Sie verfügen seltener über unbefristete Verträge und arbeiten bei gleicher Qualifikation (Erzieher/in) deutlich seltener als Leitungskräfte als Fachkräfte ohne Migrationshintergrund.

## 4.2 Angaben zu unterschiedlichen Migrationshintergründen und Religionszugehörigkeiten im Vergleich zwischen Ausbildung und Beruf

Aufschlussreich sind u. a. die Ergebnisse zu den Migrationshintergründen und Konfessionen der Fachkräfte, vor allem im Vergleich der Angaben der Leitungen in den Kindertagesstätten mit den Angaben der Leitungen in den Ausbildungsstätten (siehe oben: Forschungsabschnitt II).[9] Beginnen wir den Vergleich zunächst

---

[8] Der Anteil an Menschen mit Migrationshintergrund in den einzelnen Erhebungsräumen liegt in Niedersachsen bei 17,5 %, im RBZ Oberbayern bei 23,8 %, im RBZ Düsseldorf bei 25,2 %, in Hamburg bei 26,9 %, im RBZ Darmstadt bei 28,9 % und im RBZ Stuttgart bei 29,5 % (vgl. Statistisches Bundesamt 2012, S. 36–37).

[9] Wir haben die Leitungen um Angaben zu Migrationshintergrund und Religionszugehörigkeit gebeten, die allerdings teilweise auf Schätzungen beruhen. 80 % der Ausbildungsstätten erfassen sowohl die Staatsangehörigkeit als auch die Religionszugehörigkeit der Schülerinnen und Schüler, doch nur bei 50 % werden diese Daten in den Schulstatistiken wiedergegeben. Die Leitungen der Kindertagesstätten haben über die Gehaltsabrechnungen (Kirchensteuer!) Einblick in die Religionszugehörigkeit zumindest der christlichen Mitarbeiter. Andere Religionszugehörigkeiten werden meist jedoch nicht erfasst, genauso wenig wie der Migrationshintergrund. Wir haben die Leitungen deshalb jeweils um (ergänzende) Schätzungen gebeten, um überhaupt Aussagen machen zu können. In kleinen Einheiten (also eher in den Kindertagesstätten als in den Ausbildungsstätten) mögen Schätzungen genauer ausfallen als in größeren Organisationen, in beiden Fällen bleiben jedoch (ergänzende) Schätzungen an den Vorstellungen der befragten Leitungen gekoppelt und sind somit keine ‚harten‘ Daten. Für eine explorative Studie wie die unsere sind solche (ergänzenden) Schätzungen jedoch aussagekräftig genug.

**Tab. 1** SchülerInnen mit Migrationshintergrund an den ausbildenden Fachschulen und der Fachkräfte mit Migrationshintergrund an den Kindertagesstätten, jeweils nach familialer Herkunft im Vergleich©

| Familiale Herkunft | Ausbildung SchülerInnen mit Migrationshintergrund | Kindertagesstätten Fachkräfte mit Migrationshintergrund |
|---|---|---|
| | (% von $n=759$) | (% von $n=387$) |
| EU-Länder alt | 7,9 | 20,7 |
| EU-Länder neu | 13,0 | 24,3 |
| Türkei | 27,7 | 14,7 |
| GUS+Georgien | 29,0 | 21,4 |
| europäische Drittstaaten | 5,3 | 3,4 |
| arabische Länder/Iran | 7,5 | 4,4 |

mit einem Blick auf die unterschiedliche Verteilung nach Migrationshintergründen (siehe oben Tab. 1).

Folgende Unterschiede werden sichtbar: Während nach den Angaben der befragten Leitungen die SchülerInnen, die eigene und/oder familiäre Bezüge zu den alten EU-Ländern (z. B. Italien, Griechenland, Spanien) haben, nur einen sehr kleinen Teil der Schülerschaft mit Migrationshintergrund ausmachen (8 %), ist der Anteil derjenigen, die als Fachkräfte mit den gleichen Bezügen bereits im Beruf stehen, um ein vielfaches größer (21 %). Gleichzeitig wird angegeben, dass an den Ausbildungsstätten die SchülerInnen mit türkischem Migrationshintergrund anteilsmäßig fast ein Drittel ausmachen (27,7 %), während im Beruf ihr Anteil deutlich geringer ist (14,7 %). Ähnlich groß sind die Unterschiede, wenn auch in umgekehrter Richtung, bei den Angaben zu Migrationshintergründen, die auf die neuen EU-Länder (u. a. Polen, Rumänien, Bulgarien, Tschechien etc.) verweisen: Hier ergeben die Angaben der Leitungen, dass ihr Anteil in den Ausbildungsstätten eher gering ist (13 %), während dies im Beruf deutlich anders aussieht: Ihr Anteil an den Fachkräften mit Migrationshintergrund macht fast ein Viertel aus (24,3 %). Es ist nicht einfach, diese unterschiedlichen Verteilungen zu interpretieren. Scheinbar finden Personen mit EU-bezogenen Migrationshintergründen schneller den Weg ins Berufsleben der Kindertagesstätte oder sind dort bereits seit längerem vertreten, während es für Personen mit türkischem Migrationshintergrund, und ähnlich, wenn auch etwas schwächer ausgeprägt für Personen, die eigene und/oder familiäre Bezüge zu den GUS-Staaten (Russland, Kasachstan, Ukraine etc.) oder Georgien aufweisen, sich umgekehrt verhält. Sie befinden sich zu größeren Anteilen noch in der Ausbildung. Möglicherweise hat dies mit der bis vor kurzem rechtlichen Besserstellung von Personen mit EU-bezogenen Migrationshintergründen bei der Anerkennung von mitgebrachten Abschlüssen zu tun, möglicherweise haben erst in den letzten Jahren die zuerst genannten in einem größeren Umfang sich dafür entschieden, sich auf den Weg zum Beruf des Erziehers bzw. der Erzieherin zu begeben und eine Ausbildung zu beginnen. In diesem Fall handelt es sich also um ein größeres Potential, welches demnächst die Praxis in der Kindertagesstätte noch erreichen wird. Möglicherweise gibt es aber auch andere Gründe, und vielleicht sind die Systeme Ausbildung und Beruf nicht so eng aufeinander bezogen, wie wir das erwartet haben. Wir sahen uns durch die Daten jedoch herausgefordert, genauer hinzuschauen und haben deshalb auch die Angaben zum religiösen Hintergrund, die von den Leitungen der Ausbildungsstätten bzw. der Kindertagesstätten gemacht wurden, miteinander verglichen (siehe unten Abb. 1).

Das Ergebnis: In den Ausbildungsstätten scheinen unter den SchülerInnen mit Migrationshintergrund diejenigen, die dem muslimischen Glauben (42%) und diejenigen, die den beiden großen christlichen Kirchen zugerechnet werden (42%), zu gleich großen Anteilen vertreten zu sein und jeweils die umfangreichsten Kohorten auszumachen. Im Beruf scheint es sich bei den zuerst Genannten jedoch nur um eine Minderheit (16%) zu handeln, während knapp die Hälfte (49%) von denjenigen gebildet wird, die als evangelisch bzw. katholisch eingeordnet werden. Die Ergebnisse aus den beiden Vergleichen zu den Angaben, die von den Leitungen der Ausbildungsstätten bzw. der Kindertagesstätten zur Vielfalt der Migrationshintergründe und den religiösen Zugehörigkeiten gemacht wurden, vermitteln im Zusammenhang betrachtet also den Eindruck, dass vor allem Fachkräfte mit türkischem Migrationshintergrund bzw. Fachkräfte, die dem muslimischem Glauben zugerechnet werden, nach der Ausbildung seltener in das Berufsfeld einmünden und/oder das Berufsfeld schneller wieder verlassen, so dass sie von den Leitungen der Kindertagesstätten auch in jeweils geringerem Umfang genannt werden.

## 4.3 Zugangsbarriere ‚religiöse Zugehörigkeit' und ‚Kopftuchverbot'

Einer der Gründe, die zu einer geringeren Übergangsquote von der Ausbildung zur tatsächlichen Berufspraxis in Kindertagesstätten führen könnten, ist im Bereich des Verhaltens von Einrichtungen bei Bewerbungen und Einstellungen zu suchen. Wir haben die Leitungen von Kindertagesstätten deshalb mit folgender Frage nach den eigenen Einstellungskriterien befragt: *„Wie bedeutend sind bzw. wären die folgenden Einstellungskriterien, wenn sich eine Fachkraft auf eine frei gewordene Stelle im pädagogischen Bereich Ihrer Einrichtung bewirbt bzw. bewerben würde?"* Die Leitungen konnten ihre Zustimmung oder Ablehnung zu acht

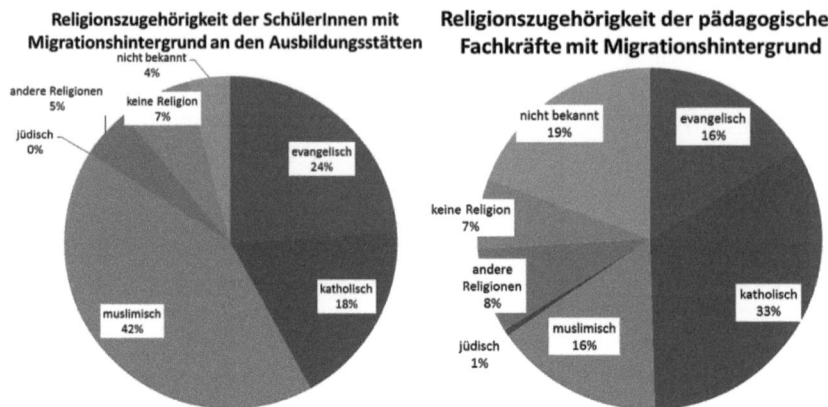

**Abb. 1** SchülerInnen mit Migrationshintergrund an den ausbildenden Fachschulen und Fachkräfte mit Migrationshintergrund an den Kindertagesstätten, jeweils nach Religionszugehörigkeit im Vergleich©

vorgegebenen Items zum Ausdruck bringen. Als die beiden relevantesten Kriterien für eine Beschäftigung erweisen sich ein *„guter/sehr guter pädagogischer Ausbildungsabschluss"* und eine *„gute/sehr gute Beherrschung der deutschen Sprache in Wort und Schrift"*. Die Zustimmungswerte erreichen hier jeweils deutlich über 80 %. Für eine klare Mehrheit der Leitungen ist auch ein *„weitgehend akzentfreies Deutsch"* besonders relevant (60 % Zustimmung). Die beiden letztgenannten Werte, die sich auf Kompetenzen in der deutschen Sprache beziehen, rangieren damit weit vor der *„Mehrsprachigkeit"* (34 % Zustimmung), eine Qualifikation, die Fachkräfte mit Migrationshintergrund häufig mitbringen. Die Mehrsprachigkeit landet in ihrer Entscheidungsrelevanz sogar noch hinter der *„Zugehörigkeit zur christlichen Kirche"* (35 % Zustimmung). Überprüft man dieses Drittel der auf religiöse Zugehörigkeit bezogenen Zustimmungswerte darauf, welche der Einrichtungen zu welchen Trägern gehören, zeigt sich ein wenig überraschendes Bild: Für christliche Träger ist die Zugehörigkeit der Bewerbenden zur christlichen Kirche besonders relevant (fast 100 % Zustimmung), für konfessionsfreie Träger ist sie das nicht (fast 100 % Ablehnung). Mit einer weiteren Frage hatten wir nach der Akzeptanz des ‚Kopftuches' gefragt: Der Aussage *„Das Kopftuchtragen aus religiösen Gründen einer Mitarbeiterin wird/würde in unserer Einrichtung nicht akzeptiert"* stimmen im Schnitt ein Drittel aller Leitungskräfte zu, ein Drittel lehnen sie ab, ein Drittel verhalten sich indifferent. Die Unterschiede in der Akzeptanz des Kopftuchs zwischen den verschiedenen Träger sind dabei höchst signifikant (siehe unten, Tab. 2).

**Tab. 2** Nicht-Akzeptanz des Kopftuchtragens aus religiösen Gründen, differenziert nach den Trägern der Einrichtungen©

| "Das Kopftuchtragen einer Mitarbeiterin aus religiösen Gründen wird/würde in unserer Einrichtung nicht akzeptiert" [Anzahl (Anteil in %)/differenziert nach Träger] | Öffentlich | Evangelisch | Katholisch | Sonstige Träger |
|---|---|---|---|---|
| Zustimmung | 34 | 22 | 33 | 15 |
| | 31,8% | 48,9% | 55,9% | 16,3% |
| Ablehnung | 31 | 7 | 12 | 48 |
| | 29,0% | 15,6% | 20,3% | 52,2% |
| Teils teils/weiß nicht | 42 | 16 | 14 | 29 |
| | 39,3% | 35,6% | 23,7% | 31,5% |
| Insgesamt | 107 | 45 | 59 | 92 |
| | 100% | 100% | 100% | 100% |

Eine deutlich höhere Nicht-Akzeptanz des Kopftuchtragens weisen dabei die kirchlichen Träger auf, katholische (mit klarer Mehrheit) noch stärker als evangelische (mit einer fast mehrheitlichen Zustimmung). Das ist angesichts der Tatsache, dass bei der Einstellung an diesen Einrichtungen die Religionszugehörigkeit von besonderer Bedeutung ist, bemerkenswert und verweist auf spezifische strukturelle Zugangsprobleme, die vor allem Frauen, die dem muslimischen Glauben zugerechnet werden und hier insbesondere Frauen, die sich für das Tragen eines Kopftuches entschieden haben, betreffen.

## 4.4 Gründe für die geringe Repräsentanz aus der Sicht von Leitungskräften in Kindertagesstätten

Um die Sicht der Einrichtungsleitungen zu erfassen, haben wir haben wir auch eine direkte Frage gestellt: *„Haben Sie eine Erklärung für die geringe Verbleibsquote von Fachkräften mit Migrationshintergrund im Berufsfeld?"* Eine Mehrheit der Leitungskräfte an den Kindertagesstätten antwortete mit *„nein"* (63%). Diejenigen, die sich für ein *„ja"* entschieden (immerhin noch 37%), hatten die Gelegenheit, mit eigenen Formulierungen in einer offenen Folgefrage ihre Erklärungen zu notieren. Insgesamt gab es 178 teilweise recht ausführliche Angaben und Beschreibungen zu den eigenen Erklärungsmustern (siehe unten Tab. 3).

**Tab. 3** Gründe für die geringe Verbleibsquote von Fachkräften mit Migrationshintergrund im Berufsfeld aus der Sicht von Leitungskräften der Kindertagesstätten©

| Notierter Grund | Anzahl der Nennungen |
|---|---|
| „Sprachdefizite" | 52 |
| „Kulturelle Differenzen": generell und in der pädagogischen Ausbildung/Praxis | 27 |
| Kirchliche Träger (19 Nennungen), aber auch fehlende religiöse Neutralität/Kopftuch der Fachkräfte (6 Nennungen) | 25 |
| „Traditionelleres" Rollenverständnis, Familienplanung, -gründung | 21 |
| Schlechte Bezahlung/Perspektive sowohl im Beruf und in der Ausbildung | 19 |
| Ausländische Ausbildung wird nicht anerkannt | 14 |
| Diskriminierung: im Kolleginnenkreis und durch Eltern (9×), die „schwierige Lage der Migranten" wird ausgenutzt, um Fachkräften mit Migrationshintergrund schlechtere Verträge oder Arbeitsaufgaben zu übertragen (4×) | 13 |
| Schlechtere Ausbildung der Fachkräfte mit Migrationshintergrund | 7 |

Auffällig ist, dass strukturelle Probleme des Berufs (*„Schlechte Bezahlung/Perspektive sowohl im Beruf und in der Ausbildung"*)[10] und die Nicht-Anerkennung von Abschlüssen (*„Ausländische Ausbildung wird nicht anerkannt"*) sich in der Häufigkeit der Nennungen erst an fünfter und sechster Stelle finden, gefolgt von Hinweisen auf unterschiedliche Formen von Diskriminierung. All dies mit großem Abstand zu Nennungen im Bereich von ‚Sprache' und ‚Kultur'.

### 4.4.1 Zu den Hinweisen auf ‚Sprache'

Bei den Nennungen zu ‚Sprache' klingt bei einigen Antworten durch, dass durchaus wahrgenommen wird, dass es *„immer noch sehr starke Vorurteile gegenüber Menschen gibt, die nicht akzentfrei Deutsch sprechen"*. Andere Antworten haben

---

[10] Der Bruttomonatsverdienst von Erzieherinnen liegt bei rund 2.500 € monatlich und damit 700 € unter dem von Realschul-, Haupt- und Sonderschullehrerinnen, die Aufstiegsmöglichkeiten sind gering, ebenso der soziale Status des Berufes, und dies trotz der großen Bedeutung, den diese Berufsgruppe im Bildungssystem hat und trotz der immer umfangreicher und anspruchsvoller werdenden Anforderungen (z. B. differenzierte Entwicklungsförderung mit entsprechender Beobachtung und Dokumentation, Kinderschutz, Spracherwerb, niedrigschwellige Anlaufstelle für soziale Beratung/Vermittlung, vorurteilsfreie Erziehung) (vgl. Aktionsrat Bildung 2012; Leiprecht 2012). Allerdings ist hier die Frage, warum strukturelle Probleme des Berufs für Fachkräfte mit Migrationshintergrund schwerer wiegen sollten als für Fachkräfte ohne Migrationshintergrund?

einen verurteilenden, Schuld zuweisenden Unterton in der Beurteilung der Gründe für identifizierte Sprachdefizite: *„Scheitert an der Bereitschaft, der deutschen Sprache mächtig sein zu wollen"* oder *„Nicht ausreichendes Interesse an Deutsch"*. Deutlich wird aber auch das Gefühl der Überforderung, sprachliche Nachqualifikation in der Berufseinstiegsphase anzubieten, gerade auch angesichts der Bedeutung des Spracherwerbs, der im Kontext möglicher späterer Bildungsbeteiligung von Kindern gesehen wird: *„Wir haben keine Zeit für Korrekturen"/„Die deutsche Sprache ist für den Spracherwerb der Kinder sehr wichtig"/„Kindergartenkinder sollen später auf das Gymnasium"*. Gleichzeitig zeigt sich, dass erhöhte Anforderungen an den Beruf der Erzieherin/des Erziehers eine Rolle zu spielen scheinen: *„Fachkräfte haben Probleme bei schriftlichen Aufgaben und scheitern an zunehmenden Dokumentationsanforderungen"*.[11] Interessant ist dieses Ergebnis auch im Vergleich mit den Erklärungen, die die Leitungen der ausbildenden Fachschulen und Fachakademien auf dieselbe (offene) Frage gaben: 18 Leitungen (von 54) nannten Erklärungen, die sich mehrheitlich in vier Blöcken wiederfinden: schlechte Bezahlung/mangelnde Perspektiven (6×), das teilweise *„traditionelle Rollenverständnis der Herkunftskultur"* (6×), kirchliche Träger (3×). Lediglich eine einzige Schulleitung gab als Erklärung an: *„möglicherweise schriftsprachliche Defizite gegenüber anderen Bewerbern"*. Dabei hatten bei einer anderen Frage fast zwei Drittel der Leitungen der Fachschulen und Fachakademien (70%) angegeben, dass *„sprachliche Defizite"* der Jugendlichen mit Migrationshintergrund als Zugangsbarrieren zur Ausbildung wahr genommen wurden, d. h. BewerberInnen werden zur Ausbildung nur zugelassen, wenn sie gut Deutsch sprechen können bzw. in Deutsch mindestens die Note befriedigend aufweisen können. Die SchülerInnen, die diese Anforderungen erfüllen und dann die Ausbildung an den Schulen erfolgreich abschließen, weisen nach der Ausbildung aus der Perspektive der Leitungen von Kindertagesstätten dennoch erhebliche Defizite auf (siehe oben). Das heißt aus Sicht der Leitungskräfte der Kindertagesstätten wie auch aus Sicht der Leitungskräfte an den Ausbildungsstätten sind es an beiden Schwellen – dem Übergang in die Ausbildung und dem Übergang von der Ausbildung in den Beruf – sprachliche Defizite, die den Zugang bzw. Verbleib von Personen mit Migrationshintergrund im Feld der Frühpädagogik behindern. Dies ist insofern von Bedeutung, als hier u. U. doppelte Selektionsmechanismen wirksam werden, die möglicherweise auf ein Fehlen entsprechender Unterstützung in der (schriftlichen) Fachsprache im Rahmen der Ausbildung verweisen oder auf einen Bias bei Lehr- und Leitungskräften, die diese sprachlichen Fähigkeiten einschätzen.

---

[11] Ein Problem, welches allerdings nicht nur auf Fachkräfte mit Migrationshintergrund beschränkt ist.

**4.4.2 Zu den Hinweisen auf ‚Kultur'**

Ähnlich wie bei den Nennungen zur Sprache finden sich auch bei den Nennungen
im Bereich von ‚Kultur' vorwurfsvolle und Schuld zuschreibende Formulierungen:
*„Fehlende Bereitschaft, sich mit den kulturellen Normen und Werten auseinander
zu setzen"* oder *„Fehlende Bereitschaft, erzieherische Werte der Einrichtung zu
übernehmen".* Dabei zeigen die Hinweise genauso wie im Feld ‚traditionelleres'
Verständnis stereotype und recht einseitige Muster: *„Auf Grund der Stellung der
Frau liegt die Kindererziehung und der Haushalt bei den Frauen"/„Frühere Heirat von Frauen aus muslimischen Ländern, danach ‚Hausfrauenleben'"/„Bleiben
nach der Elternzeit zu Hause Hausfrau".* Darunter finden sich jedoch auch Formulierungen, bei denen versucht wird, die Reichweite der Aussagen durch Relativierungen einzuschränken: *„Zum Teil wird nach Gründung einer Familie eher zu
Hause geblieben (Musliminnen)"/„Viele Kolleginnen mit Migrationshintergrund
steigen nach der Geburt der eigenen Kinder nicht wieder in den Erzieherinnen-
beruf ein", „Sie machen oft längere Familienzeiten als deutsche Mütter", „Sie
widmen sich häufiger der Erziehung der eigenen Kinder"/„Für viele muslimische
Frauen ist eine soziale Ausbildung eine ‚erlaubte' Ausbildung bis zur Heirat".*
Wie weit diese Relativierungen gehen und wie ernst gemeint sie sind, lässt sich
nicht sagen. Zudem haben wir mit diesen Beschreibungen nur die Auskünfte einer
(wenn auch größeren) Minderheit der Befragten erfasst. Deutlich ist, dass vertie-
fende Einzelinterviews mit den Einrichtungsleitungen überaus sinnvoll sind und
hier mit weiteren Untersuchungen angesetzt werden muss. Wir haben jedenfalls
den Eindruck, dass die obigen Erklärungsmuster mit ‚Sprache' und ‚Kultur' auch
Einfallstore für kulturalisierende Zuschreibungen und sich implizit oder explizit
äußernde Negativ-Bewertungen sein können – und wir haben den Eindruck, dass
dies in einem relevanten Umfang geschieht. Werden solche Bilder und Vorstellungen gegenüber Fachkräften mit Migrationshintergrund zum Ausdruck gebracht,
dann können sie dazu beitragen, dass ein Verbleib in der Kindertagesstätte als Belastung erfahren wird und wenig anstrebenswert erscheint.

**4.5 Zur Sicht von Fachkräften mit Migrationshintergrund:
Umgang mit Zuschreibungs- und
Diskriminierungserfahrungen**

Nun haben wir zwar keine ausführlichen Interviews mit den Leitungskräften geführt, wohl aber haben wir in einem unserer Forschungsabschnitte, wie eingangs
bereits dargestellt (3.), Fachkräfte mit Migrationshintergrund an Kindertagesstätten
genauer befragt und dabei auch die Erhebungsmethode gewechselt (Abschn. IV).

Aus der Analyse der 16 geführten Interviews mit Hilfe eines Leitfadens möchten wir im Folgenden auszugsweise, aber zugleich beispielhaft einige Ergebnisse vorstellen. Dabei haben wir uns auf Diskriminierungserfahrungen und den (unterschiedlichen) Umgang damit konzentriert; diese Auswahl haben deshalb getroffen, da zum einen in *allen* Interviews von solchen Erfahrungen berichtet wird, zum anderen aber die Interviewten mit ihren Schilderungen und Stellungnahmen gewissermaßen auf das Bild, dass sich aus den obigen quantitativen Ergebnissen ergibt, ‚reagieren'. In den Interviews berichten die pädagogischen Fachkräfte Özlem und Ercan, die beide in jungen Jahren mit ihren Eltern aus der Türkei nach Deutschland gekommen sind, von ihrer Bildungsbiographie. Die Namen Özlem und Ercan wurden – wie üblich – von uns vergeben, um Anonymität zu gewährleisten. Ercan schildert, dass er eine schulische Laufbahn erlebte, die ihn Erfahrungen in einer Förderklasse der Grundschule, dann in einer Schule für Schwerhörige, dann in der Hauptschule machen ließ, verbunden mit Wiederholungen von Schulklassen und Fehleinschätzungen auf Seiten des pädagogischen Personals. Hierzu ein Textfragment aus dem Interview:

> Ercan: Da „haben die gemerkt, dass das nicht genau passt, weil schwerhörige Kinder, gehörlose Kinder und ich, wir können uns nicht verständigen, wo ich der sprachliche bin und die durch den Zeichensprachen, ne? (…) Haben die gesagt, okay, er hat sich verbessert, von da aus bin ich dann in die Hauptschule (…) gekommen, die sechste Klasse habe ich dann wiederholt (…). Nach dem einen Jahr haben die gesagt, ich soll die Hauptschule besuchen.“

Auch Özlem berichtet von ihrer Bildungsbiographie:

> Özlem:„Was sehr interessant ist, dass erwachsene Menschen früher… die… schon mit vielen Vorurteilen an uns rangegangen sind. (…) Unsere Grundschullehrerin hat (…) uns gebeten aufzustehen und auch so lange gefragt, bis eine Antwort kam. Und diese Antwort kam nicht, weil diese Aufgabe nicht verstanden worden war. Und sie fragte und wurde immer lauter und immer lauter,… bis ein geröteter Schüler vor ihr stand. Und nicht weiß, damit umzugehen. (…) Für sie (…) war ganz bewusst, dass (…) Mädchen mit Migrationshintergrund auch nur (…) bis zur neunten Klasse besuchen werden, wenn überhaupt, und mehr nicht brauchen.“

Özlem trägt seit ihrem 13. Lebensjahr ein Kopftuch, und dieses Kopftuch wurde in der Schule und während der Ausbildung von den Lehrkräften häufig thematisiert:

> Özlem: „Aber ich wurde immer wieder mit dieser Frage konfrontiert, glaubst du eigentlich, dass du das schaffst, mit deinem Kopftuch? Wie weit willst du das eigentlich bringen? Ich glaube nicht, dass du das so weit schaffst. Es war immer wieder Thema und mir wurde immer wieder versucht, Steine damit in den Weg zu legen.

> Es hätte natürlich mich auch hemmen können und ich hätte einen Rückzug machen können, dass ich diesen Beruf (sie meint hier Erzieherin) nicht erlernen werde. (…) Aber (…) gerade das hat mich bestärkt, gegen diesen Willen von diesen Menschen diesen Beruf zu erlernen. Erst recht wollte ich das."

Auffällig ist im Berichtsstil bei Ercan die Form „haben die": Er weist damit implizit darauf hin, dass *mit ihm gemacht wurde,* er diesen ‚Zickzackkurs' in seiner Bildungsbiographie *erlitten* hat. Auch bei Özlem finden sich an vielen Stellen Beschreibungen, die im Passiv formuliert sind, gleichzeitig betont sie jedoch häufig die *aktive Seite,* und dies macht sie im Versuch, ihre eigenen Reaktionen auf Othering und negative Erfahrungen zu verdeutlichen, auch sehr explizit: Gerade einengende Zuschreibungen und Festlegungen führen sie zu einem *widerständigen Element:* „Erst recht wollte ich das." Sowohl die junge Erzieherin Özlem als auch der junge Erzieher Ercan berichten von Negativ-Bildern, mit denen sie zu tun bekamen, wobei diese Zuschreibungen entlang von Differenzlinien wie Ethnie, Nation, Kultur und auch Sprache und Religion meist verbunden sind mit Vorstellungen zu Geschlecht. Während Özlem hier u. a. mit Thematisierungen rund um das „Kopftuch" konfrontiert wird, dabei jedoch ihre prinzipielle ‚Erziehungsfähigkeit' als Frau nicht angezweifelt wird, muss Ercan mit diesbezüglich skeptischen Zuschreibungen entlang von ‚fremder Männlichkeit' umgehen.

> Ercan: „Es war schwierig für mich als … Migrationshintergrund… männlicher, war es schwierig, diese Anerkennung zu bekommen in der Gesellschaft. Weil man sagt, mit Migrationshintergrund? Erzieher? Das passt nicht. Weil die haben immer ein anderes Bild, ne? Also, ne? Ausländischer Mann, entweder im Café sitzt er oder… oder sage ich mal, was weiß ich, der arbeitet nicht, kümmert sich nicht um seine Kinder, ne? Dieses Bild."

In beiden Erzählungen wird deutlich, dass Özlem und Ercan oft nicht ganz *selbstverständlich* nur als sich professionalisierende pädagogische Fachkräfte gesehen werden, es geht gleichzeitig immer *um mehr* beziehungsweise *um weniger.* Dabei spielt die Frage, wie fachliche Kompetenz gesehen wird und ob und in welcher Weise es Anerkennungserfahrungen im Beruf gibt, eine große Rolle. Zwei Fragen hierzu wurden in jedem Interview gestellt:

> Interviewerin: „Fühlst du dich in deinem Kollegium ernst genommen? Ercan: Ja. Ganz ernst genommen. Also es ist so, ich werde ganz viel ernst genommen, dadurch weil ich die Erfahrung ja habe, ja, unter den verschiedenen Kulturen, und wenn da jetzt irgendwie speziell… Problematik da ist, dann fragen die mich, wie sollen wir da umgehen oder so. Das sage ich ihnen. Erzähle ich einfach, Tipps, gebe ich auch die Tipps, sag, lieber mach das lieber so. (…)Interviewerin: Und inwiefern werden deine

fachlichen Kompetenzen vom Kollegium anerkannt? Ercan: Ganz viel anerkannt. Allein schon dolmetschen. Wenn jetzt eine Mutter hier kommt, die kann kein Deutsch und kann Kurdisch oder Türkisch, dann werde ich... ich bin immer der Erste, gefragt werde. Interviewerin: Und wie findest du das? Ercan: Gut. Weil die Brücke zwischen (…) also von den Eltern und... Kindergarten, dass ich die Brücke bin, ne? Dass ich denen weiterhelfe. Das tut gut."

Ercan berichtet, dass seine Kenntnisse der kurdischen und türkischen Sprache genauso wie das Wissen um ‚verschiedene Kulturen' Elemente sind, die ihn im Kollegium Anerkennung verschaffen. Er betont hier eine besondere Kompetenz, von der heute auch im Fachdiskurs genauso wie in der Ausbildung viel die Rede ist. Auch Özlem fühlt sich in ihrem Kollegium anerkannt und ernst genommen.

Özlem: „Ja von Anfang an. Das muss ich ganz... so sehr sagen, aber ich habe mittlerweile gelernt, mich da auch ein Stück weit abzugrenzen von, weil ich denke, dass diese fachlichen Kompetenzen nicht... wie soll ich das ausdrücken? Nicht im Bereich meiner... ich sag mal so, wir wurden nicht, ich wurde nicht dafür ausgebildet. Das sind fachliche Kompetenzen, die andere Menschen zusätzlich erwerben." Interviewerin: Von welchen fachlichen Kompetenzen sprichst du? Özlem: Von interkulturellen Kompetenzen."

Wenig später im Interview verdeutlicht Özlem, was sie mit ‚Abgrenzen' meint.

Özlem: „Weil ich finde nicht, dass das eine Selbstverständlichkeit ist, dass eine Kollegin mit Migrationshintergrund immer zu Ort und Stelle da sein muss und alles übersetzt und alles... den Fehler hab ich schon mal gemacht. Ich habe was übersetzt. Aber ich bin keine ausgebildete Dolmetscherin,... das heißt, ich kann auch nicht unter jedes Schreiben ‚ohne Gewähr' schreiben, ich bin bereit, Menschen zu helfen, wenn ich sehe in ihren Blicken, sie brauchen die Hilfe, selbstverständlich bin ich sofort an Ort und Stelle, aber ich möchte nicht, dass Menschen glauben, dass das eine Selbstverständlichkeit wird. Ich möchte schon, dass die Menschen zu spüren bekommen (…), dass sie auch meine Grenzen zu spüren bekommen."

Özlem und Ercan zeigen also eine unterschiedliche Reaktionsweise auf die Möglichkeit, durch besondere sprachliche Fähigkeiten und kulturelles Wissen anerkannt zu werden. Özlem betont das *Nicht-Selbstverständliche*, möchte ihre „Grenzen spüren" lassen, Ercan hebt eher den Grund der Anerkennung hervor: „werde ganz viel ernst genommen, dadurch weil ich die Erfahrung ja habe", macht deutlich, dass er sich als „Brücke", als Vermittler sieht; wenn er in dieser Weise helfen kann: „das tut gut". Dabei unterscheiden sich die Vorstellungen zu Kultur bei Özlem und Ercan.

Ercan: „Aber wenn da jetzt jemand wie ich in einen Kindergarten reinkommt und
erzählt denen, wie die kurdische Kultur ist, türkische Kultur ist, wie die Menschen
sind, was die mögen, was die essen, wie ihre Feiertage sind, an was die glauben, wie
die Religionen sind, ne?"

Für Ercan geht es bei Kultur zunächst um große und umfassende Phänomene, er
kann im Kollegium („denen") erklären, was ,*die* kurdische Kultur' und ,*die* türkische Kultur' ausmacht und „wie *die* Menschen sind". Dies bringt ihm offenbar
Anerkennung, macht ihn kompetent, zugleich bringt es uns als Interpretierende auf
die Frage, welche Signale er wohl diesbezüglich von Kollegium, Ausbildung und
Fachdiskurs vermittelt bekommt: Denkt Ercan wirklich so, oder geht er hier davon
aus, dass zu tun, was von ihm erwartet wird, oder was die Interviewerin von ihm
hören will usw.? Für Özlem stellt sich dies anders dar. Sie unterscheidet zwischen
einer Vorstellung von Kultur, die sehr verbreitet ist und von Verallgemeinerun-
gen ausgeht, und der eigenen Vorstellung, die deutlich kleiner und bescheidener
ausfällt.

Özlem: „Ich glaube, das viele das verallgemeinert unter Festen, Bräuche und… ähm…
Familienkultur und Esskulturen eben… ja berücksichtigt werden. Aber das da Tradition mit äh … drinhängt, dass Familie… familiäre soziale Kontakte untereinander,
dass Beziehung eine Rolle spielt, dass jede Familie eine eigene Familienkultur hat,
das wird weniger berücksichtigt."

Özlem formuliert hier weniger deutlich als Ercan; offenbar stehen jedoch eher
unterscheidbare Familienkulturen im Vordergrund, die von Familie zu Familie
unterschiedlich sein können, auch wenn die Familiengeschichte mit dem gleichen
geographischen Gebiet oder dem gleichen Land verbunden ist. In den Interviews
werden auch häufig Verläufe und Situationen geschildert, die wir anordnen können
unter der Überschrift *rassistische Diskriminierung*. Dabei werden von den Interviewten allerdings sehr selten explizit die Begriffe Rassismus und Diskriminierung genannt, und wenn es überhaupt prägnant formuliert wird, dann wird – wie
wir bereits bei Özlem eingangs gesehen haben – von „Vorurteilen" gesprochen.
Auf die direkte Frage nach Diskriminierungserfahrungen, bei denen Vorstellungen zu Aussehen, Sprache oder Migrationshintergrund beim Einrichtungsträger, in
der konkreten Einrichtung, im Kollegenkreis, bei Eltern oder Kindern eine Rolle
spielen, gibt es nicht selten verneinende, zögerliche und ausweichende Antworten. Mitunter wird dabei auch deutlich, wie die Interviewten sich Rassismus und
Diskriminierung erklären.

Ercan: „Nein, hab ich nicht, aber ich hab mich immer, (...) bemühe ich mich immer, wenn ich auf der Arbeit bin, so bin wie ein normaler Erzieher sein sollte. Weil... wenn ich jetzt zur Arbeit komme, will ich nicht einen ... mit vollem Bart haben. Das geht nicht. Man muss auch gepflegt sein, weil wenn du mit den Kindern arbeitest, ist dass so, wenn der jetzt mit dir spielen will, nicht, dass er da... ne? Weil ich... ehrlich gesagt, ich bin lieb. Und die mögen mich und lieben mich auch. Daher hab ich keinerlei Problem gehabt bis heute. Interviewerin: Also du bist lieb? Ercan: Ich bin lieb (lacht)."

Wie bei Özlem mit dem „Kopftuch" geht es auch bei Ercan um äußere Merkmale: Ein „volle(r) Bart (...) geht nicht. Man muss auch gepflegt sein." Er bemüht sich, „wie ein normaler Erzieher" zu sein. Dabei stellt er sein Bemühen, normal zu sein, lieb zu sein, als Mittel gegen Diskriminierung vor: „Daher hab ich keinerlei Problem gehabt bis heute." Özlem reagiert auf die Frage nach Diskriminierungserfahrungen deutlich anders.

Özlem: „Man bekommt es in seiner Lebenslaufbahn immer wieder mal zu spüren, aber ich glaube, umso älter man wird und auch... resistenter wird man dann dagegen. Ja. Man arbeitet sich so ein dickes Fell auf, dass man das an sich abprallen lässt."

Özlem erklärt nicht Diskriminierung, wie Ercan, und schon gar nicht mit eigenem Verhalten, durch das sich Diskriminierung – so Ercans Sichtweise oder Hoffnung – vermeiden lässt. Özlem macht deutlich, solche Erfahrungen gemacht zu haben, und sie konzentriert sich auf ihre eigene Reaktion: „Man arbeitet sich so ein dickes Fell auf." Als Beispiele für Diskriminierung berichtet sie von konkreten Erlebnissen aus der eigenen Biographie.

Özlem: „(W)o eine Erzieherin dann tatsächlich und meine Anleitung zu mir gesagt hat, Özlem, sag mal, könntest du nicht dein priva... deine Religion privat zu Hause bei dir ausüben und dich hier draußen anpassen? Ich bin... das war die einzigste Erfahrung, wo ich für mich tränend, weinend zur Leitung gegangen bin und mich ausgeweint habe und am Ende meiner Kräfte war. Glücklicherweise hat sie dann natürlich gekontert und die Dame dann damals eben auch dementsprechend zur Sprache gezogen und mir zu spüren gegeben, dass das selbstverständlich, dass ich da weiterhin arbeiten darf und dass solche Sachen gar nicht eigentlich auf den Tisch gelegt werden dürfen... aber auch das hat mich dann bestärkt, weiterzumachen."

Gleichzeitig hatten solche Ereignisse durchaus auch einen negativen emotionalen Einfluss, wie sie uns gerade berichtet, und sie macht diese im direkten Anschluss an diese Passage nochmal deutlicher: „Ich war... ich war fertig danach, ich war kaputt." Weinend zur Leitung gegangen ist sie jedoch – so betont Özlem – nur

dieses eine Mal, wobei die Leitung sich „(g)lücklicherweise" auf ihre Seite gestellt hat. Ihre Kraft, immer weiterzumachen, erklärt sie jedoch weniger mit einer
solchen Unterstützung ‚von oben', sondern eher mit Hinweisen auf ihre eigene
Familienkultur.

> Özlem: „(D)ass wir gelernt haben, den Glauben daran nicht zu verlieren, dass wir was
> schaffen können, auch wenn wir keine Mathematiker oder keine… nicht aus ähm…
> bildungsreichen Familien kommen, wurde uns das mit auf den Weg gegeben. Inter-
> viewerin: Was meinst du sind wir? Wen meinst du denn damit? Özlem: Mich, mir und
> meine Geschwister…. Von meinen Eltern."

Insgesamt sehen wir hier zwei Fachkräfte mit Migrationshintergrund, die *nicht*
aufgegeben haben. Dennoch können wir die Belastungen durchaus erkennen. Es
sind vor allem auch Erfahrungen mit stereotypen Zuschreibungen und Prozessen
des Othering, die nicht erst in der Berufsausbildung oder der Berufspraxis in der
Kindertagesstätte beginnen. Allerdings hören sie dort auch nicht auf, und es findet sich kaum ein Raum, in dem solche Erfahrungen thematisiert und bearbeitet
werden können. Beide reagieren auf die Einteilungen, Bilder und Erwartungen,
mit denen sie konfrontiert werden, unterschiedlich. Ercan scheint eher einen Weg
darin zu suchen, den Erwartungen nachzugeben, ihnen zu folgen, daraus für sich
aber einen Gewinn zu erzielen. Er wird als ‚Kultur- und Sprachexperte' gesehen,
und dies macht er sich auch deshalb zu Eigen, da ihm damit sozusagen ein ‚Allein-
stellungsmerkmal' in seiner Einrichtung und seinem Team zukommt. Gleichzeitig
sehen wir in seinen Beschreibungen, mit welchen spezifischen Erwartungen er
durch Kollegium und Team konfrontiert wird: Verhalten von Menschen mit Migrationshintergrund erklären, dolmetschen, vermitteln. Wir können uns vorstellen,
wie er auf die erwähnten Erklärungsmuster von Einrichtungsleitungen (siehe oben,
4.4) reagiert, sie aufgreift, nach Gegenbeispielen sucht, an einer ‚Brücke' arbeitet,
dabei aber stets in der Logik der vorgetragenen Erklärungsmuster bleibt. Özlem
scheint einen anderen Weg zu gehen. Sie betont ihre Beharrlichkeit und Durchsetzungsfähigkeit. Gleichzeitig berichtet sie ausführlicher über Diskriminierungserfahrungen, benennt diese explizit, zeigt hier zugleich ihre Verletzlichkeit und
Empörung. Wir erfahren, dass eine Leitungskraft sich auf ihre Seite gestellt und
ein deutliches Signal gegen Diskriminierung abgegeben hat, wir können uns aber
auch vorstellen, dass Verletzungen und das mittlerweile ‚dickere Fell' mit Äußerungen und Interaktionen zu tun haben, die in der Verlängerung der festgestellten
Erklärungsmuster von Einrichtungsleitungen (siehe oben, 4.4) liegen. Gegenüber
kulturalisierenden Festlegungen zeigt sie sich skeptisch, zudem bevorzugt sie ein
gleichsam kleineres Modell von Kultur: Es geht ihr eher um Familienkulturen.

# 5   Zusammenfassung

Mit unserer explorativen Untersuchung konnten wir die Unterrepräsentation von Fachkräften mit Migrationshintergrund, die bereits im Mikrozensus (Fuchs-Rechlin 2010, S. 48) feststellbar war, bestätigen. Zudem haben wir den Eindruck gewonnen, dass vor allem Fachkräfte mit türkischem Migrationshintergrund bzw. Fachkräfte, die dem muslimischem Glauben zugerechnet werden, nach der Ausbildung seltener in das Berufsfeld einmünden und/oder das Berufsfeld schneller wieder verlassen. Als Zugangsbarriere nach der Ausbildung erweist sich die Nicht-Akzeptanz des Tragens eines ,Kopftuches', aber auch die Bedeutung religiöser Zugehörigkeit, die vor allem von Einrichtungen in Trägerschaft der christlichen Kirchen hochgehalten wird. Zu diesen Gründen gesellen sich die schlechtere Berufs- bzw. Aufstiegsperspektive für Fachkräfte mit Migrationshintergrund: Sie verfügen seltener über unbefristete Verträge und arbeiten bei gleicher Qualifikation (Erzieher/in) deutlich seltener als Leitungskräfte als die Fachkräfte ohne Migrationshintergrund. Zudem zeigen die Erklärungsmuster, die von den Leitungen der Kindertagesstätten formuliert werden, teilweise eine Nähe zu stereotypisierenden und kulturalisierenden Zuschreibungen, die auf Angehörige des Islams zielen, jedoch gleichzeitig weit darüber hinaus gehen. Auch wird eine Mehrsprachigkeit von Fachkräften mit Migrationshintergrund kaum anerkannt bzw. wertgeschätzt, ein möglichst akzentfreies Deutsch scheint für viele Einrichtungsleitungen im Vordergrund zu stehen. Diesen ,Spuren' folgend, haben wir – mit Hilfe von qualitativen Datenmaterial – auszugsweise, aber beispielhaft, Ergebnisse aus unseren Interviewanalysen vorgestellt und uns dabei auf den Umgang mit Zuschreibungen und Diskriminierungen konzentriert. Wir haben hier gezeigt, dass Fachkräfte mit Migrationshintergrund in ihrer Biographie Einteilungen, Abwertungen und Zuschreibungen erfahren, diese jedoch nicht vor den Toren von Ausbildungsstätten zum Beruf der Erzieherin/des Erziehers oder von Kindertagesstätten Halt machen, sondern auch dort implizit und explizit wirksam werden. Solche Erfahrungen können – so unser Eindruck – den Zugang zum oder den Verbleib im Berufsfeld erschweren. Insgesamt wäre ein Diversitätsbewusstsein sowohl in der Ausbildung als auch im Beruf wünschenswert, das Kulturalisierung und Othering vermeidet. Dabei ist es wichtig, dass Leitungskräfte, wie dies Özlem erfahren und beschrieben hat, aber auch Kolleginnen und Kollegen, eingreifen und Position beziehen, wenn Fachkräfte mit Migrationshintergrund in einseitige Schubladen gesteckt und mit Diskriminierungen konfrontiert werden. Die Ressourcen und Potentiale von Fachkräften mit Migrationshintergrund liegen u. a. darin, homogene ,Parallelgesellschaften' in Ausbildungsstätten und in Teams von Kindertagesstätten zu vermeiden, die den jeweiligen AdressatInnen nicht entsprechen. Dabei hat eine heterogene Zusammensetzung vor allem dann einen Mehrwert, wenn Kindern und Eltern gezeigt und vorlebt werden kann, dass die Fachkräfte mit ihren unterschiedlichen Bezügen zu Herkünften, Sprachen, Religionen usw. in ganz selbstverständlicher Weise – auch in Leitungsfunktionen – anwesend sind und so miteinander umgehen, dass ein gleichberechtigtes Miteinander entsteht.

## Literatur

Aktionsrat Bildung. (2012). *Professionalisierung in der Frühpädagogik – Qualifikationsniveau und –bedingungen des Personals der Kindertagesstätten. Gutachten im Auftrag der Vereinigung der Bayerischen Wirtschaft.* Münster: Waxmann.
Fuchs-Rechlin, K. (2010). Die berufliche, familiäre und ökonomische Situation von Erzieherinnen und Kinderpflegerinnen. Sonderauswertung des Mikrozensus. Im *Auftrag der Max-Traeger-Stiftung der GEW.* Frankfurt a. M.: GEW. http://www.gew.de/Binaries/Binary71323/WEB%20Mikrozensus.pdf. Zugegriffen: 15. Jan. 2015.
KiföG. (2008). Gesetz zur Förderung von Kindern unter drei Jahren in Tageseinrichtungen und in der Kindertagespflege (Kinderförderungsgesetz – KiföG) vom 10. Dezember 2008. Bundesgesetzblatt Jahrgang 2008, Teil I Nr. 57. ausgegeben zu Bonn am 15. Dezember 2008. http://www.bmfsfj.de/RedaktionBMFSFJ/Abteilung5/Pdf-Anlagen/kifoeg-gesetz,property=pdf,bereich=bmfsfj,sprache=de,rwb=true.pdf. Zugegriffen: 15. Jan. 2015.
Leiprecht, R. (2011). *Diversitätsbewusste Soziale Arbeit.* Schwalbach: Wochenschau Verlag.
Leiprecht, R. (2012). Ein gleichberechtigtes Miteinander vorleben – mehr Männer in die frühe Pädagogik. Autor. In: *Erzieher hinterlassen Spuren im Landkreis Leer. Herausgegeben von der Gleichstellungsbeauftragten im Landkreis Leer. Konzeption und Umsetzung Maike Wieger und Heike-Maria Pilk* (S. 4–7). Leer: VHS. http://www.landkreis-leer.de/media/custom/2051_562_1.PDF?1342541591. Zugegriffen: 15. Jan. 2015.
Monitoringsystem Wiesbaden. (2003). Monitoringsystem zur Ausländerintegration in Wiesbaden 2/2003. Landeshauptstadt Wiesbaden – Amt für Wahlen, Statistik und Stadtforschung. http://www.wiesbaden.de/medien-zentral/dok/leben/stadtportrait/2003_2_nur_Textteil.pdf. Zugegriffen: 15. Jan. 2015.
Rauschenbach, T., & Schilling, M. (2010). Der U3-Ausbau und seine personellen Folgen. Empirische Analysen und Modellrechnungen. Studie im Rahmen des Projekts Weiterbildungsinitiative Frühpädagogische Fachkräfte (WiFF), herausgegeben vom Deutschen Jugendinstitut. München. http://www.weiterbildungsinitiative.de/uploads/media/RauschenbachSchilling.pdf. Zugegriffen: 12. Jan. 2015.
Statistisches Bundesamt. (2012). Bevölkerung und Erwerbstätigkeit. Bevölkerung mit Migrationshintergrund. Ergebnisse des Mikrozensus 2011. Fachserie 1. Reihe 2.2. Wiesbaden. http://www.destatis.de/DE/Publikationen/Thematisch/Bevoelkerung/MigrationIntegration/Migrationshintergrund2010220117004.pdf?__blob=publicationFile. Zugegriffen: 24. Aug. 2013.

# Grundzüge einer kultursensitiven Krippenpädagogik

Joscha Kärtner und Jörn Borke

## 1 Geringere Teilhabe an der U3-Betreuung

Zurzeit vollzieht sich in Deutschland ein tiefgreifender gesellschaftlicher Wandel hinsichtlich der Bedeutung, die den Erfahrungen in den ersten Lebensjahren eines Kindes für dessen weitere Entwicklung zugeschrieben wird. Die Themen der frühkindlichen Bildung und Entwicklung nehmen einen immer größeren Raum in der öffentlichen Debatte ein und auch die Politik nimmt sich zunehmend dieser Thematik und den damit verbundenen Herausforderungen an. Ein zentrales und viel diskutiertes Thema ist dabei die außerfamiliäre Betreuung vor dem dritten Lebensjahr (U3). Seit dem 1. August 2013 haben Kinder ab ihrem ersten Geburtstag einen Rechtsanspruch auf einen Betreuungsplatz in einer Kindertageseinrichtung oder in der Tagespflege und bundesweit gibt es große Bemühungen, die Ausbauentwicklung weiter voran zu treiben und eine qualitativ hochwertige, bedarfsdeckende Betreuung zu ermöglichen.

J. Kärtner (✉)
Insitut für Psychologie, Westfälische Wilhelms-Universität Münster, Fliednerstraße 21, 48149 Münster, Deutschland
E-Mail: j.kaertner@uni-muenster.de

J. Borke
Fachbereich Angewandte Humanwissenschaften, Hochschule Magdeburg-Stendal, Osterburger Straße 25, 39576 Stendal, Deutschland
E-Mail: joern.borke@hs-magdeburg.de

© Springer Fachmedien Wiesbaden 2015
B. Ö. Otyakmaz, Y. Karakaşoğlu (Hrsg.), *Frühe Kindheit in der Migrationsgesellschaft*, DOI 10.1007/978-3-658-07382-4_13

229

Im März 2012 wurden laut dem Ländermonitor Frühkindliche Bildungssysteme der Bertelsmann Stiftung 28 % der Kinder unter drei Jahren außerfamiliär betreut (Ländermonitor Frühkindliche Bildungssysteme 2013). Laut statistischem Bundesamt standen für diese Altersgruppe 2013 fast 600.000 Plätze in Krippe, KiTa und Tagespflege zur Verfügung, das sind 44 % mehr als noch 2009 (Statistisches Bundesamt 2013). Betrachtet man die Zahlen genauer, fällt auf, dass die Teilhabe an Angeboten der frühkindlichen Bildung und Betreuung stark von dem Migrationshintergrund und dem Bildungsgrad der Eltern abhängt. Die Teilhabequote der unter Dreijährigen aus Familien mit Migrationshintergrund lag im Jahr 2012 mit 16 % deutlich unterhalb der Quote der Familien ohne Migrationshintergrund (33 %) (Ländermonitor Frühkindliche Bildungssysteme 2013). Der Bericht des Forschungsbereichs des Sachverständigenrats deutscher Stiftungen für Integration und Migration (SVR) zeigt allerdings, dass hier eine weitere Differenzierung notwendig ist (Forschungsbereich beim SVR 2013): Da Familien mit Migrationshintergrund in Deutschland im Mittel über einen geringeren Bildungsgrad verfügen, wurden diese beiden Faktoren in den entsprechenden Analysen gleichzeitig berücksichtigt, um zu überprüfen, inwiefern die geringere Teilhabe primär auf die geringere elterliche Bildung oder den Migrationsstatus zurückzuführen ist. Die Befunde zeigen, dass beide Faktoren zur Erklärung beitragen. Es sind nicht Familien mit Migrationshintergrund per se, sondern vor allem Migranten der ersten Generation, insbesondere aus der Türkei, die Betreuungsangebote seltener wahrnehmen – und zwar unabhängig davon, ob die Eltern über einen hohen oder niedrigen Bildungsgrad verfügen. Bei den übrigen Familien mit und ohne Migrationshintergrund ist es so, dass die Teilhabe mit dem Bildungsgrad deutlich steigt. Es sind also vor allem Migranten der ersten Generation und Eltern mit geringem Bildungsgrad, die die Angebote der außerfamiliären Betreuung für Kinder unter drei Jahren seltener wahrnehmen. Dabei wären es gerade die Kinder aus bildungsferneren Familien, die am meisten davon profitieren würden, da im institutionellen Alltag Bildungserfahrungen ermöglicht werden, die im häuslichen Umfeld fehlen und die einen wichtigen Grundstein für die weitere Bildungsgeschichte/Entwicklung der Kinder legen (Becker und Biedinger 2006; Biedinger und Becker 2010; Roßbach et al. 2008). Vor diesem Hintergrund wollen wir uns der Frage zuwenden, was mögliche Gründe für die geringere Teilhabe sein könnten und wie man darauf reagieren könnte, um die Teilhabequote entsprechend zu erhöhen. In der Literatur werden unterschiedliche Gründe für die geringere Teilhabe bildungsferner Familien und Familien mit Migrationshintergrund diskutiert, insbesondere strukturelle und normative (Berg-Lupper 2007). Unter mögliche strukturelle Gründe fallen zum einen Hürden, die den Zugang erschweren (z. B. Sprachbarrieren zwischen Eltern und Institution, Informationsdefizite oder auch Benachteiligung bei der Platzvergabe), zum anderen aber auch Ressourcen wie etwa soziale Netzwerke, die alternative Betreuungsarrangements attraktiver machen. Unter mögliche normative Gründe fallen Unterschiede hinsichtlich der Werte, Normen, Vorstellungen und Erwartungen bzgl. „optimaler" Entwicklung, „optimalen" Eltern- bzw. Erziehungsverhaltens und „optimaler" Entwicklungskontexte. Bezüglich normativer Gründe führt die Studie des Forschungsbereichs beim SVR (2013) aus, dass sich Familien mit Migrationshintergrund, die ihre Kinder nicht außerfamiliär betreuen lassen, im Vergleich zu Eltern ohne Migrationshintergrund eine bessere Zusammenarbeit mit den Eltern und eine interkulturelle Öffnung der Einrichtungen wünschen. Dieser Wunsch auf Seiten der Eltern findet seine Entsprechung auf Seiten der Fachkräfte, die sich vermehrt Fortbildungen zur kultursensitiven Pädagogik wünschen, um konstruktiv mit der zunehmenden kulturellen Vielfalt umgehen zu können (Neumann 2005; Schweitzer et al. 2012). Bei der Studie bleibt allerdings offen, was genau die befragten Personen unter einer besseren Zusammenarbeit mit den Fachkräften bzw. unter einer interkulturellen Öffnung verstehen. Aus der Perspektive der kulturvergleichenden Entwicklungspsychologie, die wir im Folgenden einnehmen möchten, wird schnell klar, dass ein entscheidender Punkt darin besteht, dass es in unterschiedlichen Kulturen sehr unterschiedliche Vorstellungen davon geben kann, was optimales Eltern- bzw. Erziehungsverhalten auszeichnet und wie die ideale Entwicklung eines Kindes aussieht (Keller 2011).

## 2 Das ökokulturelle Entwicklungsmodell: eine Orientierungshilfe

Wenn wir den Begriff Kultur benutzen, beziehen wir uns damit nicht auf ein bestimmtes Land oder eine bestimmte ethnische Gruppe, denn sowohl innerhalb von Ländern als auch innerhalb von ethnischen Gruppen gibt es große Unterschiede zwischen den Lebensweisen von Familien. Zu diesen Unterschieden gehört auch, was den Eltern in der Erziehung ihrer Kinder wichtig ist und wie sie im (Erziehungs-)Alltag mit den Kindern umgehen. Viel eher verstehen wir unter Kulturen oder kulturellen Kontexten Lebenswelten, in denen Menschen leben, die Werte, Normen und Einstellungen teilen und sich ähnlich verhalten (Keller 2011; Keller und Kärtner 2013; Borke et al. 2011). In den ersten drei Lebensjahren werden diese geteilten Bedeutungs- und Verhaltensmuster vom Kind durch die Beobachtung und Teilhabe an verschiedenen Alltagsroutinen aktiv erworben und zunehmend verinnerlicht (Rogoff 2003). Schon in den ersten Lebensjahren bezieht sich das auf sehr unterschiedliche Bereiche: Wer beschäftigt sich wann und auf welche Weise mit dem Säugling bzw. Kleinkind? Wie werden Still-, Fütter- und Essensszenen gestaltet? Wann, wo und auf welche Weise wird das Kind zum Schlafen gebracht? Wer spielt mit dem Kind? Das sind nur einige von vielen Bereichen, in denen die Kinder eine Fülle von Erfahrungen sammeln, die sich zwischen verschiedenen Kulturen stark unterscheiden können (Lancy 2008; Rogoff 2003). Wenn man diese Unterschiede zwischen den Kulturen systematisiert, bieten sich zwei Konzepte an, entlang derer sich die kulturspezifischen Erfahrungen anordnen lassen und zwar die Konzepte *Autonomie* und *Relationalität* (bzw. *Verbundenheit*) (Keller 2011; Keller und Kärtner 2013). Beide bezeichnen grundlegende menschliche Bedürfnisse, die jedoch in Abhängigkeit des kulturellen Kontextes unterschiedlich stark betont bzw. unterschiedlich umgesetzt werden und die sich unterschiedlich auf die verschiedenen Erfahrungsbereiche des Säuglings und Kleinkindes auswirken. Aber wie lässt sich erklären, auf welche Art und Weise diese beiden Bedürfnisse in unterschiedlichen Kulturen umgesetzt werden? Folgt man den Grundannahmen der ökokulturellen Entwicklungsmodelle (Keller und Kärtner 2013), dann sind die geteilten Bedeutungs- und Verhaltenssysteme innerhalb eines kulturellen Kontexts als Anpassungsleistung an bestehende Umwelt- und Kontextbedingungen zu verstehen. Dabei ist der Grundgedanke, dass verschiedene makrostrukturelle Kontextbedingungen, wie beispielsweise die Ökologie oder Ökonomie, Einfluss auf die Sozialstruktur nehmen. Diese Einflüsse prägen entscheidend die Familienstruktur und damit den Alltag der Familie und der dort aufwachsenden Kinder. Je nachdem, ob eine Familie beispielsweise in einer „westlichen" (post)modernen Dienstleistungs- bzw. Informationsgesellschaft oder in einer „nicht-westlichen" bäuerlichen Gemeinschaft auf subsistenzwirtschaftlicher Grundlage lebt, werden sehr unterschiedliche Vorstellungen vorherrschen, worin die Autonomie des Individuums zu sehen ist und wie zwischenmenschliche Beziehungen gestaltet werden. Dabei ist die zentrale Annahme der ökokulturellen Entwicklungsmodelle, dass die beiden Grundbedürfnisse (Autonomie und Relationalität), die universell angelegt sind, sich in einer Form entwickeln, die es den Menschen erlaubt, sich möglichst kompetent innerhalb eines gegebenen Kontexts zu verhalten. Die Vorstellungen davon, was ein „gesundes" Maß an Autonomie oder die „richtige" Art der Relationalität ist, sind in hohem Maße kulturspezifisch und ein zentraler Bestandteil des sogenannten kulturellen Modells, das viele Entwicklungs- und Lebensbereiche nachhaltig beeinflusst.

Bezogen auf die zentralen soziostrukturellen Variablen, die mit darüber bestimmen, welcher Stellenwert und welche Bedeutung der Autonomie und Relationalität zugeschrieben wird, haben vor allem das Niveau der formalen Bildung, das Alter bei der Geburt des ersten Kindes und die Anzahl der Nachkommen bzw. die Familiengröße einen nachweislichen Einfluss darauf, durch welche kulturelle Brille Menschen ihre Welt sehen (Keller 2007). Das bedeutet, dass sich Menschen aus ökosozialen Kontexten, die sich hinsichtlich des Bildungsgrades, des Erstgeburtsalters und der Kinderzahl ähneln, auch recht ähnlich sein sollten, was autonome und relationale Erziehungsziele und das entsprechende Erziehungsverhalten betrifft. Im Folgenden wollen wir in einem ersten Schritt sehr unterschiedliche kulturelle Kontexte, sogenannte Prototypen, einander gegenüberstellen, und zwar den Prototyp der *psychologischen Autonomie* und den der *hierarchischen Verbundenheit.* Wir beschreiben die jeweiligen Lebenswelten und die dazugehörigen Vorstellungen über das Wesen des Kindes, optimales Eltern- bzw. Erziehungsverhalten und Ideen über den optimalen Entwicklungsverlauf. Diese beiden Kontexte werden als Prototypen bezeichnet, da es sich um relativ homogene Konstellationen handelt: die kulturellen Modelle, also zentrale Werte und optimales Elternverhalten orientieren sich an einigen Kernthemen, die in sich stimmig sind und gut zu der jeweiligen Lebenswelt passen, welche sich wiederum durch eine relative hohe Stabilität auszeichnet. Wenn im Folgenden diese beiden Prototypen näher betrachtet werden, ist es wichtig, im Blick zu behalten, dass es neben diesen beiden Prototypen noch sehr viele andere kulturelle Modelle gibt, die häufig nebeneinander koexistieren, insbesondere in Gesellschaften, die durch Migration und eine hohe soziale Dynamik geprägt sind. Daher wollen wir in einem zweiten Schritt (siehe 2.3) diese Gegenüberstellung, die nicht als Dichotomisierung missverstanden werden darf, relativieren und diskutieren, welche Implikationen die Perspektive der kulturvergleichenden Entwicklungspsychologie für die aktuelle Debatte um kultursensitive Konzepte für die Krippenpädagogik mit sich bringt.

## 2.1 Der Prototyp der psychologischen Autonomie

Ein prototypischer ökosozialer Kontext, der das wissenschaftliche Bild der Entwicklungspsychologie maßgeblich beeinflusst und häufig sogar als normativ im Sinne eines universell vorbildlichen Entwicklungskontextes betrachtet wird, ist der der *westlichen Mittelschichtfamilie*: Vater und Mutter sind relativ hoch gebildet und die Frau bekommt relativ spät, zumeist erst nach abgeschlossener Ausbildung und Berufseinstieg, ihr erstes Kind. Die Familie lebt als Kernfamilie mit vergleichsweise wenigen Kindern, der Kontakt zu der weiteren Familie ist in der Regel begrenzt und nicht alltäglich. Die Erziehung der Kinder wird als Privatangelegenheit der Eltern betrachtet und eine Einmischung Dritter gilt als unangebracht. Das Elternverhalten wird ernsthaft reflektiert und erfolgt unter quasi-wissenschaftlicher Begleitung in Form von Ratgeberliteratur. Das Verhalten und Erleben des Einzelnen zeichnet sich durch das Primat des Individuellen aus. Allgemein ist damit die Selbständigkeit des Individuums in Bezug auf zentrale psychische Prozesse wie

Emotion, Willensbildung, Motivation und Kognition gemeint. Dem unabhängigen und eigenständigen Funktionieren wird eine hohe Bedeutung zugeschrieben: es ist zentral, Zugang zu seinen Gedanken und Gefühlen zu haben, sich selbständig eine Meinung zu bilden, Urteile zu fällen und Entscheidungen zu treffen.

Demgemäß sind zentrale Erziehungsziele in diesem kulturellen Modell die Selbstständigkeit und Autonomie des Kindes und der Wunsch, dass das Kind sich seiner *eigenen* Bedürfnisse, Wünsche und Fähigkeiten bewusst wird und diese sozial verträglich verwirklicht. Die Sozialisationsstrategie, die für diesen Kontext typisch ist, stellt das Baby ins Zentrum. Beschäftigt sich die Mutter mit dem Kind, versucht sie, ihre volle Aufmerksamkeit auf das Kind zu konzentrieren und sensitiv auf die kommunikativen Signale des Kindes zu reagieren (Ainsworth et al. 1978). In der Interaktion greift die Mutter jede „Äußerung" des Kindes auf, imitiert Gesichtsausdruck und stimmliche Laute. Das Baby wird als quasi-gleicher Partner behandelt und die Mutter gibt ihm Raum für eigene Äußerungen. Die Sprache spielt schon hier eine wichtige Rolle. Während dieser frühen Proto-Konversationen wird dem Baby gespiegelt, dass es einzigartig ist, es wird viel gelobt und in seinen Verhaltensäußerungen bestärkt. Die Bezugspersonen führen mentalistische Diskurse mit dem Baby, indem sie auf innere Zustände („Gefällt Dir das?"), auf Wünsche („Willst Du das haben?") und auf Präferenzen („Willst Du lieber Tee oder Wasser?") der Babys eingehen. Durch dieses kulturspezifische Ausprägung des als intuitiv erlebten Elternverhaltens wird sich das Kind zunehmend seines inneren Erlebens bewusst und richtet sein Verhalten zunehmend danach aus (Meins et al. (2002) *mind-mindedness* oder Slades (2005) *reflective functioning*). Ist das Kind älter, setzt sich diese Tendenz fort: Die Bezugsperson erfragt und folgt den Spielideen des Kindes, Formate wie das Symbol- und Freispiel, Vorlesen, Malen, Basteln, etc. nehmen einen großen Teil der gemeinsamen Freizeit ein. Bezogen auf Erziehungsvorstellungen und optimales Elternverhalten handelt es sich demnach um einen kindzentrierten Ansatz, bei dem sich die Bezugsperson während der Interaktion in Inhalt und Form stark an den Entwicklungsstand des Kindes anpasst (Keller 2011).

In diesem Prototyp wird Autonomie als psychologische Autonomie verstanden: zentral ist, dass das Kind sich seiner eigenen Bedürfnisse, Ideen, Neigungen, etc. bewusst wird und sein Verhalten danach ausrichtet. Auch das Bedürfnis nach Relationalität wird unter dieser Prämisse betrachtet: „richtige" Beziehungen können nicht aufgezwungen, sondern nur selbstbestimmt und nach Interesse, Neigung, und Sympathie eingegangen (und auch wieder gelöst) werden.

## 2.2 Der Prototyp der hierarchischen Relationalität

Ein völlig anderer ökosozialer Kontextist der der hierarchischen Relationalität: Die Eltern leben in einer ländlichen Region eines „nicht-westlichen" Landes und verfügen nur über einen relativ niedrigen Grad an formaler Bildung. Die Familie lebt im Wesentlichen von der Landwirtschaft in einem subsistenzwirtschaftlich geprägten System. Frauen heiraten in der Regel sehr früh und es wird von ihnen erwartet, möglichst schnell Kinder zu bekommen, die als helfende Hände in der Familie gebraucht werden. Mit jedem Kind, besonders mit den Söhnen, gewinnen sie an Ansehen und Status. Alle Generationen sind an den alltäglichen Abläufen beteiligt und führen diese zusammen aus. Kinder aller Altersgruppen sind selbstverständlicher Teil dieses Alltaghandelns und immer mit dabei. Die Erziehung der Kinder ist öffentlich, d. h. nicht nur die Familie betreut und erzieht ihre Kinder, sondern das ganze Dorf wacht über die physische Gesundheit und die moralischen Werte, die die kulturelle Identität ausmachen (Keller 2007; Lancy 2008).

Verhalten und Erleben, das durch hierarchische Relationalität gekennzeichnet ist, orientiert sich stark an sozialen Rollenmodellen und den daran geknüpften Erwartungen, Verantwortlichkeiten und Rechten. Im Vordergrund steht hier die Sensibilität für den sozialen Kontext und das Reagieren auf Erfordernisse, die in der sozialen Situation begründet sind.

Demgemäß sind zentrale Erziehungsziele in diesem kulturellen Modell, dass das Kind den für ihn vorgesehenen Platz in einem hierarchisch strukturierten sozialen System einnimmt und die daran gebundenen Rollenverpflichtungen und -erwartungen verantwortungsvoll übernimmt bzw. erfüllt. Das Kind soll sich in sozialen Situationen angemessen verhalten, sich der Erwartungen anderer bewusst werden und diesen nachkommen. Die Sozialisationsstrategie, die für diesen Kontext typisch ist, ist erwachsenenzentriert (Keller 2007). Meistens ist die Mutter mit mehreren Dingen zeitgleich beschäftigt, so dass von Geburt an geteilte Aufmerksamkeitsmuster und viele Interaktionspartner die Norm sind. Das Kind hat viele enge Bezugspersonen, oft ältere Geschwister und andere Mitglieder der weiteren Verwandtschaft. In der Interaktion mit dem Säugling dominieren Körperkontakt und Körperstimulation. Häufig synchronisieren die Bezugspersonen diese oft rhythmischen Interaktionsmuster mit ihren sprachlichen Äußerungen. Diese Synchronisierung motorischer und vokaler Stimulation unterstützt die Entwicklung der Wahrnehmung von sich selbst als Teil eines sozialen Systems (Demuth 2008). Ein weiteres zentrales Konzept guten elterlichen Verhaltens ist die *responsive Kontrolle*, die Yovsi et al. (2009) folgendermaßen beschreiben: Die gute Mutter weiß, was das Beste für ihr Baby ist und tut es. Diese Konzeption basiert auf der Hierarchie zwischen Eltern und Kind, die als Experte-Novize-Beziehung beschreibbar ist. Gute Eltern müssen nicht die Signale und möglicherweise dahinter liegende psychischen Zustände des Babys explorieren, um herauszufinden, was angemessenes elterliches Verhalten ist, sondern sie wissen, was in bestimmten Situationen getan werden muss, um die Entwicklung des Kindes zu fördern. Wenn das Kind älter ist, ist eine zentrale Erwartung, dass das Kind an den alltäglichen Routinen der Erwachsenen teilhat und aufmerksam das Verhalten der Erwachsenen beobachtet und dadurch zunehmend an die Welt der Erwachsenen herangeführt wird (Rogoff 2003). Im zweiten und dritten Lebensjahr spielen auch angemessenes Sozialverhalten und die Erziehung zu Folgsamkeit und Gehorsam eine zunehmend wichtige Rolle.

In diesem Prototyp wird Autonomie als Handlungsautonomie gedacht: zentral ist, dass das Kind die ihm zugedachten Rollenerwartungen eigenverantwortlich und selbständig erfüllt. Die eigenen Bedürfnisse, Wünsche und Neigungen sind sekundär und treten in den Erlebenshintergrund. Zwischenmenschliche Beziehungen nehmen einen zentralen Stellenwert ein: Beziehungen sind aufgrund der relativen Position im hierarchischen sozialen Gefüge vorgegeben und bringen spezifische Rollen mit sich, die Verantwortlichkeiten gegenüber anderen klar festlegen.

## 2.3   Die große Bandbreite kultureller Modelle jenseits der Prototypen

Die beiden Prototypen der psychologischen Autonomie und der hierarchischen Relationalität sind adaptive kulturelle Modelle und implizieren Lebensformen, die extrem unterschiedlich sind und in zentralen Punkten unvereinbar erscheinen. Schaut man sich jedoch die Bevölkerung in verschiedenen Ländern an, entsprechen viele Familien keinem dieser Prototypen. Es gibt eine Vielzahl von Einflüssen auf die kulturellen Modelle, darunter der Grad formaler Bildung, der sozioökonomische Status, der Lebensraum (städtisches oder ländliches Umfeld), der Migrationshintergrund oder der Akkulturationsstatus. Je nach Konstellation dieser unterschiedlichen Facetten erhält das kulturelle Modell seine spezifische Ausprägung. Das hat zur Folge, das in dynamischen Gesellschaften wie der unseren eine Vielzahl kultureller Modelle nebeneinander koexistieren, in denen die beiden menschlichen Grundbedürfnisse nach Autonomie und Relationalität auf sehr unterschiedliche Weise gelebt werden.

Es ist also eine zentrale Annahme der ökokulturellen Entwicklungsmodelle ist es, dass es wenig Sinn macht oder sogar irreführend ist, Kultur mit Herkunftsland, Religion oder ethnischer Gruppe gleichzusetzen. Viel eher wird das kulturelle Modell von Menschen, insbesondere die Bedeutung von Autonomie und Relationalität, durch spezifische Kontextbedingungen geprägt. Es ist zudem wichtig, im Auge zu behalten, dass kulturelle Modelle nicht statisch sind, sondern sich unter bestimmten Bedingungen auch verändern, beispielsweise bei Migration oder durch historische und gesellschaftliche Veränderungsprozesse (siehe dazu auch Döge; Durgel und van de Vijver; Otyakmaz in diesem Band). In diesem Zusammenhang sind die Arbeiten der Arbeitsgruppe um Birgit Leyendecker von der Ruhr-Universität Bochum interessant, die zeigen, dass sich die zentralen Sozialisationsziele in Abhängigkeit vom Migrationsstatus und dem Bildungsgrad unterscheiden (Citlak et al. 2008; siehe auch Durgel et al. 2009). Im Vergleich zu deutschen Müttern ohne Migrationshintergrund, die über einen vergleichbaren Bildungsgrad verfügen, war türkischen Müttern der ersten Generation – definiert als Mütter, die frühestens mit 14 Jahren nach Deutschland kamen – Respekt als Sozialisationsziel deutlich wichtiger, psychologische Autonomie, ein positives Selbstbild, Selbstkontrolle und emotionale Nähe hingegen deutlich weniger wichtig. Interessanterweise verschwanden einige der Unterschiede, wenn man die deutschen Mütter ohne Migrationshintergrund mit türkischen Müttern der zweiten Generation – definiert als Mütter, die entweder als Tochter türkischer Migranten der ersten Generation in Deutschland geboren oder aber spätestens mit sechs Jahren nach Deutschland kamen – verglich: Die Unterschiede bezüglich der Sozialisationsziele Selbstkontrolle (Fähigkeit, negative Emotionen und Impulse wie z. B. Aggression kontrollieren zu können) und emotionale Nähe blieben stabil, bezüglich der übrigen Sozialisationsziele (psychologische Autonomie, positives Selbstbild und Respekt) unterschieden sich die Gruppen jedoch nicht mehr. Es scheint also so zu sein, dass sich manche, nicht jedoch alle, Sozialisationsziele mit der Zeit in Richtung der aufnehmenden Kultur verschieben. Das kulturelle Modell von Müttern mit türkischem Migrationshintergrund scheint sich durch eine weitere Besonderheit auszuzeichnen: neben den kulturspezifischen Schwerpunkten auf einzelne Entwicklungsbereiche (z. B. Respekt) scheint es so zu sein, dass türkische Mütter insbesondere die ersten drei Lebensjahren als Schonzeit betrachten, in der das Kind maximale Freiheit haben und verwöhnt werden sollte (Otyakmaz 2013). Diesem Bild vom Kind zufolge beginnt Erziehung ungefähr ab drei Jahren, wenn Kinder zunehmend als verstandesgeleitet und nicht ausschließlich als bedürfnisgeleitet wahrgenommen werden.

Dazu passt, dass Mütter mit türkischem Migrationshintergrund viele wichtige Entwicklungsschritte (z. B. kognitive Entwicklung, Selbstkontrolle oder soziale Fähigkeiten) relativ später erwarten als Mütter ohne Migrationshintergrund. Ähnlich wie bei den Unterschieden, die weiter oben berichtet wurden, fallen diese Unterschiede von der ersten zur zweiten Migrationsgeneration geringer aus.

Interessanterweise hing neben dem Migrationsstatus auch der formale Bildungsgrad mit den Sozialisationszielen in einer Art und Weise zusammen, wie es

laut dem ökokulturellen Entwicklungsmodell zu erwarten wäre: je höher die formale Bildung, desto stärker wurden psychologische Autonomie und ein positives
Selbstbild betont und desto seltener wurden Respekt und Familienverpflichtungen
genannt. Folglich ist eine bestimmte Beziehung zwischen ökosozialen Aspekten
und zentralen Werten und Normen zu vermuten: ändert sich unter Migrationsbe-
dingungen der ökosoziale Kontext und damit das dominante kulturelle Modell der
weiteren sozialen Umwelt, hat das auch Konsequenzen für die Sozialisationsziele
der Mütter, allerdings erst nach einiger Zeit. Generell lassen sich also bestimmte
allgemeine Aussagen bezüglich der Veränderung der kulturellen Modelle in eine
bestimmte Richtung treffen, die der gesamten Komplexität allerdings nicht gerecht
werden. Daher ist es wichtig, die kulturellen Modelle unterschiedlicher Milieus zu
explorieren und entsprechendes daraus abzuleiten.

Diese Heterogenität der Migrantenmilieus in Deutschland zeigt sich in Studien
der Sozialstrukturanalyse, die in den Sozialwissenschaften zur Einordnung inner-
gesellschaftlicher Gruppen verbreitet sind. Dabei kommt vor allem der Milieu-
forschung eine wichtige Rolle zu und hier im Besonderen den Sinus-Milieustu-
dien. Der Begriff Sinus-Milieu stammt aus der Markt- und Sozialforschung und
beschreibt einen Ansatz zur Unterscheidung verschiedener Gesellschaftsgruppen.
Seit den 1980ern wurden in diesem Rahmen Modelle vorgelegt, bei welchen unterschiedliche sogenannte Lebenswelten (bezogen auf Werte, Einstellungen und
Verhaltensweisen) von Milieugruppen in Deutschland unterschieden und beschrieben wurden. Im Jahr 2008 wurde vom Sinus-Institut erstmals eine Einordnung von
Migranten-Milieus in Deutschland vorgenommen (Sinus Sociovision 2008). Auf
Grundlage einer repräsentativen Stichprobe ergaben sich vier Migranten-Milieus
(mit jeweils zwei Untergruppen), die sich bezüglich der Lage auf zwei Dimensionen beschreiben lassen: zum einen hinsichtlich der sozialen Lage, die durch die
Bildung, das Einkommen und den Status der Berufsgruppe bestimmt wird und zum
anderen hinsichtlich der sogenannten Grundorientierung (traditionell, modern oder
postmodern).

Interessant an den verschiedenen Milieuclustern ist, dass die soziale Lage – wie
in den ökokulturellen Entwicklungsmodellen – eine wichtige Rolle spielt, wenn
es um Lebensziele, Wertebilder und Lebensstile geht. Traditionsverwurzelte Migranten-Milieus, die etwa 23 % der Migranten ausmachen und für die – ähnlich
wie im Prototyp der hierarchischen Relationalität – patriarchalische und religiöse
Traditionen oder Pflichtbewusstsein und das Streben nach materieller Sicherheit
im Vordergrund stehen, entstammen fast ausschließlich der niedrigen soziale Lage,
wohingegen bürgerliche (28 % der Migranten) und ambitionierte (24 % der Migranten) Migranten-Milieus, die autonome Werte und Normen stärker betonen,
durchgehend einer höheren sozialen Lage zugehören. Ähnlich wie die ökokulturel-

len Entwicklungsmodelle zeigt die Sinus-Milieustudie auch, dass sich Menschen aus unterschiedlichen ethnischen Gruppen hinsichtlich ihrer Wertvorstellungen und Lebensstile ähnlicher sein können als Vertreter derselben ethnischen Gruppe. So zerfällt die Migrantenpopulation etwa nicht entlang ethnischer, religiöser oder sprachgebundener Linien, sondern es ergibt sich eine differenzierte Milieulandschaft, die man anhand der zwei Dimensionen gut beschreiben kann und die über die Differenzierung in den ökokulturellen Entwicklungsmodellen hinausgeht.

Aus den bisherigen Ausführungen wird deutlich wie heterogen sich die Situation von Familien mit Migrationshintergrund in Deutschland darstellt. Bezüglich der Vorstellungen zu optimalem Elternverhalten und dem idealen Kind lässt sich an dieser Stelle nur spekulieren, dass es von den traditionsverwurzelten über die bürgerlichen hin zu den ambitionierten Migranten-Milieus möglicherweise zu einer relativen Abnahme relationaler und zu einer relativen Zunahme autonomer Sozialisationsziele und -praktiken kommt. Im Folgenden wollen wir darauf eingehen, welche Relevanz und welche praktischen Implikationen sich aus der Perspektive der kulturvergleichenden Entwicklungspsychologie und der Milieustudien für das professionelle Handeln frühpädagogischer Fachkräfte in Deutschland ergeben.

## 3 Implikationen für das professionelle Handeln frühpädagogischer Fachkräfte in Deutschland – Ideen für eine kultursensitive Krippenpädagogik

Im Folgenden wollen wir auf zwei Punkte näher eingehen, nämlich zum einen darauf, dass die Vorstellungen zu idealem Erziehungsverhalten und zur Unterstützung optimaler Entwicklung unter Dreijähriger immer normative Elemente enthält, und zwar ungeachtet der Tatsache, ob es sich um die Vorstellungen von Familien eines bestimmten Migranten-Milieus handelt oder um die neuesten Entwicklungen im Bereich der Frühpädagogik. Zur Veranschaulichung werden wir wieder zunächst die beiden Prototypen kontrastieren. Darauf aufbauend wollen wir zum anderen darauf eingehen, welche Möglichkeiten wir sehen, die Teilhabe von Familien mit Migrationshintergrund an Formen der außerfamiliären Betreuung unter Dreijähriger nachhaltig zu verbessern, indem diese Normativität in den Blick genommen und kritisch reflektiert wird.

## 3.1 Kulturelle Modelle im institutionellen Alltag und die Gefahr des normativen Blicks – kulturelle Vielfalt anerkennen

Nicht nur die Eltern orientieren sich an einem impliziten kulturellen Modell, wenn sie bestimmte Sozialisationsziele für ihre Kinder vor Augen haben, das Verhalten ihrer Kinder bewerten oder sich ihnen gegenüber auf eine bestimmte Art und Weise verhalten. Implizite kulturelle Modelle finden sich gleichermaßen in zentralen pädagogischen und entwicklungspsychologischen Konzepten, die das professionelle Verhalten der Fachkräfte in Krippe und KiTa informieren und als Bewertungsmaßstab für die kindliche Entwicklung dienen. Diese Konzepte zeichnen sich in der Regel dadurch aus, dass sie der Entwicklung der kindlichen Autonomie einen zentralen Stellenwert einräumen und damit dem Prototypen der psychologischen Autonomie sehr nahe stehen (Borke und Keller 2014; Keller 2011). Da alle diese Systeme normative Vorstellungen darüber enthalten, was richtig oder falsch ist, haben wir die Neigung, das, was uns unvertraut ist und von unserem Schema abweicht, als *nicht normal* und unrichtig abzulehnen. Ein Blick durch die eigene kulturelle Brille birgt also die Gefahr der normativen Bewertungsmaßstäbe: Das Verhalten von anderen Kindern wird nach Kriterien bewertet, die möglicherweise nicht denen der Eltern entsprechen. Als Folge davon kommt man gegebenenfalls dazu, unvertraute Verhaltensmuster als defizitär zu interpretieren und im schlimmsten Falle kann es auch zu Pathologisierungen von alternativen Sichtweisen kommen. So kann es beispielsweise aus unterschiedlichen Perspektiven heraus sehr unterschiedlich bewertet werden, wenn ein Kind sich beim morgendlichen Bringen gleich auf sein Lieblingsspielzeug stürzt. Aus psychologisch autonomer Sicht ist das ein positiver Ausdruck des selbstbestimmten Handelns, aus hierarchisch relationaler Sicht eine grobe Unhöflichkeit gegenüber den pädagogischen Fachkräften. Je nach normativer Einbettung kann das kindliche Verhalten zu sehr unterschiedlichen Reaktionen auf Seiten der Erwachsenen und möglicherweise zu gegenseitigem Unverständnis führen (Gonzalez-Mena 2008). Normative Vorstellungen finden sich allerdings nicht nur hinsichtlich „guten" kindlichen Verhaltens, sondern gleichermaßen hinsichtlich des optimalen Umgangs mit dem Kind: Wie werden verschiedene Alltagssituationen (Essen, Schlafen, Sauberkeit) gestaltet? Wie ist das Verhältnis zwischen Erwachsenem und Kind? Welche Bedeutung hat das Spiel? Ab welchem Alter sollte das Kind schulvorbereitendes Wissen vermittelt bekommen? An anderer Stelle haben wir uns mit diesen bedeutsamen Situationen im Krippen- und KiTa-Alltag beschäftigt und kulturvergleichende Befunde zusammen getragen, die deutlich machen, wie unterschiedlich die damit verbundenen Vorstellungen sein können (Borke et al. 2011, 2013).

Aus diesen Ausführungen lassen sich konkrete Umsetzungen für die Arbeit in der Frühpädagogik ableiten (Borke et al. 2011; Borke und Keller 2014; Keller 2013). Dabei kann die Struktur einer kultursensitiven Frühpädagogik in drei zentrale Bereiche zusammengefasst werden. Zum einen geht es um das *Wissen* um unterschiedliche kulturelle Modelle und Entwicklungspfade, die Bedeutung von unterschiedlichen kulturellen Kontexten bzw. Milieus und damit um mögliche kulturelle Unterschiede zwischen Familien. Aufgrund der zunehmenden kulturellen Vielfalt wird es immer wichtiger, nicht mit Zuschreibungen zu arbeiten, sondern mögliche normative Unterschiede bei der Aufnahme von Familien zu erkennen bzw. sensibel zu erfragen. Der zweite zentrale Aspekt bezieht sich auf die *Haltung*. Hierbei ist es wichtig, dass frühpädagogische Fachkräfte sich zum einen mit ihrem eigenen Kontext auseinandersetzen und dabei wahrnehmen, dass auch ihre eigenen Ideen von Erziehung und Entwicklung kulturgebunden sind. Zum anderen steht hier eine Kontaktgestaltung im Mittelpunkt, die durch Interesse, Bewertungsfreiheit und Wertschätzung bezogen auf die Hintergründe, Erfahrungen und Wünsche der Eltern gekennzeichnet ist. Auf diese Weise kann eine Atmosphäre geschaffen werden, in der Kinder und Eltern sich als willkommen wahrnehmen und auch eingeladen fühlen, sich in die Arbeit einzubringen. Zudem lassen sich in einer solchen Atmosphäre leichter Lösungen bei unterschiedlichen Sichtweisen und Kontroversen finden, die von gegenseitigem Verständnis und gegenseitiger Akzeptanz geprägt sind. Der dritte Aspekt bezieht sich auf das *Können*. Dabei geht es darum, je nach kulturellem Hintergrund der Kinder und Eltern auf unterschiedliche Handlungsstrategien zurückgreifen zu können. Da Fachkräften in ihrer Arbeit viele unterschiedliche kulturelle Modelle begegnen, darf die Fachkraft nicht den Anspruch an sich stellen, auf jede Situation und Kultur vorbereitet zu sein. Viel eher ist hier die Grundlage für kompetentes und kultursensibles Handeln darin zu sehen, dass die Fachkraft im Gespräch mit den Eltern alternative Umgangsformen kennen lernt und Handlungsalternativen auslotet.

## 3.2   Teilhabe sichern

Gelingt pädagogischen Fachkräften dieser Schritt hin zur kulturellen Öffnung, sollte das bedeutsame Konsequenzen haben, die sich positiv auf das Zusammenspiel zwischen Eltern, Kindern und Fachkräften und die Entwicklung der Kinder auswirken. Eine gelungene kulturelle Öffnung frühkindlicher Betreuungs- und Bildungsangebote zeigt sich auf unterschiedliche Weise. Wie wir im folgenden ausführen, ist eine entscheidende Veränderung gegenüber bisherigen Konzepten darin zu sehen, dass kultursensitive Konzepte zweierlei versuchen: auf Ebene der

Beziehung zwischen Fachkraft und Kind ist ein wesentlicher Aspekt darin zu sehen, dass die Fachkraft versucht, die Anschlussfähigkeit an bisherige Alltagserfahrungen herzustellen. Auf Ebene der Beziehung zwischen Fachkraft und Eltern ist
ein wesentlicher Aspekt darin zu sehen, dass die Fachkraft alternative Sichtweisen
auf Entwicklung und Erziehung respektiert und im Rahmen der Möglichkeit berücksichtigt. (vgl. Beitrag Otyakmaz und Döge in diesem Band) Im Folgenden
wollen wir diese beiden Aspekte am Beispiel der Bedeutung des kindlichen Spiels
in verschiedenen kulturellen Kontexten veranschaulichen.

## 3.3   Beziehung zum Kind – Anschlussfähigkeit an die Alltagserfahrung in der Familie gewährleisten

Ein zentrales Element einer kultursensitiven Krippenpädagogik ist es, jedem Kind
eine größtmögliche Anschlussfähigkeit an seine bisherigen Alltagserfahrungen zu
ermöglichen. Denn die Alltagserfahrungen von Kindern aus Familien mit Migrationshintergrund, die bis zum Eintritt in die außerfamiliäre Betreuung überwiegend
zuhause betreut und erzogen wurden, können stark von den Alltagserfahrungen ab-
weichen, die sie üblicherweise in der Krippe oder KiTa machen. Diese verbesserte
Passung hätte den großen Vorteil, dass die neue Umwelt des Kindes mehr vertraute
Elemente enthält, so dass das Kind sich schneller wohl fühlen und die Gefahr mi-
nimiert werden kann, Kinder systematisch zu benachteiligen.

Beispielsweise nimmt in vielen Formen der außerfamiliären Betreuung das
Freispiel – und weniger das angeleitete Spiel – viel Raum ein. In der Entwicklungspsychologie und Pädagogik wird dieser Spielform eine zentrale Rolle für die
frühkindliche Entwicklung zugeschrieben, da das Kind im Freispiel aktiv seine
Umwelt exploriert und sich selbständig Wissen und Kompetenzen aneignet. Diese
pädagogische Haltung zeigt eine große Nähe zu dem Prototyp der psychologischen
Autonomie, da auf Seiten der Kinder ganz bestimmte Kompetenzen vorausgesetzt
und weiter gestärkt werden sollen, nämlich das Selbstbewusstsein und das Gefühl
von Selbstwirksamkeit. Im Freispiel lernt das Kind, sich selbständig für Aktivitäten zu entscheiden, diese zu planen und umzusetzen, indem es über Spielmaterial,
Spielpartner, Tätigkeit, Dauer und Ort selbst entscheidet. Außerdem tauchen im
Freispiel mit ca. eineinhalb Jahren erste Formen des imaginären Als-Ob Spiels
(Symbolspiel) auf. Auch dem Als-Ob Spiel kommt eine zentrale Bedeutung für die
Förderung des Kindes zu, denn hier wird die Fantasie und Kreativität der Kinder
geweckt und unterstützt und das Kind kann sich ausprobieren: Es kann verschiede-
ne Rollen einnehmen und lernen, sich in die Situation anderer Kinder oder Akteure

hineinzuversetzen, was einen wichtigen Schritt hin zum sozial kompetenten Klein-kind bedeutet.

Die Erzieherinnen unterstützen die Kinder in ihren autonomen Entscheidungs-prozessen und bemühen sich, Selbstbildungsprozesse anzuregen. Sie bereiten ein Umfeld vor, das Entscheidungs- und Entdeckungsräume bietet und das die Kinder zum Experimentieren anregt. Darüber hinaus halten sich die Erzieherinnen eher zurück und beobachten, möglichst ohne direkte Vorgaben zu machen oder lenkend einzugreifen. Dies soll anhand des folgenden Beispiels verdeutlicht werden:

> Gemeinsam haben die Erzieherinnen im KiTa-Team überlegt, dass sie verstärkt von den Kindern selbst gewählte Spielphasen in den Tagesablauf integrieren möchten. Auf diese Weise sollen die Kinder darin unterstützt werden, ihre eigenen Vorlieben kennenzulernen und ausleben zu können. Sie vereinbaren, dass die Kinder nach einem gemeinsamen Morgenkreis dazu angeregt werden sollen, sich mit dem zu beschäftigen, was sie am liebsten möchten. Die KiTa ist sehr gut ausgestattet und bietet viele Möglichkeiten für die Kinder. Sie können im Gruppenraum mit den unter-schiedlichsten Spielzeugen spielen und zudem gibt es verschiedene Funktionsräume bzw. -ecken, in denen die Kinder malen oder sich verkleiden können. Auch gibt es ein großes Außengelände, das viele Anregungen bietet. Den Kindern wird zudem die Möglichkeit geboten, sich in den anderen Gruppenräumen aufzuhalten und sich dort zu beschäftigen. Nach der strukturierten Morgenrunde, bei der die Kinder sich aussuchen können, wo sie sitzen möchten sowie Vorschläge machen können, was für Lieder oder Singspiele vorkommen sollen, erläutern die Erzieherinnen den Kindern, dass sie sich nun überlegen können, was sie in der nächsten Stunde machen möchten. Sie erwähnen dabei noch mal die unterschiedlichsten Optionen und motivieren die Kinder sich für eine Beschäftigung zu entscheiden.

Im Gegensatz zu dieser in unserer Gesellschaft sehr verbreiteten Sichtweise wer-den in hierarchisch relationalen Kontexten häufig ganz andere Schwerpunkte ge-setzt: Das Symbolspiel, insbesondere mit imaginären Charakteren, wird in der Regel nicht weiter beachtet, zum Teil auch unterbunden (Gaskins 1999; Gaskins 2006; Lancy 2007). Viele Personen aus Kontexten der hierarchischen Relationali-tät teilen die in unseren Krippen weit verbreitete Überzeugung nicht, dass das Frei-spiel wichtige Lernmöglichkeiten bereithält und schaffen daher zuhause selten ent-sprechende Spiel- und Lernsituationen (Göncü 1999).

Der Grund dafür wird klarer, wenn man sich die zentralen Entwicklungsziele von Eltern in diesen Kulturen vor Augen führt. Nicht die Kreativität und Selbst-verwirklichung stehen im Mittelpunkt der Erziehungsbemühungen, sondern das Heranführen an die Welt der Erwachsenen. Das Kind soll sich seines Platzes in der Gemeinschaft und der daran geknüpften Erwartungen und Verpflichtungen bewusst werden. Dabei spielen Respekt und Gehorsam gegenüber sozial höher

Gestellten eine zentrale Rolle. Folglich ist auch die Rolle, die Erwachsene während des kindlichen Spiels einnehmen eine andere: Der Fokus liegt weniger darauf, die Kinder bei der Entdeckung und Eroberung ihrer eigenen Welten zu begleiten, sondern viel eher darauf, dass die Erwachsenen die Aufgabe haben, die Kinder in die „wirkliche" Welt und ihre zukünftigen Rollen und Aufgaben einzuführen. Durch die beobachtende Teilnahme an der Welt der Erwachsenen und den diese Welt bestimmenden Sinn- und Arbeitszusammenhängen lernt das Kind, worauf es im Leben ankommt und wie es dazu beitragen kann (Rogoff 2003; Rogoff et al. 2007). Diese jeweiligen Umgangsweisen mit kindlichen Spielerfahrungen sind folglich als adaptive und funktionale Anpassungen an die jeweiligen kulturellen Hintergründe zu verstehen. Durch das Aufeinandertreffen von unterschiedlichen kulturellen Modellen (z. B. durch Migrationsprozesse) kann es allerdings zu Irritationen kommen:

> Während viele Kinder das freie Spielangebot der Erzieherinnen gerne annehmen und ihren aktuellen Lieblingsbeschäftigungen nachgehen, reagieren manche Kinder mit für die Erzieherinnen unerwarteten Verhaltensweisen. Einige scheinen eher wahllos herumzulaufen und können sich schwer für eine Tätigkeit entscheiden, auch fangen sie an, Unruhe zu verbreiten. Andere Kinder wirken eher in sich gekehrt bzw. schüchtern und sitzen passiv auf dem Boden bzw. auf Stühlen. Die Erzieherinnen sind von diesen Verhaltenseisen irritiert, aber teilweise auch genervt und besorgt. Sie überlegen, was bei den Kindern (oder deren Familien), die ihr Angebot nicht wahrnehmen können bzw. durch dauerhafte Störungen auffallen, für Schwierigkeiten vorliegen könnten.

Im Gegensatz zur Kind-Zentriertheit aktueller Konzepte der Krippenpädagogik, wird in hierarchisch relationalen Kontexten von einer starken Erwachsenen-Zentriertheit ausgegangen. Die Möglichkeiten des Kindes sind begrenzt und der Erwachsene gibt vor, was gemacht wird; er lehrt, lenkt und kontrolliert. Folglich erwarten Eltern aus kulturellen Kontexten der hierarchischen Relationalität auch von frühpädagogischen Einrichtungen eher Formen des angeleiteten Spiels sowie eine frühe und gezielte Vermittlung von Bildungsinhalten. Und auch für Kinder ist diese Form der Spielgestaltung eher anschlussfähig an ihre bisherigen Erfahrungen und ermöglicht ihnen somit einen besseren Zugang zu den (Bildungs-)Aktivitäten in der KiTa.

Diese kontrastierende Darstellung soll deutlich machen, dass vieles, was uns im Umgang mit Kindern und in der frühpädagogische Diskussion vertraut und selbstverständlich erscheint, nicht unbedingt mit den Erwartungen und Erfahrungen von Familien, mit anderen kulturellen Hintergründen übereinstimmt. Bezüglich des Beispiels der Spielsituationen bedeutet das in der Konsequenz, dass die Kinder von Familien aus hierarchisch relationalen Kontexten mit Freispielsituationen überfordert sein können, da sie diese nicht gewohnt sind und folglich über wenige Möglichkeiten verfügen, diese gut zu nutzen. Hier kann es dann als Konsequenz zu einem Rückzug des Kindes oder auch zu einem ausgeprägt ausagierenden Verhalten kommen, wie in der obigen Falldarstellung veranschaulicht.

Am Beispiel des kindlichen Spiels lässt sich also gut verdeutlichen, dass es in psychologisch autonomen und hierarchisch relationalen Kulturen sehr unterschiedliche Haltungen und Vorstellungen hinsichtlich der Bedeutung und der Funktion von pädagogischen Abläufen gibt. An dieser Stelle wollen wir jedoch gleichermaßen darauf hinweisen, dass es sich hier um prototypische Orientierungen im Sinne von Kulturstandards oder dominanten Werten und Orientierungen handelt, die von den meisten Angehörigen einer Kultur geteilt werden. Aber selbstverständlich gibt es auch innerhalb von Kulturen unterschiedliche Meinungen. Bezogen auf das kindliche Spiel findet sich eine in Ansätzen ähnliche Debatte in den aktuellen Diskursen innerhalb der Pädagogik, wenn Vertreter der Ko-Konstruktions- oder Selbstbildungsansätze (Fthenakis 2003; Schäfer 2008), die dem Freispiel einen zentralen Stellenwert zuschreiben, mit Vertretern von instruktionsorientierten Ansätzen debattieren, die der angeleiteten Instruktion einen größeren Stellenwert einräumen (Konrad 2009).

Es können und sollen hier keine Rezepte vermitteln werden, wie solche Schwierigkeiten gelöst werden können und wie Spielsituationen genau zu gestalten sind. Es geht uns an dieser Stelle viel eher darum, für Problembereiche zu sensibilisieren und anschaulich zu machen, wie unterschiedlich das Bild davon sein kann, was ein Kind tun sollte, um das zu werden, was sich alle wünschen: ein kompetentes und zufriedenes Kind. Für die Arbeit der Erzieherinnen ist es daher vor allem wichtig, dass sie diese unterschiedlichen Gewohnheiten und Erwartungen wahrnehmen und sie im Dialog mit den Eltern verstehen und darauf eingehen können.

## 3.4 Beziehung zu den Eltern: nachholende Sozialisation oder interkulturelle Begegnung?

Das bringt uns abschließend zu unserem letzten Punkt, nämlich der Haltung gegenüber alternativen Sichtweisen. Die zentrale Frage an dieser Stelle lautet, wie pädagogische Fachkräfte damit umgehen, wenn Eltern andere Vorstellungen davon haben, was das Beste für ihr Kind sei. Aufgrund der Tatsache, dass mehr und mehr Familien mit Migrationshintergrund die Möglichkeiten der außerfamiliären Betreuung in Anspruch nehmen, wird es unserer Meinung nach immer wichtiger, dass sich Erzieherinnen für alternative Sichtweisen öffnen und in ihrer Arbeit Handlungsspielräume schaffen, um auf diese flexibel eingehen zu können. Gonzalez-Mena (2008) prägte den Begriff der transformierenden Pädagogik (*transformative education*), um eine ähnliche Haltung zu beschreiben: Erzieherinnen begegnen alternativen Sichtweisen auf Entwicklung und Erziehung mit Offenheit und Respekt. Sie versuchen, Verhaltensweisen, die auf sie zunächst ungewöhnlich oder unangemessen wirken, im Dialog mit den Eltern zu verstehen.

Der Versuch, ungewöhnliches Verhalten als unangemessen zu bewerten und die Eltern gleich miterziehen zu wollen, sollte die Ausnahme sein und auf Fälle beschränkt bleiben, in denen der Verdacht auf Kindeswohlgefährdung besteht. Um die gesellschaftliche Teilhabe von Familien mit Migrationshintergrund zu verbessern, empfiehlt es sich an dieser sensiblen Stelle, wo Familien ihr Kind aus den Händen geben, um es außerfamiliär betreuen zu lassen, sich von dem Gedanken an eine homogene Leitkultur zu verabschieden und ein Umfeld zu schaffen, dem die Eltern vertrauen können und dem sie ihr Kind mit ruhigem Gewissen übergeben können.

Um diese offene Haltung zu erlangen und die Beziehung zu den Eltern im Sinne einer interkulturellen Begegnung zu gestalten, schlägt Gonzalez-Mena (2008) ein mehrstufiges Vorgehen vor. Dabei kommt dem ersten Schritt des Reflektierens eine zentrale Rolle zu: Gegenüber den Eltern äußert sich das als aktives Zuhören, bei sich selbst sollte man versuchen, die eigenen Gefühle (Unsicherheit, Sorge) bewusst wahrzunehmen und kritisch zu reflektieren. Der zweite und dritte Schritt sind das Erklären und das Begründen des eigenen Standpunktes, allerdings ohne zu versuchen, die Eltern von dem eigenen Standpunkt zu überzeugen. Der vierte Schritt ist das Verstehen. Hier ist der Anspruch, ein Verständnis der Perspektive, der Gefühle, der Ideen und Überzeugungen der anderen Person zu erlangen. Erst dann sollte man im letzten Schritt versuchen, gemeinsam eine Lösung für den Konflikt zu finden. Dabei ist es gerade in unserer sehr kritikoffenen Kultur sehr wichtig, weniger problemorientiert als vielmehr beziehungsorientiert vorzugehen. Der Fokus liegt also im gesamten Prozess weniger darauf, das Problem zu lösen, sondern viel eher darauf, unterschiedliche Perspektiven bzw. Sichtweisen zu (er)klären. Denn erst wenn eine tragfähige Beziehung zu der anderen Person entwickelt wurde, kann der Konflikt angegangen werden. Neben eines tragfähigen Ansatzes zur Bearbeitung von Schwierigkeiten, die sich aus der Begegnung von Menschen mit unterschiedlichen kulturellen Hintergründen ergeben können ist es zudem sehr wichtig, die Chancen, Ressourcen und somit all das gegenseitig Bereichernde, das aus dem Zusammentreffen von Kindern und Eltern aus unterschiedlichen kulturellen Kontexten entsteht, zu erkennen, zu erleben und für die gemeinsame Arbeit zu nutzen.

## 4 Fazit

In diesem Beitrag haben wir aus Sicht der kulturvergleichenden Entwicklungs-psychologie beschrieben, wie sich kulturelle Modelle systematisieren lassen und welche Implikationen diese Betrachtungsweise für Konzepte der kultursensitiven Krippenpädagogik mit sich bringt. Eine stärkere Berücksichtigung alternativer kultureller Modelle im institutionellen Alltag könnte dazu beitragen, das gegenseitige Verständnis und die Kooperation zwischen Institution und Elternhaus zu verbessern. Durch die stärkere Berücksichtigung der kulturellen Modelle aller Familien könnte es außerdem gelingen, Kinder optimal – und das heißt auch auf unterschiedliche Art und Weise – zu fördern. Der Prozess der kulturellen Öffnung in Krippe und KiTa ist ein vielversprechender Weg, um die Teilhabe an Systemen der frühkindlichen Bildung gleichberechtigter zu gestalten und für alle zu gewährleisten. Begreift man Diversität als Ressource und nicht als Bedrohung, könnte es im Rahmen kultursensitiver Konzepte für den institutionellen Alltag in Krippe und KiTa gelingen, Handlungsspielräume zu gestalten, die den unterschiedlichen Lebenswelten und Bedürfnissen gerecht werden und sich nicht nur an den normativen Vorstellungen des dominanten kulturellen Modells orientieren.

## Literatur

Ainsworth, M. D. S., Blehar, M. C., Waters, E., & Wall, S. (1978). *Patterns of attachment: A psychological study of the strange situation.* Hillsdale: Lawrence Erlbaum.

Berg-Lupper, U. (2007). Kinder mit Migrationshintergrund. Bildung und Betreuung von Anfang an? In W. Bien, T. Rauschenbach, & B. Rien (Hrsg.), *Wer betreut Deutschlands Kinder? DJI-Kinderbetreuungsstudie* (S. 83–104). Mannheim: Cornelsen.

Becker, B., & Biedinger, N. (2006). Ethnische Bildungsungleichheit zu Schulbeginn. *Kölner Zeitschrift für Soziologie und Sozialpsychologie, 58,* 660–684.

Biedinger, N., & Becker, B. (2010). Frühe ethnische Bildungsungleichheit: Der Einfluss des Kindergartenbesuchs auf die deutsche Sprachfähigkeit und die allgemeine Entwicklung. In B. Becker & D. Reimer (Hrsg.), *Vom Kindergarten bis zur Hochschule. Die Generierung von ethnischen und sozialen Disparitäten in der Bildungsbiographie* (S. 49–79). Wiesbaden: VS Verlag für Sozialwissenschaften.

Borke, J., & Keller, H. (2014). *Kultursensitive Frühpädagogik.* Stuttgart: Kohlhammer.

Borke, J., Döge, P., & Kärtner, J. (2011). *Kulturelle Vielfalt bei Kindern in den ersten drei Lebensjahren – Anforderungen an frühpädagogische Fachkräfte. WiFF Expertise* (Bd. 16). München: Deutsches Jugendinstitut e. V. (DJI).

Borke, J., Brouer, A., Bruns, H., Döge, P., Hamilton-Kohn, B., Harting, V., Kärtner, J., Kleemiß, H., & Pypec, K. (2013). *Kultursensitive Krippenpädagogik – Anregungen für den Umgang mit kultureller Vielfalt.* Weimar: verlag das netz.: das Netz.

Citlak, B., Leyendecker, B., Harwood, R. L., & Schoelmerich, A. (2008). Long-term socialization goals of first and second generation migrant Turkish mothers and German mothers. *International Journal of Behavioral Development, 32,* 57–66.

Demuth, C. (2008). *Talking to infants: How culture is instantiated in early mother-infant interactions. The case of Cameroonian farming Nso and North German middle-class families* . Dissertation, Universität Osnabrück. http://repositorium.uni-osnabrueck.de/bitstream/urn:nbn:de:gbv:700-2009030626/2/E-Diss865_thesis.pdf. Zugegriffen: 20. Aug. 2013.

Durgel, E., Leyendecker, B., Yagmurlu, B., & Harwood, R. (2009). Sociocultural influences on German and Turkish immigrant mothers' longterm socialization goals. *Journal of Cross-Cultural Psychology, 40,* 834–852.

Forschungsbereich beim Sachverständigenrat deutscher Stiftungen für Integration und Migration [SVR]. (2013). *Hürdenlauf zur Kita: Warum Eltern mit Migrationshintergrund ihr Kind seltener in die frühkindliche Tagesbetreuung schicken.*

Fthenakis, W. E. (2003). Zur Neukonzeptualisierung der Bildung in der frühen Kindheit. In W. E. Fthenakis (Hrsg.), *Elementarpädagogik nach Pisa* (S. 18–37). Weinheim: Beltz.

Gaskins, S. (1999). Children's daily lives in a Mayan village: A case study of culturally constructed roles and activities. In A. Göncü (Hrsg.), *Children's engagement in the world: Sociocultural perspectives* (S. 25–60). New York: Cambridge University Press.

Gaskins, S. (2006). Cultural perspectives on infant-caregiver interaction. In N. J. Enfield & S. C. Levinson (Hrsg.), *The roots of human sociality: Culture, cognition, and human interaction* (S. 279–298). Oxford: Berg.

Göncü, A. (Hrsg.). (1999). *Children's engagement in the world: Sociocultural perspectives.* New York: Cambridge University Press.

Gonzalez-Mena, J. (2008). *Diversity in early care and education. Honoring differences* (5. Aufl.). New York: McGraw-Hill.

Keller, H. (2007). *Cultures of infancy.* Mahwah: Lawrence Erlbaum.

Keller, H. (2011). *Kinderalltag.* Heidelberg: Springer.

Keller, H. (Hrsg.) (2013). *Interkulturelle Praxis in der Kita. Wissen – Haltung – Können.* Freiburg: Herder.

Keller, H., & Kärtner, J. (2013). Development – The cultural solution of universal developmental tasks. In M. Gelfand, C.-Y. Chiu, & Y.-Y. Hong (Hrsg.), *Advances in culture and psychology* (Bd. 3, S. 63–116). New York: Oxford University Press.

Konrad, F.-M. (2009). Instruktion oder Konstruktion? Zu einem Widerspruch des Postmodernismus in den internationalen frühpädagogischen Diskursen. *Zeitschrift für Sozialpädagogik, 7,* 2–22.

Lancy, D. F. (2007). Accounting for variability in mother-child play. *American Anthropologist, 109*(2), 273–284.

Lancy, D. F. (2008). *The anthropology of childhood. Cherubs, chattel, changelings* . New York: Cambrigde University Press.

Ländermonitor frühkindliche Bildungssysteme. (2013). http://www.laendermonitor.de/laendermonitor/index.html. Zugegriffen: 26. Aug. 2013.

Meins, E., Fernyhough, C., Wainwright, R., Das Gupta, M., Fradley, E., & Tuckey, M. (2002). Maternal mind-mindedness and attachment security as predictors of theory of mind understanding. *Child Development, 73,* 1715–1726.

Neumann, U. (2005). Kindertagesangebote für unter sechsjährige Kinder mit Migrationshintergrund. In Sachverständigenkommission Zwölfter Kinder- und Jugendbericht (Hrsg.),

*Band 1: Bildung, Betreuung und Erziehung von Kindern unter sechs Jahren* (S. 175–226). München: Verlag Deutsches Jugendinstitut.

Otyakmaz, B. Ö. (2013). Entwicklungserwartungen deutscher und türkisch-deutscher Mütter von Vorschulkindern. *Frühe Bildung, 2*(1), 28–34.

Rogoff, B. (2003). *The cultural nature of human development.* New York: Oxford University Press.

Rogoff, B., Moore, L., Najafi, B., Dexter, A., Correa-Chávez, M., & Solís, J. (2007). Children's development of cultural repertoires through participation in everyday routines and practices. In J. E. Grusec & P. D. Hastings (Hrsg.) *Handbook of socialization: Theory and research* (S. 490–515). New York: The Guilford Press.

Roßbach, H.-G., Kluczniok, K., & Isenmann, D. (2008). Erfahrungen aus internationalen Längsschnittstudien. In H.-G. Roßbach & S. Weinert (Hrsg.), *Kindliche Kompetenzen im Elementarbereich: Förderbarkeit, Bedeutung und Messung* (S. 7–88). Berlin: Bundesministerium für Bildung und Forschung.

Schäfer, G. (2008). Bildung in der frühen Kindheit. In W. Thole, H.-G. Roßbach, M. Fölling-Albers, & R. Tippelt (Hrsg.), *Bildung und Kindheit. Pädagogik der Frühen Kindheit in der Wissenschaft und Lehre* (S. 125–140). Opladen: Barbara Budrich.

Schweitzer, F., Edelbrock, A., & Biesinger, A. (Hrsg.). (2011). *Interreligiöse und interkulturelle Bildung in der Kita. Eine Repräsentativbefragung von Erzieherinnen in Deutschland – interdisziplinäre, interreligiöse und internationale Perspektiven.* Münster: Waxmann Verlag.

Sinus Sociovision (2008). *Zentrale Ergebnisse der Sinus-Studie über Migranten-Milieus in Deutschland* . http://www.sinus-institut.de/uploads/tx_mpdownloadcenter/MigrantenMilieus_Zentrale_Ergebnisse_09122008.pdf. Zugegriffen: 18. Juni 2013.

Slade, A. (2005) Parental reflective functioning: An introduction. *Attachment & Human Development, 7,* 269–281.

Statistisches Bundesamt. (2013). https://www.destatis.de/DE/PresseService/Presse/Pressemitteilungen/2013/07/PD13_234_225.html. Zugegriffen: 26. Aug. 2013.

Yovsi, R., Kärtner, J., Keller, H., & Lohaus, A. (2009) Maternal interactional quality in two cultural environments: German middle class and Cameroonian rural mothers. *Journal of Cross-Cultural Psychology, 40,* 701–707.

**MIX**
Papier aus verantwortungsvollen Quellen
Paper from responsible sources
**FSC® C105338**

If you have any concerns about our products,
you can contact us on
**ProductSafety@springernature.com**

In case Publisher is established outside the EU,
the EU authorized representative is:
**Springer Nature Customer Service Center GmbH**
**Europaplatz 3, 69115 Heidelberg, Germany**

Printed by Libri Plureos GmbH
in Hamburg, Germany